L'importation démocratique en Roumanie

Une perspective anthropologique sur la construction d'une société post-dictatoriale

Collection *Anthropologie critique*
dirigée par Monique SELIM

Cette collection a trois objectifs principaux :
- renouer avec une anthropologie sociale détentrice d'ambitions politiques et d'une capacité de réflexion générale sur la période présente,
- saisir les articulations en jeu entre les systèmes économiques devenus planétaires et les logiques mises en œuvre par les acteurs,
- étendre et repenser les méthodes ethnologiques dans les entreprises, les espaces urbains, les institutions publiques et privées, etc.

Dernières parutions

Bernard HOURS & Monique SELIM, *Anthropologie politique de la globalisation*, 2010.

Patrick HOMOLLE, *D'une rive à l'autre. Associations villageoises et développement dans la région de Kayes au Mali*, 2009.

Laurent BAZIN, Bernard HOURS & Monique SELIM, *L'Ouzbékistan à l'ère de l'identité nationale. Travail, sciences, ONG*, 2009.

Claire ESCOFFIER, *Transmigrant-e-s africain-e-s au Maghreb. Une question de vie ou de mort*, 2008.

Charlotte PEZERIL, *Islam, mysticisme et marginalité. Les Baay Faal du Sénégal*, 2008.

Rodolphe GAILLAND, *La Réunion : anthropologie politique d'une migration*, 2007.

Fernandino FAVA, *Banlieue de Palerme. Une version sicilienne de l'exclusion urbaine*, 2007.

Julie DEVILLE, *Filles, garçons et pratiques scolaires. Des lycéens à l'accompagnement scolaire*, 2006.

Marie REBEYROLLE, *Utopie 8 heures par jour*, 2006.

Rémi HESS & Gérard ALTHABE, *Une biographie entre ici et ailleurs*, 2005.

Carmen OPIPARI, *Le candomblé : images en mouvement. São Paulo, Brésil*, 2004.

Alina MUNGIU-PIPPIDI & Gérard ALTHABE, *Villages roumains. Entre destruction communiste et violence libérale*, 2004.

Antoine HEEMERYCK

L'importation démocratique en Roumanie

Une perspective anthropologique sur la construction d'une société post-dictatoriale

L'Harmattan

© L'Harmattan, 2010
5-7, rue de l'Ecole polytechnique ; 75005 Paris

http://www.librairieharmattan.com
diffusion.harmattan@wanadoo.fr
harmattan1@wanadoo.fr

ISBN : 978-2-296-13281-8
EAN : 9782296132818

Remerciements

Je manifeste toute ma gratitude à Bernard Hours qui a encadré le travail à l'origine de cet ouvrage, a suivi son développement et s'est assuré de son bon déroulement. Je tiens également à remercier chaleureusement Laurent Bazin, Ioana Cîrstocea et Aurora Liiceanu.

Pendant plusieurs années, j'ai bénéficié d'un accueil en tant que doctorant dans l'unité de recherche « Travail et mondialisation » de l'Institut de recherche en développement français puis dans l'UMR « Développement et sociétés » (Panthéon-Sorbonne-Paris 1) en tant que chercheur associé. Je remercie les directeurs de cette unité de recherche ainsi que l'Institut pour leur confiance et leurs aides.

Une partie de cette recherche a été financée par l'Agence universitaire de la francophonie, dans le cadre d'un stage à la Fondation pour le pluralisme de Bucarest. Je remercie vivement ces organisations.

Monique Sélim a permis la publication de ce livre. Ses nombreux conseils en ont enrichi les réflexions.

J'ai une dette particulière à l'égard de Nicole Beaurain qui a relu une version antérieure du manuscrit et en a fait un texte lisible, ce qui était loin d'être chose facile.

Sommaire

Remerciements	7
Introduction	11
La société civile et l'apprentissage de la démocratie	23
1. De la fin d'un monde aux prémisses de la démocratie de marché	25
2. Conditionnement politique, normalisation procédurale et hétéronomie structurelle de la société civile	57
3. La programmation en actes de la démocratie	93
4. Une figure de l'autorité démocratique dans le monde des intellectuels organiques de la démocratisation	129
5. Intériorisation de la domination et édification des rapports hiérarchiques dans une entreprise de démocratisation	167
6. Les vicissitudes d'un projet démocratique	217
Figures de l'étranger, consommation et rapports sociaux dans un quartier de Bucarest	223
7. L'urbanisation comme forme de modernisation communiste	225
8. Contextualisation : l'éclectisme comme trait caractéristique	245
9. Symbolisation territoriale et positionnement dans la société globale	269
10. Frontières symboliques du quartier résidentiel : les figures polymorphiques de l'étranger	283
11. La consommation, les objets, l'appartement et la cage d'escalier : mode d'appropriation, opérateur de différenciation	311
12. La structuration des rapports sociaux dans le champ résidentiel	329
13. Le politique, la dépolitisation et la politique	355
14. L'utopie de l'enfermement collectif	373
Le dépassement de l'identité souillée	377
Bibliographie	389

Introduction

> « *L'Histoire nous apprend que prendre nos désirs pour des réalités et rechercher naïvement la conciliation avec nos adversaires n'est que folie. Cette attitude reviendrait à trahir notre passé et à dilapider notre liberté. En conséquence, je vous encourage à vous élever contre ceux qui chercheraient à placer les États-Unis dans une position d'infériorité militaire et morale. Et, lorsque vous débattez des propositions de gel nucléaire, je vous exhorte à vous défier de la tentation de l'orgueil, de cette tentation qui consisterait à vous décréter allégrement au-dessus de la bataille, à décider que les deux camps sont également coupables, à ignorer les faits de l'Histoire et les pulsions agressives de l'Empire du Mal, à vous contenter de dire que la course aux armements n'est qu'un vaste malentendu et par là même à vous soustraire au combat entre le juste et le faux, le bien et le mal. […] Je crois que nous relèverons le défi. Je crois que le communisme n'est qu'un chapitre supplémentaire, triste et bizarre, de notre Histoire dont les dernières pages sont entrain de s'écrire sous nos yeux.* »
>
> Ronald REAGAN, 8 mars 1983 : *Discours sur l'empire du mal.*

> « *Soit dit en passant, la liberté sert trop fréquemment, entre les hommes, à se tromper. Et de même que la liberté compte parmi les sentiments les plus sublimes, de même l'illusion correspondante est des plus sublimes.* »
>
> Franz KAFKA, 1991 : *Dans la colonie pénitentiaire et autres nouvelles*. Flammarion, Paris : 189

Dans la conjoncture actuelle, la Roumanie semble jouer le rôle de bouc émissaire postcommuniste. Corruption, dictature, « déficits » démocratiques, catastrophes sanitaires et humanitaires, trafics d'êtres et d'organes humains, délinquance et mendicité, ces symboles paraissent former un champ de significations homogènes proches des représentations communes du « tiers-monde » sur lesquelles s'étaye l'idéologie « humanitaire [1] ». Cette idéologie agit comme un filtre sur la réalité sociale et politique, réduisant l'autre à un individu désocialisé, une victime, hors de processus sociopolitiques plus larges et des plages de socialisation qui forment les cadres d'évolution de son existence.

On peut également remarquer que les Roumains sont assignés à l'image de l'immigrant clandestin venant envahir les pays occidentaux, rejoignant ainsi la position d'extériorité des franges reléguées de la démocratie de marché occidentale, selon une conception dont les processus d'ethnicisation et la xénophobie ne sont jamais très éloignés. Le pauvre, l'envahisseur, le « mauvais élève » des institutions internationales, la « *pomme gâtée de l'Europe* [2]... » On s'aperçoit que les idéologies occidentales oscillant entre une conception humanitaire et une conception sécuritaire [3] s'articulent aux représentations de cette société. Ces deux visions complémentaires forment en quelque sorte les deux versants, pathétique et viril, d'un même rapport à l'autre construit en inférieur, un étranger dont il faut se protéger ou qu'il faut aider. La périphérie de l'Union européenne digne d'assistance humanitaire est relayée par le tiers-monde interne construit en symbole de déviances sociales, en opérateur d'instabilité sociétale, sur lequel s'appliquent l'encadrement et la répression.

La logique de la « transition » conforte à son tour ces représentations. Dans cette optique, la Roumanie est l'un des pays de l'Est emblématiques de défaillances à la fois politiques, économiques, écologiques et sociales. Comme pour d'autres « terrains », la projection de ce prisme de société occidentale fantasmée bénéficie d'un certain succès tant l'harmonie avec la hiérarchie des rapports de force internationaux lui confère un aspect « naturel » et tend à occulter la dynamique sur laquelle s'érige une telle conception du monde. La polysémie et la simplicité du terme de transition, le fait qu'il s'impose comme un stigmate négatif sur toutes sociétés ne répondant pas aux critères occidentaux idéalisés [4] — définissant des limites, une frontière — extraits des configurations qui leur donnent sens, a pour conséquence un effacement de la réalité au bénéfice de jugements construits

---

[1] HOURS B., 1998 : *L'idéologie humanitaire ou le spectacle de l'altérité perdue*. L'Harmattan, Paris.
[2] Propos tenus par les membres du groupement des libéraux-démocrates et réformateurs du Parlement européen le 05/10/04 (selon le journal *Cotidianul*, 7/10/04).
[3] Voir WACQUANT L., 1999 : *Les prisons de la misère*, Liber/raison d'Agir, Paris ; 2006 : *Parias urbains : ghetto, banlieues, État*. La découverte, Paris.
[4] Pour une réflexion sur les critères de mesure du développement voir SAPIR J., 2000 : *Les trous noirs de la science économique*. Albin Michel, Paris.

en fonction d'une conformité aux standards internationaux de la démocratie, de l'État de droit et de l'économie de marché.

Les considérations de l'Union européenne, dans la perspective de l'adhésion, qui rejetaient la Roumanie, il y a peu encore, parmi les « candidats » secondaires tout comme la Bulgarie voisine et, plus loin, la Croatie et la Turquie, renforcent, elles aussi, cette mise à distance vers un pôle négatif. Dans un sens contraire, l'UE érige bien souvent les pays de l'Est en partenaires égaux des États occidentaux. Le rapport instauré par l'UE vis-à-vis de la Roumanie repose sur une contradiction entre proximité, illustrée, par exemple, par l'égalité onirique des protagonistes sur les négociations [1] (qui n'en sont pas) en vue de l'intégration, et une distanciation renvoyant la Roumanie à une position subordonnée, obligeant ses gouvernements à montrer régulièrement leur bonne conduite et les « progrès » enregistrés en termes « d'acquis communautaires » non négociables. Depuis l'adhésion, la Roumanie reste surveillée dans le domaine de la justice et de la corruption.

Les bailleurs de fonds, notamment la Banque mondiale, le Fonds monétaire international et la Commission européenne, le gouvernement des États-Unis ne se privent pas de rappeler cette infériorité, liée, par ailleurs, au stigmate que représente de nos jours le péché de l'appartenance passée à la dictature. Cette réputation est altérée par l'allégation de « progrès » en apparence notables, en réalité non moins ambivalents, et construits en fonction de critères peu adaptés aux phénomènes prétendument analysés [2]. Cette image avilissante de la population et de la société est relayée au niveau local par des groupements d'intellectuels occupant, pour la plupart, des positions de direction dans les ONG, ou encore dans des agences et programmes internationaux de « développement », de même que les médias en font sans cesse une matière pour l'information.

Malgré des apparences trompeuses, la Roumanie est bien intégrée dans la globalisation, mais sous la forme de l'exclusion symbolique ; l'intégration dans les institutions dominant le système international, comme l'OTAN et l'UE, toujours décalée par rapport aux voisins, Polonais ou Hongrois, met en lumière cette position déclassée parmi les pays intégrés institutionnellement à l'Ouest. Le terme de globalisation, même s'il n'est pas idéologiquement neutre et recouvre pour chaque pays des situations diverses, a au moins le

---

[1] La négociation pour l'intégration ne concernait en réalité que la date de l'intégration à l'UE, autant dire que le terme est tout à fait inapproprié en regard des rapports asymétriques entretenus entre les représentants de l'État roumain et ceux de l'UE.
[2] SAPIR J., *Idem*.

mérite de mettre l'accent sur les conséquences, souvent convergentes, des changements afférents à la conjoncture actuelle[1]. Dans cette logique, il semble évident que ce pays n'échappe pas à la pression des idéologies à vocation universelle et qui reflètent dans une certaine mesure les rapports de force du système international. Il suffit de mentionner que, depuis 2004, il est membre de l'Union européenne après une longue attente, qu'il est, depuis 2004, membre non permanent du conseil de sécurité de l'OTAN, ce qui fut précédé par l'allégeance des dirigeants roumains à cette organisation lors de la « guerre du Kosovo [2] ». Rappelons que les principaux bailleurs de fonds de l'État sont multilatéraux et de « l'Ouest ». Ces financements extérieurs impliquant dette et dépendance, amènent l'État à faire face aux conditionnalités de l'application de « réformes » sur tous les plans de sa politique.

Dans la morale normative de la globalisation, cette société ressemble plus à un bouc émissaire humanitaire qu'à une société active. Pourtant, la Roumanie était, il y a encore quelques décennies, un pays modèle du mythe de la souveraineté [3] auquel souriait la diplomatie occidentale. Entre les intérêts géostratégiques et les confusions sur la nature du système politique symbolisée par le « génie des Carpates » qui semblait justement entrer dans le cadre de la doctrine souverainiste, le régime de Ceausescu représente le « *premier culte d'un leader stalinien auquel participe activement le monde occidental* [4] ». Logiquement, on en vient à se demander comment cette société qui a tellement séduit autrefois, peut présenter un caractère à ce point négatif de nos jours. Surtout que les changements de régime et le mode d'insertion dans la globalisation suscitent de nombreuses interrogations, qui restent en suspens.

Pour comprendre ce phénomène de déclassement, il faut chercher en amont et identifier le champ sémantique qui enveloppe cette société. On remarque alors que toute entreprise de moralisation [5] a pour corollaire la production de fautifs, de déviants, de boucs émissaires, d'ennemis, bref d'une palette « d'acteurs idéologiques négatifs » selon le concept de Gérard

---

[1] BAZIN L., 2003 : « Quelques éléments de clarification sur la globalisation » *in Cahiers lillois d'économie et de sociologie*, 40 : 175-194
[2] À titre d'exemple, dans le contexte de l'attaque de l'OTAN en ex-Yougoslavie, l'aviation russe s'est vue interdire le survol des territoires roumains et bulgares.
[3] BADIE B., 1999 : *Un monde sans souveraineté. Les États entre ruse et responsabilité*. Fayard, Paris.
[4] CÂMPEANU P., 2002 : *Ceaușescu, anii numărătorii inverse* [Ceaucescu, les années décomptées inversement] Polirom, Bucarest : 8
[5] BECKER H. S., 1985 : *Outsiders. Études de sociologie de la déviance*, Métailié, Paris.

Althabe. Cette entreprise vise à imposer la démocratie de marché dans les pays postcommunistes. Cette imposition d'une armature sociétale normative est l'un des traits caractéristiques de la globalisation actuelle et de la modification des rapports de domination au plan mondial.

La mise sous tutelle relative de l'État roumain implique un revirement des allégeances de l'Est vers l'Ouest, de Moscou vers Bruxelles et Washington. Ce revirement semble de première importance sur la restructuration de l'État, l'assise symbolique de sa légitimité — dont une dimension prégnante et récurrente s'engouffre dans l'expiation du passé communiste — et les représentations qui en sont produites à l'intérieur de la société roumaine. Ces évolutions font notamment surgir des interrogations portant sur les implications du passage de l'hégémonie russe — rejetée et maintenue symboliquement à l'extérieur par la construction d'un communisme nationaliste (s'opposant avec force à toutes références au syncrétisme occidentalisant), en continuité avec la volonté de créer un État-nation au milieu des empires avoisinants —, à un alignement problématique sur les normes de bonne gouvernance promues par l'Union européenne et les institutions internationales. Le basculement des références nationales à l'adhésion à une grille de lecture exogène est spectaculaire et doit être élucidé dans ses répercussions internes.

Parmi les prescriptions sous forme de normes universelles, « l'économie de marché fonctionnelle », « l'État de droit » et la « démocratie » tiennent une place d'une haute importance et cristallisent la coercition des « partenaires extérieurs ». Les programmes de la transition incluent la création d'un secteur non gouvernemental constitué de corps intermédiaires chargés de prendre en charge les « problèmes liés à la transition » (la corruption, l'exclusion, la ségrégation, l'intégration des minorités, l'éducation…), c'est-à-dire les secteurs laissés « libres » par le retrait de l'État. La privatisation de l'État est caractérisée par l'externalisation de prérogatives dont il était auparavant considéré comme le responsable et l'agent légitime, au profit d'un repositionnement marqué par une pratique politique gestionnaire et non plus développementaliste. Le principe de « bonne » gouvernance comme celui de subsidiarité cristallisent ce nouvel impératif idéologique.

En corollaire de ce nœud de dépendances et dans le sillage des normes internationales, si l'on se place par rapport à sa situation nationale, on se trouve face à une scène où l'émergence et la multiplication de firmes internationales et d'ONG sont mises en avant. L'importance croissante des unes et des autres apparaît en Roumanie comme ailleurs [1], comme un phénomène caractéristique de la période actuelle. Ce processus s'effectue ici en contraste avec le démantèlement de l'appareil industriel devenu obsolète avec la désagrégation du « bloc » socialiste d'une part ; avec la dissolution du rôle central de l'État-parti dans la structuration de la société et de l'économie d'autre part. Le parti communiste était l'instrument principal de contrôle et de coercition mais aussi une voie de promotion (politique et professionnelle) et d'accès aux biens, services et dispositifs d'assistance. La définition des agencements et statuts sociaux, marquée par l'instabilité, est par conséquent soumise aujourd'hui à de nouvelles modalités où l'argent, la consommation et les richesses tiennent une place importante. Il n'est guère étonnant dans cette logique que les termes « d'économie de marché fonctionnelle » et de démocratie ont été repris par le gouvernement roumain et les médias ; ce qui montre, à nouveau, que les normes du capitalisme comme de la « démocratie libérale » sont désormais considérées comme le seul horizon imaginable de ces sociétés.

Dans cette configuration, les Organisations non gouvernementales (ONG) jouent un rôle primordial [2] : en rupture avec les doctrines souverainistes, elles ont désormais l'avantage ou l'inconvénient d'être pour les États, dans l'optique de la « bonne » gouvernance, un agent autolégitimant. Les ONG recouvrent des domaines d'intervention extrêmement variés : l'écologie, la santé, l'éducation, le développement, « la création » et/ou la « durabilité » du secteur non-gouvernemental, les droits de l'homme, de la femme, des enfants, des minorités ethniques, sexuelles, la gouvernance, « la formation des politiciens au pluralisme », le « développement de la démocratie ». On perçoit brièvement, à travers l'évocation de ces termes, un recyclage d'anciennes thématiques du développement alignées sur de nouvelles prescriptions. Il y a néanmoins plus, puisque ces thèmes sont désormais des maximes des institutions internationales.

Ces ONG, comme c'est le cas en général partout, sont extrêmement dépendantes des bailleurs de fonds, ce qui implique une adoption des « mots du pouvoir [3] » et la conception que ces derniers ont du

---

[1] DELER J.-P. & *alii*. (Dir.), 1998 : *ONG et développement. Société, économie, politique*. Karthala, Paris.
[2] HEEMERYCK A., 2010 : « Pratiques et idéologies des organisations non-gouvernementales : une problématisation générale et comparative » *in Romania Review of Policital Sciences and International Relations*, n° 1, Bucarest.
[3] RIST G. (dir.), 2003 : « Les mots du pouvoir. Sens et non-sens de la rhétorique internationale », *Nouveaux cahiers de l'IUED*, 13, Genève.

développement. La redondance de mots au sein du discours officiel, public des ONG roumaines n'est pas surprenante puisque les institutions dont nous parlons favorisent les projets correspondant à leur grille de lecture politique, et les ONG-istes sont formés dans les mêmes institutions. Les ONG sont en position d'intermédiation entre les normes globales externes et la situation locale dans laquelle elles s'inscrivent.

Une recherche ethnologique portant sur les organisations non-gouvernementales apparaît donc dans une telle configuration une entrée particulièrement intéressante pour apporter un éclairage spécifique sur les changements sociaux actuels dans une Roumanie prise dans la globalisation de l'imposition démocratique. Nous proposons dans cette étude, par une observation sur de tels terrains d'enquête, de contribuer notamment à une compréhension des transformations des formes de légitimation du pouvoir, des hiérarchies, et des formes de la domination. Ces notions apparaissent d'autant plus pertinentes qu'elles permettent une entrée sur les dépendances symboliques et/ou réelles à la fois entre les divers acteurs et de ces derniers vis-à-vis de l'État et des figures de l'étranger.

La première étude que nous exposerons ici va dans ce sens. Elle se penche sur la plus importante ONG de démocratisation de Roumanie et l'une des plus importantes dans les réseaux transnationaux postcommunistes et postsoviétiques [1]. Elle tente d'agir directement sur le système politique roumain. L'Association *Pro Democraţia* (APD) œuvre dans le domaine de la démocratisation [2]. Elle doit sa popularité à ses opérations de surveillance des élections et à la présence médiatique de son président. Le champ qu'elle occupe est tout à fait nouveau : il y a encore de deux décennies environ, cet espace était occupé par l'État-parti qui prétendait être l'expression de la société civile, dans une rhétorique mêlant nationalisme, souverainisme, autoritarisme et une situation marquée par le patrimonialisme de ses dignitaires et la dépendance à l'égard des pays du « bloc » soviétique.

La mise en œuvre de cette démarche nécessite en premier lieu d'exposer quelques repères sur l'histoire récente de la société roumaine afin de clarifier les processus dynamiques de mise en place des ONG, de la « société civile »

---

[1] Ses dernières prospectives s'orientent vers Cuba. Elle a également été impliquée dans les récentes « révolutions » à l'Est.
[2] La première phase de l'investigation dans l'ONG, principale, a débuté au mois d'avril 2002 et s'étend jusqu'au mois de septembre 2003. Par la suite, à plusieurs reprises des entretiens dans l'organisation ou à l'extérieur avec ses membres et des observations complémentaires seront menés entre le mois de février et septembre 2004.

formée dans le contexte d'une révolution qui a remis en selle des membres du parti communiste. On verra ensuite comment ce mouvement d'institutionnalisation se produit sous l'action d'institutions occidentales, surtout étasuniennes, puis comment ces dernières vont passer le relais aux ONG locales. Ces organisations partagent une vision instrumentale anticommuniste métaphysique de la démocratisation de la Roumanie.

Montrer la retraduction de la dépendance sur un plan idéologique à l'avantage de faire voler en éclat les idéaux derrière lesquels se cachent les rapports de domination et, de surcroît, cette phase nous montrera que, en rupture avec toutes formes de représentations idéalisées, le canevas des actions envisageables est considérablement réduit par les limites que trace l'idéologie de ces programmes.

Pour le dire rapidement, la perspective est constitutionnaliste, institutionnaliste et délibérative, elle occulte l'importance des axiomes démocratiques comme le principe de la souveraineté populaire, la question de la participation, de la délégation et donne une forme particulière au concept de citoyenneté. C'est la mécanique même de fonctionnement du programme qui nécessite l'occultation du terme de *demos* et la délimitation stricte du terme de citoyenneté, pourtant connoté d'un degré élevé de complexité, à une entité passive à éduquer.

On abordera ensuite les programmes menés par l'ONG. La réforme électorale, la gouvernance par la transparence et la surveillance des élections, forment les trois angles d'attaque d'une même stratégie globale de l'ONG qui forment autant de mots d'ordre ressortant entièrement d'une incantation globale à la démocratie constitutionnelle et à l'État de droit. À travers ce triptyque, transparaît l'image d'un État « ennemi », peu enclin à laisser des plages de démocratisation s'exprimer sur un plan politique et qui joue de manière fine ou grossière, depuis longtemps déjà, avec les dominations extérieures et aujourd'hui avec des bailleurs sûrs de leurs propres méthodes. Normaliser l'État, les procédures démocratiques, les partis et les agents politiques, tel est l'objectif qui se dessine derrière ces activités. L'analyse permettra également d'éclairer la structuration du champ d'insertion de l'ONG et des coalitions qui se constituent dans ces projets ainsi que les difficultés liées à la tentative de mise en place de ces politiques.

Une fois ce cadrage réalisé, nous nous pencherons plus précisément sur cette entreprise de démocratisation sous l'angle de la production des rapports sociaux internes. Schématiquement, le fonctionnement de ces rapports est constitué sur la base d'une tentative d'appropriation de modèles externes positifs face à une réalité interne jugée négative.

Symbole de la réussite, le président de l'ONG, un jeune politologue, résorbe aux yeux des acteurs les paradoxes soulevés par cette construction. Comme nous le verrons, il est un interlocuteur considéré avec bienveillance par les institutions étrangères, un opposant clairement identifiable aux politiciens et à l'État. Le président de l'organisation est le trait d'union entre une Roumanie considérée sous l'angle d'une appellation prédémocratique et la reconnaissance par les institutions occidentales du travail de démocratisation réalisé par l'ONG. Figure médiatique, universitaire apprécié aux compétences reconnues, ses efforts de distinction sont aussi exemplaires des contraintes idéologiques et sociales fortes qui pèsent sur les acteurs du champ social dans lequel évoluent les ONG et l'association étudiée.

Ensuite, les autres catégories d'acteurs seront scrutées les unes après les autres, avec principalement les bénévoles « volontaires » et les coordinateurs de projet. Le fonctionnement des rapports hiérarchiques sera analysé.

Aborder le processus d'imposition démocratique par le biais de cette ONG paraît sans doute logique tant son degré d'implication dans les processus d'uniformisation politique est élevé. Et c'est justement cette implication qui est problématique. Évoluer dans une société pendant une année, permet d'observer l'occultation de certains phénomènes sociaux apparents, mais nécessairement refoulés dans le champ des ONG. Il semblait donc opportun de rechercher un point de comparaison avec ce « monde des ONG » dans la société roumaine, pour comprendre plus clairement les contradictions engendrées par le processus d'imposition de la démocratie de marché.

L'enquête a été orientée vers l'étude des rapports sociaux dans deux cages d'escalier de deux immeubles différents d'un même quartier, proche du centre-ville de Bucarest.

Ce choix, en première instance, peut paraître étrange tant ces terrains semblent éloignés. Pourtant, l'anthropologie revendique le statut de science comparative par excellence. En théorie du moins. Car, en réalité, cette revendication est tendanciellement limitée par un cloisonnement des terrains, des objets de recherche ou des aires culturelles. Brider l'anthropologie de la sorte peut mener à limiter la portée des connaissances des sociétés étudiées. Plutôt que de rester dans une perspective anthropologique reposant sur la constitution de sous-objets, j'ai tenté de restituer une analyse plus large des transformations qui touchent la société roumaine. L'imposition démocratique n'est pas qu'une affaire d'ONG, de partis politiques ou d'institutions, c'est même ce piège qu'il convient d'éviter à tout prix.

Une étude dans un quartier urbain de Bucarest semblait pouvoir répondre à cette préoccupation. La ville-capitale lors des trois dernières décennies a été la scène de transformations politiques, économiques et sociales spectaculaires. Dans les années 1980, elle a été l'objet d'une vaste modification qui visait à procurer au parti et à son premier secrétaire un monument et une zone en adéquation avec leurs prétentions de domination. Le Palais du Peuple, bâtiment aux proportions démesurées, devait surplomber une vaste cité ouvrière faite de constructions assez monotones. Cette politique était censée réduire toutes formes de différences entre le centre de la ville et sa périphérie, soumis au seul Centre civique avec en son centre le Palais du Peuple, cette incarnation des velléités de domination sans limites de l'État-parti. C'est au cours de ces mêmes années que la zone urbaine de *Tineretului*, située à proximité du centre-ville, a été rasée puis reconstruite et que les résidents y ont emménagé.

Après la chute du communisme, l'intégration progressive des structures capitalistes, l'importance grandissante de la consommation et de l'argent ont pris place dans une conjoncture de crise généralisée du système social, économique et politique. C'est dans le cadre de l'incertitude que les acteurs pensent leur propre existence et leur société. Le quartier *Tineretului*, constitué par une classe moyenne écartelée, est exemplaire des transformations induites par ces évolutions globales touchant la société roumaine.

Le désir stimulé par la démocratie de marché, dans l'ONG, a disparu. On vit dans l'anxiété d'un présent qui peut d'avérer rapidement instable et dangereux. Les résidents les plus exposés à la transformation de la société ont progressivement été remplacés par des acteurs au capital économique plus élevé, car cette zone urbaine est pleinement exposée à la spéculation immobilière. Ils matérialisent l'exposition aux risques de cette société.

Dans ce contexte, les acteurs tentent de se définir dans un ensemble hiérarchique plus vaste en revendiquant une appartenance – toujours incertaine – à une classe sociale supérieure de la société roumaine. Les acteurs, pour solidifier leur position, cherchent à s'assurer un rapprochement de l'étranger européen par le biais de la consommation et des normes sociales en vigueur dans le quartier. Corollairement à cette volonté de se produire dans un ensemble « occidental », ils renvoient à l'extérieur de ce champ ce qu'ils construisent comme un symbole d'archaïsme : le paysan et le village à proximité des gens « sans éducation ». Ce faisant, les acteurs réactualisent des références qui sont constitutives de la communauté imaginaire roumaine, présentes tout au long de son histoire.

Sous un autre angle de vue, le spectre dans lequel se situent les acteurs n'est pas homogène : toutes les positions ne sont pas solides, loin de là. Le quartier, dans ce présent instable, devient une zone à protéger face à une autre figure de l'étranger, celle-ci intérieure : le tzigane. S'inscrivant à la fois dans la continuité et la rupture, la xénophobie développée par les résidents est formulée comme une réponse à « la crise », et les « Tziganes » dans cette optique sont des symboles de déclassement social urbain, visible dans les quartiers périphériques de la ville. Qu'il s'agisse pour les uns de renforcer leur appartenance à la frange supérieure de la société roumaine ou pour les autres de mettre en place des stratégies pour éviter le déclassement social, le rejet de cette figure à la périphérie des échanges entre acteurs, à l'extérieur du quartier devient pour ses habitants décisif.

Dans les cages d'escalier et les appartements, un phénomène de distinction sociale est à l'œuvre. À partir de ce processus en évolution, des stratégies différentes peuvent être observées. L'espace résidentiel devient un enjeu dans la définition des normes et des appartenances sociales. La définition de la frontière entre le domaine public et privé en est une conséquence. Il découle de cette course à l'enrichissement, qui vise à éviter la relégation, un réaménagement des responsabilités et pouvoirs dans les familles qui occupent ces appartements. En revanche, certains acteurs tentent d'imposer un mode de relations sociales différent en élargissant les relations sociales aux étages des immeubles. Un antagonisme se dessine derrière ces pratiques.

Les enfants tiennent une place importante dans ce tableau d'ensemble : d'un côté, ils reproduisent une différenciation hiérarchique dans leur mode de communication et leur pratique ; de l'autre, ils sont, aux yeux de leurs aînés, ceux qui amèneront une situation meilleure par leur capacité à construire et à stabiliser l'adhésion, au sens plein du terme, à l'Union européenne et au monde occidental qui reste aujourd'hui encore fragile pour la Roumanie.

Parmi les résidents les plus touchés par les transformations de l'après communisme, se trouvent au plus bas dans l'échelle hiérarchique de manière fort différenciée les familles d'acteurs touchés par la maladie. Cette maladie se présente comme un symptôme et un opérateur d'exclusion, car elle rend impossible la réponse aux enjeux des rapports sociaux entre résidents.

À nouveau, on retrouve, chez les habitants, tout au long de l'enquête, des plaintes concernant l'État et une accusation des représentants de la politique, considérés comme les responsables de leurs malheurs. L'évocation idéalisée du passé, la corruption sont autant de sujets évoqués parmi d'autres par les acteurs comme des preuves de l'illégitimité de la scène politique roumaine. En nous dégageant des contraintes macro-idéologiques usuelles dans l'analyse politique des sociétés postcommunistes d'Europe de l'Est, nous montrerons comment ces plaintes relèvent du champ politique et non de la réminiscence d'un *homo sovieticus* essentialisé.

La société civile et l'apprentissage de la démocratie

1. De la fin d'un monde aux prémisses de la démocratie de marché

De l'indépendance fictive à la déchéance réelle

Dans les années 1970, le régime communiste roumain vivait les grands moments de son histoire. Les lourds investissements pour gagner une indépendance sur la scène internationale sont alors récompensés par une prise de distance relative avec Moscou et l'entretien de bonnes relations avec les pays de l'Ouest. Cette prise de position fut clairement assumée lors de la répression violente du printemps de Prague en 1968. Nicolae Ceausescu critiquait vertement Moscou pour son ingérence dans les affaires d'un « pays frère ». Quelques mois auparavant, le président Charles de Gaules visitait son homologue roumain, des accords économiques étaient alors conclus. La recherche d'une souveraineté vis-à-vis des deux blocs est à l'ordre du jour pour les pouvoirs politiques français et roumains. C'est l'orientation politique qui sous-tend la constitution de ces liens bilatéraux. En 1969, Nixon, alors président des USA, rendra lui aussi visite au premier secrétaire du parti communiste. La Roumanie a une position géostratégique intéressante pour les États-Unis. Avant la seconde guerre mondiale déjà, Rockefeller s'intéressait fortement au pétrole roumain et à celui du bassin de la mer Noire. Le régime peut passer à l'époque pour un agent double du bloc communiste en mesure de taquiner un peu le Kremlin au bénéfice des capitalistes. Dans les faits pourtant, le régime de Ceausescu reste l'un des régimes communistes est-européens des plus orthodoxes. La doctrine de la souveraineté a pris au cours de cette période tout son essor en Roumanie. Josip Tito rendait visite à Ceausescu en avril 1966. Le tiers-mondisme était d'autant plus tolérant que le régime roumain donnait l'impression de jouer la carte de la détente et de se rapprocher des pays non-alignés. Indira Gandhi rendit visite à Ceausescu en 1967, et en 1968 furent mises en place des relations avec des États d'Afrique centrale…

La dictature a changé de visage. Après des années de répression sans relâche de la résistance, d'emprisonnement des anciennes élites, d'envoi aux travaux forcés, d'élimination physique des résistants, de ségrégation des détenteurs de formes d'autorité et des petits propriétaires (parmi d'autres « ennemis de classe »), le régime communiste semble obtenir quelques résultats qui pondèrent sa violence auprès de la population : promotion sociale et éducation de masse, urbanisation rapide, construction de réseaux routiers et ferrés, développement des transports en commun. L'opposition a été physiquement éliminée ou réintégrée dans le système politique. Les rares dissidents sont réduits à des discours sans effets palpables. Ils sont, à l'instar de Paul Goma, enfermés, torturés et forcés de s'exiler. Le parti s'est enfin implanté dans une société qui n'en partageait aucunement les doctrines. Rappelons qu'avant la seconde guerre mondiale, le parti communiste roumain, composé de quelques centaines de membres, était sapé par un fonctionnement ethnicisé de ses rapports politiques internes (magyars, bessarabiens, juifs etc.) tandis que les premiers secrétaires du parti étaient pour la plupart des étrangers envoyés par le Kominterm. De plus, les communistes étaient poursuivis, battus et emprisonnés par le régime politique en place. C'est d'ailleurs dans ces prisons que se rencontrèrent pour la première fois les deux futurs et seuls premiers dirigeants du parti communiste roumain de l'après-guerre : G. Gheorghiu-Dej et N. Ceausescu. C'est ce groupe de communistes qui prendra le pouvoir.

En 1968, l'État-parti a également su profiter d'une élite intellectuelle naïve, subordonnée et toujours prête à céder aux sirènes du nationalisme. En effet, le refus de la doctrine de Brejnev dite de souveraineté limitée s'inscrit aussi dans une logique de revendication nationaliste. Or, les intellectuels prestigieux ont pour la plupart joué le rôle de constructeurs de la nation dans l'histoire de la Roumanie. La flamme du patriotisme, rallumée par cette intervention de Ceausescu, va lui donner un crédit inespéré. L'État-parti protège la nation contre un envahisseur. Une solidarité entre le dirigeant, le parti et le peuple est revendiquée et solidifiée à travers l'identification de la figure de l'ennemi russe. L'histoire se répète pour les Roumains puisque la Roumanie a toujours été à la marge d'empires. Les intellectuels emboîtent le pas. Il faut bien sûr souligner qu'ils n'ont pas une grande liberté de choix : la concurrence entre écrivains ne facilite pas l'émergence d'une contestation organisée, la surveillance de la police politique non plus.

Sur le plan interne, les éléments constituant la communauté imaginaire roumaine [1] articulée autour du folklore et du développement de la *volskunde* répandue dans toute l'Europe de l'Est, sont largement exploités par le pouvoir. Régulièrement, le couple Ceausescu apparaît entouré de danseurs et autres vedettes de chants traditionnels. Le Cénacle *Flacara*, une série de spectacles, de concours d'amateurs de poésies pour les jeunes et de musique, organisés dans le pays tout entier, remporte un succès impressionnant. Ces activités culturelles, qui toutefois ne remettent pas en cause la domination de l'État-parti, peuvent constituer dans les conditions spécifiques d'une dictature des échappatoires imaginaires et peut-être même concrètes et traduisent quelque part un consentement minimum de la population. Toute une gamme d'entrepreneurs de nationalisme, des organisateurs de spectacles traditionnels aux pamphlétaires antisémites, prend une importance systémique pour le pouvoir et sa quête sans fin d'une légitimité nationaliste. Tous les signes avant-coureurs d'un repli sur soi se font déjà sentir avec la création de figures de l'ennemi intérieur et extérieur qui n'ont plus un caractère politique mais plutôt ethnique. Le régime s'oriente clairement vers un communisme nationaliste et xénophobe. La Roumanie s'apprête à entrer dans une période obsidionale.

D'un point de vue plus général, nous sommes encore à l'époque du développement. Les tyrans sont tolérés. L'Occident espère qu'ils mènent leur pays sur la route d'un développement minimum, en théorie du moins. La démocratie n'est pas la priorité de l'aide ; elle est censée venir plus tard, après quelques évolutions allant dans le sens du capitalisme et du « progrès ». Plus encore, la Roumanie en prenant cette position d'indépendance fictive semblait glisser progressivement vers les pays non-alignés et offrir une solution originale de développement. Il est toujours plus facile de juger après coup un contexte, car le jugement est sorti du cadre des enjeux macro-idéologiques historiquement situés. Force est cependant de constater que l'image de la Roumanie sur un plan international, malgré quelques signaux positifs indéniables, était clairement une illusion savamment entretenue et pas seulement par le régime national-communiste.

Toutes ces manœuvres s'inscrivent dans la longue durée. C'est à partir de 1958 que l'armée rouge se retire de la Roumanie. Le Kremlin avait alors fait

---

[1] ANDERSON B., 1983: *Imagined Communities: Reflections on the Origins and Spread of Nationalism*, Verso, London.

son choix : les communistes nationaux, représentés par G. Gheorghiu-Dej, avaient donné les garanties nécessaires à Staline, ce qui revenait à une condamnation à mort, immédiate ou différée, pour le groupe des Moscovites mené par Ana Pauker. De ce fait, il n'y aura pas de déstalinisation radicale en Roumanie. Après une quinzaine d'années de russification, de dépeçages des structures politiques et économiques, c'est un moment inaugural qui mènera le parti communiste roumain vers le national-communisme. *A posteriori*, le choix du Kremlin concernant l'équipe dirigeante roumaine est un des signes avant-coureur du virage à 180° opéré par les pays de l'Est à la fin des années 1960 et que la Yougoslavie de Tito avait précocement mis en place. Ce changement d'orientation s'est traduit par une nationalisation du communisme. « Le socialisme réel » est alors adopté comme nouvelle doctrine des pays du pacte de Varsovie. Ce mouvement complet de nationalisation du communisme est mis en place pour remédier au manque de légitimité des partis. La politique de sociétés clonées sur le modèle soviéto-russe est définitivement abandonnée.

La descente aux enfers : l'apogée du roi communiste

La période des années 1980 est la scène d'une transformation importante au plan mondial ou peut-être l'aboutissement de transformations politiques à l'œuvre depuis plusieurs décennies. L'URSS de M. Gorbatchev s'oriente vers le capitalisme, ce que symbolise le triptyque, digne d'une entreprise capitaliste d'aujourd'hui : « restructuration, transparence et accélération ». La Chine, d'alors, fait de même en adoptant « le mécanisme de marché » et entraîne dans son sillage les régimes communistes de l'Asie du Sud-Est vers l'économie de marché. À l'exception notable de la Corée du Nord, alliée de Ceausescu, ce communisme est devenu le socialisme de marché. Côté étasunien, on assiste à une absorption des droits de l'homme dans la doctrine impérialiste de R. Reagan. Renversement pour le moins spectaculaire si l'on considère que l'action internationale des USA était justement critiquée pour son absence de respect pour les droits de l'homme [1]. Qu'on se rappelle seulement le rôle de l'armée et de la CIA en

---

[1] GUILHOT N., 2008 : « Entre juridisme et constructivisme : les droits de l'homme dans la politique étrangère américaine » *in Critique internationale*, 38 (1) : 113-135 ; 2001, « Les professionnels de la démocratie. Logiques militantes et logiques savantes dans le nouvel internationalisme américain » *in Actes de la recherche en sciences sociales*, n° 13 (9) : 53-65

Amérique du Sud dans les assassinats politiques et la chute des régimes politiques. En Europe, et surtout en France, l'humanitaire antitotalitaire bat son plein, détruisant sur son passage le tiers-mondisme tout en appliquant une dépolitisation factice des politiques d'aide internationale [1]. Les catastrophes sont à l'ordre du jour, qu'elles soient prévisibles ou non.

La Roumanie ne peut plus prétendre au rôle d'opposant à la Russie qui vire au capitalisme. Comparée au « grand frère » soviétique, elle paraît même faire marche arrière. La marge de tolérance des Occidentaux s'est considérablement réduite pour les dictateurs. La démocratie vient au premier plan des normes internationales. C'est un critère fixé dans le politique même, réduisant la marge de tolérance de « l'opinion internationale ».

Décrire le régime communiste sous Ceausescu, et particulièrement à cette époque, comme un régime stalinien est un lieu commun des sciences politiques qui est plutôt une manifestation d'une analyse partielle du mode de fonctionnement du régime communiste que l'expression d'une justesse analytique. En réalité, l'État-parti, pour obtenir une forme de légitimité, a dû mettre en œuvre un ordre symbolique dans lequel il assurait sa domination. Ce sera tout l'enjeu de la construction de « la nation socialiste [2] ». Le régime communiste va intégrer la rhétorique nationaliste d'extrême-droite de l'entre-deux-guerres en la modifiant à son avantage. Le pouvoir communiste devient, du fait d'un effort conséquent de manipulation de l'ordre symbolique et de l'histoire, un pouvoir cherchant une légitimation identitaire. Ceausescu s'inscrit dans la grande lignée des représentants légitimes du peuple mono-ethnique. Cela n'empêche pas l'instrumentation par les structures politiques de l'ethnicisation des rapports entre groupes sociaux pour les détourner de la contestation politique. Une forme de pouvoir bien particulier a émergé. Personne ne semble avoir saisi sa progression.

Et pourtant, le 28 mars 1974, à l'occasion de la cérémonie d'investiture du président de la République, fonction nouvellement créée, Ceausescu se présente devant la grande assemblée du comité central du parti communiste (convoquée en séance extraordinaire) muni d'un sceptre, tel un roi. Le Centre d'études et recherches d'histoire et théorie militaire, devenu leader

---

[1] HOURS B., 1998 : *L'idéologie humanitaire ou le spectacle de l'altérité perdue*. L'Harmattan, Paris.
[2] Voir sur ce point l'excellente critique de PAVELESCU A., 2009 : *Le Conducator, le Parti et le Peuple : le discours nationaliste comme discours de légitimation dans la Roumanie de Ceausescu (1965-1989)*. Thèse de doctorat, IEP, Paris.

dans le domaine de l'histoire, dirigé par Ilie Ceausescu, le frère de Nicolae, produit une généalogie de héros nationaux : tous sont des résistants qui protègent leur peuple contre les envahisseurs étrangers. Parmi les premiers personnages, on trouve Décébale, roi dace ayant résisté à l'envahisseur romain en 101-102 et en 105-106, et le dernier s'incarne en la personne de N. Ceausescu. La généalogie inventée met aussi l'accent sur le rôle d'unificateurs de la nation de ces personnages historiques. La représentation, assénée par tous les moyens possibles, d'une autorité paternelle protégeant contre vents et marées le peuple des puissances étrangères malveillantes, a déjà fait son chemin [1]. L'objectif est d'incruster cet ordre dans les consciences et de mettre les poètes, philosophes, historiens, philologues, littéraires au service de cette mission. « *Je vous ai élevés comme mes enfants* » disait Elena Ceausescu aux soldats quelques minutes avant son exécution. À côté du roi communiste, Elena Ceausescu, sans éducation, devient une scientifique iconoclaste dirigeant des équipes entières de scientifiques. C'est ainsi que le système d'éducation et la science, soumis aux cultes, discrédités, perdent toute forme de légitimité.

Mais parfois la réalité rattrape la fiction. Ainsi, lorsqu'Elena Ceausescu, bardée de doctorats, présentée comme une Marie Curie roumaine, prononce dans un discours « *codoi* » pour évoquer la molécule de dioxyde de carbone (CO_2), elle provoque les railleries silencieuses de la population, *coadă* signifiant en roumain la queue, *codoi* une grande queue. La « grande queue » deviendra l'un de ses surnoms.

Le régime, au cours des années 1980, va s'enfoncer dans une politique qui le mènera à sa perte. C'est justement parce que le pouvoir est de plus en plus concentré et de moins en moins partagé, parce qu'il devient de plus en plus arbitraire, parce que ses instruments de légitimation nationalistes, dans un tel contexte, deviennent des oripeaux, qu'il va s'écrouler. Plus le pouvoir resserre l'étau à tous les niveaux politiques et imaginaires de la société, et plus l'étau se resserre autour de lui.

L'autonomie de la Roumanie acquise au prix de multiples efforts est menacée par les évolutions du monde. Le régime se lance dans une politique de remboursement de dettes extérieures afin de ne plus être dépendant des bailleurs de fonds internationaux. On exporte en masse. En conséquence, les Roumains se retrouvent dans une situation proche de la famine, et, les grands travaux urbains mis à part, tout le fonctionnement de l'économie – faute d'investissements et d'entretien – se dégrade lentement et

---

[1] CIOROIANU A., 2004 : *Ce Ceausescu qui hante les Roumains*. Curtea Veche, Bucarest.

inéluctablement. Le chauffage est extrêmement réduit tout comme l'électricité, on ne trouve que très peu de médicaments. Ceausescu, se transformant en diététicien, affirme lors d'un de ses discours que les Roumains sont trop gros ; leur régime nutritif doit être étroitement surveillé, ce qui justifie l'organisation d'une quasi-famine. Les avortements sont interdits depuis longtemps déjà (entrée en vigueur du décret le 01-01-1967) pour multiplier la population. C'est à cette période qu'il devient presque impossible de se procurer des contraceptifs. Cela donne lieu en contrepartie à de nombreux avortements illégaux [1]. Avoir plus d'enfants, c'est avoir une plus imposante population. Avoir une plus grande population signifie plus de mains pour les kolkhozes, moins de dépendance vis-à-vis de la Banque mondiale ou du Fonds monétaire international, et plus de mains pour tenir un fusil en cas d'invasion étrangère. La logique développée est aussi simple et indigente, mais elle vise avant tout à faire aboutir la politique d'indépendance devenue une politique d'enfermement doublée d'une pénétration continue du pouvoir dans l'intimité familiale et individuelle.

La Roumanie court à la catastrophe. Les magasins se vident de leurs produits. L'huile, le sucre, le pain, la viande sont l'objet de très fortes restrictions. Les queues aux magasins s'allongent. Il faut une patience de plusieurs heures pour obtenir des cornichons bulgares, des serviettes hygiéniques, du saucisson au soja, bref la réalité a bel et bien rattrapé la fiction. On peut aussi, pour gagner un peu de chaleur, garder le chat sur ses genoux pendant les hivers où le thermomètre descend à -20 °.

Il est bien entendu que ce n'est là qu'un versant de l'histoire. Le régime communiste était effectivement un régime « corrompu » des plus hautes sphères de l'État jusqu'aux strates les plus basses de la société. Par exemple, une porte à l'arrière des bâtiments permettait d'éviter la queue aux magasins alimentaires moyennant une somme d'argent voire un service en retour. Les bouchers réservaient une partie de la viande pour leurs connaissances en n'oubliant jamais d'apporter aux *sécuristes* une partie de leur livraison. Dans ces conditions, un capital de relations sociales solide était nécessaire à toute famille voulant se nourrir avec autre chose que du saucisson au soja. Les oranges, le chocolat sont des souvenirs lointains sauf pour ceux qui arrivent à négocier au noir et à des prix élevés du chocolat avec les restaurants. Quant au marché noir, il est surdéveloppé.

---

[1] Le film « *4 mois, trois semaines et deux jours* », réalisé par Cristian Mungiu, en donne une illustration.

Depuis le milieu des années 1970, les « mauvaises origines » dans les classements sociopolitiques sont devenues secondaires, et, en extension de cette politique obsidionale, les liens avec l'étranger sont étroitement surveillés. Il est impossible de se rendre à l'étranger sans avoir à en payer le prix (au minimum un interrogatoire très sérieux avec un agent de la *Securitate*), à l'exception des collaborateurs, des agents de la *Securitate*, des personnes ayant un capital social solide, des espions en charge de contrecarrer les attaques contre le régime à l'Ouest et de quelques dissidents que le régime aimerait voir émigrer définitivement. La Roumanie devient une forteresse assiégée, la presse occidentale fait état d'un projet de construction d'une vaste barrière de barbelés le long de la frontière avec la Hongrie.

Dans les arcanes du pouvoir, le groupe lové autour de Ceausescu et de sa famille est sur ses gardes. La politique de rotation des cadres en place depuis plusieurs décennies, amène des frustrations importantes dans les rangs de la nomenklatura. Le parti communiste était un lieu de haute concurrence. Si Ceausescu a pu se maintenir au pouvoir, c'est aussi parce qu'il a soigneusement exclu tous les acteurs au profil dangereux et a su neutraliser tous les groupes concurrents. Le parti était loin d'être un lieu homogène. Ion Iliescu, futur premier président de la Roumanie postcommuniste, fait d'ailleurs partie de ce groupe d'exclus. À la différence d'autres membres du parti, il n'a pas connu les geôles de Roumanie. Dans ces conditions, les visites de Mikhaïl Gorbatchev avaient entraîné de forts espoirs en Roumanie, où l'on espérait que le dirigeant du Kremlin serait en mesure d'infléchir la politique du régime de Ceausescu. Mais, rien ne semblait pouvoir détrôner Ceausescu.

Pourtant quelques signes annonciateurs se manifestent à la fin des années 1970. Au début du mois d'août 1977, 35 000 mineurs de la vallée du Jiu, depuis 1929 haut lieu de contestation ouvrière, manifestent contre la remise en cause de leur régime d'assistance sociale. Ces hommes, de par leur nombre et le travail difficile qu'ils exercent, sont dangereux pour le régime. Vingt ans plus tard, au début des années 1990, ils rosseront sévèrement plusieurs brigades de gendarmerie au centre de Bucarest. Ceausescu, sans véritable choix face à la détermination des mineurs [1], vient en personne discuter avec les mineurs. Après les premiers cris – « À bas Ceausescu ! », le président négocie et maîtrise la situation. Les semaines suivantes, la région

---

[1] Le premier envoyé du parti, Ilie Verdeț, a été pris en otage par les mineurs et relâché seulement quand Ceausescu est venu entamer les négociations.

est mise sous la tutelle de l'armée. 4 000 mineurs seront enlevés, déplacés, déportés ou emprisonnés. D'autres manifestations suivront dans les mines au cours des années suivantes [1] : en 1981 à Lorda, Lupoaia et Heuraşti ; en 1983, dans le Maramureş. Il semble qu'elles passent inaperçus dans l'histoire du communisme roumain. En revanche, la révolte d'employés d'une usine de tracteurs de Braşov, le 15 novembre 1987, a eu un impact beaucoup plus important. C'est la dernière manifestation avant que le régime ne finisse par être décapité. Face à une dégradation très prononcée de leur situation, les ouvriers de cette usine organisent une manifestation d'une certaine force. Ils pénétreront et détruiront la mairie de Braşov. Dans leurs témoignages [2], ils expliquèrent leurs incompréhensions et leurs dégoûts face aux tables copieusement garnies de nourritures dans la mairie. Ils seront envoyés à Bucarest pour être torturés pendant des semaines. Puis, ils seront déportés, surveillés sans arrêt, la *Securitate* informant la population locale sur les risques encourus par quiconque oserait communiquer avec eux. Rétroactivement, ils sont d'autant plus importants qu'une association des victimes sera fondée et entretiendra des relations de proximité avec les mouvements anticommunistes postcommunistes.

Ces manifestations sont extrêmement fâcheuses pour le parti du peuple ouvrier, car c'est le prolétariat qui se révolte. Parallèlement, une lettre de six anciens hauts membres du parti communiste contestant le tournant pris par la politique de l'État-parti est envoyée à Ceausescu au printemps 1989. L'édifice mis en place par le régime s'étiole de l'intérieur et de l'extérieur.

Sur un plan international pourtant le régime communiste tente de maintenir l'affirmation d'une position d'arbitre entre l'Est et l'Ouest, tout comme il avait tenté de s'octroyer une position de médiateur dans les nombreuses guerres coloniales menées par Israël. Le régime se fait le promoteur du désarmement nucléaire, en essayant de gagner une image de mise à distance des deux blocs et d'autorité surplombante. Mais, dans un contexte éloigné de la *détente*, c'est peine perdue : à l'Ouest, en effet, le régime de Ceausescu est vivement critiqué pour les violations des droits de l'homme et pour la persécution des minorités magyares. Le plan de systématisation de plusieurs milliers de villages roumains et la construction de la maison du peuple attirent les foudres des Occidentaux. La Hongrie est

---

[1] SOARE S., 2002 : « Les gueules noires de Roumanie ou les variations d'un symbole à travers le temps », *Regard sur l'Est*, n. 29 (avril-mai).
[2] OPREA M. & OLARU A. (Dir.) 2002 : *Ziua care nu se uită, 15 noiembrie, Braşov* [Le jour qui ne s'oublie pas, 15 novembre Braşov]. Polirom. Iaşi.

particulièrement attentive à la situation estimant toujours qu'une partie de sa nation est en Roumanie. Or, les villages de Transylvanie sont visés. L'Opération village roumain mobilise les élus locaux et la population en Belgique et en France notamment, pour protéger les villages de Roumanie. Des ONG comme les Ligues des droits de l'homme travaillent à la libération des dissidents enfermés en Roumanie. Lech Walesa, l'un des leaders de *Solidarność*, envoie une lettre à Ceausescu lui demandant d'arrêter de persécuter Doina Cornea qui critiquait le régime communiste et avait de bons appuis à l'Ouest. Des ONG humanitaires se préparent à intervenir pour la première fois à grande échelle en Europe. Les contremesures organisées par la *Securitate* fonctionnent à plein régime, mais elles n'ont plus les effets d'antan. Les spéculations vont bon train sur la situation du pays. Il est incontestable que le niveau de vie en Roumanie est absolument déplorable. Médecins du Monde installe plusieurs ponts humanitaires à ses frontières, en Yougoslavie notamment. Certaines de ces ONG s'apprêtent à affronter la catastrophe humanitaire consécutive à une révolution qu'elles vont devoir fabriquer, ce qui explique leur réorientation vers la vraie catastrophe dans le domaine de la santé publique [1]. Ces ONG sont guidées par l'antitotalitarisme. On n'évoque pas de catastrophes naturelles, mais une catastrophe organisée par un régime politique totalitaire. On est en décembre 1989 : la période de Noël se prête peut-être mieux qu'une autre aux manifestations de commisération. Tous les régimes communistes est-européens ont quasiment disparu. Ceausescu constitue désormais l'ultime figure du Mal. Tardivement, l'Occident se réveille : le génie des Carpates était un dictateur paranoïaque… Et comme pour se racheter de ses péchés et faire oublier sa tolérance à l'égard d'un dictateur, l'Ouest va fournir un surinvestissement humanitaire dans ce pays et, nécessairement, en fabriquer une image fausse.

Une fin tragique, une ouverture en trompe-l'œil

Plusieurs sources plus ou moins sérieuses signalent qu'à Timișoara, en décembre 1989, un nombre inhabituel de touristes — Hongrois, Russes et Américains — était présent. L'hypothèse d'une aide extérieure à l'insurrection ne semble pas tout à fait extravagante, les « révolutions »

---

[1] Pirotte G., 2006 : *L'épisode humanitaire Roumain. Construction d'une « crise », état des lieux et modalités de sortie.* L'Harmattan, Paris.

récentes en Ukraine et en Asie centrale ou, en remontant plus loin, les contrerévolutions au cours des guerres d'indépendance coloniale le laissent penser. Les archives permettant d'étayer cette hypothèse n'étant pas encore accessibles (aux USA, en Russie, en Roumanie, en Hongrie…), elle reste par conséquent invérifiable et hors du champ de notre réflexion.

Au milieu du mois de décembre 1989, le prêtre Laszlo Tökes, aujourd'hui élu au Parlement européen pour le compte du Parti civique magyar et président du Conseil magyar pour l'autonomie du bassin carpatique, est rétrogradé et enlevé par la police secrète pour avoir critiqué l'absence de liberté religieuse. Une foule se rassemble qui manifeste pour demander sa libération. La manifestation est réprimée dans le sang. Les manifestants reviennent à la charge le lendemain, demandent que les corps des personnes abattues leur soient restitués et les prisonniers libérés. L'inimaginable intervient alors : la répression change de camp et passe du côté des manifestants. Ceausescu est à l'étranger, effectuant l'une de ses nombreuses visites de courtoisie, en Iran en l'occurrence. En toute hâte, il rentre à Bucarest.

À Bucarest, le *conducator* accompagné de son épouse, tente de remobiliser la population par un long discours. Mais la foule se révolte. Le couple s'enfuit en hélicoptère depuis un toit de la place de la Révolution. La fuite est organisée par le général Victor Stanculescu, l'un des futurs organisateurs du pseudo procès des Ceausescu, futur ministre et homme d'affaire. À Bucarest, la guérilla urbaine éclate : elle aurait opposé une branche de la *Securitate* à l'armée. Les médias roumains évoquent des mercenaires libanais, des légionnaires français. Lors du procès des Ceausescu, on accuse Nicolae Ceausescu d'avoir ordonné le « génocide de Timişoara » de « 60 000 morts », et on le somme de répondre à la question : « Qui sont les étrangers qui assassinent les Roumains dans tout le pays ? » Voilà du pain béni pour les ONG urgentistes qui ont déjà pénétré en Roumanie et pour les journalistes occidentaux. À la fin de ce pseudo-procès, des chargeurs sont distribués aux exécuteurs avec ordre de les vider. L'expression de la haine et la manipulation de la haine d'une population exsangue vis-à-vis du couple tyrannique sont illustrées par ce faux procès qui est une véritable exécution. Il est bien clair que, pour que les tyrans soient mis à mort aussi rapidement, il faut non seulement qu'une large part de la *Securitate* et de l'armée ait décidé de ne plus les soutenir, mais aussi que règne un certain désordre permettant justement cette mise à mort. Le Conseil du Front de salut national, organe nouvellement créé, vient de réaliser un coup d'État en faisant d'une pierre deux coups : ils ont lancé une manipulation générale et se sont débarrassés des Ceausescu. En exhibant les Ceausescu, ce qui se produit, c'est une occultation des complicités, des concessions et un refoulement des responsabilités collectives. Et surtout, cela permet de déresponsabiliser les nouvelles élites par la cristallisation des ressentiments sur un acteur extérieur. *A contrario*, la manipulation vise aussi à constituer une solidarité avec la population.

Le constat est difficile à accepter, car le pain béni s'avère, en réalité, une nourriture empoisonnée. Comme la majorité des acteurs bien intentionnés (se sont ou) ont été trompés, rester dans l'illusion est salutaire.

Les membres du Conseil du Front du salut national – étrange coalition d'officiers de l'armée, de hauts nomenklaturistes et de relégués par la politique de rotation des cadres – n'ont pas tant inventé que repris à leur compte ces informations (au sens étymologique) venues de l'autre côté de la barrière. Radio Free Europe, l'organe de propagande contrôlé par les USA, tentait largement de manipuler l'opinion internationale sur ce qui se passait à Timişoara. « *Sur TF1, on entend : « Ceausescu, atteint de leucémie, aurait eu besoin de changer son sang tous les mois. Des jeunes gens vidés de leur sang auraient été découverts dans la forêt des Carpates. Ceausescu vampire ? Comment y croire ? La rumeur avait annoncé des charniers. On les a trouvés à Timişoara. Et ce ne sont pas les derniers* ». L'*Événement du jeudi* titra : « *Dracula était communiste* [1] (28/12/1989). » 4 630 cadavres, dans une seule fosse commune, à Timişoara, voilà ce que répètent à satiété les médias en France et ailleurs aussi. On parle de 40 000 morts dans tout le pays. L'accusation de génocide, également présentée dans les médias occidentaux, est reprise dans les chefs d'accusation du procès expéditif qui mènera à l'exécution des Ceausescu. Un procès stalinien inaugurant la nouvelle coalition, cela pose déjà un sérieux problème, pour l'idée de justice notamment. Le charnier de Timişoara, surexploité par les journalistes étrangers, crée un sentiment partagé face à l'horreur. Il justifie aussi les critiques que les mouvements antitotalitaires assènent depuis plusieurs années au régime sauf que… Sauf que le charnier est un montage, que la photographie terriblement choquante qui montre une femme avec « son » nourrisson dans les bras, morts depuis quelques semaines, au milieu d'autres cadavres, est aussi un montage [2]. Ces histoires oscillant entre le film d'horreur hollywoodien et le conte édifiant pour enfants en bas âge sont exploitées par une multitude d'acteurs locaux et

---

[1] HALIMI S., 2000 : « Les vautours de Timişoara », *La Vache Folle*, n° 27.
[2] Ces deux cadavres n'entretenaient aucunes relations de parenté.

occidentaux. Il est clair que le régime communiste est passé maître dans l'art de la manipulation et dans l'art de manipuler les manipulations, mais sans quelques âmes naïves à l'Ouest – d'une naïveté fonctionnelle et cynique, car il s'agit aussi d'audimat, de profits et de justifier une ingérence —, sans quelques besoins de légitimation et un étrange consensus apparent [1], rien de tout cela n'aurait été possible. En Roumanie, pour la population, les conditions sont sensiblement différentes, car, si l'on sait de quoi est capable l'État-parti, le pouvoir reste opaque. Les spéculations n'ont rien d'exceptionnel face à l'incertitude et à la représentation intersubjective d'un pouvoir sans limites. La nomenklatura vient de réussir sa révolution de palais sur fond de révolte générale. Les journées de décembre 1989 sont sanglantes dans les grandes villes de Roumanie. Le renversement du régime ne s'apparente en rien aux révolutions de velours qui avaient eu lieu plus tôt dans l'année, c'est-à-dire à une sortie négociée du régime communiste entre élites entrantes et sortantes qui se préparait depuis plusieurs années : en Tchécoslovaquie, en Pologne, en Hongrie, il existait un consensus et une maîtrise. En Roumanie, il n'existait que l'incertitude et un pouvoir autiste.

Pendant cette période de déliquescence systémique, se déroulent des manifestations importantes, tandis que des membres éminents du parti communiste tentent de reprendre le flambeau du pouvoir – sans succès. Des forums démocratiques anticommunistes voient le jour. C'est une période d'effervescence après un silence public forcé de près d'un demi-siècle. Sociologiquement parlant, les manifestants sont surtout représentés par des étudiants, des intellectuels, dans les grandes villes, etc. Les masses ouvrières ne viendront qu'au début gonfler la masse des manifestants. La structuration du mouvement montre très rapidement une prise du pouvoir par certaines catégories sociales à l'exclusion des masses. Cette division, qui apparaîtra de plus en plus clairement, deviendra par la suite structurante. Tout se passe comme si on se trouvait en face du prototype des mouvements collectifs qui allaient naître une dizaine d'années plus tard en Serbie, à l'Est de l'UE, voire même en Irak sous le patronage des institutions US et avec le soutien des ONG. Ce sont ces mouvements sociaux [2], plus connus sous le

---

[1] On peut d'ailleurs se demander s'il ne s'agit pas *in fine* d'un rite funéraire accompagnant la mort du communisme.
[2] GANGLOFF C., 2008 : *L'import-export de la démocratie : Serbie, Géorgie, Ukraine, Kirghizstan*. L'Harmattan, Paris.

nom d'*Otpor* en Serbie [1], de *Kmara* en Géorgie, de *Kelkel* au Kirghizstan ou de *Mjaft* en Albanie, que l'ex-président américain George W. Bush appellera « les champions de la démocratie » et qui seront au centre des « révolutions » colorées.

Avec l'exécution des Ceausescu, le CFSN est institué en organe de gouvernement provisoire. Quelques intellectuels prestigieux, émergés lors de la révolte bucarestoise ou même avant, ont intégré ce nouvel organe – certains même y ont été intégrés sans leur consentement, par exemple Doina Cornea – puis, lors de sa transformation en parti politique, vont le quitter. Une logique de conflit bipolarisé prend forme. Le FSN manœuvre pour éviter d'être entraîné dans la grande lessive anticommuniste qui se prépare. D'autant plus que pèsent sur l'État fraîchement « reconstitué » tous les griefs étouffés sous l'ancien régime : tortures, exploitations, violence sans limites…

La difficile émergence d'une opposition anticommuniste civile et partisane

Les événements qui ont lieu au cours de cette période de 1989-1990 vont avoir un effet durable sur la structuration du champ politique, idéologique, des groupes intellectuels roumains et des ONG. La place de l'Université de Bucarest est sans doute le lieu de la manifestation la plus aboutie contre le Front de salut national. Le FSN est alors une coalition hétéroclite. Les contraintes de la situation, qui n'est pas encore pleinement tranchée, sont bien représentées par la coloration sociopolitique de cette coalition. Le premier coup d'État pourrait être suivi d'un second putsch si d'aventure la *Securitate* ou l'armée ne reconnaissaient pas l'autorité du FSN. Il faut compter aussi avec les manifestants radicalement anticommunistes. L'intégration de certaines figures du mouvement est censée calmer leur volonté de purifier les institutions des membres du parti communiste et de la *Securitate*. Tout un ensemble d'associations vont alors naître et étendre la mobilisation : d'abord contre le régime de Ceausescu, puis contre la prise de pouvoir du FSN, un FSN qui a légalisé très rapidement l'activité associative.

La naissance de la société civile dans sa version associations-fondations-ONG ne peut être séparée de la naissance des partis politiques d'opposition

---

[1] *Otpor* sont les pionniers dans ce domaine. Quelques membres iront enseigner des techniques de renversement de régime politique en Asie centrale dans les pays de l'Est (hors de l'UE) avec le concours des institutions étasuniennes. Certains seront employés à Freedom House (USA).

au FSN et du mouvement urbain qui vont les porter. Le FSN, malgré le qualificatif de néo-communiste que lui assignent les manifestations d'opposition, a très rapidement desserré l'étau de la dictature. « Renaissent » alors les partis historiques supprimés après la seconde guerre mondiale par les communistes : le Parti national libéral (PNL), le Parti social démocrate (PSD, qui disparaîtra très rapidement), le Parti national paysan-chrétien démocrate (PNŢCD [1]) ; naît également l'Union démocratique des magyars de Roumanie (UDMR). Le 29 janvier 1990, leurs centres administratifs seront attaqués par des mineurs et des employés d'usine, les plaçant ainsi directement dans le camp des cibles du pouvoir et dans l'opposition. La rhétorique utilisée par le « nouveau » pouvoir montre une manipulation évidente d'un nationalisme en continuité avec la xénophobie exploitée depuis plusieurs décennies par l'ancien régime en lieu et place des « mauvaises origines » – bourgeoises, aristocratiques, religieuses, capitalistes, etc. L'exploitation du nationalisme permet de transposer la contestation, de la renverser et d'assigner les opposants du régime à des opposants à la nation roumaine par la création d'une solidarité virtuelle ethnicisée. L'opération consiste à démanteler la mobilisation sociale en montant les groupes sociaux les uns contre les autres. C'est ainsi que le pouvoir va substituer le critère autochtone, patriote, solidaire/étranger, envahisseur, pilleur, traître [2] au critère politique communiste/anticommuniste que tentent d'imposer les mouvements sociaux. On notera que parmi les leaders de l'opposition, le chef de file du PNL, Radu Câmpeanu, par exemple, qui est exilé en France depuis environ quatre décennies est un cas qui, dans la xénophobie ambiante, se prête facilement à ces accusations.

La mobilisation anticommuniste s'étend dans de nombreuses grandes villes du pays. En témoigne la naissance d'associations d'opposition au FSN telles Agora à Iaşi, 15 novembre 1988 à Braşov, et la tenue d'un Forum démocratique antitotalitaire à Cluj-Napoca, regroupant plus de 40 organisations [3]. Deux villes détiennent le leadership du mouvement :

---

[1] *Partidul national ţănăresc creştin democrat*.
[2] Par exemple, avant les violentes luttes ethnicisée à Tîrgiu-Mureş, le gouvernement avait fait preuve de complaisance vis-à-vis de l'association extrémiste « *Vatra Romaneasca* » (l'Âtre roumain). Notons aussi que ce conflit n'est pas étranger à l'usage du mythe de la reconstitution de la « Grande Roumanie » et de la « Grande Hongrie ».
[3] En ce qui concerne cette histoire spécifiquement, l'ouvrage le plus étayé, malgré un parti-pris latent, est celui de D. PAVEL & I. HUIU, 2003 : *Nu putem reuşi decît impreuna* [Ce n'est qu'ensemble que nous pouvons réussir]. Polirom, Iaşi.

Timişoara et Bucarest. À Bucarest, le Groupe pour le dialogue social (GDS) a été fondé par des intellectuels bucarestois à la fin du mois de décembre 1989 suite à l'intervention de Mihnea Berindei, l'un des intellectuels émigrés des plus actifs dans la lutte contre le régime communiste roumain. À l'époque, il est notamment directeur de la Ligue des Droits de l'Homme à Paris [1], l'une des capitales mondiales de l'anticommunisme. Les anticommunistes nationalistes de Radio Free Europe, organe de propagande américain, interviennent aussi afin de propulser quelques personnalités au centre de la mobilisation et de ces organisations. La tribune du GDS, la *Revue 22* (en référence au 22 décembre 1989) – hebdomadaire encore publié aujourd'hui – est lancée quelques semaines plus tard. Parmi les principes énumérés lors de son lancement, il est dit que le GDS : « *aspire à représenter la conscience lucide de cette société qui a été humiliée et déstructurée. Nous voulons contribuer à la sortir du désastre et à sa régénération.* » […] « *Le GDS se propose d'être un laboratoire dans lequel les économistes, les sociologues, les politologues, les historiens, les philosophes, les urbanistes, les écrivains, les théologiens etc. trouvent (cherchent) ensemble les stratégies et les solutions dont la Roumanie va avoir besoin dans un futur immédiat* [2]. »

Remarquons trois aspects dans cet extrait : d'abord, une teinte mystico-religieuse et nationaliste dans l'évocation d'une « renaissance » nationale ; deuxièmement, la volonté de peser sur la société pour mieux la guider ; troisièmement, un repli sur le monde intellectuel, la politique et le gouvernement excluant d'autres catégories sociales. Ces trois aspects interdépendants vont devenir des constantes de l'anticommunisme et des ONG les plus importantes en Roumanie. C'est même ce qui va fonder leur identité politique et sociale.

À Timişoara, ville des plus actives dans la révolution, existent déjà la Société Timişoara et l'association Europa. Ces organisations vont lancer la Proclamation de Timişoara, rédigée par le président de la Société Timişoara, le 11 mars 1990. Ces organisations s'opposent radicalement au FSN qui tente par la répression et la désinformation de maîtriser les mouvements démocratiques, mais qui manœuvre en même temps pour trouver des

---

[1] Il est aussi historien au laboratoire d'étude des systèmes politiques de l'École des hautes études en sciences sociales. Il a participé à la revue *La nouvelle alternative* créée par François Maspero et a été animateur de la *Radio Free Europe*. Il sera membre consultatif de la revue 22 et membre d'honneur du GDS. Parmi ses opus, on notera *Roumanie, le livre blanc : la réalité d'un pouvoir néo-communiste* (la Découverte, 1990) coécrit avec A. COMBES & A. PLANCHE.
[2] « Déclaration constitutive du Groupe pour le dialogue social » *Revue 22*, 20 janvier n° 1, cité *in* D. PAVEL & I. HUIU, 41.

appuis dans la société. C'est précisément le point 8 de la Proclamation de Timișoara qui va constituer le cri de ralliement de ces ONG et de ces partis politiques : « *Nous proposons que la loi électorale interdise pour les trois premières législatures consécutives le droit à candidature, sur toutes les listes, des anciens activistes communistes et des anciens officiers de la Securitate. Leur présence dans la vie politique du pays est la source principale des tensions et des suspicions qui travaillent aujourd'hui la société roumaine. Jusqu'à la stabilisation de la situation et à la réconciliation nationale, leur absence de la vie publique est absolument nécessaire. Nous demandons, de la même manière, que dans la loi électorale soit inscrit un paragraphe spécifique qui interdise aux anciens activistes communistes, d'être candidats à la présidence du pays* [1]. »

La désignation de l'ennemi s'accompagne d'une tolérance affichée pour les anciens membres du parti non activistes, le parti comptait alors un peu moins de 4 millions de membres au moment de la chute de Ceausescu. « *Avoir été membre du parti n'est pas une coulpe* » précise le document. Cette tolérance est d'autant plus nécessaire que parmi les manifestants, et notamment les leaders, les anciens membres du parti ne sont pas rares, tout comme il ne l'étaient pas dans le syndicat *Solidarność* en Pologne. Il reste qu'une telle déclaration accompagnée d'une attitude intransigeante n'allait pas dans le sens d'une négociation avec la nouvelle formation au pouvoir. En soi, il s'agit quasiment d'un symétrique inverse des modes de classements de l'État-parti. Ces militants restent partiellement prisonniers de l'ancien régime dans leur projet politique. C'est un projet qui fonctionne essentiellement par la négative comme si c'était l'État-parti qui, dans une large mesure, définissait leur mode d'action et de pensée.

Les principaux signataires de la Proclamation sont les partis « historiques » et des ONG. Malgré quelques dissensions, l'ennemi commun va favoriser la coagulation d'une opposition au FSN et un antagonisme politique pérenne. Une alliance tacite entre le PNL, le PSD (parti qui disparaîtra rapidement), l'UDMR et ces formes institutionnalisées de la contestation existe *de facto*. La solidarisation qu'occasionne la Proclamation entre les partis politiques et les ONG est le premier pas vers l'institutionnalisation de ces organisations sous la forme d'un grand parti politique.

La première élection démocratique se déroule un mois après le lancement de la Proclamation. Plusieurs ONG et délégations occidentales sont présentes sur place. Nous reviendrons plus loin sur ces acteurs. La première

---

[1] Cité *in* D. PAVEL & I. HUIU, 515-518.

élection, comme dans d'autres pays d'Europe de l'Est, est tendanciellement chaotique. En quelques semaines, plus de cent partis politiques seront constitués. La loi, instituée par le CFSN, permet à tout groupe d'au minimum 251 personnes de se constituer en parti politique.

Les résultats de l'élection sont extrêmement favorables au FSN. À la fonction présidentielle, est élu Ion Iliescu avec 85,07 % des voix. Il est suivi de Radu Câmpeanu (PNL) et de Ion Rațiu (PNȚCD) avec un pourcentage respectif de 10,16 % et 4,29 %. À la chambre des députés, le FSN obtient 66,31 % (263 mandats) des voix exprimées, l'UDMR 7,23 % (29 mandats), le PNL 6,41 %. Au sénat, le FSN a obtenu 67,02 % des votes exprimés, l'UDMR 7,2 %, le PNL 7,06 %. Pour les mouvements anticommunistes, ces élections sont un revers extrêmement grave. Mais, elles le sont aussi pour l'Ouest. Car, c'est l'ensemble du scénario, aujourd'hui bien rôdé, de l'émancipation démocratique qui s'écroule, tout comme il prend de nos jours des formes sinueuses en Ukraine ou franchement calamiteuses en Asie centrale. Les jeunes « militants de la liberté » et les partis historiques « modernistes » qui s'opposaient aux « néo-communistes réactionnaires » n'ont, en réalité, qu'une assise extraordinairement fragile dans la population. C'est l'aspect le plus sensible révélé par cette élection : l'opposition au FSN représente une faible minorité. Il est évident que le pouvoir en place possède tous les instruments d'information de masse pour lancer une vaste campagne qu'aucun autre parti n'aura à sa disposition, tout comme il est indéniable que des truquages nombreux seront relevés sur le terrain des élections. Mais toutes ces remarques, aussi justes soient-elles, ne sauraient faire oublier le constat essentiel de cette élection : la coalition dirigée par Ion Iliescu a obtenu un suffrage populaire sans aucune équivoque et même exceptionnel.

Ion Iliescu est alors un jeune nomenklaturiste, éduqué, enclin à une ouverture limitée. Il semble en mesure de maintenir l'unité nationale. Lorsqu'on connaît les craintes roumaines de fragmentation, craintes qui auront été utilisés à satiété par le régime de Ceausescu, cet aspect est très important. À la différence d'autres politiciens, son train de vie reste modeste. Ceci lui permet de construire son personnage en rupture avec l'image de Ceausescu, de ses rêves de grandeur et surtout des images, révélées au moment de sa chute, de tables copieusement garnies alors que le pays était au seuil de la famine. C'est le trait caractéristique de ce visage politique singulier qui lui permet de refouler partiellement l'héritage du communisme tout en l'utilisant et de se distinguer des nouvelles élites pour se rapprocher d'un peuple exsangue. Il n'est d'ailleurs pas rare que des responsables d'ONG viscéralement opposés à ce personnage politique reconnaissent ses qualités au cours d'un entretien face-à-face avec un étranger.

Pourtant, les résultats nets de l'élection ne vont pas arrêter la manifestation de la place de l'Université qui, malgré les intimidations de la police et de la *Securitate*, persiste depuis la fin du mois d'avril 1989. Après plus de 52 jours d'occupation, des mineurs de la vallée du Jiu ou des « patriotes » provenant d'autres régions viennent réduire la manifestation à néant les 14 et 15 juin 1990 [1]. Le bilan de cette manœuvre, organisée dans les hautes sphères de l'État, a été estimé à 7 morts et 277 blessés. Les manifestants criaient : « À bas Iliescu ! À bas le communisme ! ». En réponse, les opposants étaient traités de « Voyous » ou encore « d'anarchistes » par I. Iliescu. Les méthodes de la direction de l'État sont alors clairement autoritaires. Et cette répression va durablement entacher l'image de la Roumanie sur un plan international.

Cet épisode historique va devenir un scénario et à très court terme *un véritable mythe fondateur* de l'anticommunisme roumain, un coagulant qui va permettre le déploiement d'une matrice de pensées politiques et l'identification à un ennemi commun. Cet ennemi permet de créer des liens entre les partis historiques (dont les sièges ont été détruits quelques semaines auparavant) que l'on fait renaître, les futures ONG, les intellectuels autour de l'anti « néo-communisme ». Aujourd'hui encore, on évoque souvent cet épisode chez les intellectuels, les journalistes et les politiciens.

Cette période voit l'émergence d'un carcan idéologique structurant. Si l'on s'en tient à cette version, celle de l'opposition, on trouve, d'un côté, les communistes, ennemis de la liberté, de la société civile, proches de l'Est et notamment de la Russie, qui sont représentés par le FSN (qui deviendra le PDSR puis le PSD [2]) ; de l'autre côté, les adeptes de la liberté, des droits de l'homme, de la société civile, pro-occidentaux, moralement honnêtes, libéraux, civilisés, qui soutiendront et prendront part à la formation et à l'élection des partis politiques d'opposition (de droite) comme la Convention démocratique en 1996 et l'alliance Justice et vérité en 2004. Ce sont donc des oppositions binaires (droite-gauche) qui structurent la scène politique et qui devraient aussi structurer la société. Dans les faits, il en va différemment.

---

[1] Cf. LHOMEL E.
[2] Vainqueur des élections en 1990-1992, 1992-1996, 2000-2004. Le Parti social-démocrate est né de la fusion en 2001 entre le Parti de la démocratie sociale de Roumanie et le Parti social démocrate de Roumanie.

C'est ainsi que les militants anticommunistes se font les penseurs et les relais des partis politiques roumains de droite, avec lesquels ils vivent généralement une relation assez heureuse, partageant à quelques détails près le même noyau rhétorique et des ambitions similaires. Avoir subi les attaques des mineurs, à quelques semaines d'écart, facilite sûrement l'impression d'un destin commun. Parce que le FSN (puis le PSD) peut être considéré comme le principal héritier du parti communiste, s'allier avec les partis de droite peut être considéré comme l'expression d'une conviction et d'un engagement d'opposition au communisme postcommuniste. Qui plus est, ce schéma peut toujours s'appuyer sur une actualisation du mythe fondateur de l'anticommunisme postcommuniste, c'est-à-dire la répression de la manifestation de la place de l'Université. Dès lors, on comprend la pertinence de la solidarisation entre des mouvements d'opposition aux FSN et ses concurrents sur le plan politique. C'est de cette façon que débute la lutte pour le pouvoir.

La démonstration de force du FSN change cependant radicalement la donne et l'orientation du mouvement. Celui-ci va très rapidement s'institutionnaliser.

Une kyrielle d'organisations va émerger dans ce contexte en prolongement de la manifestation. La plupart de ces organisations ont la forme de groupes d'une envergure modeste ou moyenne. Ce sont de petits cercles en apparence homogènes, mais, au fond, différenciés par les origines sociales des acteurs et leurs champs sociaux d'insertion. Ce n'est pas sans conséquence sur la structuration du mouvement qui n'aura au final qu'un seul critère pertinent d'unification idéologique : l'anticommunisme. La constellation de micro-intérêts qui habite le mouvement politique se solidifie dans le conflit face à l'ennemi. Toutefois, dans les conditions d'une répression assumée à demi-mot par le pouvoir et d'un manque tranchant de légitimité au sein de la population, la mobilisation doit se doter d'une plate-forme en mesure de lui apporter une forme de cohérence. C'est dans ce but que naîtra officiellement l'Alliance civique (AC) le 7 novembre 1990 (le 29/11/90 légalement), et c'est le rôle qui lui sera imparti. Elle est composée de différentes associations comme la Société Timişoara, la Société Agora, l'Association Pro-Démocratie, la Ligue des étudiants de l'université de Bucarest etc. On y retrouve beaucoup de personnages déjà présents dans le GDS. Sociologiquement, la majorité des acteurs sont des intellectuels, des écrivains, des chercheurs, des personnes occupant des postes importants dans l'administration universitaire. On y trouve un nombre de diplômés –

docteur et professeurs d'universités – assez impressionnant, des doyens de faculté, quelques recteurs parmi lesquels le futur président de la Roumanie Emil Constantinescu porté par la Convention démocratique (1996-2000).

La devise du livre de l'AC, lancée le 14/12/1990, qui deviendra ensuite celle de la Convention démocratique, est : « *Ce n'est qu'ensemble que nous réussirons* ». La présentation de l'AC est assez explicite quant à ses objectifs politiques d'aujourd'hui comme d'hier : « *Tant que la société roumaine ne sera pas entrée dans la normalité, tant que les sécuristes, les escrocs et les voleurs du peuple roumain n'auront pas disparu de la vie politique roumaine, l'Alliance civique sera sur les barricades et tiendra haut*s *les standards.* »

Les partis politiques minoritaires et éclatés décident également de s'unir dans une structure nationale temporaire. En décembre 1990, est fondée la Convention nationale pour l'instauration de la démocratie (CNID), elle est composée de six partis politiques. Parallèlement, l'Alliance civique, en juillet 1991, en réponse à des demandes internes, va se dédoubler en parti politique : le Parti de l'alliance civique. Ces deux structures (CNID et PAC) vont fusionner avec les Forums démocratiques antitotalitaires (FDA). Il s'agit d'une autre plate-forme d'associations et de fondations qui représentent dans une certaine mesure les mêmes personnes et les mêmes organisations. Il est étrange de voir à quelle vitesse ces réseaux et structures se mettent en place dans un contexte où la *Securitate* et l'armée n'ont pas été démantelées. Et ce d'autant plus que la forme de ces organisations ressemble au modèle d'ONG promu par les institutions US (cf. chap.2). Ces trois organisations vont former la première force d'opposition de la Roumanie postcommuniste : la Convention démocratique. L'AC jouera le rôle de courroie de transmission entre la Convention démocratique et la société civile anticommuniste. On comprend un peu mieux la coalescence qui va exister entre les représentants de cette société civile et la CD et plus généralement entre les partis d'opposition au PSD. La CD accédera au pouvoir pendant la période 1996-2000 et disparaîtra, après cette période catastrophique sur le plan social, politique et économique. Quant au PAC, c'est en 1998 qu'il fusionnera avec le Parti national libéral.

L'émergence des figures prééminentes de l'intellectuel dit démocratique

Les personnages qui émergent lors de l'émulation générale de l'hiver 1989-1990, font partie de réseaux sociaux relevant de milieux hétérogènes. Outre la formation du GDS et de l'AC, ils contribueront, comme nous l'avons vu, à la création de la Convention démocratique. Ces luttes de pouvoir les ont placés directement dans les cercles politiques dominants de la société, et ce qu'il s'agisse d'ONG, de partis politiques, de journaux, de revues ou de livres. Ces organisations donnent une impression d'homogénéité qui n'est pas tout à fait conforme à la composition des groupes en présence à partir de 1989 et entreront bientôt dans la catégorie des « gagnants de la transition » selon l'expression abjecte mais explicite et en vigueur. On distinguera ici trois groupes d'intellectuels prestigieux en fonction de la légitimité qu'ils vont utiliser à partir de 1989. D'abord les noiciens, ensuite les analystes politiques et enfin les dissidents qui ont connu les geôles du communisme.

L'un de ces groupes est constitué par les élèves de Noica [1]. Constantin Noica, philosophe heideggérien, a été pendant 10 ans (à partir de 1977) reclus à *Păltiniş* [2] avec ses émules philosophes. En pratiquant un mode de vie ascétique, ils auraient exercé en ce lieu une résistance spirituelle face à la dictature en spéculant philosophiquement. Deux de ses élèves, qui bénéficieront, par la suite, de bourses pour aller étudier en Allemagne (sous le communisme), vont sortir en tête du peloton des manifestants en 1989 : Andrei Pleşu et Gabriel Liiceanu. Les deux seuls boursiers de l'État-parti qui n'étaient pas informateurs de la *Securitate* selon leurs propos. Ils seront d'autant plus mis en avant qu'ils ont obtenu le soutien des animateurs roumains de Radio Free Europe, anticommunistes et exilés à Paris (dont Monica Lovinescu [3]).

Ces deux figures s'inscrivent dans une lignée de prestige national, Constantin Noica, Mircea Eliade, Emil Cioran… Ils permettent donc de prétendre gagner *a posteriori* la bataille de la représentativité nationale contre

---

[1] Pour une réflexion plus profonde sur ce groupe social, voir PAVELESCU A., 2009, *op. cit.*

[2] Păltiniş est une station de montagne située à plus de 1200 mètres de hauteur à 30 kilomètres au nord de Sibiu.

[3] On peut ajouter à ses collaborateurs Vladimir Tismăneanu le politologue roumano-américain qui sera nommé président de la commission présidentielle pour l'étude des crimes du communisme par le président de la Roumanie, T. Basescu, en 2006. On reviendra plus loin sur ce personnage.

le régime communiste, tout en effaçant la tradition intellectuelle progressiste en Roumanie [1]. Les anticommunistes de Radio Free Europe répètent sans discontinuer « l'incompatibilité génétique » entre le peuple roumain et le communisme, reprenant en cela les idées du nationalisme de l'entre-deux-guerres qui avait mené une partie des intellectuels à embrasser la cause de la Garde de fer, l'alliée des nazis. L'angle d'attaque étant exactement celui que l'État-parti avait le plus investi – celui de la nationalisation du communisme –, ils ne pouvaient espérer gagner cette guerre de propagande.

Liiceanu et Pleşu, qui deviendront des figures de l'intellectuel vedette, permettent au mouvement de projeter un lien généalogique avec la période de l'entre-deux-guerres, période dite de la Grande Roumanie. Les milieux intellectuels en feront un véritable âge d'or, une histoire fictive, un paradis. Par ce biais, ils effacent la période communiste de l'histoire nationale, trouvent un refuge psychologique en repoussant la souillure communiste, et peuvent ainsi se placer dans une généalogie où le communisme n'est plus qu'un accident, d'à peu près un demi-siècle tout de même. De plus, l'alliance avec les partis de droite de la Roumanie *interbelic* devient une histoire qui, enfin, peut reprendre sa trajectoire historique « naturelle ». On « redécouvrira » un peu plus tard, à l'occasion de la publication du livre d'Alexandra Laignel-Lavastigne [2], ce qui a été soigneusement étouffé pendant plusieurs années, que l'histoire n'est pas si onirique qu'on a pu la présenter et que M. Eliade et E. Cioran ont embrassé la cause du fascisme au cours de cette même période.

Gabriel Liiceanu, né en 1942, professeur d'éthique et de philosophie, est l'auteur de nombreux ouvrages [3]. Il est connu pour avoir écrit une lettre ouverte à la nouvelle nomenklatura en 1990 : *Apel câtre lichele* (« Appel aux truands »). Il détiendra très rapidement une édition des plus importantes de Roumanie grâce au concours d'Andrei Pleşu alors ministre de la Culture, les éditions Politique. L'édition, dans un état déplorable, sera privatisée en février 1991. Entre-temps, Liiceanu aura pris contacts avec les éditeurs français pour se procurer un portefeuille d'auteurs [4], nous sommes à la fois dans une période d'ouverture, de pénurie d'auteurs et de grandes attentes

---

[1] En d'autres termes, on recrée un cadre historique fictif et nécessaire à l'orientation politique de ces acteurs.
[2] LAIGNEL-LAVASTIGNE A., 2002 : *Cioran, Eliade, Ionesco. L'oubli du fascisme : trois intellectuels roumains dans la tourmente du siècle*. PUF, Paris.
[3] Parmi lesquels : *Dispute avec la philosophie, Le journal de Paltinis, Du mensonge, De la haine, De la séduction, Déclaration d'amour*, tous publiés chez Humanitas.
[4] BRAN M., 2006 : *Bucureşti, dezgheţul* [Bucarest, le dégel], Humanitas, Bucarest : 143

pour les intellectuels. Son modèle, comme il le dit lui-même, c'est Gallimard [1].

En quelques années, Humanitas deviendra une des deux plus importantes maisons d'édition de Roumanie (avec Polirom). Elle se voulait : « *Une cicatrisation de la société roumaine par la culture et une publication de livres, qui comme les médicaments, devraient se trouver sur la table de chevet de chaque politicien* [2]. » Ce type de médias est à la fois un instrument de première importance dans les luttes d'imposition idéologique et constitue un moyen de se procurer un capital de publications assurant une promotion dans le champ universitaire. Ce qui permet également de se mettre mieux à l'abri des vicissitudes touchant la vie intellectuelle. Les prix qui seront accordés, chaque année, à des personnes proches de cette tendance seulement, par les associations d'éditeurs, représentent aussi des sommes d'argent non négligeables, dans un contexte de décadence du système d'éducation et universitaire et de montée en puissance de nouvelles formes de concurrence. Parce qu'il possède les ressources nécessaires pour faire entrer, pour coopter ou promouvoir un universitaire dans les cercles fermés de cette élite, cet homme est au centre des réseaux intellectuels et universitaires.

Gabriel Liiceanu est aussi l'un des acteurs qui a demandé et obtenu la transformation en mémorial de la prison de Sighet où de nombreuses personnes ont été torturées et ont parfois transformées à leur tour en bourreaux. Ce fut chose faite en 1994, grâce à l'activité de la fondation *Academia Civica*. On trouve au sein du conseil scientifique du monument de Sighet Stéphane Courtois, l'un des auteurs les plus connus du *Livre noir du communisme* ainsi que Pierre Hassner, chercheur français en relations internationales, d'origine roumaine et ancien élève de Raymond Aron. Progressivement, les liens avec le milieu anticommuniste français vont se solidifier. Les ouvrages d'Alain Besançon [3], par exemple, seront publiés par sa maison d'édition. Il y détient même une collection.

François Maspero, sans le nommer, évoque dans son ouvrage *Balkan transit* la façon dont il est mis à l'index par Gabriel Liiceanu lorsque celui-ci le convie à une intervention dans sa maison d'édition sous forme de procès inquisitoire. « *Ce qui compte pour nous, c'est que vous nous expliquiez comment, tandis qu'ici nous souffrions sous le totalitarisme, vous, en France, vous pouviez*

---

[1] *Idem.*
[2] *Revue 22*, 4/07/1994
[3] Rappelons qu'après s'être converti à l'anticommunisme, Alain Besançon a bénéficié de stages et d'invitations au sein d'institutions assurant la promotion de la démocratie au niveau planétaire (centre Wilson aux USA par exemple).

éditer des théoriciens totalitaires comme Che Guevara et Althusser, ou admirer des complices du totalitarisme comme Jean-Paul Sartre [1]. » On rappellera ici que François Maspero a édité une revue – *La Nouvelle alternative* – dans laquelle publiaient des dissidents d'Europe de l'Est comme Paul Goma.

Grâce à cette maison d'édition, c'est tout un ensemble d'intellectuels qui vont pouvoir être promus publiquement, au niveau des universités et des médias. Autant dire donc que ce passage à l'entrepreneuriat privé fait de Gabriel Liiceanu un homme central dans les réseaux de l'opposition postcommuniste. Être coopté par lui ou par un de ses amis revient à se frayer une place importante dans ces institutions, mais aussi à obtenir des revenus non négligeables.

Andrei Pleşu, né en 1948, ami de Gabriel Liiceanu, docteur et professeur en l'histoire de l'art, lui aussi élève de Constantin Noica pour un temps, suit une carrière sensiblement différente par rapport aux membres standards de cette société civile. Notons qu'il a été interdit de publication pendant les dernières années du communisme et envoyé en exil à Tescani, près de Bacău, après l'affaire de méditation transcendantale [2]. En 1989, à la différence de nombreux manifestants et collègues universitaires, il accepte le consensus politique en s'impliquant dans le Front de salut national. Quand le FSN deviendra le seul organe politique de la Roumanie, il ne démissionnera pas, à la différence d'autres figures comme Doina Cornea. Andrei Pleşu occupera effectivement le poste de ministre de la Culture du FSN de 1990 à 1991, puis celui de ministre des Affaires étrangères de 1996 à 1997 pour le compte de l'opposition au FSN, la Convention démocratique. Il sera aussi conseiller présidentiel de Traian Basescu (opposition au PSD, ex-FSN) pour une courte période en 2004.

Dans le champ intellectuel, il fondera la revue *Dilema*, devenue par la suite *Dilema Veche*. La revue, financée par un milliardaire (€) ayant acquis sa fortune par des moyens inavouables, est aussi un regroupement de réseaux sociaux. À l'instar de la *Revue 22*, c'est une des portes d'entrée pour être reconnu comme une autorité intellectuelle confirmée ou en devenir. Elle vise un public urbain et diplômé. Toutes les revues intellectuelles roumaines reposent sur des réseaux étendus à l'ensemble des villes universitaires de

---

[1] Maspéro F. & Sluban K. 1999 : *Balkan transit.* Seuil, Paris.
[2] Cette affaire fait référence à une pratique qui a été autorisée au début par le parti. Son auteur, un roumain exilé revenu au pays, voyait dans ces méthodes de relaxation une bonne manière pour augmenter la productivité des foules. Ces membres ont été sévèrement punis en 1982, lors de la fermeture des institutions qui avaient mené ces expériences.

Roumanie [1]. Elles peuvent être en compétition, mais en général leur fonction est d'assurer une réputation à des universitaires, l'entretien et la défense des idéologies, des revenus en y ajoutant les prix qu'ils s'attribuent. Gabriel Liiceanu et Andrei Pleşu animeront plusieurs émissions télévisées et seront employés comme chroniqueurs occasionnels dans de grands quotidiens Bucarestois.

Andrei Pleşu recevra d'ailleurs du GDS le prix annuel en 1999 : « *pour l'efficacité et la grâce avec laquelle, en tant que ministre des Affaires étrangères de la Roumanie, il nous a redonné l'espérance que nous pourrions avoir un destin européen, mettant ainsi fin aux sentiments d'abandon, d'isolation et de dignité perdue avec lesquels nous avons vécu les dernières décennies de notre histoire* [2]. »

Il fondera le *New Europe College*, en 1994, grâce à ses contacts en Allemagne. Cette fondation est financée par des ministères d'Allemagne, de Suisse, l'ambassade de France, des entreprises comme Volkswagen, Vodafone et des organisations comme la fondation Hertie ou la Fondation pour une société ouverte-Roumanie (Soros). Le NEC revendiquant un modèle de centre d'excellence permet de recruter des étudiants pour en faire des élites et reproduit une inégalité fondamentale entre les étudiants. Certains deviennent politiciens (de droite), d'autres sont en charge d'instituts de recherche (cf. chap. 2 et 4). Elle permet également au comité de direction de cette fondation d'élargir ses zones de contrôle. On retrouve d'ailleurs dans les sélections annuelles de ce jury aux pratiques discrétionnaires et opaques une grande part d'étudiants déjà inscrits dans ces réseaux. Notons enfin que la fondation a été proche de l'Agence universitaire de la francophonie dont le centre régional se trouvait à Bucarest, il y a quelques années encore.

Andrei Pleşu sera aussi membre du Collège du Conseil national des archives de la *Securitate*, constitué en 1999, en période de gouvernance de la CD. Et ce, en dépit du fait qu'il ait été membre du parti communiste, qualité qui devait lui interdire légalement de participer au CCNSAS, et qu'il n'ait aucune compétence réelle en la matière. La loi et le respect des domaines de compétence sont ici largement secondaires par rapport au statut de l'acteur et à son prestige, et c'est bien le second mode de classement qui l'emporte sur le premier. Notons qu'Andrei Pleşu a été mis en examen il y a quelques années pour avoir supposément masqué le statut d'informateur de la

---

[1] GAVRILESCU A., 2006 : *Noii precupeţi. Intelectualii publici din Romania de dupa 1989* [Les nouveaux marchands. Les intellectuels publics de Roumanie après 1989], Compania, Bucarest.
[2] http://www.gds.ong.ro/premiulgds.htm

Securitate de Sorin Antohi, autre intellectuel, renvoyé de la Central European University (Soros) de Budapest, où il était professeur, à la suite de la découverte (très tardive) d'une falsification de CV impliquant trois livres et une thèse de doctorat imaginaires.

Ce qu'illustrent ces acteurs, objectivement, c'est la porosité entre les milieux intellectuels, les partis politiques, mais aussi la capacité de mettre à profit une position d'ubiquité dans une conjoncture exceptionnelle.

Ainsi, ils sont symptomatiques de la constitution des formes d'autorité et de la prise de pouvoir sur des champs sociaux dont l'intensité des conflits était jusque-là confinée dans un encadrement sévère. Ces figures, exemplaires d'une intégration réussie à la nouvelle donne capitaliste, ayant adopté de nouveaux modes d'accumulation de revenus dans le champ de la culture et de la société civile, sont à la fois des entrepreneurs de moralité, des hommes d'affaires et des idéologues. Et contester leur autorité et la position apologétique d'un large pan des milieux intellectuels « contestataires », quand bien même ils assènent de pieux mensonges, font preuve d'un amour curieux pour les arguties sophistiques [1] ou offrent des odes à certains politiciens dans une bien étrange continuité avec les poètes de Ceausescu, peut coûter cher à l'olibrius qui ose s'attaquer à de tels édifices symboliques et de tels symboles du pouvoir. Car ce qui est alors remis en cause, c'est non seulement la légitimité d'acteurs aux positions clés – les figures intellectuelles, libérales, de la société civile – mais encore les formes d'obédience manifestées par les acteurs solidaires de ces groupes d'appartenance sans oublier le scénario imaginaire de l'histoire postcommuniste, communiste et pré-communiste. Ainsi selon Tom Gallagher : « *L'incapacité des forces de la société civile libérale de Roumanie à faire face aux critiques a été illustrée en mars 2000, quand Dan Pavel, un des commentateurs politiques avec une rubrique permanente de la Revue 22, a été mis à la porte de cette publication sans préavis. Il commettait le « crime » d'accuser les grands esprits illuminés du GDS – Andrei Pleşu, Mircea Dinescu et Gabriel Liiceanu – d'être de bons libéraux, mais de mauvais démocrates, qui se croyaient plus égaux que d'autres face à la loi* [2]. » Ce type de sanction peut s'expliquer par le fait que de tels gestes mettent en lumière le décalage existant entre le scénario dans lequel un mouvement social est porté par des figures

---

[1] Cf. parmi de multiples exemples PLEŞU A., « A treia zi a comunismului ? » [Le troisième jour du communisme ?] *in Revista 22*, 10/08/2007. Le texte concerne l'ouvrage d'Emmanuel Terray du même titre, 1992 : *Le troisième jour du communisme ?* Actes Sud, Arles.
[2] GALLAGHER T., 2005 : *Furtul unei naţiuni. România de la comunism încoace* [Le vol d'une nation. La Roumanie depuis le communisme]. Humanitas, Bucarest : 285

emblématiques immaculées qui revendiquent une supériorité morale et la réalité. Ce qu'on voit clairement, c'est une classe d'acteurs réduite qui prend le pouvoir par des moyens peu avouables. Le champ intellectuel et universitaire roumain en effet est marqué par un niveau de concentration élevé de népotisme, de clientélisme et de relations d'obédience aux partis politiques.

Le second groupe important qui va émerger de la société civile en 1989, est composé de politologues et d'historiens. Alin Teodorescu, Călin Anastasiu et Stelian Tănase en font partie. Né en 1951, Alin Teodorescu est le personnage dont la biographie est la plus spectaculaire parmi ces acteurs.

Sous le communisme, de 1974 à 1985, ce sociologue de formation est chercheur au Centre de sociologie urbaine et régionale (CURS) puis, à partir de 1985, chercheur principal à l'Académie roumaine des sciences. Il sera suivi de près par la *Securitate*. Dès les premières heures de la chute du communisme, il préside le Groupe pour le dialogue social (1990-1991) et la Fondation pour une société ouverte-Soros (jusqu'en 1996). Il fonde, en 1992, avec Călin Anastasiu, l'Institut de marketing et de sondages (IMAS). Instrument essentiel dans ce contexte, car il faut pouvoir obtenir des indicateurs de « l'opinion publique » même virtuelle. L'opinion publique tout comme le peuple est, à cette date encore, représentée par le FSN et ses continuateurs, et n'a pas lieu d'être interrogée ni même d'exister. On est dans la continuité du communisme et de simples sondages peuvent être considérés comme des instruments en mesure de faire réfléchir les institutions publiques et les citoyens, de favoriser la prise de parole et l'émergence d'un esprit libéral, dans une conception proche de celle de la fondation Soros.

En 2003, à la surprise générale, il accepte un poste de conseiller du premier ministre pour la réforme de l'administration publique. En mars 2004, il est nommé chef de la chancellerie du premier ministre Adrian Năstase. Autrement dit, il est recruté par le PSD, l'ennemi des puissantes ONG. Depuis 2004, il est député du PSD. Plusieurs hypothèses sont avancées pour expliquer cette conversion. Selon Adrian Gavrilescu, c'est la situation avancée d'endettement de l'IMAS qui a conduit à cette décision. Les commandes des partis politiques ou de l'État peuvent facilement relancer ce type d'entreprise [1]. On peut aussi se demander s'il ne s'agit d'une continuité dans l'évolution d'une carrière. Cependant, il est sûr que le passage de l'absence « d'opinions politiques » à la démocratie de

---

[1] GAVRILESCU A., 2006 : *op. cit.* 192

sondages (instruments dont les partis politiques et les ONG sont avides) fait des professionnels des sondages des personnages inévitables pour les partis politiques dans la gestion des masses. On retrouve d'ailleurs dans les rangs du Parti démocrate aujourd'hui (parti de droite) un des analystes de sondages des plus connus en Roumanie, Sebastian Lăzăroiu, qui est également conseiller et parfois porte-parole du président Traian Basescu depuis 2004.

Stelian Tănase réunit, lui aussi, de nombreuses caractéristiques que l'on peut trouver isolément et sous une forme singulière pour chaque acteur de ce champ. Né en 1952, philosophe de formation, il est l'auteur d'une dizaine d'ouvrages et a obtenu le grade de docteur en sciences politiques à l'École nationale des sciences politiques et administratives en 1996. Avant 1989, deux d'entre eux ont été interdits. Les livres qu'il a écrits après 1989 ont en majorité été publiés à *Humanitas*. Une bonne part relève des sciences politiques et de l'histoire du parti communiste et de ses élites. Mais, il est également romancier.

Après avoir manifesté en décembre 1989, à Bucarest, Stelian Tănase, membre du GDS, deviendra vice-président du Parti de l'alliance civique en 1991. Puis, en 1992, il devient député de la Convention démocratique et vice-président de la commission pour les relations extérieures à la chambre des députés. Ensuite, il obtiendra des financements pour ses études, notamment une bourse *Fulbright* et un financement de la *Woodrow Wilson school of public and international affairs* – institut développant les études transitologiques – et deviendra professeur à la faculté de sciences politiques de Bucarest. Il est l'un des fondateurs de la *Revue 22* et de la revue *Sfera politică*, aux côtés de Călin Anastasiu, publiée par la fondation « société civile ». *Sfera politică* est la revue de l'association roumaine des sciences politiques très proche de la faculté des sciences politiques de Bucarest. Il en sera d'ailleurs un des vice-présidents de l'association en 1994. Comme nombre de ses collègues, il a été suivi par un informateur qui fut un de ses meilleurs amis.

Notons que Stelian Tănase à la différence de Gabriel Liiceanu par exemple ne se pose pas en archange exterminateur du communisme. Il présente un profil beaucoup plus consensuel même s'il partage un univers sémantique commun. Par exemple, il invita son ami, qui l'avait surveillé pour le compte de la *Securitate*, à discuter sur un plateau de TV de cet épisode.

Ces acteurs vont s'inscrire plus directement dans le champ de « l'analyse politique », c'est-à-dire qu'ils vont devenir les doxosophes des médias de masses rapidement convertis à la rentabilité capitaliste, aux formats des médias de marché et à la recherche de l'audimat.

Ces deux catégories d'acteurs seront également au centre de l'institutionnalisation du mouvement social et politique de 1990. Ils prennent part à la constitution de parti politique, le PAC, dans l'ombre des partis politiques. Ils sont présents dans les conseils d'administration d'ONG quand ils ne les dirigent pas.

Une troisième catégorie d'acteurs, d'une importance capitale, est présente au centre de cette émergence : les prisonniers politiques, des personnes torturées, des gens envoyés au goulag, aux travaux forcés comme le terrible canal Danube-mer Noire. La présence de ces acteurs est primordiale dans le sens où elle permet de donner une légitimité nette à l'anticommunisme. Il ne s'agit pas d'intellectuels censurés, il ne s'agit pas non plus d'universitaires ayant été contraints d'une façon ou d'une autre, ni même de personne ayant subi une déportation dans un kolkhoze et qui ont tout perdu en peu de temps, ce qui est déjà une épreuve d'une violence inouïe. Ils représentent par leur présence, la manifestation de l'horreur communiste ; ils sont la tête de pont moral du mouvement, des acteurs à la réputation intouchable en quelque sorte et de vrais boucliers pour l'idéologie anticommuniste. C'est donc de là que découle l'importance de ces survivants. Dans les faits, cette clarté n'existe pas. La catégorie de dissident pose d'ailleurs de très sérieux problèmes. Car, dans une société dictatoriale, peu nombreux sont les parfaits innocents, et les dissidents qui survivent le sont encore moins. Le système communiste était d'une habileté monstrueuse et recyclait ses victimes. C'est dans la nature de la dictature de soumettre des individus et des familles par tous les moyens possibles et de les pousser à l'opportunisme ou à des décisions qui mettent en jeu leur survie. Les victimes sont les instruments de leur propre sort. On notera que l'Association des anciens détenus politiques de Roumanie va être formée dès les premiers jours du postcommunisme, elle sera intégrée au FSN avant de revenir rapidement du côté des « partis historiques ».

Les figures de la place de l'Université évoquées plus haut, vont faire corps avec les victimes d'un côté et avec les anticommunistes internationaux – surtout français. C'est un cadre d'intégration à deux ailes : celle intouchable des victimes et des torturés, et celle de l'universalité de l'anticommunisme comme projet politique.

Les rapprochements entre anticommunistes de l'Est et de l'Ouest ont un double effet. D'abord, ils projettent l'idée d'un anticommunisme solidaire comme synonyme de la démocratie, des droits de l'homme et de la liberté entre la Roumanie et l'Occident et son extension au niveau du monde. En d'autres termes, c'est une forme d'intégration de la Roumanie à une internationale démocratique et droitsdel'hommiste polarisée sur l'antitotalitarisme. Cela permet aux anticommunistes roumains de revendiquer le rôle d'agent catalyseur de la réintégration de la Roumanie dans le monde. À la différence des pays d'Asie centrale, par exemple, en Roumanie, les bailleurs ne vont pas devoir créer de toute pièce et par divers trucages une opposition anticommuniste instituée. Un terrain fertile existe. La politique de promotion de la démocratie peut donc être considérée grâce à ses manifestants roumains comme une aide ponctuelle à la démocratie reposant sur un consensus préalablement existant et qui ne nécessite l'implication d'acteurs de l'Ouest que dans la mesure où ils répondent à une demande locale par rapport à laquelle l'aide est moralement et idéologiquement adéquate. Contre les communistes, les mouvements démocratiques sont présents. Malgré tout, il n'y a pas de Lech Walesa, il n'y a pas de Vaclav Havel, ni même de Milan Kundera. Certes, la Roumanie a Paul Goma, mais il est exilé depuis 1977 avec sa famille à Paris et a été déchu de la nationalité roumaine. Surtout, aucun de ces dissidents n'est arrivé à faire corps avec un mouvement social. D'un côté donc, il existe une absence de reconnaissance, un manque de soutien de la population pour cette élite, qui semble être la source d'une frustration importante et continuelle ; et cette frustration est renforcée, d'un autre côté, par cette absence de héros répondant aux scénarios occidentaux de la révolte contre la dictature. Cette césure entre une société civile proche de partis politiques d'opposition et l'ensemble restant de la société est un trait qui caractérise fondamentalement cette société civile. Or, ce sont dans ces réseaux sociaux que les bailleurs de fonds sont allés chercher les militants pour la démocratie. D'autres institutions, étasuniennes, dans l'ombre, œuvrent depuis les premiers jours de la chute du communisme à la constitution de cette opposition et aux ONG.

Il est frappant de voir qu'aucun des livres écrits sur cette période ne fait référence aux relations avec les institutions américaines de développement de la démocratie, elles qui vont peser de tout leur poids sur ces processus tout en restant discrètes sur le plan public. Faisons l'hypothèse que, justement, le scénario ainsi rétabli est un facteur de dépossession des velléités de revendication du monopole de l'organisation de la révolution qui doit, par conséquent, être refoulé dans un espace de censure systémique pour ne pas remettre en cause les évidences de l'anticommunisme. Un tel scénario aurait été rapidement exploité par les nationalistes et aurait donné plus de force au discours de Ion Iliescu qui dénonçait, à l'époque, ces mouvements comme des complots organisés de l'extérieur, en stricte continuité avec la rhétorique utilisée par Ceausescu. Il s'agit d'une vérité aux effets de propagation dévastateurs même pour les Occidentaux et le projet de démocratisation comme volonté-de-monde postcoloniale et post-guerre froide.

C'est justement vers la mise en place de la société civile et des politiques de démocratisation par un téléguidage extérieur que nous allons nous tourner dans le second chapitre.

2. Conditionnement politique, normalisation procédurale et hétéronomie structurelle de la société civile

La programmation démocratique est un cadre de développement politique dont la vocation est expansive et *a priori* sans limites. En Roumanie, elle n'enfreint pas les règles usuelles en la matière. Certes, les stratégies d'imposition des politiques (*policy* et gouvernance) varient dans le détail d'un pays à l'autre. Toutefois, dans l'ensemble, elles relèvent largement d'une orthodoxie méthodologique et idéologique déjà bien usitée. Il existe une vision qui sous-tend l'expansion des normes de démocratisation, une « stratégie de pouvoir », mais aussi une justification à l'imposition dont la complexité et la force ont été progressivement sédimentées. Ce sont des instruments, des canevas cognitifs essentiellement basés sur une vision institutionnaliste et constitutionnaliste des régimes politiques et de leur démocratisation. Il paraît opportun de souligner, en préambule, les liens qui existent entre la démocratisation et les sciences politiques [1]. Rappelons que la science politique est l'une des premières sous-traitantes de savoirs d'État et d'institutions multilatérales de développement démocratique post-communiste. Un large pan des sciences politiques s'apparente au *policy making* et à la continuation d'un travail sur une rationalité politique

---

[1] La synthèse exemplaire appartient à DOBRY M., 2000 : « Les voies incertaines de la transitologie. Choix **stratégiques**, séquences historiques, bifurcations et processus de *path dependence* », *in Revue française de science politique*, 50, 4-5 : 585-613. La synthèse est exemplaire à la fois parce qu'elle résume très bien ce champ de recherche et parce qu'elle ignore les a priori idéologiques les plus banals sur lesquels la démonstration s'appuie (téléologie, évolutionnisme, ethnocentrisme, sociocentrisme).

spécifique. En témoigne l'existence, aux USA par exemple, des cursus universitaires de *democratization studies*. C'est également la perspective qui domine les sciences sociales à l'Est. Ce glissement du rang de science sociale à celui de management de la démocratisation, qui est généralement refoulé, explique partiellement l'existence d'un voile d'opacité recouvrant ces politiques de développement qui est le corollaire d'un degré de sophistication théorique et rhétorique avancé.

La démocratisation s'apparente à ce que Michel Foucault nomme un « art de gouverner[1] », une action synergique qu'on peut décomposer en plusieurs éléments. Premièrement, il s'agit d'un mode d'emploi qui vise à rendre intelligible une société sous l'angle d'une stratégie intériorisée d'imposition d'un ordre, d'un ordonnancement de la société et d'un exercice de gestion politique de cet ordre. Cette stratégie de pouvoir doit être lue dans la logique de la société prédéterminée dans le projet. Deuxièmement, et conséquemment, cet angle d'attaque va permettre de formaliser les luttes politiques. Tous les éléments permettant de pénétrer la société vont pouvoir être passés par l'entonnoir de cette vision pour les orienter dans son sens et renforcer à la fois la forme de la gouvernance et sa direction : des ennemis et des obstacles vont pouvoir être identifiés, dépassés ou combattus ; des projections sur la société et le système politique vont être formulées avec leurs zones de censure. L'opération vise à modifier les prémisses et la structure d'une société structurée. Autrement dit, il s'agit d'un travail de mise aux normes.

Cet art de transformer la société constitue une projection sur le changement politique, mais aussi une contention pour l'esprit. À force d'être travaillé, il devient un carcan enfermant virtuellement la pensée. D'où la nécessité pour nous d'en rechercher les linéaments. Et ce, d'autant plus que la zone des pays d'Europe de l'Est est particulièrement exposée à cette projection cognitive et politique.

Dans son essence la plus large, l'optique de la démocratisation perçoit la réalité sociale, politique et économique à l'aune du pouvoir. C'est d'abord un mode de transformation de l'État dans son rapport à la société. Les éléments qui vont postérieurement se greffer à l'agenda restent subordonnés à cette logique et ne la remettent pas en cause. Un ensemble complexe politico-institutionnel va en être déduit pour faire ressortir les conditions axiomatiques et essentielles, dans tous les sens du terme, d'un régime

---

[1] FOUCAULT M., 2007 : *Naissance de la biopolitique : cours au collège de France (1978-1979)*, Gallimard, Paris.

démocratique imaginaire. On peut en énumérer quelques-unes : le pluripartisme politique, un parlement fort, une législature et une constitution puissantes, des médias libres ; le respect des droits individuels, de l'homme, de la femme, de l'enfant, des minorités sexuelles, religieuses et ethniques ; un environnement propice au développement de l'esprit d'entreprise, de l'esprit communautaire voire de *l'homo economicus* ; des associations qui expriment l'intérêt bien entendu des citoyens, en mesure de prendre en charge la solidarité et de s'opposer aux débordements autoritaires de l'État. C'est le premier point de l'agenda de la démocratisation : la création d'un parfait idéal de société démocratique, parfaitement imaginaire.

Cette programmation est le fruit d'un travail de longue haleine, d'accumulation et d'échanges de connaissances, d'imposition idéologique et de l'investissement d'importantes sommes d'argent. Sa forme académique est désignée sous l'appellatif de transitologie. Elle sous-entend un impérialisme occidental sous forme d'œuvre civilisatrice, dont les sciences politiques en tant que leader dans ce domaine, n'arrivent pas à se défaire. La démocratisation, précisons-le, est une version de la transitologie. Or, la transition se fait d'un système politique à un autre, d'une séquence historique à une autre.

La politique de démocratisation repose donc sur la construction d'une supposée quintessence des régimes démocratiques. En fonction de la proximité de chaque société de cet idéal, de l'incrustation de ces principes dans ses institutions depuis ses origines, une hiérarchie va être constituée. Il faut alors un deuxième terme dans l'équation puisque si la démocratie idéal-typique représente dans cette hiérarchie le pôle positif, il faut aussi désigner le pôle négatif.

L'idéal démocratique appelle un impeccable opposant, lui aussi, idéal-typé : le totalitarisme. En tant que symétrique opposé du meilleur système politique, le totalitarisme est le deuxième terme de l'agenda de la démocratisation. Dans une logique de conflit politique, s'il faut engendrer de la liberté et de la citoyenneté, il faut alors identifier *a priori* des obstacles à la liberté qu'on doit combattre et repousser. Il faut légitimer l'imposition de la liberté et sa production par la désignation de l'ennemi providentiel. Cet obstacle, c'est le totalitarisme.

Le totalitarisme s'oppose en tout point à la démocratie quand il ne l'a pas détruite : parti unique, monopole idéologique et politique, appareil de surveillance surdéveloppé et répression féroce, absence de liberté de parole et d'expression politique, absence d'élections réelles, de société organisée, permanence d'une société atomisée, individualisme, opposition au principe de propriété privée, substitution de l'*homo sovieticus* au citoyen, violation systématique des droits de l'homme, bureaucratisation à outrance etc. Tout cela est vrai, dans la logique de la démocratisation du moins. Cela explique partiellement la rémanence des visions des sociétés est-européennes en termes de réveil ou de dégel. Pourtant, si l'on pousse la logique de l'interprétation totalitariste à son terme, alors on n'est plus en mesure d'expliquer la chute du communisme. Soyons clairs : les régimes communistes est-européens ont été des régimes politiques parmi les plus oppressifs qui soient, pour autant on ne peut réduire la société communiste à cette oppression. On s'exposerait alors au risque de tomber dans une interprétation biaisée, reproduisant un hyper-pouvoir invulnérable. Au contraire, les régimes communistes n'ont pu se pérenniser sans des régimes de solidarité informels qui ont permis aux acteurs de survivre, ou en d'autres termes sans une société organisée. Si l'abstraction opérée par l'analyse en termes de totalitarisme est possible, c'est aussi parce qu'il s'agit d'une arme politique *ad hoc*. On remarquera, au passage, que les fantasmes d'une société atomisée ressemblent grandement à ceux qui sont d'ordinaire associés à la déliquescence des sociétés occidentales, au « dépérissement du lien social » ou du capital social [1], et pas vraiment aux craintes qu'inspire le totalitarisme communiste. Les soubassements de l'idée d'une société atomisée, reprise sans dissonance significative par les organisations de démocratisation et de développement [2], sont effectivement empreints de jugements centrés sur les sociétés occidentales.

Cette grille de lecture va permettre ou, plus encore, va devoir assurer l'encadrement et le formatage du passé. De cette reformulation du passé a émergé une discussion sans fin sur « l'héritage » comme legs communiste empêchant l'adoption du modèle occidental et expliquant les échecs de la normalisation. De cette interprétation va être tirée une ligne de changement globale.

Démocratie et totalitarisme sont donc les deux faces de la même pièce métaphysique unifiée dans un cadre symbolique relevant typiquement de la guerre froide. L'espace des pensables est délimité par ce carcan relevant de

---

[1] Selon le concept de Robert Putnam.
[2] Voir les analyses d'ATLANI L., 2005 : *Au Bonheur des autres. Anthropologie de l'aide humanitaire sur l'Asie centrale*, Société d'ethnologie, Paris.

l'évidence du lieu commun et du domaine du sacré qui ne peut être profané par le questionnement qu'au risque de tomber dans le camp totalitaire [1].

Une troisième caractéristique de ce plan, explicitement assumée, doit être soulignée : l'universalité des normes promues. En d'autres termes, l'universalité des droits de l'homme, de la société civile, de la société de marché, etc. est nécessaire à l'expansion des normes. Sans cette universalité supposée, la démocratisation perd ses apparences positives et devient une imposition idéologico-politique impérialiste se prêtant à l'accusation de néo-colonialisme. L'universalité s'étend dans l'espace – de l'Occident au reste du monde – mais également dans le temps, puisque la démocratie mondiale est supposée être un stade consensuel de la fin de l'histoire. De là provient le caractère évolutionniste de la théorie de la démocratisation. Il est à cet égard exemplaire que, dans les pays de l'Ouest, on ait parlé et que l'on parle encore du « rattrapage » de l'Est, sous-entendant par-là un « retard » vis-à-vis de l'Ouest. Cependant, ces notions correspondent à une histoire et à une constitution politique des normes morales occidentales. L'universalité est avant tout l'habillage nécessaire et l'apanage des instruments de domination, même s'il n'existe aucun doute quant à l'existence d'horizons d'attente vis-à-vis de la démocratisation dans les sociétés concernées. Dans l'exportation de la démocratie, il y a toutefois peu de place pour le libre arbitre. La technique de démocratisation nécessite, comme on va le voir, un degré élevé de professionnalisation de la part des ONG.

Dans la logique de transformation des prémisses des sociétés postcommunistes, les pays de l'Est sont condamnés à être des entités secondaires puisque leur système politique a été souillé par la dictature. C'est ce que rappelle le terme postcommuniste qui s'ancre explicitement dans le stigmate de la dictature. Il est d'ailleurs symptomatique que dans certains contextes, comme les commémorations, les pays d'Europe de l'Est tentent de faire valoir leur position de pionnier dans la révolte contre le régime communiste. D'aucuns cherchent, par ce biais, à montrer ses prémisses démocratiques et tentent de rejeter cette assignation tout en acceptant préalablement son système de hiérarchisation sous-jacent [2].

---

[1] Dans la préface d'un ouvrage qui n'incite pourtant pas à l'insurrection, et ce d'autant plus que l'auteur fait lui-même partie de la catégorie des *democracy makers* selon l'expression de N. Guilhot, l'ancien président de la Fondation Carnegie for international peace, Morton I. Abramowitz, souligne : « *Express skepticism or say a bad word about democracy promotion and you're practically, well, un-American* » in CAROTHERS, déjà cité, p.V

[2] Il semble que cette course des États soit considérablement freinée par la crise du capitalisme, parce qu'il y a interférence et contradiction entre le premier système d'allégeances censé assurer

La typologie des sociétés constituée sur cette base binomiale va servir de grille de classement projetée au niveau du monde. Chaque société, en fonction de sa proximité ou de sa distance des modèles de démocratie, va être située à un stade de l'évolution et un ensemble d'actions politiques *ad hoc* va être envisagé en fonction de cela. Les propos de Carl Gershman, président de la *National Endowment for Democracy* (NED, voir ci-dessous), l'une des plus importantes agences de démocratisation dans le monde, illustrent cette corrélation entre un niveau de hiérarchisation évolutionniste internationale, sous forme séquentielle, en fonction de l'optique de la démocratisation : « *[…] dans les pays dirigés par une dictature, les programmes se concentrent sur la défense des droits de l'homme et la libre circulation de l'information, puisque ce sont les activités les plus pertinentes et les plus réalisables dans les systèmes fermés. Dans les pays semi-autoritaires, les programmes ont tendance à porter essentiellement sur la défense de l'espace politique dans lequel peuvent évoluer les ONG et les médias, ce qui a pour effet d'émanciper la société civile et de la lier plus étroitement aux groupes et partis politiques démocratiques et, par conséquent, de forger une opposition plus unie et capable de faire contrepoids à un État dominant. Dans les démocraties naissantes, l'accent est mis sur la lutte contre la corruption, le suivi de la conduite des responsables publics, la nécessité de rendre le gouvernement responsable devant la société et le renforcement de l'État de droit* [1]. »

La société roumaine, dans cette typologie des actions de « démocratisation » était située jusqu'à une date récente dans la catégorie des pays semi-autoritaires et des démocraties naissantes. L'intégration à l'UE et à l'OTAN, couronnée par l'organisation du sommet de l'OTAN à Bucarest en 2007, constituent autant d'épreuves passées avec succès qui montrent une distanciation du pôle semi-autoritaire. Toutefois, ce n'est pas spontanément que les rapports de domination internationaux changent foncièrement de forme. Si, sur le plan des financements et de l'agenda politique des institutions internationales, la Roumanie ne figure plus comme un postulant à l'intégration, ni tout à fait comme un pays à développer, elle reste, dans une large mesure, dans une position similaire à celle d'un pays secondaire, postcommuniste.

---

une position à un État et le moment historique actuel qui le remet en cause. Il suffit de penser à la Hongrie. Ce pays fût considéré comme l'un des meilleurs élèves de l'Est pendant quasiment vingt ans et il est passé au seuil de la banqueroute pour les mêmes raisons en 2009.

[1] GERHSMAN C., 2003 : *Les Objectifs de politique étrangère des États-Unis*, courrier électronique de la revue du département d'État des États-Unis, Vol. 8 (août), n° 1.

En 1990, la Roumanie est une démocratie à peine naissante, et c'est le traitement habituellement réservé aux sociétés considérées comme telles qui lui sera administré. On parle ici de traitement parce que le communisme est considéré dans les politiques de démocratisation comme une pathologie, ce qu'attestent, par exemple, les « thérapies de choc », popularisées par Margaret Thatcher, adoptées de la Pologne au Kirghizstan dans les années 1990. Dans les lignes qui suivent, on abordera la mise en pratique de la normalisation politique en Roumanie par quelques bailleurs de fonds. On pourra observer en particulier comment ces bailleurs passent le relais aux ONG locales sous forme de transfert technique et d'institutionnalisation.

Les bailleurs de fonds et les interventions

Dans le domaine de l'assistance à la démocratie, deux plate-formes, du fait de leurs liens directs avec le Congrès américain, alimentent financièrement un important nombre d'institutions intermédiaires. La *National Endowment for Democracy* (NED), créée en 1983, dispose d'un financement annuel voté par le Congrès US et bénéficie des dons de puissantes entreprises et de fondations d'empires économiques (Ford, Coca-Cola…). Elle se présente souvent sur le mode de la dénégation comme une émanation de la société civile et reçoit chaque année un certain nombre de journalistes et de chercheurs en sciences politiques dont une part importante de ressortissants non-américains. C'est un bailleur de fonds, une entreprise de constitution de réseaux et une boîte à idées.

Créée en 1961, l'USAID (*United State Agency for International development*) est la seconde plateforme. L'USAID possède des agences à travers le monde entier. C'est le plus important bailleur de fonds US avec des budgets annuels pouvant dépasser les 9 milliards de dollars (en 2006). À la différence d'autres organisations, l'agence est directement soumise au secrétariat d'État aux Affaires étrangères et son budget nécessite l'approbation du Congrès. L'agence dissémine les programmes et les fonds monétaires aux échelons institutionnels et politiques inférieurs. Ensuite vient tout un ensemble d'institutions d'intermédiation se déplaçant à travers tout le globe.

On trouve tout d'abord les « quatre piliers » de la politique étrangère des USA, selon la dénomination usuelle, intrinsèquement liés aux partis politiques, au Congrès et au Département d'État des USA composés des deux instituts de partis, le *National Democratic Institute for International Affairs*

(NDI) et l'*International Republican Institute* (IRI), du *Free Trade Union Institute, l'American Federation for Labor and Congress of International Organization* (AFL-CIO) et de l'*American Center for International Private Entreprise* [1]. Ces organisations sont des appendices institutionnels de la politique internationale des USA. Ce sont des structures secondaires de la politique de l'État US. En raison de ces liens organiques, on peut sérieusement douter de leur caractère non gouvernemental. Pour éviter de reproduire cette dissimulation, on parlera d'Organisations d'État formellement privatisées [2] (OEFP). Ces organisations sont effectivement soumises à la rationalité de l'État et à celle des empires et fondations d'empires économiques qui les financent [3]. Elles sont donc généralement guidées par cette logique et contraintes de la respecter.

Ce ne sont pas les seules institutions qui prolongent la politique étrangère des USA [4]. Rappelons qu'il existe aux USA plus qu'ailleurs un gigantesque marché d'entreprises de recherche, d'inculcation d'idées, de propagande et de formatage du pouvoir (*think tank*). La philanthropie n'est jamais très éloignée non plus de ce genre de mise en orbite politique. Dans les pays de l'Est, c'est la fondation de l'ancien arbitragiste George Soros, sorti gagnant de la lutte de classes dans le champ de l'économie financière dans les années 1980 entre les *outsiders* de l'économie financière et l'aristocratie de Wall Street [5], qui domine à côté des fondations de partis politiques allemands plus anciennes.

Une nuance importante doit être apportée d'emblée. Les conflits qui sous-tendent les relations entre ces différents acteurs sur le sol américain sont d'une autre nature que ceux que l'on observe en dehors des USA. On

---

[1] Pour une analyse, de la genèse de la doctrine de l'exportation de la démocratie et de ses mutations idéologiques voir GUILHOT N., 2005 : *op. cit*. En France, cette mutation s'est opérée avec plus de force, en ce qui concerne les ONG, dans le champ de l'humanitaire qui s'est imposé au développement. Sur ce dernier point, voir HOURS B., 1998 : *L'idéologie humanitaire…* ouvrage cité.

[2] Les ONG utilisent en général l'acronyme GONGO (*GOvernamental*-NGO) proche du non-sens et qui prête donc à confusion. De plus, il est utilisé pour mettre en avant le comportement autoritaire d'États situés hors de l'Occident alors qu'il pourrait parfaitement être utilisé pour souligner le caractère hétéronome de nombreuses ONG en Occident.

[3] DEZALAY Y. & GARTH B., 1998 : « Droits de l'homme et philanthropie hégémonique » *in Actes de la recherche en sciences sociales*, n° 121-122.

[4] Il existe *World Learning, Freedom House*. Ajoutons à cette liste non-exhaustive, la fondation C. S. Mott, le Fonds Marshall allemand des États-Unis (plus connu sous son nom abrégé en anglais GMF-US).

[5] GUILHOT N., 2004 : *Financiers, philanthropes. Vocations éthiques et reproduction du capital à Wall Street depuis 1970*. Raisons d'Agir, Paris.

peut avancer deux explications pour élucider ce paradoxe apparent : d'abord, la configuration sociopolitique des sociétés qui reçoivent l'aide n'est pas identique à celle de la société d'origine, ces organisations n'y ont ni la même histoire ni le même poids institutionnel ; ensuite, lorsque les ONG recrutent localement, puisque les expatriés étasuniens sont en fait rares, elles s'inscrivent dans des réseaux sociaux et des luttes de pouvoir entre acteurs qui les précèdent et qu'elles vont modifier. Par exemple, si George Soros peut déclarer « la guerre » politique contre George W. Bush sur le sol étasunien, dès que l'on sort de cet espace politique ces tendances formellement belliqueuses se lovent dans une politique cohérente.

C'est ainsi qu'en Géorgie, avant la révolution des roses (survenue en 2003), la Fondation Soros et l'IRI – institut du parti étasunien – ont travaillé de concert pour mettre en déroute le gouvernement d'Edouard Chevardnadze et préparer la « révolution des roses ». Le gouvernement de Mikheil Saakashvili élu par la suite sera composé dans une large mesure d'anciens membres de l'antenne locale de la Fondation pour une Société Ouverte ou de membres de l'OSI-Budapest. Le ministre de l'Éducation de ce gouvernement, Alexander Lomaia, est l'ancien président de la Fondation Eurasie et l'ex-président de l'OSI. On comprendra donc pourquoi ce gouvernement a rapidement été affublé du sobriquet de « cabinet Soros ».

Ces organisations fonctionnent en réseaux, ce qui leur permet de mobiliser un capital de connaissances accumulées ainsi qu'une logistique plus importante. On peut évoquer les membres d'*Otpor* – le mouvement social qui s'est opposé au régime de Slobodan Milosevic en Serbie – qui ont été invités à suivre une formation en gestion pacifique des conflits prodiguée par l'IRI et le *Freedom House*, tandis que le NDI aidait les partis politiques d'opposition serbes [1]. Certains dirigeants d'*Otpor* seront embauchés par le *Freedom House* aux USA, d'autres prodigueront des conseils dans toute l'Europe de l'Est (hors UE) et en Asie centrale, certains deviendront membre de partis politiques. A. Lomaia, quand il était président de l'OSI-Géorgie, a fait intervenir ces militants serbes pour former leurs équivalents locaux, les membres de *Kmara* [2]. Cette stratégie ressemble à une tactique de l'effet de chaîne : après sa conversion, l'acteur se fait prosélyte et se charge de former de futurs prosélytes et ainsi de suite.

---

[1] CANGLOFF C., déjà cité.
[2] Remarquons que les logos des deux mouvements sont identiques. Il s'agit d'un poing fermé et levé dans un cercle, ressemblant étrangement à un motif anarchiste. CANGLOFF. *Ibid*.

On est dans le cadre d'une action politique concertée, offensive et soutenue financièrement, politiquement et diplomatiquement pour toute la zone eurasiatique. La fameuse déclaration de l'historien Allen C. Weinsten, un des chercheurs à l'origine de la NED, est à cet égard exemplaire : « *Une grande partie de ce que nous faisons aujourd'hui a été accomplie secrètement durant vingt-cinq ans par la CIA.* » Et la CIA, elle-même, n'est pas absente de ces terrains.

Ces organisations fonctionnent selon le principe de la division du travail entre l'imposition idéologique et le management transitionnel dès lors qu'elles sont à l'extérieur de leur espace politique d'origine. Ces déploiements sont synergiques. Mais, comme on le verra, des conflits propres à certaines situations peuvent néanmoins surgir.

Les acteurs, les interventions et l'agenda

Commençons par l'IRI qui se concentre essentiellement sur les partis politiques. Mais pas n'importe quels partis. L'institut n'aide véritablement que les partis qu'il estime être proches idéologiquement de ses propres *a priori* politiques. C'est une stratégie qui pendant la guerre froide incombait à la CIA et qui, dans les années 1980, a été sous-traitée à l'IRI et aux autres institutions évoquées ici. On retrouve aux fonctions importantes de l'IRI d'anciens employés de la CIA, des diplomates en mission à l'ONU, de hauts responsables au Secrétariat d'État. Depuis 1993, le conseil d'administration de l'IRI était dirigé par le sénateur John McCain, concurrent républicain de G. W. Bush à la candidature aux élections présidentielles de 2000, puis, en 2008, candidat perdant du parti républicain face à Barak H. Obama. Par rapport aux institutions constituant ce champ institutionnel, l'IRI se situe de manière un peu plus prononcée dans une position impérialiste et belliqueuse. Les organisateurs du coup d'État de 2002 contre le président du Venezuela Hugo Chavez, président légitimement élu, avaient été invités auparavant par l'IRI à des séminaires de formation.

L'objectif de l'IRI est simple : faire élire la coalition la plus sensible et la plus docile aux intérêts du parti américain. Ce qui est recherché, c'est une communauté politique transnationale afin de maintenir le *leadership* et l'exceptionnalisme US dans le monde. Il reste que ses objectifs officiels sont l'aide à la promotion et au renforcement de la démocratie dans le monde.

L'IRI fait partie de la même famille politique que des organisations comme *Empower America* (dont le fondateur est Vin Weber, directeur adjoint de la NED et proche de G. W. Bush) ou la *Heritage Foundation*, lobby de la droite dure américaine, fondée grâce au financement de Richard Mellon. Ces deux institutions sont d'importants producteurs de propagandistes virulents de l'anticommunisme dans sa version post-*détente*. Qu'il s'agisse de journalistes, d'historiens, de sociologues ou de politiciens, toutes ces professions ont en commun de pouvoir toucher un public ciblé large grâce à l'exploitation d'instruments médiatiques. L'institut a été créé en 1983 suite aux demandes du président Ronald Reagan et à son discours en faveur de « *la croisade pour la liberté* ».

L'aide apportée en Roumanie par l'IRI consiste, au début des années 1990, à la professionnaliser et institutionnaliser les partis politiques d'opposition au FSN et notamment la Convention démocratique. On leur apprend le *leadership*, la constitution en réseaux, la publicité, la rhétorique, les stratégies et le marketing politiques, l'identification de bassins électoraux, l'art de pratiquer le pluralisme (etc.), ce qui, pour une organisation ne travaillant qu'avec l'opposition, ne manque pas de sel. Notons qu'en Pologne, les partis marginalisés par les institutions étasuniennes ont vivement combattu cette pratique, à un point tel que les institutions d'exportation démocratique US ne se sont plus permis ouvertement de telles stratégies [1].

En Roumanie, la nomenklatura restée au pouvoir, peut-être moins enthousiaste que ses homologues de Pologne et de Tchécoslovaquie à l'époque, ne sera pas ouvertement critique sur ces ingérences. Les résultats des élections leur étant largement favorables, en 1990 tout comme en 1992, cela semble logique. Thomas Carothers, actuel vice-président de la section « études » de la fondation *Carnegie Endowment for International Peace*, prend alors part à une mission de surveillance des élections. Il relate un témoignage édifiant d'un membre du PDSR allant dans ce sens : « *Your assistance to the Convention make me wonder, how could a big, sophisticated country, like the United States back such losers ?* [2] »

D'autres pays européens se sont lancés dans ces programmes de formation des partis politiques, tout comme les grosses fondations de partis politiques allemands (Konrad Adenauer surtout et Friedrich Ebert) qui sont surtout intervenues dans le triangle de *Visegrád* après être intervenues dans

---

[1] WEDEL J., 1998: *Collision and collusion. The Strange Case of Western Aid to Eastern Europe*. Macmillan, London.
[2] CAROTHERS T., 1996: *Assessing Democracy Assistance: The Case of Romania*, Washington, Carnegie Endowment Book : 43

les pays de l'Europe du Sud. Tout dépend une fois encore de la division du travail de l'aide, de l'occupation de ses différents segments de marché et des intérêts géostratégiques.

Pourtant, l'intervention de l'IRI et d'autres organisations dans ce domaine n'a pas modifié les problèmes fondamentaux de l'opposition au FSN : élitisme, incapacité à mener une campagne ailleurs que dans les agglomérations urbaines, âpres luttes de *leadership*, absence de cohérence idéologique et d'organisation, anachronisme idéologique pour les partis politiques « ressuscités » de l'entre-deux-guerres, anticommunisme métaphysique en guise de projet politique… La Convention démocratique gagnera les élections présidentielles et parlementaires en 1996, et ses problèmes originels persisteront dans l'enceinte du Parlement et du gouvernement. Elle connaîtra trois premiers ministres différents. Ces années seront catastrophiques sur un plan économique, social et politique en dépit de quelques gains de réputation au niveau international et également de gains d'argent en ce qui regarde l'aide internationale au développement, les pays occidentaux ne cachant pas leur préférence pour une coalition plus occidentaliste, cadrant mieux avec l'image que l'Ouest médiatique se fait des résistants des pays de l'Est et qu'elle aime financer. Obtenir des fonds monétaires devint moins ardu pour ce gouvernement en raison d'une politique d'allégeance à l'Occident. Un début de réintégration au sein des institutions internationales se fait alors sentir. Pour le dire dans un langage technocratique, la conditionnalité est appliquée d'une manière beaucoup moins coercitive.

Rapidement, le domaine de la formation des partis politiques et des politiciens sera pris en charge par des ONG locales. Citons à titre d'exemple, la Fondation pour le pluralisme. L'organisation a été fondée par une ancienne géologue dont l'époux fut représentant de la Banque mondiale à Bucarest après la chute du régime communiste. Tout deux ont été recrutés par suite de leur présence sur la place de l'Université et formés ultérieurement aux USA. La FPP est une petite structure, composée de quelques personnes proches. Elle fait partie du réseau *Institute for Democracy in Eastern Europe*, né en extension du comité de soutien au syndicat polonais Solidarité en 1985. L'IDEE [1], qui fêtait en 2003 ses dix années d'existence, œuvre pour la « *promotion de la démocratie, la société civile et les droits de l'homme* ». Ses programmes, contrairement à ce qu'indique son nom, s'étendent de la Pologne au Kosovo, de la Roumanie à la Mongolie, sans

---

[1] Voir le site en ligne http://www.idee.org/idee.html

oublier les républiques d'Asie centrale ou encore Cuba. L'institut est formé de plusieurs coalitions transnationales dont les Centres pour le pluralisme qui interviennent en tout dans trente pays. C'est ce qui a permis à plusieurs membres de la FPP d'observer des processus électoraux en Asie centrale et en Europe du Sud-Est notamment. C'est même la première génération d'observateurs électoraux transnationaux de Roumanie après 1989, qui fera par la suite partie du premier cercle des responsables d'ONG de Roumanie.

Depuis plusieurs années maintenant, comme elle l'avait fait auparavant en Roumanie, la présidente de la FPP enseigne en Algérie les jeux de rôle démocratique sur le pluralisme et les stratégies de développement des partis. L'idéologie de la fondation peut être résumée de la sorte : il faut former les jeunes politiciens au pluralisme [1], car on ne peut plus rien faire avec les anciens, marqués de manière indélébile par la mentalité communiste. « *Moi, je fais ça pour mes enfants. Les politiciens n'ont plus rien à faire ici. Ils sont dépassés. Leur place est à la maison de retraite. Il faut laisser les jeunes* », souligne la directrice de l'ONG. Parce qu'ils ne seraient pas entachés par le communisme, les jeunes peuvent former une catégorie d'acteurs fantasmagoriques qui permet d'entrevoir un futur plus radieux. Cette représentation, on le verra, est fortement présente dans la société roumaine.

La fondation n'intervient qu'en dehors de Bucarest, là où ce marché n'est pas encore trop saturé et où les partis ne sont, en théorie du moins, pas aussi puissants qu'à Bucarest. Aucun parti politique n'est exclu, et la fondation continue à fonctionner malgré le cynisme des jeunes politiciens qui écœure les responsables de cette ONG. Les partis politiques, vraisemblablement satisfaits du résultat de ces séminaires, tentent cycliquement d'embaucher les membres de la fondation pour enseigner dans leur parti. Les membres de la FPP résistent à cette tentation à la différence de nombre de membres d'ONG et d'intellectuels. Pourtant en comparaison avec leur salaire de membre d'ONG, ces partis ont beaucoup à offrir.

La fondation *Institut Ovidiu Şincai* est une autre organisation travaillant dans le même domaine et dans l'éducation des jeunes politiciens en général. À la différence de la FPP, c'est une annexe du Parti social démocrate, ce qui ne l'empêche pas d'être fréquentée par des ambassadeurs et responsables politiques comme D. Strauss-Kahn ou encore Madeleine Albright. Elle est dirigée par deux personnages politiques de premier plan. Le premier,

---

[1] La fondation est « partenaire » de l'organisation bipartisane *American council for young political leaders*.

Adrian Severin, homme politique qui a navigué entre plusieurs partis politiques pour arriver finalement dans les rangs du PSD, a notamment été ministre des Affaires étrangères de décembre 1996 à décembre 1997. Le président du conseil-directeur de cette fondation est Adrian Nastăse, juriste de formation, diplômé d'histoire-philosophie, gendre du ministre de l'Agriculture et de l'alimentation de Ceausescu, vice-président de la chambre des députés de 1996 à 2000, puis premier ministre de la Roumanie sous le troisième mandat de Ion Iliescu (2000-2004). C'est après la défaite face à Traian Basescu en 2004 qu'Adrian Nastăse a annoncé qu'il devait construire « sa propre société civile » pour les prochaines élections. C'est une dénonciation tardive ou peut-être un moment plus propice pour assumer ce propos explicitement. Toutes les grosses ONG roumaines faisaient alors campagne pour l'opposition. Certaines ONG s'en cachent, d'autres tentent de garder une forme de distance, d'autres enfin font véritablement œuvre de propagande politique (au sens strict).

On comprendra donc que l'IRI (1990-1992) se retirera de Roumanie assez rapidement sans y laisser un souvenir impérissable. En revanche, le *National Democratic Institute* [1], jumeau institutionnel de l'IRI, va réussir à s'insérer dans la politique roumaine grâce à une approche plus stratégique et multilatérale, et pour le dire clairement avec une mentalité un peu moins ouvertement dominatrice.

Une approche exhaustive

Cette institution américaine, dirigée par Madeleine Albright, émane du Parti démocrate américain. L'Institut met en œuvre ses activités dans des dizaines de pays avec ou sans antennes locales [2]. Il a été créé au début des années 1980, dans un contexte d'incubation des droits de l'homme et de la démocratie à la doctrine traditionnelle de l'intérêt national des USA [3]. La mission de cette OEFP est « *d'encourager et de consolider les institutions*

---

[1] À plusieurs reprises des membres du NDI de Bucarest ont été interviewés et si ces entretiens n'apparaissent pas clairement dans les lignes qui suivent ils ont facilité la compréhension des programmes du NDI.

[2] Tout comme *Human Right Watch, Amnesty International, Transparency international* et de nombreuses grosses ONG.

[3] Cf. GUILHOT N., 2005 *op. cit.* Voir plus précisément le chapitre 2 : « *The Field of Democracy and Human Rights: Shaping a Professional Arena Around a New Liberal consensus* » : 69-99. La question et le phénomène dépassent amplement le sol des États-Unis et le seul cadre politique des États. On peut se référer sur ce point au surgissement des droits de l'homme au cours des années 1980 en France. Cf. HOURS B., 1998, déjà cité.

démocratiques dans le monde entier par la promotion de la participation citoyenne, de l'ouverture et de la responsabilité [accountability] *du gouvernement* ». Le NDI « *fournit une assistance pratique aux leaders civiques et politiques avançant vers les valeurs, pratiques et institutions démocratiques* [1]. »

L'organisation a une expérience solide dans le domaine des élections. Elle compte à son actif la surveillance de plus de 45 procédures électorales depuis 1986 et plus de 50 évaluations de situations préélectorales, ce qui comprend : l'envoi d'experts, la coordination informelle de discussions intergouvernementales, inter-ONG et multilatérales. Cet institut américain est l'un des agents, plus ou moins visible, de la promotion de la démocratie dans le monde.

Sa stratégie, en 1990, va consister à constituer trois catégories d'acteurs, trois points d'appuis, et à les mettre en relation. Il s'agit de militants anticommunistes, de journalistes, et de membres du FSN. L'approche consiste à faire reconnaître les médias et les ONG comme acteurs à part entière des processus politiques. On essaie par ce biais d'élargir la marge de tolérance des politiciens du FSN pour les acteurs extra-étatiques. En réalité, le NDI, tout comme l'IRI, a un objectif très précis : la normalisation des élections, suivant en cela la programmation du changement décrite plus haut par Gershman. Les élections sont un moment d'agitation et de tensions fortes propice à la formulation d'exigences politiques voire au renversement d'un gouvernement.

Le NDI est entré dans les processus politiques en Roumanie par le biais des processus électoraux. En mai 1990, les institutions politiques roumaines avaient accepté la venue d'observateurs internationaux lors des premières élections postcommunistes : 60 personnes, réunies par le NDI et l'IRI, financées par l'USAID, ont assuré la surveillance des processus électoraux. Le parti pris de l'IRI, et même du NDI, est alors tel que l'ambassadeur des USA à Bucarest va constituer sa propre délégation d'observateurs. Les soupçons de détournements et de manipulations émis par l'ambassade laissent planer le doute quant à la probité de ces institutions [2], et la Roumanie n'est pas le seul exemple dans ce domaine. À ces trois institutions s'ajoute la Ligue pour la protection des droits de l'homme [3], une ONG

---

[1] On retrouve toutes ces informations sur le site internet de l'organisation, ainsi que plusieurs fonds d'archives.

[2] CARTOHERS, *op. cit.*

[3] La Ligue pour la défense des droits de l'homme [*Liga apararii drepturilor omului* - LADO] observera toutes les élections de 1990 à 2000. Elle mène aussi des opérations d'observations d'élections en dehors de la Roumanie dans le cadre de l'OSCE par qui elle a été agréée.

constituée le 1er janvier 1990 grâce à des fonds américains, liée au réseau de la FIDH [1] qui compte plus de 140 organisations dans le monde. Mihnea Berindei, personnage déjà évoqué brièvement, en facilitera la naissance puisqu'il est depuis des années le responsable de la FIDH pour la Roumanie à Paris. La FIDH sera rapidement une ONG solidement implantée en Roumanie sans être une organisation phare pour autant.

Globalement, les élections « propres » sont, à partir des années 1990, un passeport pour entrer dans le concert des nations, alors que la Roumanie vient justement d'en être bannie. Pourtant, le contexte ne se prête guère à une critique d'élections aux résultats incroyablement tranchés. Mais l'enjeu n'est qu'en apparence celui des résultats de la surveillance. Ce qui est visé, en réalité, c'est plutôt la réception favorable des institutions publiques quant à la surveillance des élections par des organisations extra-étatiques, condition *sine qua non* de l'émergence d'une opposition durable. Il s'agit donc bien d'un conditionnement politique.

Ce qu'on vise, au fond, c'est la limitation de l'État sous l'action de deux types d'acteurs (ONG et médias) et le recul de son influence sur les élections. C'est un jeu d'équilibre dans l'organisation des relations entre institutions et l'autolimitation de l'État qui est recherché. L'adoption de cette tactique est corroborée par les conditions posées par les USA pour que la Roumanie fasse son retour dans le concert des nations et bénéficie d'accords commerciaux préférentiels : « *1 - La tenue d'élections libres et justes, 2 – Permettre le développement de médias indépendants, 3 - Respecter les droits des minorités et 4 - Réduire les activités de la Securitate* [2]. »

Parallèlement, à partir de mai 1990, des leaders « d'organisations civiques » de Bulgarie, des Philippines, du Chili, du Nicaragua, du Paraguay sont envoyés en Roumanie sous l'égide du NDI pour recruter, former des militants et établir des structures locales étendues. Cependant, l'Institut n'ouvre ses portes qu'à quelques catégories d'acteurs au « *profil civique* » : des étudiants, des syndicalistes et des intellectuels sont ainsi réunis ; ce qui exclut *a priori* une large catégorie de la population. Cette stratégie, dans la continuité de la guerre froide, vise à s'assurer la constitution d'une opposition censée être anticommuniste, opposition qui est l'obligée des bailleurs de fonds et qui doit s'opposer au gouvernement au nom de la démocratie, de la liberté et des droits de l'homme. Se créera, par la suite, une osmose symbolique et idéologique entre ces acteurs institutionnels et

---

[1] La Fédération internationale des ligues des droits de l'homme.
[2] CARTOHERS T., déjà cité : 29

individuels originellement fort différents. Cela ne sera toutefois pas sans conséquences, car ce milieu est déjà soumis à ses propres conflits et à ses luttes de pouvoir et rapidement une catégorie très fermée de porte-parole en sortira renforcée. Dès leurs premières interventions, ces instituts ont fait appel à des réseaux sociaux préexistants et à des personnes avec des relations sociales solides en Roumanie, méthode qu'ils ont également appliquée dans d'autres pays est-européens [1]. On a clairement affaire à la constitution d'un réseau de sous-traitance.

Promptement, le NDI va mettre en contact un groupe d'étudiants postuniversitaire de Bucarest avec une association de Braşov constituée par cinq professeurs d'université et proposer à cette dernière de devenir une tour de contrôle (nationale) pour la surveillance des processus électoraux. Des équipes « d'observateurs des processus électoraux » du NDI vont rapidement former ces militants ; certains d'entre eux agiront en Asie centrale par la suite, suivant en cela la tactique de la propagation de techniques politiques d'opposition à l'État et de conversion idéologique des populations à l'extérieur des espaces démocratiques. L'étape suivante consistera à mettre en contact le groupe de Braşov et celui de Bucarest (ne perdons pas de vue que c'est à Bucarest que le pouvoir et l'argent sont concentrés). Puis, le réseau d'associations sur le territoire roumain sera constitué avec une rapidité déconcertante. Le 6 septembre 1990, sont créées des antennes à Bucarest, à Bacău, à Sibiu et à Constanţa. Le 10 septembre 1990, c'est à Iaşi qu'une antenne est créée, tandis que le centre national est juridiquement fondé à Braşov, depuis le 8 août (et ainsi de suite). Le NDI établira, en août 1991, une structure locale permanente à Bucarest après la mise en place de cette association, jusqu'en 2007 date à laquelle le NDI se muera en une ONG entièrement roumaine : le Centre de ressources pour la participation publique (Cere).

L'ONG enfantée par le NDI, l'Association *Pro Democraţia* (APD), deviendra, quelques années plus tard, la plus puissante des organisations dans le domaine de la démocratisation en Roumanie, avec un poids comparable à un parti politique, et l'une des ONG les plus importantes de toute l'Europe de l'Est. Originellement, l'organisation se chargeait *« d'éduquer les citoyens dans l'esprit des valeurs de la démocratie. La démocratisation des institutions publiques, le contrôle des citoyens sur les institutions publiques et,* last but not least, *des élections libres et loyales en*

---

[1] WEDEL J., déjà cité.

Roumanie ». Il s'agit donc d'une action politique concertée et multilatérale dans un contexte difficile.

Contre toute attente, la victoire écrasante du FSN aux élections de 1990 va accentuer l'effort des OEFP et de la diplomatie américaine. La diplomatie occidentale, et notamment étasunienne, va contraindre le FSN à organiser de nouvelles élections. Cet angle pluriel est d'autant plus nécessaire que le pouvoir est parfaitement conscient de sa légitimité. Il faut bien garder à l'esprit que, pendant quelques années, le centre névralgique de la bataille communiste/capitaliste n'est plus vraiment en Pologne, où le téléguidage étasunien et européen est assumé [1], mais en Roumanie.

Une première opération va consister à rassembler et à coordonner les forces de l'opposition. Dans ce but, APD va organiser, en mars 1992, un séminaire intitulé « *le rôle de la presse dans une société démocratique* » où elle va convier plus d'une centaine de journalistes. La bataille décrite précédemment (chap. 1) a également lieu dans les médias pluralistes qui, sous le communisme, étaient inexistants. Radio free Europe, la BBC et Radio France international étaient les rares canaux d'informations disponibles [2]. Tout un ensemble d'initiatives vont être financées par les bailleurs de fonds (NED - USAID - *International Media Fund* [3]) avec en tête le journal *România Liberă* qui est aujourd'hui l'un des principaux quotidiens nationaux. Il s'opposait aux journaux du pouvoir qui, du point de vue du nombre et de la qualité, les dominaient largement comme *Adevarul* (La vérité), *Azi* (Aujourd'hui), *Diminaţea* [4] (Le matin). Parallèlement au travail réalisé dans le champ de l'opposition proprement dite (Alliance civique, Groupe pour le dialogue social et partis politiques), les forces qui vont permettre d'attaquer le monopole du FSN sont également mises en commun dans ce secteur avant

---

[1] WEDEL J., *Ibidem*.

[2] Référence est souvent faite, dans les entretiens avec les professions intellectuelles, aux petites fortunes que les gens étaient capables de dépenser pour se procurer un journal de l'Ouest.

[3] Organisation américaine créée par l'USAID qui était dédiée à renforcer les médias d'opposition dans les pays postcommunistes et postsoviétiques pendant la période 1990-1995.

[4] En moins de deux décennies, tous les médias de masse sont réduits à quelques grands groupes économiques dont les propriétaires sont des affairistes ayant baigné dans de grandes affaires de corruption et qui ont créé des fondations philanthropiques. Voir HEEMERYCK A., 2008 : *Philanthropie et « culture nationale »*, Archives du musée du Paysan Roumain, Bucarest (80p.) ; 2009 : « Legitimarea filantropică a capitalismului postcomunist în România [Légitimation philanthropique du capitalisme postcommuniste en Roumanie] » *in Romania Review of Political Sciences and International Relations*, éd. de l'Académie roumaine, n° 3, t. IV, Bucarest ; « De l'idéologie humanitaire à la philanthropie postcommuniste » *in Revue de l'Institut de la Qualité de la vie*, Académie des Sciences de Roumanie, Bucarest.

les élections. Ce qu'on voit se mettre en place, c'est l'injection d'un modèle de gestion politique de la société où les ONG et les médias d'opposition au pouvoir vont servir d'instrument de limitation de l'État. Le cadre communiste/anticommuniste est réintroduit par ce biais dans une opposition entre État et société civile. Mais, dans l'expression société civile, ce qui pose problème c'est le terme société, et plus précisément la question de savoir quelle société est représentée par cette société civile étant donné son degré d'implication politique.

L'ONG et l'Institut américain vont se lancer dans la surveillance des élections. Toutefois, pour pouvoir observer les processus électoraux encore faut-il qu'il existe un cadre légal, ce qui n'était pas le cas dans la nouvelle Constitution adoptée en 1991. C'est ici qu'intervient l'action sur la Constitution et le Parlement. Pour introduire une loi sur l'observation des processus électoraux, en février 1992, une pétition est envoyée au Parlement par APD avec l'appui du NDI. L'opération se soldera par un succès relatif : finalement un observateur pourra être présent dans chaque bureau de vote.

Outre le recrutement et la formation d'observateurs, on prépare alors des guides d'apprentissage pour la surveillance des élections. Le recrutement s'opère lors des réunions publiques organisées à travers le pays au cours desquelles certains candidats de partis politiques sont présentés au public et répondent aux questions adressées par les citoyens : c'est ce que les organisations de démocratisation entendent par l'intégration du citoyen aux processus politiques. Ne nous y trompons pourtant pas : les ONG contraignent les politiciens, les partis et l'État à prendre en compte les citoyens, mais elles ne demandent pas leur opinion aux citoyens, car ce n'est pas pour cela qu'elles sont programmées. Le problème, la cible dans la logique de ces techniques de démocratisation, c'est la politique. C'est, pour les promoteurs de la société civile et de la démocratie, de là qu'il faut partir, et c'est qu'il faut intervenir.

6 000 observateurs seront présents aux élections (1er tour des élections présidentielles, élections pour la chambre des députés, et le sénat le même jour) le 27 septembre 1992 et 2 000 quelques jours plus tard (le 11 octobre 1992). Le constat qu'ils formulent est assez limpide : outre les multiples actions illégales (démultiplications des votes individuels, saisie des urnes par des officiers militaires), plus de 3 600 000 votes ont été annulés : pour la chambre des députés le nombre s'élève à 1 591 071, soit 12,73 % des personnes ayant exprimé leur vote ; pour le sénat à 1 507 623, soit 12,06 % ; pour les présidentielles à 580 617, ce qui représente 4,65 % des votants réels

et virtuels. Ce résultat qui fournit une crédibilité aux ONG et aux OEFP, justifie la mise en œuvre de la surveillance des processus électoraux et, par-là, leur existence et leur discours. C'est cette possibilité d'intervenir dans un champ jusqu'alors ceinturé par l'État-parti, le champ du système politique formel, qui a décidé de la (sur) vie de l'ONG et de l'opposition politique. Outre ces trucages, il y a aussi des problèmes fonctionnels plus profonds, un manque de pratiques institutionnelles évident qui pose de sérieux problèmes sur le plan de l'organisation des élections.

Cette nouvelle élection ramène la Roumanie sur le chemin de l'intégration aux institutions internationales. Quelques mois plus tard, elle regagnera la clause de la nation la plus favorisée des Etats-Unis [1]. Bien sûr, la tenue d'élections générales n'est qu'une cause parmi d'autres. Ce n'est qu'une étape dans la logique d'ensemble de la démocratisation. Mais elle est incontournable.

Parlement et autonomie institutionnelle de la société civile

Les modes de pénétration des ONG dans le système politique vont se diversifier. C'est le Parlement et la législation qui sont visés d'une façon plus prononcée, en septembre 1993, par un programme de séminaires mené par APD et le NDI. Dans l'idée des bailleurs, un plus grand pouvoir législatif permettrait de contrebalancer le pouvoir exécutif, perçu comme centre de gravitation de l'autoritarisme. Le programme est mené conjointement avec des responsables de partis politiques et des parlementaires pour « *accroître la communication entre les parlementaires et leurs électeurs et pour augmenter la responsabilité des officiels élus* [2] ». Un groupe de parlementaires occidentaux amené par le NDI (Belges, Irlandais, Portugais et Étasuniens) vient donner « *des conseils pratiques sur l'incorporation des électeurs dans les initiatives législatives* », ce qui sert à « *souligner en Roumanie le principe de gouvernement représentatif et le droit du public de pétitionner ses élus* ». Un mois plus tard, une campagne est lancée pour « *promouvoir la responsabilité et la transparence dans les processus de prise de décision législatifs* ». Une campagne d'affichage « *décrivant le processus législatif et les façons dont les citoyens pourraient devenir plus impliqués en influençant ce processus* » est menée. En décembre 1993,

---

[1] Cette clause est un accord de non discrimination de la Roumanie sur la fiscalité des échanges commerciaux. Cela signifie *a contrario* que jusqu'alors elle était désavantagée.
[2] Les termes cités sont tirés de brochures du NDI.

suivent des rencontres dans plusieurs villes autour et avec des électeurs et des parlementaires. APD est alors invitée à observer la session plénière du Parlement. Et pour la première fois, en janvier 1994, la chambre des députés ouvre sa session plénière au public et aux ONG. C'est une façon pour les autorités roumaines de manifester leur volonté de conformité à un modèle de gouvernance extérieur intégrant des acteurs non-étatiques sans prendre de risques de déstabilisation importants, même si le pillage des ressources publiques et privées (entreprises, propriété etc.) par les élites politiques et économiques, qui deviendra rapidement systématique et qui l'est toujours, commence à ce moment. Ce qui peut poser de sérieux problèmes de réputation aux institutions publiques.

Cet angle d'intervention sur le législatif donne la possibilité aux ONG de pratiquer des opérations de lobbying auprès du Parlement. Il faut avant tout créer les conditions pour que les technologies de contestation et de transformation de l'État administrées par ces ONG puissent être appliquées. C'est pourquoi, dès leurs premières années d'existence, la position de ces organisations est contradictoire : elles contestent indirectement l'État tout en se tenant proches de la politique. Il se dessine alors une structure politique de consensus entre les partis politiques, les institutions publiques et les ONG.

Une importante ONG va se spécialiser dans ce domaine d'intervention en mettant l'accent sur les droits de l'homme. Fondée en 1990, l'Association pour la protection des droits de l'homme en Roumanie-comité Helsinki [1] (APADOR-CH) est très proche d'ONG comme l'Alliance civique, le Groupe pour le dialogue social dont elle partage le siège à Bucarest. Elle est également proche de la fondation Soros pour une société ouverte (FSO). Pour cette organisation, l'État de droit et les droits de l'homme représentent un angle d'intervention privilégié. Son personnel est principalement constitué de juristes et d'avocats : ce qui montre le degré de spécialisation des ONG et la difficulté d'entrer dans ce domaine d'intervention sans compétences professionnelles. L'ONG va tenter de faire modifier des lois très précises ou d'empêcher leur modification, comme par exemple les projets de durcissement (sévère) du droit de réunion publique en 1993, ou encore les projets visant la surveillance des personnes juridiques de droit privé contraire à la Constitution. Cette organisation, comme d'autres, ont à faire face à des contre-mesures institutionnelles et à un panoptisme politique. C'est toujours en 1993 qu'APADOR-CH va organiser une

---

[1] *Asociaţia pentru apărarea drepturilor omului în România- Comitetul Helsinki.*

conférence sur le thème de « *la déclaration en faveur de la transparence* » (du Parlement) réunissant des ONG, des représentants de partis politiques, des syndicats, des experts étasuniens en lobbying. Le fond de la critique s'ancre sur le décalage entre les pratiques des institutions publiques et les droits de l'homme comme norme de référence universelle. L'ONG va faire jouer l'intégration, alors hypothétique, de la Roumanie au conseil de l'Europe pour infléchir les réflexes de contrôle du régime. C'est la marge de manœuvre des ONG qui est alors en jeu. Il faut protéger l'espace virtuel de la contestation, contestation qui n'est à ce moment que le fait de quelques acteurs politiques. Protéger cet espace, c'est protéger directement ou par interposition l'opposition politique au FSN. L'alliance entre les ONG et les partis de l'opposition se pérennise.

On aura remarqué que cette politique de la démocratisation est une conceptualisation particulière du changement sous l'angle des droits. La législation est utilisée comme l'instrument principal de la transformation de la relation entre l'État et la société civile pour construire la société en force d'opposition à l'État. C'est un rôle assigné aux médias et aux ONG. Et ces institutions vont passer par le droit pour faire valoir l'illégitimité de l'État. Toutefois, le gain en droits, sous cet angle, n'est pas le fruit d'une « objectivation » par l'État des rapports de force dans la société, des conflits sociaux en fin de processus politique, mais un instrument de limitation de l'État. Les groupes sociaux, dans cette perspective, et leurs intérêts respectifs n'existent que dans une opposition à l'État ou n'existent pas. On n'est donc pas vraiment dans une conception analogue aux analyses tocquevilliennes, contrairement à ce que clament les bailleurs de fonds. Pour être plus précis, on dira que ce qui est systématiquement escamoté dans cette vision, c'est, d'une part, la représentativité des intérêts bien compris des citoyens, ce sur quoi Tocqueville avait précisément mis l'accent, et, d'autre part, le problème de la souveraineté populaire.

Il est fort probable que cette approche par la Constitution et le législatif comme lieux de vérification du caractère démocratique d'un régime politique est redevable d'un ethnocentrisme étasunien, même si l'Union européenne n'a pas une conception très différente des modes d'imposition idéologique et institutionnelle. Ce n'est pas le modèle étasunien qui est ici en cause, mais son exportation sous forme de produit réduit à une expression vide de sens dans une société dont l'histoire est totalement différente. Quant à l'approche constitutionnaliste, si elle est nécessaire, elle reste insuffisante. Rien n'autorisait dans la Constitution de la Roumanie communiste la torture des dissidents. Et rien ne l'autorise dans les plus grandes démocraties du monde aujourd'hui. Pourtant, elle fut et est encore pratiquée en toute impunité.

L'introduction des ONG dans le champ politique se précise dans le cadre de ces évolutions rapides. La forme des opérations pratiquées est assez particulière. Elles sont très orientées vers l'État, les parlementaires, les élus en général et les efforts « se concentrent sur la communication ».

Sur un plan sociologique, ce conditionnement des ONG va avoir des répercussions durables sur leurs hiérarchies internes. À moyen terme, cette mobilisation d'une catégorie dominante d'acteurs dans le champ des ONG va avoir pour effet de créer une communauté d'appartenance imaginaire distincte avec des objectifs similaires, un langage partagé, un destin commun. Cela ne revient pas à dire que les acteurs qui peuplent ce champ vivent dans une utopie harmonieuse. Au contraire, les conflits sont nombreux. Dans les ONG de démocratisation roumaines en particulier, les premiers à s'être impliqués dans les programmes de démocratisation au début des années 1990 sont aujourd'hui considérés comme des pionniers. Cela fait partie intégrante de leur statut, de leur autorité autant que de leur capital d'expérience et social (au sens de Pierre Bourdieu). C'est pourquoi, on trouve dans cette catégorie, parfois côte à côte, des acteurs très critiques et des acteurs qui font corps avec les projets pilotés.

Pour fonder complètement la distinction sociologique de cette classe d'acteurs dans les ONG, deux éléments complémentaires sont à prendre en compte. Le premier, c'est l'invitation par des bailleurs de fonds en Occident, Washington D. C. étant le lieu de pèlerinage absolu pour les ONG-istes. Mais, le cas échéant, Paris, Bruxelles, Londres ou Berlin peuvent très bien faire l'affaire. Le second, c'est la mission dans des pays extérieurs jugés en retard sur la voie de la démocratisation comme l'Ukraine, l'Albanie ou encore Cuba. Cette intégration modifie la position des acteurs dans la hiérarchie de la démocratisation. On se rapproche des Occidentaux, on éduque des inférieurs. Preuve est donc faite, dans l'esprit des acteurs, qu'on a quitté sa position d'apprenti démocrate. Pour comprendre cette circulation des élites, on peut prendre l'exemple des membres d'APADOR-CH, exemplaire de la reconversion postcommuniste et, en même temps, de la circulation des élites des ONG.

Monica Macovei est née en 1959. Procureur de 1983 à 1997, année au cours de laquelle elle démissionnera de son poste pour éviter de faire l'objet d'une procédure de révocation, elle a été l'avocate de l'Alliance civique dans un procès l'opposant au président Ion Ilescu. Elle est ancienne boursière de l'université Soros (1992-1994), plus connue sous le nom de Central European University, où elle a obtenu un mastère en droit constitutionnel comparé. Experte pour plusieurs organisations (Soros, le PNUD etc.), vice-présidente puis présidente de l'association APADOR entre 1996 et 2003, en 1999, elle est proposée par le ministre des Affaires étrangères, Andrei Pleşu, pour occuper le poste de commissaire aux Droits de l'homme du conseil de l'Europe. Elle sera nommée ministre de la Justice sous le mandat de l'alliance PNL-PD en 2004. Sous sa mandature le Parquet national anticorruption sera réformé et remplacé par la très politisée Direction nationale anticorruption. Pour cela, elle fera appel à l'expertise du Freedom House. Son successeur soupçonnant un truquage d'appel d'offres déposera une plainte en justice.

Le mandat de Monica Macovei sera de courte durée. En effet, elle sera relevée de ses fonctions pour avoir instrumenté la justice dans les affaires de corruption en faveur du parti qui l'avait amenée au pouvoir (Parti démocrate) et au préjudice de celui qui l'a relevée de ses fonctions [1] (Parti national libéral). Cette politisation de la justice ne l'empêchera pas d'être félicitée par l'UE et primée par le Groupe pour le dialogue social. Elle est particulièrement appréciée à la Commission européenne avec laquelle elle travaille depuis le milieu des années 1990. Le jour où elle sera relevée de ses fonctions, une modeste manifestation, hypermédiatisée, sera organisée sur la place de l'Université avec la participation de quelques importantes ONG. Ce type de manipulation médiatique est toujours nécessaire pour peser sur l'opinion. Outre un emploi de courte durée de conseillère auprès du premier ministre de l'Albanie, elle fut candidate et élue aux élections européennes en 2009 sur la liste du PDL [2], Parlement qui est d'ailleurs loin d'être un modèle

---

[1] Six ministres du gouvernement PNL ont été mis en examen. Cinq ont démissionné pendant leur mandat. Aucun n'a été condamné. En ce qui concerne les affaires grossières de corruption mettant en cause des membres du PDL, c'est seulement quand une affaire de corruption a été dévoilée par la presse que la DNA a ouvert un dossier, sans conséquence pour l'accusé.

[2] La coalition Justice et vérité (Parti national libéral-Parti démocrate) a été formée pour s'opposer au Parti social démocrate, largement dominant dans la période 2000-2004. Le PSD a bénéficié, en 2000, de l'écroulement de la Convention démocratique qui a mené C. V. Tudor, candidat du parti extrémiste de la Grande Roumanie et ancien poète de Ceausescu, au second tour des élections présidentielles. Quelques mois après la victoire de l'alliance, en 2004, le PNL et le PD se sont séparés pour des motifs électoraux. Ensuite, la scène politique a été marquée par la présence de trois acteurs centraux le PNL, le PDL (produit de la fusion du PD et de l'aile séparatrice minoritaire du PNL, le Parti libéral démocrate-PLD) et le PSD suite à l'éclatement de la coalition de droite. Le président appartient au Parti démocrate, la majorité au Parlement appartient au PSD et le gouvernement est composé de membres du PNL. Après les élections législatives de 2008, le gouvernement est composé de l'alliance PSD-PDL.

en matière de non corruption [1]. Prenons un autre exemple de manière à faire ressortir les éléments sociologiques récurrents de ces trajectoires professionnelles.

Personnage à l'apparence misanthropique, Renata Weber est née en 1955 à Botoşani. Elle termine la faculté de droit en 1979 et devient avocate. De 1994 à 1999, elle est coprésidente de l'association APADOR-CH, puis présidente du Conseil national de la Fondation pour une société ouverte (1998-janvier 2005 et mars 2006-novembre 2007). Elle se retirera de ce poste pour devenir, pendant une courte période, conseillère du président PDL Traian Basescu sur les questions constitutionnelles et législatives. En 2007, elle est élue députée européenne sur la liste du PNL (2007-2009). Parmi les fonctions prestigieuses qu'elle a occupées, on notera qu'elle a été juge *ad hoc* à la cour européenne des droits de l'homme de Strasbourg (en janvier 2000), membre de l'International Service for Human Rights à Genève (1995-2003), vice-présidente de l'International Helsinki Federation for Human Rights à Vienne (1994-1996) et membre de l'International Council on Human Rights (Genève, 1997-2004). Entre juillet 2003 et décembre 2004, elle préside le Centre de ressources juridiques, une ONG roumaine. De 2000 à 2007, elle est membre du conseil de direction de l'ONG Centre eurorégional pour la démocratie à Timişoara. En 2007, elle devient membre du conseil de direction de l'Agence des droits fondamentaux. Ces activités dans le monde des ONG sont complétées par des activités pédagogiques à l'École nationale des sciences politiques et administratives (ENSPA), à la faculté d'histoire et à la faculté de sciences politiques de Bucarest.

On s'aperçoit à travers ces deux biographies que la frange supérieure du monde des ONG est très proche des institutions de démocratisation internationales européennes et états-uniennes. Elle est également à la périphérie des partis politiques de droite, et ces acteurs n'hésitent pas à franchir le pas et à en devenir membres. Les organisations de la société civile paraissent sous cet angle des institutions satellites des partis politiques de droite qu'elles soutiennent bien souvent sans aucune pudeur.

Ce lien peut-être perçu comme un péché dans la mesure où il s'oppose au gain d'autonomie politique des ONG, qui de plus ne vivent que de l'argent des bailleurs de fonds occidentaux. Ce qui caractérise ces ONG, c'est leur hétéronomie relative, leur parti pris politique et leur occidentalisme élitaire qui a pour corollaire une distanciation de la société réelle.

---

[1] « Le rapport enterré des eurodéputés » *in* Bakchich*info en lecture libre à l'adresse suivante : http://www.bakchich.info/Le-rapport-enterre-des-eurodeputes,07037.html

Penchons-nous sur le dernier aspect de l'agenda et l'internalisation de la démocratisation.

La construction de la société civile

Dans les années 1980, la société civile dans sa version *Solidarność*, pour les occidentaux, c'est l'anticommunisme populaire et l'antiétatisme politique réunis sous la coupe de l'antitotalitarisme. Il n'est pourtant pas tout à fait sûr que les manifestants de *Solidarność* partageaient l'idéologie des humanitaires et des « démocratisateurs ». À l'Est, les gens luttaient contre un pouvoir oppressif et identifiable. Ils ne participaient pas à une lutte évangéliste contre le mal. En réalité, l'homothétie idéologique en trompe-l'œil est nécessaire à l'intervention des institutions occidentales et au scénario de la révolution. Car la solidarité imaginaire des militants de la démocratie outrepassant le mur de Berlin justifie l'intervention, et évite de questionner trop frontalement l'ingérence étrangère et l'intégration à une nouvelle hiérarchie internationale. Elle permet aussi de neutraliser l'ethnocentrisme inhérent aux programmes de démocratisation et leur imposition bien loin de la très promise liberté.

Les pays d'Europe centrale et, en particulier, la Pologne et la Tchécoslovaquie avaient leurs héros, Adam Michnik, Lech Walesa, Vaclav Havel voire le Pape Jean-Paul II. Il y avait aussi des mouvements sociaux : les gens éduqués de la Charte 77, les ouvriers révoltés des chantiers navals de Gdansk permettaient une identification simple des résistants. La Hongrie avant-gardiste n'avait pas eu besoin de justification puisque l'ouverture de sa frontière avec l'Autriche a précédé la chute du mur de Berlin.

L'idée d'une société civile promue par les institutions internationales est d'inspiration tocquevillienne. On la retrouve même dans des domaines d'intervention *a priori* assez éloignés de la démocratisation comme les politiques de prévention du sida en Asie centrale croisées avec la protection des minorités sexuelles [1].

L'ouvrage du politicien et juriste, Alexis de Tocqueville, « *De la démocratie en Amérique* », redevenu célèbre après sa redécouverte sous le parrainage de Raymond Aron [2], est devenu le lieu commun de toute politique de démocratisation et de développement. Sa réduction à un

---

[1] ATLANI L., *op. cit.*
[2] ARON R., 1967 : *Les étapes de la pensée sociologique*. Gallimard, Paris.

instrument de développement l'a fait sortir du giron tocquevillien pour en faire un instrument de construction du rapport entre gouvernant et gouverné, et une norme irréfragable. Il suffit de rappeler que la première édition de l'ouvrage de Tocqueville date de 1835 (1840 pour le second volume), qu'il a donc été écrit dans un contexte et avec des objectifs largement différents, pour se convaincre que l'inspiration tocquevillienne dans le cadre du développement postcommuniste est en tout en état de cause assez éloignée de l'auteur cité. Qui plus est, la recherche d'Alexis de Tocqueville concerne les USA du début du XIXe siècle, elle ne vise pas les sociétés postcommunistes à la fin du XXe siècle. Il étudie un « monde nouveau » de sa position d'aristocrate. Rappeler de tels truismes peut paraître futile. Face aux effets mentaux d'enfermement que produit l'évocation du développement de la démocratie, c'est une opération qui pourtant peut s'avérer nécessaire.

Ériger en norme la société civile est une condition de possibilité de l'extension de la démocratisation au niveau planétaire, c'est un pylône de l'universalité supposée et nécessaire des systèmes politiques sous forme de recettes promues par la politique de démocratisation. Bien sûr, il s'agit là du produit d'un rapport de force international, car sans rapport de force aucune institution ne saurait imposer le label d'universalité à ses instruments de pilotage politique.

La conception de la société civile ne se limite pas à des considérations uniquement politiques et civiques. La société civile est aussi un lieu de confrontation et de réunion entre *homines economici*. Le regroupement des individus dans des formes d'organisations institutionnalisées vise à mettre en place un marché encadré par des règles. Il faut donc pour qu'une démocratie de marché devienne fonctionnelle, mettre en place une société civile. Le déploiement tardif des ONG de formation des femmes à l'esprit d'entreprise illustre cette tendance.

Pourtant, de la même manière que la société roumaine n'a jamais fonctionné comme l'État-parti le soutenait, la société civile n'a jamais été un concept certain. Il est même bon à jeter par-dessus bord pour comprendre le communisme. La liberté n'existait pas en Roumanie pendant la période communiste dans une mesure comparable aux sociétés de l'Ouest, mais cela ne veut pas dire que la société n'était pas organisée. Dans le cas contraire, il est probable que les Roumains auraient disparu.

Dans l'esprit de la démocratisation comme volonté-de-monde, la société civile est un produit qu'il faut importer, comme n'importe quel produit. Or, pour imposer un produit, il faut des relais locaux. Comme dans cette vision, la société communiste ne connaissait pas l'esprit civique, seuls quelques dissidents tardifs vont pouvoir servir de points d'appui au « ravitaillement » fourni par les bailleurs de fonds. Le scénario est à quelques nuances près le même dans les pays voisins. Il en découlera une émergence et un renforcement d'une classe de professionnels de la démocratisation, distante de la société.

La société civile est donc considérée comme un instrument de lutte contre le communisme et les anciennes structures de l'État, puisque les personnes dignes d'en revendiquer le statut et de jouer les pivots de son importation sont les anciens opposants au régime communiste ou, du moins, ceux considérés comme tels. Il est par conséquent logique de retrouver ces acteurs dans cette imposante plateforme et cette véritable planche à billets qu'est la Fondation pour une société ouverte – Soros (FSO).

L'*Open Society Institute* (OSI) est la création de George Soros. D'origine hongroise, cet homme d'affaire fortuné a consacré une part de son capital financier à s'introduire et s'imposer sur le marché de la morale et de l'agitation politique dans les pays postcommunistes [1]. Cet investissement est apparu après la vague de condamnations des nouveaux venus de la finance dans les années 1980-1990. Elle est à l'origine un prolongement de la lutte des classes dans le champ philanthropique entre l'ancienne aristocratie américaine et ses *outsiders* [2]. Les parents de G. Soros, d'origine juive, ont échappé aux nazis pendant la seconde guerre mondiale. À Londres, il a suivi l'enseignement d'anciens membres ou de proches des cercles de Vienne comme Friedrich Von Hayek ou Karl Popper. C'est d'ailleurs d'un ouvrage de Karl Popper qu'il tirera le nom de sa fondation : « *La société ouverte et ses ennemis* [3]. »

Le centre névralgique de l'OSI pour les pays postcommunistes et postsoviétiques va être installé à Budapest (après avoir été situé à Prague). L'OSI, en ce qui concerne cette zone postcommuniste, s'est constituée sur la base d'une ancienne structure intellectuelle en forme de réseaux à l'origine

---

[1] GUILHOT N., 2004 : « Une vocation philanthropique : George Soros, les sciences sociales et la régulation du marché mondial » *in Actes de la recherche en science sociales*, 151-152 (Sociologie de la mondialisation), éd. du Seuil : 37-48

[2] GUILHOT N., 2004 : *Financiers, philanthropes… op.cit.*

[3] POPPER K., 1945: *The Open Society and Its Enemies. Vol. 1: The Spell of Plato. Vol. 2: The High Tide of Prophecy: Hegel, Marx and the Aftermath.*, Routledge, Londres.

affiliée aux USA : *La fondation pour une entraide intellectuelle européenne* [1]. Cette organisation était un réseau de solidarité entre intellectuels de part et d'autre du mur de Berlin. Elle a compté parmi ses membres des intellectuels aussi prestigieux que Raymond Aron ou encore Ralph Darendorf, ancien directeur de la *London School of Economics* et ami personnel de Georges Soros. Après trois décennies de fonctionnement, elle deviendra un joint-venture de Soros et de la fondation Ford avant de disparaître. Certains de ces membres seront réintégrés dans la fondation Soros [2].

La mise place de la *Central European University* au début des années 1990 (en 1991 à Budapest) en sera largement facilitée. Cette université a été, à l'origine, légalisée par une reconnaissance de ses diplômes dans l'État de New-York, ville où se trouve l'OSI – le centre mondial des fondations Soros. L'université est également un lieu de recherche et un *think tank*. Elle se présente comme les grosses fondations américaines, avec son fonds d'archives et bénéficie de la « visite » de prestigieux professeurs. Elle est très bien intégrée dans les réseaux scientifiques et journalistiques européens. On y retrouve également quelques chercheurs roumains.

Des Fondations pour une société ouverte existent à travers tous les pays de l'Est : Albanie, Bosnie-Herzégovine, Bulgarie, Kosovo, Macédoine, Lituanie, Pologne, Roumanie, Serbie… ou même ailleurs : Guatemala, Haïti, Cambodge etc. Son activisme, en Asie centrale, en a fait la cible de contre-mesures de la part d'États très autoritaires, comme en Russie.

En Roumanie, la FSO [3] est fondée en 1990 avec un premier budget d'un peu moins de 1.5 millions de dollars/annuel. Le budget atteindra même les 10 millions de dollars quelques années plus tard. Lorsqu'on entre à la fondation, on perçoit une opulence rare sinon inexistante ailleurs dans le champ des ONG roumaines.

Dans les années 1990, la fondation arrose abondamment le milieu intellectuel et celui des ONG : financement de revues intellectuelles, de livres, de montages d'ONG et de réseaux ONG, de programmes développés par celles-ci sont les activités principales de la fondation en tant que bailleur de fonds. Il faut soutenir les dissidents dans l'esprit de la fondation. C'est pourquoi, dès sa création, on va retrouver les milieux anticommunistes dans

---

[1] GUILHOT N., 2006: « 'A Network of Influential Friendships.' The Fondation pour une Entraide Intellectuelle Européenne and East-West Cultural Dialogue, 1957-1991 », *Minerva*, vol. 44 (4). À notre connaissance, il s'agit du seul article existant sur ce sujet.
[2] *Idem*.
[3] *Fundația pentru o societatea deschisa*. Elle fût d'abord une association puis à partir de 1997 une fondation.

le comité directeur. À côté du soutien « aux initiatives civiques », les activités de la FSO mettent l'accent sur l'éducation. Pour combattre les valeurs qui vont à l'encontre de la société ouverte, la fondation s'implique dans la réforme du système d'éducation (enseignement primaire et secondaire) en coopération avec le ministère concerné. Il s'agit d'une constante de la FSO en Roumanie ou ailleurs. Il faut former l'esprit des jeunes pour que la société libérale puisse être durable, former de jeunes leaders à l'exercice de la démocratie.

La fondation va également mettre au point des instruments de *testing* comme le baromètre de l'opinion qui est doté d'un prestigieux conseil de direction. Il s'agit d'un institut de sondages qui va tester, par exemple, le degré de confiance dans les institutions publiques aux yeux d'un échantillon représentatif. On comprendra donc que le premier président de la FSO, Alin Teodorescu, ait été le directeur d'un important institut de sondages, le centre IMAS (Institut de marketing et sondages) fondé en 1992 (cf. chap. 1). Les sondages sont des indicateurs qui peuvent être rapidement sensibles, qui se vendent facilement auprès des médias et des bailleurs. Ils permettent une prise de position et de décision rapides. Remarquons, enfin, que la fondation a développé maints programmes dans le domaine de la lutte contre le racisme et l'intégration des Roms. C'est l'une de ses caractéristiques spécifiques.

On retrouve dans le comité directeur de cette fondation les acteurs déjà évoqués au premier chapitre, pour la plupart des universitaires appartenant à des réseaux sociaux contigus.

Exception faite de la FSO, la Fondation pour le développement de la société civile (FDSC) est l'ONG la plus importante dans le domaine du développement de la société civile. Cette usine à produire de la société civile a été créée avec le concours d'un financement européen, dans une collaboration forte avec l'État. Les membres des ONG voient d'un mauvais œil la reconnaissance de cette affiliation. Pourtant, il est difficile d'en douter du fait de la coordination entre le gouvernement roumain, l'UE et les membres de cette ONG. Cette dénégation vise à neutraliser la dépendance objective de l'ONG vis-à-vis de ses bailleurs. C'est une façon de montrer sa maturité et de légitimer son propre combat politique. Le profil de FDSC est un peu différent de celui de la FSO dans la mesure où elle est inscrite dans un plan de développement institutionnel dès sa naissance en coordination avec l'État, les bailleurs de fonds et le projet de création d'une société civile durable dont elle serait la plate-forme. La liste des principaux bailleurs de fonds de cette ONG est exemplaire de sa position dans le champ de la société civile : l'Union européenne, le *Trust for Civil Society in Central & Eastern Europe* [1], la Banque mondiale, l'USAID ou encore *Civicus World*.

Il est impossible de chiffrer le nombre de membres d'associations passés par FDSC. On peut néanmoins remarquer que, pour une large majorité des « anciens » dans les professions de la société civile, les séminaires de FDSC forment un passage obligé dans la carrière d'ONG-iste, et ce, comme j'ai pu l'observer, dans des domaines aussi variés que le développement de l'artisanat du patrimoine culturel que les différents secteurs du développement de la démocratie. Les formations payantes que suivent les membres d'ONG consistent en l'apprentissage de techniques « professionnelles » comme l'écriture de rapports officiels, l'évaluation des besoins en financement des programmes, l'identification des « cibles » des programmes, les autres ONG, le *fund raising*, la construction des projets, le management des ressources humaines, etc. S'il y a bien eu d'autres séminaires auxquels ces acteurs ont pu participer, ils restent, dans leur esprit, secondaires. Le fait que la formation à la comptabilité, la gestion des fonds autant que les « ressources humaines » revêtent une importance particulière au détriment d'autres techniques pour la fraction supérieure des ONG, s'explique par l'exigence de connaissance des formalités requises pour que les projets soient acceptés par les bailleurs de fonds. Les dépenses, par exemple, doivent être transparentes pour ne pas risquer d'être accusé de corruption, voire d'incompétence et perdre ainsi un ou plusieurs partenaires extérieurs éventuels. Surtout que les ONG peuvent être rapidement listées et sont contraintes, pour une part importante, de truquer leur rapport afin, par exemple, d'acquitter des salaires. Les salaires ne sont pas inclus dans les financements puisque les ONG doivent être le fait de personnes bénévoles et, après quelques années d'aide, doivent être autonomes financièrement. Le décalage entre les cadres idéologiques contraignants et la pratique sont, dans ce cas, une explication suffisante pour comprendre la « corruption » programmée régnant dans les ONG.

FDSC illustre l'idée selon laquelle la société civile est le partenaire obligé de l'État, et que ce partenariat va faciliter la mise en place des « réformes » menant à la société de marché. L'équivoque est limpide : la société civile doit s'opposer aux débordements de l'État, ce qui suppose une passable autonomie, et être, en même temps, le collaborateur obligé de l'État. La

---

[1] http://www.ceetrust.org/

construction de la société civile, c'est donc la constitution d'un mode de gestion des relations entre État et société.

La fondation sert également de plateforme pour la diffusion des fonds européens. Elle relaie les appel d'offres pour le développement de petites entreprises par exemple ou encore dans l'artisanat traditionnel, impliquant des partenariats public-privé.

FDSC produit de nombreux travaux quantitatifs sur les ONG. Une collaboration soutenue avec des universités étasuniennes a été mise en place dans ce sens. Voilà pourquoi on trouve, au sein du comité directeur de cette fondation, Mircea Kivu, sociologue, directeur scientifique de l'entreprise de sondages et d'études de marché *IPSOS Interactive services Europe* en Roumanie.

À côté de ce sociologue, on va retrouver des dirigeants de banques comme le directeur exécutif de Raiffeisen Bank Roumanie. Cette présence a pour effet de faire voler en éclat l'indépendance de l'organisation vis-à-vis des intérêts économiques privés. Elle montre également que le secteur du capitalisme financier n'est pas éloigné de la construction de la société civile.

La société civile sous les trois angles intriqués – incubateur du cadre des agents économiques, représentant de la société s'opposant à l'État et co-instigateur de la société de marché avec l'État – doit être soutenue. C'est pourquoi il faut créer des associations et des fondations, et les créer en nombre. Dans cette logique, repérée par quelques chercheurs, l'indicateur quantitatif équivaut à un label de maturité politique. Au centre de la fondation, on peut d'ailleurs acheter un agenda électronique des ONG, classées par domaine d'activité, ancienneté, adresse etc. Mais de l'aveu même des responsables de l'organisation, les statistiques sont erronées, la fondation étant incapable de savoir si les ONG classées sont actives ou sont des coquilles vides dont l'existence se limite au dépôt des statuts et parfois à un compte bancaire.

On notera également la présence dans le comité de direction de journalistes qui travaillent pour des journaux comme *Dilema Veche* ou la *Revue 22* (revue du GDS). FDSC est donc aussi toute proche des milieux anticommunistes évoqués au chapitre précédent.

La troisième ONG travaillant dans le domaine de la construction de la société civile, que nous évoquons rapidement, est Centras. Parmi ses bailleurs, on peut citer le Programme des Nations-Unies pour le développement (PNUD), la NED, le *Balkan Trust for Democracy*, la Banque mondiale et quatre ambassades (France, Canada, Pays-Bas, Royaume-Uni).

Elle compte parmi ses partenaires roumains FDSC et APD. On retrouve dans le comité fondateur de l'ONG des personnes comme la présidente de la fondation pour le pluralisme ; Victor Babiuc, ministre de la Défense sous la gouvernance de Convention démocratique, Richard Soudriette qui fut pendant longtemps président de l'ONG américaine IFES (*International Foundation for Electoral System*), Dorin Tudoran, écrivain et poète prolifique, dissident dans les années 1980 émigré aux USA. L'organisation affiche de cette manière sa proximité avec la dissidence anticommuniste, les bailleurs de fonds étrangers et certaines personnalités politiques. C'est d'ailleurs la seule fonction de ce comité de direction dont le rôle est plutôt honorifique.

L'activité principale de Centras est la formation des ONG de toutes envergures et des employés de la fonction publique. Plusieurs sessions de formations – payantes – sont organisées annuellement par l'ONG. Plus précisément, la circulation de l'information et le formatage des acteurs aux procédures bureaucratiques des bailleurs de fonds constituent l'activité principale des organisations qui œuvrent dans ce domaine.

Centras a créé une base de données des ONG. Comme le souligne Ion Olteanu, manager : « *au niveau de 2004, parmi les 80 000 ONG enregistrées après décembre 1989, moins de 18 000 avaient déposé leur bilan comptable (condition minimale pour constater que les organisations respectives « sont encore »), dont seules un quart déclarait un bilan 0* [1]. » Il faut bien comprendre que ce type de reconnaissance factuelle n'est pas très bien perçu dans le milieu des ONG. Mais Ion Olteanu fait justement partie des acteurs qui peuvent se permettre ce type de déviation idéologique puisqu'il fait partie de l'ancienne garde, plus expérimentée et moins encline à suivre l'injonction de lieux communs répétitifs.

Les responsables de cette ONG sont plus distants dans leur relation aux bailleurs de fonds et au projet de démocratisation par les ONG. Ce recul critique, toutes proportions gardées, est assez rare pour être souligné. Le directeur de l'organisation en donne un exemple lorsqu'il évoque la réaction des institutions européennes à leurs demandes de financement : « *Nous avons trouvé une astuce : moins on leur donne d'informations, moins ils en demandent. Alors, on agit on conséquence.* » Il est symptomatique qu'à Centras, les nouveaux venus dans l'organisation soient formés à lire les appels entre les

---

[1] OLTEANU I., 2008 : « ONG-urile și elite » [Les ONG et les élites] *in* GHEORGIU M. D., LUPU M., *Mobilitatea elitelor în România secolui XX* [La mobilité des élites en Roumanie au XXe siècle], Paralela, Bucarest : 472

lignes, les réponses des bailleurs de fonds, les montants d'argent qui peuvent être demandés en fonction des messages qui leur sont adressés.

On peut évoquer, dans ce même domaine, l'organisation *AidOng* de Timişoara dirigée par un l'ancien président d'APD proche de Centras. Cet homme est connu à APD pour avoir été à l'origine du « schisme » entre Braşov et Bucarest. Il fut le premier président de l'association à ne pas appartenir au club de Braşov et de plus son mandat a été marqué par le transfert du centre national de l'organisation de Braşov à Bucarest. Un certain nombre de fascicules sont cosignés par I. Olteanu et le président d'*AidONG*. Ce dernier a collaboré au début des années 1990 avec des ONG humanitaires françaises et a suivi des formations à Paris. C'est un des animateurs des réunions annuelles de formation des ONG à Centras.

Pour conclure, je propose d'écouter la directrice d'une institution, sous la direction du gouvernement, en charge de mettre en place une coordination entre l'État et le tiers-secteur et de proposer des réformes de lois adéquates. Créée en 1992, date à laquelle existait déjà une cellule de développement social au sein du Conseil stratégique et réforme économiques de l'État, elle va prendre une plus grande importance à partir de 1995.[1] L'État doit rester au centre de ces processus qui, s'érigeant sur le retrait de ses prérogatives, est le théâtre de l'intégration d'acteurs civils. On retrouve à partir de 1996, dans cette cellule des personnages déjà rencontrés précédemment, comme la présidente de la Fondation pour le pluralisme, un coordinateur de projet de Centras, d'anciennes employées d'APD. Daniela, pour sa part, est mariée avec le président d'APD. Elle est diplômée de l'ENSPA (École nationale des sciences politiques et administratives) et parle plusieurs langues étrangères avec une aisance déconcertante. Elle a aussi, de par sa fonction même et son milieu social d'intégration, une bonne connaissance du milieu des ONG. Mais avant tout, c'est parce que la vision qu'elle développe de l'histoire de la mise en place de la société civile est représentative d'un imaginaire collectif qu'elle nous intérese.

« *À partir de 1994-1995, la relation entre le gouvernement et les ONG envisage une forme à peu près institutionnelle, approximativement. Trois personnes essayaient de faire, de proposer des projets politiques, pour les politiques publiques du gouvernement. Cela n'a pas été simple […]. À partir de 1998, FDSC a été créée. Moi, j'ai été nommée par le ministre d'État pour faire partie du conseil de direction*

---

[1] Les noms de la cellule ont changé à de nombreuses reprises suivant les réformes de forme multiples imposés par différents gouvernement.

de cette organisation mais sans droit de vote, parce que le gouvernement était un observateur et il ne devait pas intervenir dans les projets de FDSC. Les financements venaient de l'UE, pas du gouvernement. À cette époque-là, la relation entre le gouvernement et les ONG a changé. Les ONG étaient [beaucoup] plus antigouvernementales. C'était normal, la société civile se constituait à ce moment. Puis, ils ont dû se connaître pour commencer le dialogue. Quand j'ai été déléguée pour les relations avec la société civile, j'ai ressenti une réticence que je comprenais avec les ONG. Mes relations avec les anciens membres de l'administration étaient très très bonnes. Mais le gouvernement roumain n'avait pas de stratégie pour consulter les ONG. C'était une sorte de mimétisme institutionnel : il fallait des structures pour parler avec les leaders de l'ONG. Je dois dire que les ONG ne savaient pas comment discuter et certaines ne voulaient pas [discuter]. Les leaders apprenaient tout à l'extérieur. Comment dialoguer ? Ils étaient tous formés à l'extérieur. C'était une période de foisonnement. On peut parler de ces deux facettes : une fois, ils apprenaient comment travailler : « qu'est ce que les ONG ? », « qu'est-ce que la société civile ? ». Mais une fois arrivés en Roumanie, ils ne comprenaient plus les problèmes d'ici. Il leur fallait une période d'accommodation. C'est-à-dire que l'administration n'était pas réformée, n'est plus réformée… pas encore après 13 ans. La société civile roumaine n'était pas très évoluée. […] Moi aussi théoriquement, je savais ce qu'était la société civile. Théoriquement, j'étais convaincue mais je ne savais pas comment ça fonctionnait. Il y a eu tout qui a été délégué, et là j'ai vu comment naissait une association, comment elle s'organise. Ça, c'était une de mes meilleures attributions. Et puis, nous avons eu des rencontres avec les ONG qui venaient voir le gouvernement qui avaient une appréhension par rapport au discours du gouvernement. C'est une période où tout se cristallisait, les demandes des ONG sur la législation… Peu à peu, les contacts ONG/gouvernement se sont développés. Puis les représentants du gouvernement ont été invités chaque année aux événements des ONG, aux forums, aux manifestations annuelles, puis aux séminaires, colloques. Ensuite, il y a eu une relation de coopération. Mais, des réserves ont existé en permanence. Vous savez, les ONG roumaines sont très méfiantes quand elles parlent avec les administrations et notamment le gouvernement […] La relation de coopération a précédé la mise en place de l'office. On a fait des propositions. C'est vrai on a eu des entretiens avec les leaders des plus grandes ONG roumaines, c'était très amical. »

Ces propos mettent l'accent sur l'apprentissage des règles et techniques des actions d'ONG comme des produits d'importation occidentaux. Les ONG sont placées dans une position d'apprenti, où elles doivent apprendre et se mettre à niveau. C'est une mise à distance voire une exclusion du

« monde occidental » vivement ressentie en Roumanie. De façon exemplaire, dans ce propos, les règles ne sont pas attaquées, elles ne sont ni remises en cause ni discutées. Les normes allochtones importées sont appréciées positivement, tandis que les difficultés proviennent d'acteurs autochtones socialement différenciés par leur capital de connaissances sur la société civile et la démocratie accumulé en Occident. Il y a donc une situation localement négative qu'il convient de transformer à l'aide de méthodes positives exogènes par l'action d'agents aux connaissances « éclairées ». Cet allocentrisme est typique de cette société civile. L'intériorisation et l'appropriation de la domination sont l'arrière-plan de ce discours représentatif de ce qu'on peut relever dans les ONG. Mais, la culpabilité de cette difficile adaptation revient à l'État qui « *n'est toujours pas réformé* ». Cette accusation de l'État et des institutions politiques est également récurrente dans le milieu des ONG.

3. La programmation en actes de la démocratie

Après plusieurs années de fonctionnement, les ONG roumaines les plus importantes mènent aujourd'hui leur propre programme. Malgré une autonomie — toute relative — gagnée par la frange supérieure de la société civile, après des années de formation et de pratiques, ces programmes restent substantiellement marqués par le pilotage extérieur. Ceci étant, observer la dépendance financière et le formatage dans l'idiome des politiques de la bonne gouvernance ne revient pas à postuler que l'histoire est déjà écrite. La marge de manœuvre est tout simplement réduite, parce que le projet de démocratisation est fondamentalement un projet d'uniformisation. Dans cette partie, on se concentrera sur les programmes les plus importants de l'Association *Pro Democrația*, abordée précédemment. Cela nous permettra, d'une part, de voir comment les organisations de démocratisation ont intériorisé « l'esprit » de la démocratisation ; et, d'autre part, de cerner les événements inattendus provoqués par l'internalisation de ces normes politiques. Pour ce faire, en premier lieu, nous aborderons un programme de réforme du système électoral. Puis nous présenterons les opérations liées à la surveillance des élections. Enfin, nous nous concentrerons sur les effets de l'introduction de cette doctrine politique dans le cadre particulier de lois sur la transparence des institutions publiques.

Un outil de la politique de démocratisation : la réforme du code électoral

Dans l'esprit des ONG roumaines les plus importantes, l'optimisation de la démocratie passe par une réforme du code électoral. Cette opération s'inscrit lisiblement dans une méthodologie constitutionnaliste et une vision délibérative (au sens restreint, résiduel) de la démocratie inspirées par les bailleurs de fonds. Cependant, les motifs de cette réforme s'appuient sur des problèmes internes réels. C'est par ce détour que ce programme importé va prendre racine localement et susciter l'adhésion. Explicitons-le.

Premièrement, c'est le constat d'une porosité des institutions publiques vis-à-vis des partis politiques au détriment de la consolidation de l'État qui inspire cette réforme. Le terme de « partitocratie » est couramment utilisé pour décrire ce phénomène dans la zone sud-est européenne. Les partis politiques à leur tour perdent une part sensible de leurs effectifs lorsqu'ils perdent les élections [1]. En général, pour obtenir les ressources nécessaires au développement, les élus locaux doivent prendre la carte du parti qui les détient. Aussi, là comme ailleurs, il existe une collusion des élites politiques et économiques assez ouvertement assumée entraînant une corruption structurelle.

Deuxièmement, l'absence de philosophie politique des partis, dénoncée par les ONG et les médias, est une autre raison importante. Alors qu'en Europe, les stratégies des partis politiques et des institutions publiques consistent bien souvent à masquer la nature de leur projet politique en scandant leur caractère apolitique, a-idéologique sinon anti-idéologique (« ni de droite, ni de gauche »), en Roumanie l'absence d'idéologies et de doctrines politiques, réelle ou imaginaire, est la plupart du temps appréciée comme une anomalie du système politique… en comparaison avec ceux de l'Ouest !

Troisièmement, les programmes de démocratisation s'inscrivent dans une volonté de réformer la classe politique. Ce discours, répété à l'envi, est partagé à la fois par les médias, les ONG, les institutions du système international et les politiciens eux-mêmes. Il s'ancre dans une volonté d'épurer la société roumaine des anciennes élites communistes et de la corruption omniprésente. Celles-ci sont considérées comme le principal obstacle au développement de la démocratie.

Ces arguments – partiellement avérés – valident l'approche des ONG et le débat autour de la réforme des modes de scrutin. Ce projet est le parangon de l'organisation APD. L'organisation tente de mener une réforme de ce type à son terme depuis 1996. Ce projet a d'ailleurs subi plusieurs

---

[1] Par exemple, de 2000 à 2003 le nombre de maires PSD a augmenté de 1051 mandats à plus de 2100, *Cotidianul* 9/08/2003.

modifications, la dernière étant à mettre en relation avec l'élection d'un politologue à la présidence de l'association.

Ce n'est qu'après de longues années de labeur que l'ONG a réussi à faire de son projet un enjeu politique et médiatique. Le PSD, au pouvoir depuis 2000, avait soudainement redécouvert les effets bénéfiques de cette réforme des modes de scrutin [1] et saisi l'opportunité que représente ce projet sur plusieurs plans. D'abord, pour un gouvernement dont les pays occidentaux critiquent cycliquement le comportement dans le cadre des normes de la gouvernance, s'impliquer dans un tel projet, ne serait-ce que formellement, est une preuve de « bonne volonté » dans la tenue des réformes. Ensuite, l'investissement dans un tel projet permet de « raccrocher » APD pour ne pas laisser l'ouverture dans laquelle l'organisation s'était enfoncée devenir le point d'achoppement de critiques multiples et diffuses d'acteurs extra-étatiques, des partis politiques appartenant à l'opposition, voire d'acteurs occupant les positions dominantes à l'intérieur du PSD dans le cadre des luttes de classements endogènes. Après plusieurs échecs, une variante de cette réforme a été entérinée sous la gouvernance du Parti national libéral en 2008.

Pour l'ONG, il est possible de synthétiser plus précisément en deux directions cette partie du projet. L'objectif est, selon l'organisation, de « *donner une plus grande force aux citoyens* ». L'introduction du vote uninominal aux élections parlementaires obligerait les politiciens à devenir plus responsables face aux électeurs et à répondre en leur nom propre. La variante uninominale du vote ferait pencher le choix de nomination vers les citoyens plutôt que de laisser une autonomie totale aux partis politiques. Sans entrer dans les détails techniques, pour l'organisation la variante « compensatoire » devrait faire compter les voix minoritaires, augmenter le taux de participation et montrer de la sorte l'utilité réelle du vote. En corollaire, l'expectative du projet est de créer une pression plus forte sur les partis politiques portée par les citoyens et de renforcer le système électoral par rapport aux partis [2]. Le projet, de nature technique au premier abord, est investi des représentations du pouvoir et du citoyen.

Cette modification de la loi électorale passe par un amendement constitutionnel. Conformément à la loi, 250 000 signatures doivent être collectées par APD en quelques mois, au cours de l'année 2003, pour que soit constituée une commission parlementaire dont les délibérations décideront

---

[1] Le PSD avait vaguement proposé en 1996 une réforme du même acabit.
[2] C'est une des illustrations de ce que le président d'APD nomme la « création de l'État ».

de l'application de la réforme. Pour récolter ces signatures, outre une alliance avec des syndicats et des membres de partis politiques de l'opposition, le réseau national, reposant sur plus de 25 antennes (au moment de l'enquête), est mobilisé et les volontaires de l'ONG arpentent les rues de Bucarest.

Sous les signatures, les représentations du pouvoir

L'opération se déroule au cours d'une période de l'année (été 2003) où la chaleur est caniculaire dans la capitale. La direction de l'ONG a même été contrainte de changer les horaires des collectes qui, après plusieurs semaines de journées étouffantes, n'auront plus lieu que pendant la première partie de la journée. Trois stands sont placés sur les trois portions du même grand boulevard (Magheru, Balcescu, Bratianu) qui traverse le centre-ville de Bucarest. Avec ses nombreuses universités avoisinantes, ses entrées multiples sur trois stations de métro, ses innombrables arrêts de bus, centres commerciaux, terrasses de café, restaurants et autres *fast food*, le lieu est extrêmement fréquenté. Le boulevard a été choisi judicieusement pour cette raison. Les volontaires sont là, réunis en groupes de deux à six personnes. Ils distribuent des documents et essayent d'amener les passants à une table qui fait office de bureau. Là, sont centralisées les signatures ainsi que des documents à vocation pédagogique sur les partis politiques, leurs tendances philosophiques et les personnages politiques. Les volontaires interpellent les passants qui très souvent les ignorent ou les repoussent, parfois avec véhémence. La distance entre les membres d'ADP et les personnes abordées étant souvent trop grande pour pouvoir saisir les paroles échangées, je décide de distribuer des documents aux passants. Il n'est pas question de donner l'illusion d'être passé par un pseudo-rituel initiatique qui aurait permis, par le miracle d'une socialisation fulgurante et d'une identification totale à la pratique des acteurs, de révéler l'intelligibilité du terrain. Ce serait là faire preuve d'un optimisme et d'un romantisme outranciers. Distribuer des tracts n'est pas en soi un acte d'une extrême originalité anthropologique. Le but de cette participation était de pouvoir obtenir des échanges de propos directement avec les personnes invitées à signer cette pétition et ainsi de pouvoir les comparer par la suite aux propos des volontaires, et par la même occasion d'observer la nature des échanges entre les volontaires et les passants. Ce choix ne restera pas sans conséquences : involontairement je me rapproche de la catégorie hiérarchique la plus basse d'APD, ce qui déplaît aux coordinateurs de l'organisation qui me feront remarquer que l'attention que je prêtais aux volontaires à leur détriment était déplacée.

Cette scène d'invitation à la pétition est le cadre d'expression de sentiments d'une profonde antipathie envers les politiciens, sentiments d'une récurrence déconcertante. En voici quelques extraits significatifs : « *Il faut éliminer tous les politiciens* ». « *Au diable* [1] *les politiciens !* » ; « *Au diable tous ces parlementaires !* » ; « *Il faut que les parlementaires disparaissent* » ; « *Les parlementaires ne font rien, la mafia peut se saouler tranquillement en Roumanie, les parlementaires ne font rien* » ; « *Je suis dégoûté des politiciens* » ; « *Je suis très mécontente. Les parlementaires vont rester jusqu'à notre fin* » ; « *Tout le monde au Parlement fait la même chose. Alors les autres politiciens font la même chose. Ils ne s'intéressent pas aux gens* » ; « *Si je vois un parlementaire dans la rue, je le frappe* » ; « *Il faut éliminer le Parlement et tous ces voleurs* ».

Ces assertions mettent en évidence une représentation négative des politiciens et de la scène politique. Les sondages corroborent ces observations à une échelle plus large, les indicateurs de confiance classent, par exemple, le Parlement en bas de liste des institutions avec… les ONG à l'inverse de l'Église et de l'armée par exemple [2].

Soulignons que ces propos ne peuvent être directement corrélés à un parti pris politique. Les personnes en présence révélaient fréquemment le parti pour lequel ils entendaient voter aux prochaines élections ou pour lequel ils avaient voté précédemment et, du Parti national libéral au Parti de la grande Roumanie, cette représentation ne subissait que peu de variations.

Les représentations symboliques des élus sont également liées à l'accaparement de richesses : les partis politiques sont alors perçus comme intimement lié à la corruption, à l'enrichissement frauduleux, au vol pur et simple. Les personnes évoquaient les propriétés immobilières des hommes d'État ou encore leurs entreprises. Tous les partis politiques sont peuplés de millionnaires (€) ayant réalisé des fortunes grâce à la privatisation de l'État. En retour, ils alimentent les partis politiques afin que ces derniers puissent leur offrir de généreux contrats après leur élection sans avoir à trop se soucier des appel d'offres. Il s'agit d'une corruption structurelle, mais qui n'est pas forcément illégale. Ces inégalités matérialisent un profond sentiment d'injustice. Les relations réelles et/ou extrapolées entre

---

[1] *La dracu* ! – au diable ! – est d'un usage très courant en Roumanie. C'est un terme d'une assez forte violence.
[2] Selon *Le baromètre de l'opinion*. FPSD-Soros, Bucarest.

l'appropriation des richesses et la constitution des pouvoirs politiques ¹ sont de première importance et font l'objet d'accusations clairement exprimées. L'enrichissement est, pour les acteurs, une matière à la contestation des positions de ceux qui assurent l'exercice du pouvoir. Voilà pourquoi les passants, suspicieux, s'arrêtent pour demander quel parti politique les volontaires représentent. Certains vont plus loin et demandent l'adresse de l'ONG, d'où proviennent ses financements etc. En revanche, dès qu'ils apprennent que l'opération est menée par une ONG, ils prennent le temps d'écouter ou émargent sans plus attendre les listes présentées par les volontaires.

Donc, ce qui compte pour les citoyens, ce qui est recherché et attendu avant toute chose, c'est une *stricte séparation des partis politiques*. Autrement dit, c'est parce qu'elle ne représente aucune de ces organisations de la politique que l'organisation non gouvernementale peut espérer recueillir l'adhésion d'une partie de la population.

D'autres éléments peuvent accentuer cette méfiance et notamment le fait que l'image des ONG n'ait pas été épargnée par les affaires douteuses concernant notamment l'importation de marchandises défiscalisées ou encore le détournement de fonds publics. Enfin, même si cette hypothèse est invérifiable, on ne peut ignorer la position de courroie de transmission du Parti communiste roumain qu'occupaient, sous l'ancien régime, les organisations de masse.

On s'aperçoit ici que la réforme de l'État, de la politique ne semble pouvoir être menée que par des institutions qui se trouvent strictement séparées de la politique. Les doutes qui se fixent sur les intentions de l'ONG montrent que l'activité liée à la réforme du code électoral expose cette organisation à des suspicions révélatrices d'une conception très négative de la politique.

Les revirements d'opinion, quand les passants donnent leur accord puis se rétractent dans les instants suivants, donnent une matière complémentaire à l'analyse, ce choix étant souvent accompagné de propos visant à justifier ce brusque changement d'opinion. Parmi les causes d'un refus, les acteurs disaient sans ambiguïté que leur nom pourrait être utilisé par d'autres personnes et leurs paroles détournées. Cela s'inscrit dans une

---

¹ La presse, qui appartient à de richissimes hommes d'affaires et parfois politiciens, eux-mêmes impliqués dans de grands scandales de corruption, publie quotidiennement des articles sur les richesses et l'enrichissement des politiciens. L'expression utilisée systématiquement dans ces mêmes médias de « baron local », accolée aux satrapes aux affaires (économiques et politiques) douteuses, voire ouvertement frauduleuses, est tout aussi révélatrice de cette conception.

perception d'un État potentiellement dangereux et autoritaire [1]. Ces propos ne sont qu'une forme extrême d'un imaginaire de la figure de l'État. Ils prolongent la logique de la représentation observée dans le sens où les politiciens, les parlementaires, les partis et l'État sont rassemblés dans une totalité négative et, pour cet exemple, dangereuse.

Du point de vue des personnes interrogées par l'organisation, s'il y a une adéquation qui se réalise avec le projet d'APD, c'est par le biais d'une réinterprétation : le projet de réforme du système électoral est retraduit comme une opération contre les symboles du système politique, perçus sous des aspects autoritaires et patrimoniaux. C'est même ce qui fonde l'intérêt des personnes pour ce projet. Les propos d'une des volontaires illustrent *a contrario* cette tendance : « *C'est amusant, quand tu dis aux gens que c'est pour réduire le parlement, ils signent plus facilement.* » Il s'opère un décalage entre le projet présenté par APD et les motivations des personnes soutenant ce projet.

Dans sa présentation du projet *in situ*, le citoyen n'est pas la cible d'une politique d'éducation à la démocratie. Dans le « message » adressé par les membres d'APD [2], rien ne le laisse penser. Le stigmate négatif qu'impose l'éducation de la démocratie, qui suppose un manque ou une absence d'éducation, est effacé par les membres d'APD lorsqu'ils s'adressent à des individus dans les rues de Bucarest. Une dérivation est opérée, car les individus ne sont pas mis en cause, mais le projet est intégré dans un agencement de représentations politiques et devient le vecteur d'une mise en accusation de l'État et de la politique. Cela n'attire pas outre mesure l'attention du personnel de l'ONG qui interprète ces motivations divergentes comme allant d'elles-mêmes et ne méritant pas d'être interrogées.

Les volontaires et les personnes signataires ont en commun de mettre en scène les mêmes agents, c'est-à-dire l'État et les politiciens. C'est la base commune qui permet une solidarité entre volontaires et personnes signataires, bien que ce que l'on enseigne dans l'ONG vise à fonder une

---

[1] Plusieurs ONG (comme Reporter sans frontières) et les médias ont rapporté un ensemble d'affaires mettant en cause des réactions autoritaires de l'État face à la contestation et à la surveillance politique.

[2] Les équipes de coordinateurs d'APD ont largement intériorisé les techniques de manipulation relevant du marketing et de la gestion des ressources humaines, non sans une certaine naïveté ou de cynisme selon les cas. Par exemple, pour augmenter les chances d'obtenir des signatures, on conseille aux volontaires « filles » d'aborder les « garçons » et vice-versa. Il est également conseillé d'aller vers les personnes âgées estimées plus sensibles aux demandes des jeunes.

distinction sociale de la population. La mise en accusation de l'État prévaut dans le cadre de ces interactions sur le projet de réforme dont l'explication correcte serait en tout cas très difficile à mener tant elle présuppose des connaissances fines des formes institutionnelles d'architecture politico-institutionnelle. Ce qui se produit ici, c'est que le projet téléguidé de démocratisation est réintroduit dans les représentations du pouvoir des citoyens avec lesquelles il va faire corps commun. Si le projet suscite une réaction positive auprès des citoyens, c'est parce que sa plasticité lui permet de s'encadrer dans leurs visions politisées de la politique.

La nécessaire coopération avec les partis politiques : une trahison ?

Le projet d'APD s'achemine en septembre 2003 vers un échec. Mais les dirigeants, forts de l'expérience tirée des revers précédents, ont déjà devancé cette issue en s'alliant à des députés de l'opposition au PSD. Est alors mise en place une commission parlementaire pour l'examen de cette réforme.

Un deuxième événement intervient parallèlement : la réforme de la constitution pour l'intégration à l'Union européenne, adoptée par référendum [1], modifiant le nombre de signatures nécessaires au déclenchement d'une commission parlementaire, qui est réduit de 250 000 signatures à 150 000 [2]. Ce changement s'inscrit dans les impératifs des réformes exigées par l'UE dans la perspective de l'intégration. Il a pour objectif de faciliter le type d'opération que mène APD. Alors que l'UE a sur ce point une attitude prescriptive, l'État accepte avec difficulté la prise en compte des acteurs extraparlementaires locaux ; ce dernier est placé dans une situation paradoxale, face à un dilemme entre l'acceptation des acteurs non-étatiques et leur refoulement aux marges des processus politiques.

En raison de ces changements, la commission en charge de l'élaboration de la modification de la législation électorale se voit contrainte de prendre en compte le programme de l'association par le biais de l'intervention de députés appartenant à l'opposition au PSD. Les signatures accumulées deviennent du point de vue des lois plus importantes. Mais du point de vue de la commission, elles restent secondaires : elles ont pour seule fonction de maintenir une pression extérieure suivant en cela une logique de lobbying.

---

[1] À l'occasion de ce référendum, APD a proposé que son projet soit soumis au suffrage universel. Une demande écrite a été adressée au président I. Iliescu qui y a répondu négativement.

[2] Notons au passage que l'ONG militait pour cette modification depuis plusieurs années.

Le président d'APD ainsi que la présidente de l'ONG Société académique [1] de Roumanie (SAR), très connue médiatiquement en Roumanie, interviennent, à titre d'analystes politiques, à la demande du président de la commission, et ce pour étudier à la fois le projet d'APD, porté par l'opposition, et celui du PSD plus en adéquation avec son poids dans les institutions étatiques. Notons, au passage, l'habileté du jeu des convocations. Les deux présidents d'ONG convoqués jouissent de deux registres de légitimité conjoints : ils bénéficient de la crédibilité d'une part, de professionnels de l'analyse politique et, d'autre part, de « représentants d'organisations de la société civile ». C'est pour leur rôle d'analystes politiques que ces deux personnages ont été convoqués, c'est-à-dire en leur déniant leur qualité de représentant d'ONG.

Une projection des résultats hypothétiques aux élections avec les modalités réformées de vote est avancée par la présidente de SAR avec un constat tout à fait différent de celui d'APD : si ce mode de scrutin est adopté, alors l'opposition n'entre plus au parlement. « *Deux heures, deux heures pour faire la projection, s'exclame le président d'APD. Mais ce n'est pas sérieux ! Non, ce n'était pas sérieux ! Ils n'ont pas fait attention aux distributions [démographiques] pour les régions, dans les villes. Et voilà, le président de la commission qui dit : « Voici une respectable organisation de la société civile qui nous dit que l'opposition n'entre pas au Parlement avec cette réforme électorale. Ce n'est pas possible, ce n'est pas bien pour la Roumanie »*. Le vote de la commission sera négatif, et pour cela elle évoque de « bonnes » raisons. Malgré la démarche menée par APD, le projet a été remarquablement neutralisé sur plusieurs plans.

Toutefois, l'histoire du vote uninominal ne s'arrête pas là. Outre une manifestation sporadique menée au Parlement par APD, le changement de président et de gouvernement suite à l'élection de la très péremptoire alliance de droite *Justice et Vérité* (PNL-PD), en 2004, va relancer l'enjeu du vote uninominal. Parce que cette alliance va faire de la réforme de la classe politique au moyen de la réforme du code électoral l'un de ses arguments dans la lutte politique pour se différencier de ses concurrents, et parce qu'elle profite largement du soutien des ONG et de certains médias (l'inverse est aussi vrai), la quasi-totalité du spectre politique va embrasser la

---

[1] La SAR est un *think tank* roumain qui produit de nombreux sondages et commentaires notamment sur le comportement du gouvernement. Sa présidente, Alina Mungiu-Pippidi, est l'épouse d'un historien roumain très connu Andrei Pippidi. Elle a d'abord été formée en médecine psychiatrique. Puis, devenue journaliste, elle s'est convertie à la science politique dans les officines de l'UE et des USA. Elle fait partie aujourd'hui des analystes politiques prisés par les médias. Son ONG assume parfois virulemment son parti pris politique.

cause du vote uninominal. Mais chaque parti politique va proposer une version du vote uninominal en fonction de ses positions dans les sondages à ce moment-là dans le but de gagner une emprise plus forte sur les institutions sans changer son niveau d'adhésion dans la population. Puisque les élections législatives approchent à grands pas, les luttes politiques autour de cette réforme électorale vont aller crescendo.

C'est le PNL, au gouvernement, qui portera le projet devant le parlement. La variante compensatoire sera abandonnée, et les élections parlementaires auront lieu en 2009 avec pour conséquence d'éliminer deux partis minoritaires et extrémistes du Parlement : le Parti de la grande Roumanie et le Parti nouvelle génération. Cependant, les effets escomptés par les membres de l'ONG n'auront pas lieu, la classe politique n'ayant pas fondamentalement changé de visage.

Synthétisons les points saillants de ce programme. Initialement conçu pour être « une émanation citoyenne », le projet n'échappe pas aux jeux des conflits et des alliances politiques. Il faut rappeler que l'objectif tirait sa légitimité de la représentation de la société civile. Or, c'est cette fragile légitimité que l'association a dû abandonner pour tenter de faire aboutir cette réforme. Les partis politiques, de leur côté, peuvent bénéficier du crédit symbolique rapporté par la concertation partielle des acteurs de la société civile. Le gouvernement a réussi le grand écart entre, d'une part, un comportement démocratique répondant aux normes internationales de la gouvernance en acceptant des acteurs non étatiques [1] dans la gestion des changements politiques et, d'autre part, la limitation des velléités de réforme de ces mêmes acteurs extraparlementaires (ONG, syndicats). En d'autres termes, l'État s'est ajusté aux normes « démocratiques » globales de respect du droit, tout en écartant les acteurs qui tentent de prendre place dans l'espace politique ouvert par la posture qu'il a lui-même adoptée. Ainsi, l'État a répondu aux obligations consécutives aux liens d'interdépendance tissés avec ses partenaires extérieurs et conservé une position en concordance avec les attentes de ces derniers, ce qui lui a évité de s'attirer la réprobation des institutions dont il dépend financièrement.

Le résultat de cette réforme pourtant est douloureux : les méthodes de l'ONG sont inefficaces pour atteindre les objectifs qu'elle se fixe quand bien même ils s'avèrent relever d'une bonne intention et de techniques politiques de pointe.

---

[1] Ou pour reprendre le langage usuel des ONG et bailleurs de fonds « la bonne gouvernance par l'implication des citoyens dans les processus de décision » par le biais des ONG.

Axiome de la logique de démocratisation : la régulation et la mise en place de la surveillance des élections

La surveillance des élections est au centre des activités des ONG de démocratisation et en particulier d'APD. Depuis 1992, elles s'efforcent de surveiller toutes les formes d'élections. 1992, 1996, 2000, 2003 et 2004 : toutes ces dates représentent un emblème et une forte médiatisation qui a participé à cimenter la position d'APD sur la scène publique et dans le champ des ONG. Chacune d'entre elles a été l'occasion d'un perfectionnement de méthodes d'intervention. Ces compétences sont agréées depuis plusieurs années par les institutions internationales et transnationales.

APD est une des ONG les plus importantes du réseau ENEMO [1] (*European Network of Election Monitoring Organizations*), dont elle occupe, par le biais de la nomination de son directeur exécutif, le poste de secrétaire général du réseau depuis 2006 [2]. Ce réseau regroupe les ONG de surveillance des processus électoraux dans les pays postsoviétiques et postcommunistes, pour la plupart extérieurs à l'Union européenne. On y trouve, par exemple, l'*International Society for Fair Elections and Democracy* en Géorgie, la *Coalition for Democracy and Civil Society* au Kirghizstan, le *Center for Free Elections and Democracy* en Serbie, le *Committee of Ukrainian Voters*… Il s'agit d'une catégorie sociale transnationale d'observateurs des processus électoraux. APD, par exemple, a envoyé une délégation d'observateurs lors des élections réorganisées en Ukraine en 2004 pour prêter main-forte à leurs homologues locaux dans la révolution orange, homologues qu'elle forme depuis plusieurs années [3].

Le champ politique intègre, *nolens volens*, les ONG comme acteurs à part entière de ces processus. Certes, ces organisations ne peuvent être assimilées

---

[1] http://www.enemo.eu/

[2] APD est également leader du réseau *politeia* (participation pour les citoyens et démocratie en Europe). http://www.politeia.net/ et est membre du Freedom of Information Advocates Network, http://www.foiadvocates.net/home

[3] La dernière destination de l'organisation, depuis quelques années, est Cuba. Elle entretient des relations, par l'entremise de ses réseaux, avec les opposants au régime politique cubain à Cuba. Un programme a été lancé à cet effet en février 2008, intitulé « *renforcer la solidarité entre l'Europe centrale et de l'est et Cuba* ». Son but est de protéger les « associations indépendantes » de Cuba, aidée financièrement depuis des années, entre autres, par le National Democratic Institute.

aux partis politiques. Pourtant, elles influent largement sur le déroulement des processus électoraux et ne peuvent être négligées par les différents acteurs institutionnels en présence. Le cas échéant, elles peuvent être expulsées ou sévèrement encadrées comme en Asie centrale [1]. Les réseaux d'ONG sont intégrés dans les stratégies de renversement des États autoritaires. Si elles n'ont pas la puissance d'une foule de manifestants, elles peuvent fournir un motif et une technique pour diagnostiquer les fraudes d'une élection. Elles sont donc d'une importance première pour fonder la critique sur un plan national et assurer sa reconnaissance au niveau international.

D'une manière générale, les élections peuvent être à la manière des crises [2] des révélateurs de tensions et de dynamiques sociales, économiques, politiques et culturelles des sociétés. Pour faciliter l'exposé, on se concentrera ici sur les élections de 2004 en Roumanie. Ce sont les dernières élections avant l'intégration à l'Union européenne (survenue le 1er janvier 2007). Il s'agit d'un moment de tensions extrêmes pour des partis politiques roumains qui ont présenté l'intégration à l'UE comme une évidence. Et c'est pour les ONG une occasion exceptionnelle de faire valoir leurs revendications et de morigéner les partis politiques.

Déboires et victoires : les modifications de la loi électorale

Les dirigeants d'APD, sceptiques quant à l'amélioration des procédures électorales, ont insisté auprès des députés pour qu'ils en modifient plusieurs dispositions. Une lettre ouverte leur a été adressée individuellement alors que le sénat était en pleine discussion sur les modifications du mode de scrutin.

Le premier tour des élections législatives et présidentielles a lieu alors que seules deux des six recommandations de l'ONG ont été prises en compte. De surcroît, le délai entre les élections et l'adoption de la loi étant très mince, leur mise en pratique est délicate. L'ONG a par exemple obtenu l'obligation de présenter un certificat médical pour obtenir le déplacement de l'urne mobile, urne mobile qui a occasionné, selon les ONG, un grand nombre de fraudes aux élections précédentes.

---

[1] BAZIN L., HOURS B., SÉLIM M., 2009 : *L'Ouzbékistan à l'ère de l'identité nationale. Travail, sciences, ONG*. L'Harmattan, Paris.
[2] BALANDIER G., 1971 : *Sens et puissance, les dynamiques sociales*. PUF, Paris.

Le 28 novembre 2004, 3 300 observateurs assurent la surveillance des bureaux de vote. APD a réorienté les observateurs vers des villes de moindre envergure démographique et les villages roumains, ce qui constitue, pour l'organisation (et pour toute surveillance des élections dans l'après 1990), une nouveauté. Premier résultat palpable de cette disposition : 2 500 observateurs (bien plus que la totalité des observateurs d'APD) sont présents dans ces « zones ». Le déroulement de cette opération se traduit par la communication rapide, auprès des médias, d'informations collectées dans la journée même. Des irrégularités sont alors constatées [1].

Selon l'ONG, les votes multiples d'une seule personne sont la principale caractéristique des trucages de ces élections. Dans certains départements, les votes multiples touchent plus de 5 % de la population [2]. Pour ne prendre qu'un exemple, dans une commune en Olténie, le taux de participation aux élections s'élève à 115 %. L'acheminement des électeurs par les partis politiques, par les administrations locales ou des activistes politiques, a été largement constaté bien qu'interdit par la loi [3]. En revanche, l'usage abusif de l'urne mobile est une tradition bien ancrée dans les processus électoraux. Comme ce maire qui surgit avec 30 bulletins de votes sans actes médicaux, ou cette urne revenant d'une « tournée » sans cerclage. Soulignons aussi les menaces multiples et tentatives de corruption des observateurs en Roumanie ou à l'extérieur [4].

Suite à ce constat, devenu une norme depuis la chute de Ceausescu, dont nous n'évoquons ici que quelques traits principaux, et à l'entêtement des autorités publiques à ne pas vouloir prendre en compte les griefs d'APD, l'organisation a décidé de renoncer à surveiller le second tour des élections présidentielles, après avoir menacé à maintes reprises les autorités compétentes.

Cette décision est *a priori* risquée puisque la notoriété médiatique d'APD est principalement due à cette activité de surveillance. Toutefois, la stratégie s'avère payante : rapidement, des lettres de demandes de réintégration viendront de la part de plusieurs personnages politiques importants dont le

---

[1] La pré-élection fût également marquée par de nombreuses violations de la loi.
[2] « *14 000 de turişti electorali în circumscripţia lui Miki* » [14 000 touristes électoraux dans la circonscription de Miki] *in Cotidianul* 01/12/2004.
[3] L'expression de « tourisme électoral » est venue recouvrir cette pratique, voir aussi M. Bran « Des fraudes ont marqué les élections en Roumanie » *in Le Monde,* 01/ 12/2004 (« L'OSCE s'inquiète des « votes multiples » au bénéfice du parti au pouvoir et de A. Năstase »). Voir aussi *Cotidianul* : « Liber la turism electoral » [libre court au tourisme électoral] 10/12/2004.
[4] Plusieurs témoignages sont venus affirmer ces doutes à Chypre par exemple.

chef de la délégation de la commission européenne à Bucarest J. Scheele, l'ambassadeur des USA à Bucarest, J. Dyer Crouch II, les deux candidats au deuxième tour de l'élection présidentielle A. Năstase et T. Basescu, ainsi que le président du Bureau électoral central, E. Ghergut.

On perçoit plus clairement ce qui s'impose dans le cadre de la norme de la gouvernance actuellement prônée par les bailleurs internationaux et les États occidentaux : une élection correcte et digne de ce nom, c'est une élection considérée comme telle par les ONG et les institutions politiques occidentales. Sont donc mises en lumière les interrelations entre l'organisation et les bailleurs de fonds qui sont aussi les partenaires de l'État roumain. L'ONG montre par-là qu'elle peut brandir la menace d'une activation de ses liens avec des puissances étrangères. C'est un instrument de coercition qui fait partie intégrante de la tactique des ONG lorsqu'elles entrent en conflit avec l'État.

APD reviendra sur sa décision de ne pas s'impliquer dans le second tour des élections présidentielles non sans avoir exigé et obtenu auparavant l'adoption par ordonnance d'urgence de deux modifications législatives. La première concerne les personnes qui votent hors de la localité où elles résident : ces dernières ne pourront aller voter que dans un seul bureau de vote prévu à cet effet. Selon l'ONG, cela devrait avoir pour conséquence une réduction du phénomène des votes multiples. La deuxième modification concerne l'accès aux listes par bureau des personnes ayant voté, accès qui laissera une plus importante marge de manœuvre à l'APD pour investiguer le phénomène de votes multiples.

Ces dispositions, prises à la hâte, n'ont pu être appliquées de manière efficace sans générer de nombreux problèmes du point de vue logistique : à la gare du Nord de Bucarest, à 21 heures le jour du deuxième tour des élections présidentielles, des dizaines et des dizaines de personnes étaient encore dans les files d'attentes à l'extérieur du bureau de vote, ce qui est loin d'être un effort négligeable lorsqu'on connaît la rudesse des hivers en Roumanie. Et ces dispositions n'ont pas empêché tout un ensemble d'irrégularités de se produire à nouveau, comme l'implication des maires et vices-maires dans les bureaux de votes, la mise à l'écart des observateurs, l'acheminement de votants par des élus, le tourisme électoral, l'achat de votes.

L'efficacité de telles mesures introduites par les ONG est limitée. Dans un premier temps, APD n'a pu influer que marginalement sur la bonne tenue du processus politique. Ensuite, c'est uniquement grâce à l'activation de ses relations avec les bailleurs de fonds occidentaux qu'elle a réussi à s'imposer comme un acteur indispensable aux élections répondant à des critères internationaux visant un seuil « d'acceptabilité » des fraudes. Le consensus auquel fait référence l'ONG concernant les procédures électorales répond à des exigences exogènes relevant des normes internationales. C'est un problème d'ordre technique et procédural. La légitimité de l'élection qui passe inexorablement par l'agrément de l'ONG fonctionne cependant comme un trompe-l'œil puisque le poids politique de l'organisation n'a pas empêché des fraudes multiples d'être observées. Par ailleurs, ceci permet d'assurer la reproduction des motifs justifiant l'implication des ONG dans les processus électoraux ainsi que ses propositions de modifications de la loi.

Ce mode de légitimation légal de l'élection repose sur une confusion entretenue et un problème refoulé entre la légalité de l'élection et sa légitimité. Certes, la légalité est évidemment une condition de base d'une élection. L'opération ne se soucie toutefois guère de la légitimité interne du processus démocratique. Dans ce sens, elle est orientée vers un processus de légalisation au sens où les élections doivent s'encadrer dans un ensemble de critères reconnus internationalement. Or, la légalité en regard des normes internationales n'est pas équivalente à la légitimité sur un plan interne. Bien sûr, toutes les élections légales et légitimes ne sont pas forcément bonnes à prendre pour les États occidentaux et leurs pendants multilatéraux : des exemples comme ceux de Hugo Chavez au Venezuela, d'Evo Morales en Bolivie, du Hamas en Palestine rappellent que la reconnaissance de la légalité d'une élection sur un plan international est aussi une affaire de rapports de force et d'intérêts bien compris. Une illustration peut-être encore plus éclatante est celle du referendum pour la modification de la constitution nécessaire à l'adhésion à l'UE en 2003. De nombreuses illégalités, visant à faire voter positivement les citoyens, ont alors été constatées par l'ONG. Et l'UE est restée d'un silence inquiétant sur ce suffrage universel vicié... à son avantage. On peut donc se demander quel sens donner à ce spectacle où des acteurs sont payés pour « *monitoriser* » une élection, rapporter les violations auprès d'une institution qui sait les ignorer quand elles sont à son profit.

La Coalition pour un parlement propre ou la vendetta démocratique

Afin d'agir directement sur les électeurs et les élus, c'est-à-dire sur le processus électoral, à l'instigation de la coalition « *Vote avec les yeux ouverts* [1] », APD a lancé avec d'autres organisations une campagne de mise en conformité des institutions roumaines en formant la Coalition pour un parlement propre (CPP). L'existence de la CPP illustre la nature des relations que les ONG entretiennent entre elles : d'un côté, elles sont en concurrence pour l'obtention d'une position de représentant de la société civile, comme dans le cas du programme pour la réforme du code électoral, elles peuvent également l'être dans leurs soutiens à des partis politiques ; de l'autre, elles sont contraintes d'agir communément pour assurer la logistique et les compétences requises par les programmes mis en œuvre et maintenir l'image d'une société civile forte, vibrante et représentative. Cette coalition présuppose d'ailleurs un consensus minimum entre les différentes organisations menant cette opération, un univers sémantique partagé et des pratiques communes. L'illusion du partage d'une communauté éthique des « représentants de la société civile » est une condition nécessaire à la médiatisation de l'intervention.

Influencer les institutions publiques en prenant pour outil les élections, c'est, pour la coalition, se concentrer sur les concurrents de ces élections. C'est un mode d'intervention indirect. L'objectif assumé est d'imposer des « *critères moraux* » aux candidats aux élections législatives. La coalition assume, en ce sens, explicitement sa qualité « d'entreprise de moralisation ». Elle se donne pour objectif de faire pression sur les partis pour qu'ils retirent les candidats dérogeant aux règles morales et politiques qu'elle a établies. L'action de régulation morale se double donc d'une action de lobbying. Les critères qui définissent le cadre de cette « morale » et le rejet de candidats sont les suivants : les relations d'affaires que le candidat ou l'un de membres de sa famille aurait pu avoir avec l'État lorsqu'il avait une position d'influence dans une institution d'État ; la migration d'un parti politique à un autre au cours d'un même mandat ; la discordance entre les revenus déclarés et les revenus réels ; la collaboration avec l'ancienne Securitate et/ou la qualité d'activiste dans le Parti communiste roumain sous le communisme (le Parti communiste a disparu de Roumanie après la chute de Ceausescu).

Pour mener ce projet à bien, la coalition est passée par plusieurs étapes : des journalistes alliés ont été réunis pour assurer un travail en coordination ;

---

[1] La coalition est constituée de l'Alliance Civique, l'Association des étudiants de sciences politiques, Freedom House Roumanie, Transparency International Romania, le Centre pour le journalisme indépendant, la Fondation pour une société ouverte (FSO-Soros), l'Association pour la protection des droits de l'homme, la Société académique… Cette coalition est financée par le Balkan Trust Fund (25 000 dollars), la FSO-Soros (23 500 dollars) et Freedom House (13 000 dollars).

des candidats de différents partis ont été contactés pour les inciter à participer à l'opération ; des biographies de candidats ont été réalisées. Ensuite, les partis ont été à nouveau contactés pour les pousser à retirer les candidats ne répondant pas à ces normes. La coalition a distribué 1 600 000 dépliants, concernant les candidats aux élections sortant des critères de la coalition, distribués principalement dans les villes de taille moyenne et en milieu rural.

Les plaintes d'élus ne se sont pas fait attendre, même si les partis se sont servis du contexte insufflé par la coalition pour évincer certains membres de leur organisation devenus dérangeants pour la réputation des partis. Les deux alliances, le PSD et PUR [1] (Parti humaniste roumain) d'un côté, et DA [2] (justice et vérité) constitué du PNL et du PD (Parti national libéral, Parti démocrate) de l'autre, ont obtenu respectivement 95 et 12 de leurs membres sur la liste des candidats sortant des normes tracées par la coalition, tandis que l'UDMR (Union démocratique des Magyars de Roumanie) en a obtenu 3. Ce sont ces politiciens dont la biographie sélective a été inscrite dans les dépliants. L'alliance DA en fera un de ses arguments de marketing politique au cours de l'élection.

Une contre-mesure formelle et informelle a immédiatement été appliquée. Informellement, ont été distribués des dépliants falsifiés avec les mêmes caractéristiques et mise en forme que ceux produits par la coalition. Ils comprenaient des informations qui sortaient du cadre dessiné par la CPP et concernaient des politicien(ne)s autres que ceux identifiés par la coalition, c'est-à-dire uniquement des candidats de l'alliance DA et du Parti de la grande Roumanie (RM) qui, notons-le au passage, avait décidé de ne pas se soumettre au programme. En d'autres termes, la contre-opération vise uniquement l'opposition à l'alliance PSD-PUR et se traduit par un renversement du classement tacite induit par la CPP vers les adversaires du PSD. De manière plus formelle, des plaintes ont été déposées pour diffamation par plusieurs politiciens. Elles visaient directement les présidents d'APD, de la Société académique de Roumanie et la présidente de l'Association pour la Défense des droits de l'homme, Monica Macovei. Aucune de ces plaintes n'a obtenu gain de cause. Soulignons néanmoins

---

[1] Le PUR est devenu le parti conservateur. Ce parti presque inexistant sur un plan électoral est dirigé par D. Voiculescu ancien apparatchik, philanthrope, qui a fait fortune dans le domaine des médias. C'est un allié de premier choix dans les batailles électorales.
[2] *Dreptate și Adevăr*.

l'adaptation rapide de partis politiques à ce type d'opérations et aux acteurs extraparlementaires, au plus loin de tout archaïsme.

Il faut remarquer que la société civile médiatique n'est absolument pas neutre politiquement. Il y a une volonté politique manifeste de faire élire une coalition avec un programme idéologique en fonction de ses propres intérêts. Et pour cause : ces acteurs vont bénéficier grâce à cette élection de places importantes dans les ministères, de ressources publiques en mesure d'alimenter leurs réseaux et de voir leurs propositions adoptées ou prises en compte par des acteurs politiques. Si on devait prendre au pied de la lettre la morale du catéchisme démocratique, on serait contraint d'en déduire que cette société civile est presque entièrement et structurellement corrompue.

Ceci étant, l'opération menée par la coalition, avec un soutien extérieur à peine voilé, est une réussite en ce qu'elle a réussi à mener les partis politiques à considérer ses critères et son opération comme ayant une valeur et un impact tangibles. C'est ce qui se perçoit tant dans la phase de la contre-offensive que dans les évictions menées par différents partis vis-à-vis de membres devenus gênants. Mais l'action politique qu'elle a soutenue et tentée d'imposer est fondée sur une approche particulière des partis et de la politique.

L'estimation de la solvabilité morale de l'acteur politique repose en fait sur deux principes identifiables : le premier tient à ce qui touche à un usage du bien public à des fins privées et entre dans la catégorie de la corruption. Une corruption qui peut être aussi de principe, notamment au travers du critère de changement de parti politique. Le second est teinté d'idéologie anticommuniste en continuité avec les maîtres mots de la Convention démocratique et une partie des intellectuels roumains (le Groupe pour le dialogue social par exemple). Elle sous-entend une corrélation assez simpliste : le fait d'avoir été militant communiste ou membre de la Securitate rendrait impossible et illégitime l'accès à des positions d'élus légitimés par les suffrages. On est ici en droit de se demander comment une telle assertion a pu être soutenue si on la mesure à l'aune des exemples des pays voisins où, comme en Pologne notamment, d'anciens communistes sont revenus au pouvoir sans s'attirer pour autant un opprobre consistant de la part des institutions internationales qui les ont même fortement soutenus. Soulignons aussi que la coalition a su être accommodante avec certain candidat. Le passé prestigieux dans la marine marchande du candidat et futur président de la Roumanie Traian Basescu n'a pas vraiment été pris en compte. Et comme celui-ci était en poste à Anvers en 1989 avant la chute de Ceausescu, il travaillait nécessairement pour la *Securitate*.

Dans l'ombre de ce programme, derrière les éléments contenus dans les représentations sous-jacentes à sa structure idéologique, il existe bel et bien un conflit larvé entre les ONG, les partis politiques et le PSD tout particulièrement en tant que représentant principal des anciens communistes. Mais plutôt que d'un conflit antagonique marqué, en face-à-face, c'est sous la forme de la contrainte morale (avec ces notions de bien et de mal…) à la base du tri entre candidats aux élections que réside, en premier lieu, cette lutte de pouvoir. Par-delà toute évocation naïve de l'éthique, c'est une stratégie qui vise à imposer par une technologie de pouvoir un contrôle sur le champ politique.

L'inscription dans le champ politique

Replaçons dans son contexte l'usage de ce critère de l'appartenance passée au communisme pour bien comprendre comment la CPP, bien qu'elle ne relève d'aucun parti politique, est un acteur dans un système de concurrence politique et d'imposition idéologique. Prenons le cas du candidat gagnant des élections présidentielles en 2004, Traian Basescu, qui, de manière symptomatique, a déclaré à contre-pied de cette conception anticommuniste, lors de son débat avec le candidat PSD A. Năstase : « *Je me demande si notre peuple n'est pas maudit, lui qui se voit contraint de choisir entre deux anciens communistes ? Entre Adrian Năstase et Basescu. En quinze ans, il n'y a pas eu un seul homme politique qui n'ait été souillé par les mauvaises habitudes du communisme, qui n'en ait été affecté d'une façon ou d'une autre. […] Peut-être le moment est-il venu pour qu'un autre type de candidat se présente devant les Roumains plutôt que nous deux. […] Il est vrai que je n'ai pas vécu du travail politique, mais j'ai été membre du parti. Le grand drame encore n'est pas que j'ai été membre du parti… Mais le gros problème que nous avons tous deux n'est pas seulement que nous avons été tous deux membres du Parti communiste. Peut-être, finalement, cela n'est-il pas une honte, un mal, d'être un membre du parti dans un État communiste. Ça, c'était l'État alors. Le drame, c'est que nous n'avons plus le droit de conserver la même mentalité quinze ans après la disparition du communisme en Roumanie.* »

Avec de tels propos, T. Basescu surpasse la dialectique habituelle du rapport au passé communiste, qui n'a d'existence que dans le cadre des rapports internationaux actuels et des compétitions pour l'obtention de positions de pouvoir, entre l'incrimination et le non-dit. Autrement dit, le communisme est un instrument de discrédit sur le plan interne et externe, opérant à la manière d'un stigmate. En se présentant lui-même comme « coupable » d'avoir participé à ce système, il applique une certaine forme d'auto-infériorisation ; il fait allégeance et appel à la mise en scène du communisme comme un champ de significations entaché de connotations négatives en mettant les « Roumains » à distance de sa propre personne. Ce n'est pas le seul effet, manifestement escompté, de ce discours, car il réussit à joindre le passé et le présent dans une espèce de réhabilitation se dédoublant d'une mise à distance du passé par son intégration. La participation au communisme n'est pas « une honte ». On retrouve ici l'une des hypothèses développées par Georges Mink et Jean-Charles Szurek qui permet d'interpréter le « retour des ex-communistes aux commandes » en Pologne : « *L'aveu de collaboration, loin de nuire, se retourne étonnamment en faveur de leurs auteurs. Le paradoxe n'est qu'apparent. Davantage que les autres dictatures et systèmes totalitaires le communisme avait mis en place une organisation de la soumission de l'individu (notamment par la dépendance à l'égard des moyens de subsistance, des promotions sociales, d'un passeport « octroyé » pour voyager) qui avait favorisé la délation et le contrôle social* [1]. »

Les auteurs poursuivent en soulignant qu'un tel « aveu » crée un lien de « solidarité » avec une communauté imaginaire au « passé commun ». Sous cet angle d'interprétation, la morale promue par la Coalition, en forme de tératologie, entre directement en contradiction avec le dépassement que tente d'opérer le futur gagnant de l'élection à la présidence de la Roumanie. Il y a ici une antithèse entre la distribution et le plaquage de « valeurs morales » promues par la Coalition incriminant l'appartenance passée au communisme et la disjonction de l'acte de contrition sans fin qu'est la repentance de ce même passé telle qu'elle se présente dans la stratégie du candidat DA aux élections présidentielles.

Il est évident que tous les facteurs qui expliquent l'élection du candidat de l'alliance « Justice et vérité » à la présidence de la Roumanie ne se réduisent pas à la seule interprétation de ce matériau. Ce combat idéologique ne prend sens que dans le passage du communisme au capitalisme et à la démocratie ou, en d'autres termes, correspond à un procès de (dé) légitimation historique. Ajoutons que T. Basescu et l'alliance DA ont développé un discours très orienté sur l'éradication de la corruption en

---

[1] MINK G. & SZUREK J.-C., 1999 : *La grande conversion. Le destin des communistes en Europe de l'Est*, Paris, Seuil : 180. Voir plus précisément, « Dilemmes des dé-communisations » : 176-184

phase avec le programme de la coalition. Ces élections ont mis en lumière une alliance évidente.

Au reste, cette rupture stratégique est une exception rare. Une fois élu président de la Roumanie T. Basescu et la coalition DA, en plus de nommer à des postes importants des intellectuels issus de réseaux contigus – ce qui aura pour conséquence de renforcer la position de ces groupes dans le champ des professions « culturelles » superposable dans une large mesure à celui des ONG – mettra en place une commission d'études des crimes du communisme sous la direction du politologue néoconservateur américano-roumain Vladimir Tismăneanu.

Cet ancien boursier de la NED, professeur d'université aux USA, est l'héritier d'une famille de militants maquisards communistes, devenus ensuite nomenklaturistes. Il a quitté la Roumanie dans les années 1980, en passant au Venezuela. Constant dans ses rapports au pouvoir, cet intellectuel organique est passé du communisme au néoconservatisme. Stratégiquement, ce choix s'avère judicieux puisque ce politologue est au centre des réseaux anticommunistes roumains. Cependant il était clair que du point de vue de la réception dans la société globale, le passé du président de la commission posait de sérieux problèmes. Le 18 décembre 2006, le communisme sera, face au parlement, condamné par le président T. Basescu comme « régime criminel et illégitime ». Basescu avait été conduit à cela par une lettre ouverte publiée dans la Revue 22 (du GDS) intitulée « Appel pour la Roumanie » en juin 2005. L'un des buts de cette commission était « l'assainissement moral de la société [roumaine] ». Les débats qui ont accompagné cette OPA sur la mémoire ont révélé des pratiques inavouables en vigueur dans ce champ, sans oublier que le rapport avait une teneur expressément politique [1] qui mettait en cause les ennemis politiques du président T. Basescu et de l'alliance.

Cette décision entre dans un jeu de concurrence puisque c'est, en tout premier, C. P. Tariceanu, premier ministre de 2004 à 2008, qui a mis en place un Institut des crimes du communisme et de la mémoire de l'exil roumain, officiellement lié au GDS et aux groupes sociaux anticommunistes évoqués au premier chapitre (en 2010 son président en sera évincé au profit de V. Tismăneanu). Prise de position sur la mémoire et concurrence sur la base des blessures du passé se rejoignent dans ces alliances politiques.

---

[1] Sur ce point on pourra se référer aux positions courageuses de Michael Shafir et de Ciprian Şiulea.

Retour sur la légitimité de la coalition : structuration et représentation politiques réelles et imaginaires

Un certain nombre d'intellectuels prestigieux, parmi lesquels un nombre important de dirigeants d'ONG et de médias roumains, ont interprété les résultats de ces élections comme une manifestation de l'existence de « deux Roumanie », reprenant les assertions du candidat perdant des élections présidentielles A. Năstase (qui s'était approprié lui-même des idées au centre de la construction de l'identité nationale roumaine). Peut-être aurait-il été utile de se demander quelles étaient les fonctions de ce discours pour en comprendre à la fois la représentation et la stratégie ? Peut-être n'aurait-il pas été tout à fait inutile de préciser qu'un parti a besoin de légitimité et de montrer qu'il a des soutiens dans la population, dans une deuxième Roumanie ? Plutôt que de se pencher sur ces questions préalables et basiques, le discours dominant médiatique, des intellectuels et des ONG s'est orienté vers la constitution d'une représentation en divisions binaires réifiées et stigmatisantes. La présidente de la Société académique roumaine, par exemple, embraye sur ce fantasme d'une Roumanie profonde qui pose problème aux intellectuels « modernes », car, selon elle, tout se joue entre la « campagne » et les villes, entre un « premier monde », « Européen » et la « seconde Roumanie qui est en fait un tiers-monde » doté « d'une structure sociale prémoderne [1] » : entre l'électorat de l'alliance DA plutôt situé dans les villes et le PSD dans les parties les moins urbanisées qui coexisteraient en Roumanie, entre une population « éduquée » et une autre « moins civilisée ». Vintilă Mihăilescu, seul vrai mandarin de l'anthropologie roumaine, va encore plus loin en assénant qu'il s'agit d'une scission entre « la couleur orange » et « la couleur bleue » « porteuses d'un sens universellement humain [2] ». Inversant les termes de la construction nationalitaire de l'ancien régime, ces écrits visent simplement à justifier et à réifier des indicateurs et des positions prises par des intellectuels dans le champ de la politique. Ces supports binaires visent également à valider leur autorité morale dans la compétition pour l'obtention d'une position de domination dans le champ médiatique et intellectuel tout en donnant à des intérêts particuliers un

---

[1] L'une des responsables principales de la coalition prolonge : « *Parce que la Roumanie n'est pas un pays homogène, mais un pays dans lequel les strates de développement coexistent non seulement sur des périodes différentes (prémodernes à côté de modernes), mais aussi par continents différents (des éléments de la civilisation européenne à côté des éléments du tiers-monde)* » in Dilema Veche, 07/01/2005.

[2] *Dilema Veche*, 07/01/2005 « La Roumanie après les présidentielles : le fruit orange de la transition démocratique ».

caractère universel en trompe-l'œil. Soutenir d'une manière tranchée des partis politiques dans une campagne nécessite en retour de trouver une interprétation *ad hoc*, inscrite dans le capital culturel sociétal, afin de permettre le blanchiment général de l'incivilité de la société civile. Le consensus qui entoure cette interprétation partiale d'une lutte idéologique ne va pas sans rappeler l'opposition cosmopolitisme/localisme comme construit social. Cette expression ressort avec d'autant plus de force que, derrière l'assignation de la population en désaccord avec ces acteurs à une entité secondaire (la seconde Roumanie), à un monde extérieur négatif, de manière voilée, s'opère un déplacement de la frontière entre les prétendus mondes coexistants en Roumanie – produite en moteur de division sociale, politique et économique – afin de placer les acteurs/commentateurs au sein du « premier monde », « développé ». Pour le dire plus clairement et plus brutalement, la Roumanie occidentale, c'est les ONG, les villes et ceux qui votent pour le libéralisme, tandis que la Roumanie du tiers-monde, c'est celle qui vote social-démocrate, qui n'est pas civilisée et qui n'est pas urbaine. Il s'agit par ce biais – mobilisant les ressources d'un idiome local – d'une question d'appartenance identitaire en référence à la vision que ces acteurs ont du monde. Le dilemme axiomatique de l'identité roumaine entre synchronisme européen et idiosyncrasie roumaine semble s'actualiser ici au prétexte de l'analyse d'une élection qui, de cette façon, tend à devenir une représentation qui mêle des éléments d'appartenance relevant d'échelles diverses.

Au vu des résultats des élections, les critères de la coalition ne semblent pas engendrer une réaction unanime : en se posant en relais de la rhétorique internationale – en stigmatisant le communisme – ce qui s'articule à une demande des premières associations locales de mise en place d'un procès du communisme, la coalition a mis, en tout premier lieu, en exergue les opinions d'une catégorie d'acteurs particulière en Roumanie et ce au nom de la « promotion de la démocratie ». Cette sorte de télescopage, c'est-à-dire d'interpénétration de deux phénomènes qui ont peu de rapport à l'origine dans une forme articulée correspond à une lutte idéologique localisée visant à repousser le passé autochtone dans l'opprobre et donne toute sa légitimité au discours international dont les ONG sont aussi les relais pédagogiques [1]. À vrai dire, la coalition reproduit cette mise en accusation qui peut s'étendre à toutes personnes ayant vécu sous le régime communiste.

---

[1] RIST G. (dir.), 2003 : *Les mots du pouvoir… op. cit.* HOURS B., 2002 : *Domination, dépendances, globalisation. Tracés d'anthropologie politique.* L'Harmattan, Paris.

Les ONG revendiquent une connaissance – supposée – de ce qu'est la démocratie qui a pour symétrique inverse la stigmatisation de ceux qui ne (se) reconnaissent pas (dans) les prescriptions tacites de ce canevas idéel. La symbolisation de la société en une bipolarité est une conséquence de la nécessaire justification de l'action des ONG. Rechercher les communistes, c'est en effet définir un camp du mal, celui qu'occupe l'ennemi et, de cette façon, cette recherche incessante revient à définir *a contrario* le camp du bien où résident les ONG et la démocratie. Les faits pourtant ne se plient guère à une telle vision du monde. C'est là une des seules façons pour CPP de surplomber le point névralgique de leur (il) légitimité : il lui faut donner au moins l'impression qu'elle représente une partie de la population.

On voit donc comment des acteurs vont se saisir de transformations idéologiques et politiques globales dans la continuité de la guerre froide – l'élimination des communistes et des ennemis de la démocratie comme moyen d'injecter la démocratie – en gardant un discours universaliste pour tenter d'infléchir le politique en leur faveur.

Passons à un autre programme de grande envergure mené par APD en collaboration avec d'autres ONG et qui s'inscrit dans les obligations normatives à vocation globales de la gouvernance, celle de la transparence. Ceci nous permettra de mettre en lumière la logique sociopolitique dans laquelle s'inscrit l'ONG.

La démocratisation par la transparence

La notion de gouvernance est une référence des institutions et des traités internationaux. Elle condense des règles avec son lot de prescriptions et de proscriptions en matière de politique au sens le plus large du terme. Pour l'UE par exemple : « *[…] la gouvernance est généralement utilisée comme une mesure fondamentale de la qualité et de la performance de tout système politique ou administratif* [1]. »

Sous ce terme sont dessinés les contours de la politique de l'État. Généralement, les secteurs impliqués sont aussi divers que la sécurité, le développement durable, les droits de l'homme, la pauvreté, la corruption, les investissements financiers extérieurs, les politiques de migration, le

---

[1] Communication des communautés européennes, 20-10-2003 : *Communication de la commission au conseil, au Parlement européen et au comité économique et social européen : gouvernance et développement*, 615 final, Bruxelles : 4

développement de la société civile. La gouvernance articule théoriquement les sphères de l'économie, de la politique, et de la société dans un mode d'administration de la société (présenté comme) verrouillé.

L'omniprésence de la gouvernance est devenue l'un des axes fondamentaux de la démocratie, de la démocratisation et un élément nécessaire du marché « idéal » ou idéalement défini par un pan des sciences économiques [1]. L'Union européenne en reprenant les accords de partenariat de Cotonou (art. 9, paragr. 3) souligne que : « *Dans le cadre d'un environnement politique et institutionnel respectueux des droits de l'homme, des principes démocratiques et de l'État de droit, la bonne gestion des affaires publiques se définit comme la gestion transparente et responsable des ressources humaines, naturelles, économiques et financières en vue du développement équitable et durable. Elle implique des procédures de prise de décision claires au niveau des pouvoirs publics, des institutions transparentes et soumises à l'obligation de rendre compte, la primauté du droit dans la gestion et la répartition des ressources, et le renforcement des capacités pour l'élaboration et la mise en œuvre de mesures visant en particulier la prévention et la lutte contre la corruption*[2]. »

En réalité, la transparence est plus proche des milieux financiers internationaux que de la démocratie sauf à pousser les manipulations sémantiques jusqu'à l'évocation de la « démocratie actionnariale ». La gestion transparente des affaires serait une condition indépassable pour attirer des investisseurs étrangers. L'absence ou l'usage de la transparence serait la cause ou le remède à la délinquance financière et à la corruption. Il est à cet égard exemplaire que le fondateur de l'ONG *Transparency International* [3], Peter Eigen, soit un ancien directeur de la Banque Mondiale. Cependant, les scandales délictueux sont assez nombreux dans le champ de l'économie financière et les appels à la transparence automatiques et inefficaces pour fonder un doute raisonnable sur l'usage de ce prétendu garde-fou collatéral. La transparence ressemble plutôt à un fil doré recouvrant la légitimité du capitalisme et des capitalistes, « un dérivatif moral », pour reprendre l'expression de Frédéric Lordon, peu coûteux symboliquement et n'engageant aucune transformation structurelle [4].

---

[1] cf. SAPIR J., 2000 : *Les trous noirs de la science économique… op. cit.*
[2] *Ibid.*
[3] *Transparency International* s'occupe de corruption au sens large dans le monde entier (Occident inclus). Sa première occupation fut de tester à l'aide de sondages la perception de la corruption vis-à-vis des institutions publiques dans les populations des pays concernés.
[4] LORDON F., 2003 : *Et la vertu sauva le monde… Après la débâcle le salut par l'* « *éthique* », Raison d'Agir, Paris.

Malgré un usage systématique pour absoudre les milieux financiers à chaque crise, par un effet de transposition de modèle de gouvernance proche de celui de l'entreprise économique privée, la transparence a largement dépassé son champ d'évolution initial pour envahir entièrement la politique. Elle est virtuellement applicable à tous les secteurs de la société, tout en prenant des sens largement différents en fonction des griefs ou exigences des acteurs qui y font référence ou la (sup) portent et du positionnement dans le champ social dans lequel ils s'inscrivent. D'où une polysémie constitutive. Pour comprendre ce qu'est la nature de cette notion, il faut donc la replacer dans la perspective de la transformation politico-économique des sociétés postcommunistes.

Dans la logique des programmes de gouvernance, l'exigence de transparence est directement liée à la privatisation des États et à leur redéploiement. En Roumanie, comme dans les pays postcommunistes en général, un phénomène de reconversion des anciennes élites politiques en élites dans le champ de l'économie accompagnant les privatisations d'entreprises publiques et l'arrivée de capitaux étrangers a été observé. Cette transformation a fait l'objet d'une politique volontaire et maîtrisée sous le communisme dans d'autres sociétés (en Pologne par exemple). La nature de l'État-parti en Roumanie et l'absence de convergence d'intérêts géostratégiques n'ont pas permis d'anticiper cette conversion. Il ne faut pourtant pas s'y tromper.

Il faut rappeler que la proximité du centre du pouvoir, de l'État, des réseaux gravitant autour de la famille Ceausescu [1], du parti et de ses normes de comportements « politiques », définissait une position dans la hiérarchie des pouvoirs ; tout un système informel de clientélisme et de népotisme pour accéder à des ressources limitées et aux statuts sociaux en a découlé. L'ostentation de la richesse (maigre), dans un contexte caractérisé par des ressources restreintes, n'était que la traduction d'une position élevée dans la hiérarchie sociopolitique. Il faut aussi rappeler avec Gérard Althabe que « [...] *le système communiste a été un effort extraordinaire pour créer une société fondée sur le rapport politique auquel la dimension économique était subordonnée* [2]. » Dans cette logique, à partir de 1989, la position intermédiaire

---

[1] La volonté de l'État-parti de s'imposer par l'insertion dans l'univers privé dans le cadre familial et de groupements de parenté, s'est traduite par la production d'un système lézardé par les relations de parenté recomposée. Sur ce point voir CÎRSTOCEA I., 2004 : « Le devoir féminin entre norme communiste et pratique quotidienne : une étude de cas » IONESCU A. & TOMESCU-HATTO O. (dir.) : *Politique et société dans la Roumanie contemporaine*. L'Harmattan, Paris : 25-50
[2] ALTHABE G.., « Préface » in HOURS B. B., 2003 : 14

entre les sphères économiques et politiques s'est rapidement avérée être un atout majeur pour s'insérer dans les changements induits par l'introduction progressive de structures économiques capitalistes. C'est ainsi qu'une partie des hommes politiques actuels et des fonctionnaires ont pu user de leur capital de relations politiques, central dans la distribution des pouvoirs de la société communiste, pour bénéficier d'une position privilégiée au sein des transformations de type capitaliste de la société roumaine. Des exemples contraires – partir d'un pouvoir qui a trait au pouvoir économique pour obtenir un pouvoir politique – existent aussi, sans compter les processus de déclassement. De ce fait, toutes les grandes fortunes de Roumanie ont été réalisées par le cumul de ressources à la jonction de la politique et de l'économie. D'innombrables affaires de corruption ont été dénoncées[1], dès les premières années de l'après Ceausescu. Cette ambiguïté des positions chevauchant les deux secteurs fait l'objet d'une attention particulière et de critiques régulières de la part des bailleurs de fonds et des institutions internationales. On peut le comprendre aisément, les États qui les composent cherchent eux aussi de nouveaux marchés pour leurs entreprises.

C'est sur cette zone que doivent être imposées la gouvernance et la transparence qui l'accompagne. Elles reflètent donc l'imposition d'un mode de gouvernance gestionnaire de l'État réarticulée à l'économie capitaliste [2]. On peut y percevoir dans une perspective dynamique un renversement, car, sous le communisme, l'État s'arrogeait le monopole de la construction de la société et de l'économie, alors qu'aujourd'hui, il est censé stimuler le fonctionnement de la société pour assurer la bonne marche d'une sphère économique sur laquelle il se doit d'intervenir *a minima*. Dans ce système, la transparence intervient comme un instrument de vérification de l'application correcte de cette politique. Entre autres, elle est censée permettre la délimitation entre les sphères publique et privée et, en premier lieu, éviter que les institutions politiques ne soient pas une position de relais pour des enrichissements économiques (et inversement). Il semble que le poids de la corruption ait marqué les expériences précédentes des bailleurs de fonds notamment lors des politiques d'ajustement structurel en Afrique et en Amérique latine. C'est pourquoi la notion de transparence est amenée sur le devant de la scène des « réformes » comme un des pivots de la notion

---

[1] Comme par exemple les contrats passés avec des entreprises appartenant à des ministres sans appel d'offre ou encore le détournement de fonds de l'Union européenne à des fins personnelles.
[2] ALTHABE G., 2003 : « Fin de partie solidaire : charité et finance » *in* HOURS B., SÉLIM M., (dir.) : *Compétences et solidarités. Idéologies et pratiques.* Paris, L'Harmattan : 167-171

de gouvernance. Comment transformer l'État et l'état d'une société selon ces notions idéalisées – marché, démocratie, gouvernance, transparence ? L'instrument privilégié est, une fois encore, celui des lois. L'État se voit dans l'obligation catégorique de changer sa forme institutionnelle à travers la production de lois : celles-ci devraient fournir aux citoyens un pouvoir plus fort vis-à-vis de l'État et éviter de la sorte les débordements induits par les « réformes ».

Afin de questionner cet angle d'approche complémentaire de la démocratisation, penchons-nous sur le cas précis de la loi 544 de transparence des institutions publiques, adoptée en 2001.

Les deux temps de l'application de la loi

La loi 544/2001 concerne les institutions publiques au sens large : une mairie, un ministère, l'administration présidentielle, un hôpital, une école, tout comme les organisations ayant perçu des financements de l'État. Toutes ces institutions sont susceptibles de se trouver, selon cette loi, contraintes de fournir des informations à tout citoyen, informations qui doivent être disponibles au centre de l'institution : les informations qui peuvent être rendues publiques concernent les décisions prises par l'institution, les dispositions à caractère normatif, le budget local, les programmes et la stratégie de l'institution, le bilan comptable autant que divers règlements. APD, du fait de son capital d'expériences, a été sollicitée pour mener un vaste programme de surveillance de l'application de cette loi aux côtés d'une agence-université étasunienne [1] sans implantation locale. L'objectif est de savoir si la loi fait l'objet d'une utilisation soutenue, et si elle est rigoureusement appliquée. C'est une opération de *testing* qui juge la réponse des institutions publiques à l'introduction de la loi.

Attardons-nous quelques instants sur le geste politique qui a amené à l'adoption de cette loi. Les pressions extérieures, notamment de la commission européenne et des USA, sont de plus en plus fortes à mesure qu'approche l'intégration de la Roumanie à l'espace de l'Union européenne et à l'OTAN. Enfin, les ONG et médias mettent continuellement à jour des affaires de corruption quand ce ne sont pas les partis politiques entre eux qui y voient une arme de discrédit de leurs adversaires. L'adoption de la loi est une forme de réponse à ces critiques, c'est un signe formel de soumission et d'allégeance aux normes internationales. En même temps, l'adoption de la

---

[1] *IRIS center* de l'université du maryland : http://www.iris.umd.edu/

loi vise à diminuer les velléités de contestation interne et externe qui entachent la légitimité du gouvernement.

957 demandes d'informations, sur une période de 18 mois, ont été envoyées à des institutions publiques [1] dont 33 au niveau central (parmi lesquelles 17 ministères) et à plus de 370 institutions publiques dans 6 départements et à la municipalité de Bucarest. Seules 400 réponses sont parvenues à l'ONG. Les demandes d'APD comprenaient principalement : les dépenses des institutions en salaires, en location de voiture de fonction, en ce qui regarde les téléphones mobiles, pour les voyages à l'intérieur ou à l'extérieur du pays ; le budget, les sources de financement, mais aussi les possessions immobilières des institutions. Une autre partie de ces demandes concernait l'administration de la loi elle-même et comprenait le registre des demandes d'information dans le cadre de cette même loi, les personnes assignées à cette tâche et à contacter pour l'obtention d'informations, les heures d'ouverture au public ainsi que la vérification des délais prévus par la loi [2]. La qualité des informations n'a pas été testée par APD comme le soulignait son président lors de plusieurs entretiens, c'est la réactivité des institutions qui a été l'objet de cette surveillance. Malgré cela, le taux de réponses s'élève à moins de 50 %. La question de la justification de la non-application des lois se pose donc ? Quelles explications peuvent être formulées par une institution publique dès lors qu'elle est pointée du doigt par une ONG ?

D'abord en prétextant ne pas être une institution publique. Une mairie précisait dans une lettre de réponse à APD : « *une mairie [...] n'est pas une institution publique. C'est une structure fonctionnelle avec une activité permanente* [3]. » Des entreprises commerciales appartenant à l'État ont répondu sur le même mode. D'autre part, un jeu fin sur les lois peut être utilisé : l'emploi de conseillers locaux par exemple, ne relèverait pas d'informations publiques mais dépendrait du code du travail ce qui s'avère, d'un point de vue législatif, complètement erroné. Cela n'empêche pas l'institution de refuser de répondre aux questions liées à l'argent et aux dépenses publiques. Une autre astuce consiste à se réclamer de la loi qui, en effet, distingue informations publiques et documents publics : la seconde

---

[1] Les résultats cités à la suite du texte sont tirés de l'enquête réalisée par l'association, les versions en langue roumaine et anglaise ont été comparées.
[2] 5 jours d'ouverture de l'institution s'il s'agit d'un refus, 10 jours en cas de réponse positive, 30 jours si « *la difficulté, la complexité et le volume des documents de travail* » le nécessitent. Dans ce dernier cas, obligation est faite de prévenir le demandeur dans un délai de 10 jours.
[3] *in* lettre de réponse à APD.

catégorie, qui contient des informations classifiées et secrètes, ne concerne pas, selon le texte de loi, la diffusion d'intérêt public. Cette distinction est problématique puisque beaucoup de documents contiennent à la fois des informations d'intérêt public et des données personnelles. Que l'on pense seulement au registre des demandes d'informations où sont consignées les demandes de citoyen(s), la (ou les) personne(s) qui a fait cette demande et il apparaît dès lors difficile de savoir dans quelle mesure et sous quelle forme ces informations peuvent être communiquées à une ONG. Cette particularité de la loi pose un autre type de problème. Les institutions peuvent en effet faire passer dans la catégorie « non diffusable » des informations qui devraient être en accès libre. Les dépenses d'une mairie d'un secteur (arrondissement) de Bucarest, sur une période d'un an, par exemple, peuvent devenir des informations qui sortent du cadre de l'intérêt public, tout comme son budget annuel. Certaines institutions, au niveau central, nonobstant les artifices précédemment cités, n'ont répondu à aucune demande pour cette même raison.

Pour obtenir ces documents la loi prévoit l'acquittement des frais liés à leur production. Outre la mairie d'une commune qui a demandé le paiement pur et simple pour l'obtention des documents, dans quelques cas, les frais estimés dépassent largement les sommes réelles. Prenons un exemple : le prix de photocopies proposées à 150 000 lei [1] par copie, alors que l'on peut trouver dans Bucarest des entreprises où le prix s'élève à 500 lei la copie. Une caisse d'assurance-maladie, plus modestement, a demandé la somme de 15 000 lei. L'important ici, est qu'il est fort peu probable qu'un citoyen puisse ou veuille s'acquitter d'une telle somme. Quelles que soient les intentions initiales de l'établissement public, la somme d'argent demandée joue un rôle dissuasif et empêche, en sortant du cadre de la loi par la parade plutôt que par un blocage direct, d'accéder aux informations requises. Comment expliquer un tel nombre de refus ? Et peut-on simplement interpréter cette réaction comme un pare-feu à la corruption, à la « *culture de la méfiance des fonctionnaires* » pour reprendre les termes du directeur général d'APD ?

À la suite de la publication de ces résultats, APD a convié les différentes institutions interrogées à des tables rondes organisées par département. Un nombre important parmi elles, lors de l'enquête, ne connaissait même pas l'existence de la loi. APD a bien relevé cette attitude parmi les institutions publiques : ne connaissant pas l'existence de la loi ni ses modalités

---

[1] L'équivalence d'un euro varie à cette période entre environ 36 000 et 42 000 lei.

d'application, elles ne sont pas en mesure de répondre aux sollicitations de l'ONG. L'institutionnalisation est en effet primordiale et il apparaît que deux années ne suffisent guère sans doute à la mettre en place, surtout si l'on considère l'ensemble des lois contradictoires qu'a adoptées l'État roumain depuis 1989. C'est pourquoi on ne saurait être profondément surpris par une telle situation.

Selon la direction d'APD, l'objectif de ce projet de contrôle a été atteint : l'organisation a mis à nu les pratiques de non-respect du droit par des institutions locales, régionales et nationales qui ont tendance à montrer leur faible inclination et/ou capacité à instituer et à répondre à des acteurs extérieurs. Et, pour que l'opération représente plus qu'un coup d'épée dans l'eau, en extension de cette étude, une association en charge de relever les infractions à la loi 544/2001 a été créée afin de recueillir les plaintes concernant son application. *Tranparency International Romania*, qui a vu le jour en 1999, prendra la suite de ces opérations.

En s'arrêtant à ce qu'expose l'ONG, on serait tenté de croire que le succès relatif de la loi tient à des critères de temps, de moyens, voire d'habitudes. Cependant, un événement s'est produit, qui, depuis plus de six mois amène des commentaires journalistiques ponctuels, a conduit à une tout autre interprétation au mois de janvier 2004. Et la loi 544 est au cœur de cet événement.

Aux pourtours de la loi, au-delà de la norme

Depuis plusieurs mois un parti politique – l'Action populaire [1] (AP) – porte à la connaissance des médias la confusion qui entoure la rénovation du « palais de la justice » : pour réaliser les travaux, le gouvernement s'est porté garant d'un prêt d'environ 34 millions d'euros demandé à l'Union européenne. Étrangement, les sommes estimées pour la rénovation ne dépassent pas la moitié du montant demandé, ce qui ne semble pas avoir suggéré de questionnement du côté de Bruxelles lors de l'étude. Après l'enquête de l'AP, un manque de 18 millions d'euros est constaté. Plusieurs ministres sont alors mis en cause par le biais de l'implication de leurs entreprises dans les travaux, ce qui pose, en parallèle, la question (du sérieux) des appels d'offres. L'AP décide alors de faire appel à la loi

---

[1] L'AP est le parti fondé, entre autres, par l'ancien président de la Roumanie E Constantinescu (1996-2000). À cette époque, il n'a quasiment aucune existence sur un plan électoral. Il fusionnera ultérieurement avec le Parti national libéral.

544/2001, en collectant les signatures de ses membres et demande les pièces comptables liées aux travaux.

La réaction du ministère de la Justice ne s'est fait pas attendre : une vaste action de police est menée à Bucarest : plus de deux cents personnes, ce qui représente un peu moins que le nombre d'individus signataires, sont convoquées sans motif officiel à différents commissariats de la ville. Lors du dépôt des convocations au domicile des personnes concernées, selon la presse et l'AP, la police commence son enquête auprès des voisins, des proches des personnes convoquées. Enfin, le motif de l'enquête est avancé *a posteriori* par la ministre de la Justice : l'enquête judiciaire concerne la production de « faux » puisque parmi les lettres de pétition certaines contenaient des informations incorrectes. L'AP réagira par une plainte déposée en justice dans le but d'obtenir les documents qu'elle avait demandés par le biais de la loi 544/2001.

Un long mois plus tard, l'UE réagit promptement par la critique sévère de l'application des réformes par le gouvernement notamment sur la corruption et l'indépendance de la justice. En guise de réplique, trois ministres comprenant la ministre de la Justice sont alors remplacés. Décision spectaculaire certes, mais surtout trompe-l'œil : plutôt que de parler d'une sanction, le terme de reclassement semble plus approprié. La ministre de la Justice, après avoir été relevée de ses fonctions de ministre, a été nommée conseillère du président Iliescu ; elle sera ensuite parmi les pionniers du Parti social démocrate pour les élections présidentielles et législatives de 2004. La décision d'infliger une sanction sans grande répercussion est cependant nécessaire. La justice est l'un des dossiers les plus suivis par l'UE, la Roumanie, tout comme la Bulgarie, étant encadrée par une clause de sauvegarde jusqu'à l'adhésion, clause qui sera renouvelée pour la période 2007-2010. Toujours est-il qu'en décembre 2004, personne ne savait où avaient pu s'égarer les 18 millions d'euros manquants.

Essayons de clarifier les éléments liés à l'internalisation des normes condensées dans la notion de bonne gouvernance et, plus spécifiquement, dans le domaine de la transparence.

L'organisation APD dans une semblable configuration semble avoir une double vocation. La première s'inscrit dans une recherche d'institutionnalisation et d'amélioration de la loi. Elle joue un rôle qui peut apparaître étrange puisque c'est habituellement l'État lui-même qui est en charge d'assurer cette vérification en réponse à des demandes citoyennes. L'organisation s'inscrit donc bien dans un processus de privatisation de l'État. Son action est dirigée vers lui, vers la surveillance de son comportement vis-à-vis des lois. Cette loi est censée favoriser ce que la rhétorique du discours international nomme le principe de « responsabilité » (traduit approximativement de l'anglais *accountability*). On peut présupposer, même si cela est difficilement vérifiable, que l'ONG contribue à obtenir un relatif respect de la transparence. Dans une telle configuration sociopolitique, l'État se doit de s'impliquer dans une relation plus ouverte avec des décisions plus lisibles pour les citoyens. Toutefois, ce n'est pas exactement ce que nous pouvons déduire de l'analyse proposée, car l'action de l'ONG intervient en aval et non en amont des problèmes identifiés, non pas pour favoriser l'émergence de visions différentes de la société jusqu'à leur confrontation politique, mais simplement pour assurer que les gens puissent voir, contrôler les dépenses de l'État. Le citoyen n'est pas invité à prendre part à la décision, il est exclu du processus sur lequel il peut avoir un droit de regard, à défaut d'avoir un pouvoir ou même un regard. S'il est question de favoriser l'implication du citoyen par rapport à l'État, de rendre les structures politiques plus « responsables » vis-à-vis de la population, cette question de l'implication est évacuée du processus. Concrètement, il s'agit, pour les ONG de démocratisation, de l'évocation d'une entité creuse – le citoyen – comme principe de légitimité pour assurer un lobbying sur les institutions publiques dont l'objectif est de limiter, d'annihiler l'usage de ces mêmes institutions à des fins privées.

Et ce n'est pas surprenant. L'incorporation d'un programme basé sur une idée relevant de la réintroduction d'une légitimation morale de l'économie financière ne peut effectivement qu'amener les gens à occuper une position de contrôleurs financiers. La population doit jouer le rôle de cabinet d'audit, c'est-à-dire qu'elle doit être en mesure d'assurer la gestion transparente des affaires publiques. Si on devait pousser l'analogie jusqu'au bout, force serait de constater que les appels à la transparence ont été d'une remarquable inefficacité pour éviter la crise économique mondiale dans laquelle nous vivons désormais. Comme dans le cas de des crises financière [1], la transparence évite clairement de se poser la question de la nature du projet d'une démocratie-société de marché. Pis, la transparence l'accompagne.

La demande de transparence à vocation globale, portée au pinacle par la nature politique de la « bonne » gouvernance, est orientée vers des prescriptions normatives externes mais aussi, dans une mesure moindre,

---

[1] LORDON F., *Idem.*

vers des demandes internes de la part des ONG et des médias. Sans un horizon d'attentes local, les ONG perdraient toute raison d'exister.

La seconde vocation de ces organisations, et plus particulièrement d'APD en tant que leader dans ce champ, est d'être le pivot de la surveillance de l'application de la loi en se substituant aux groupes sociaux, et ce pour répondre à des attentes liées au système international. En opérant de cette façon, l'organisation agit involontairement sur plusieurs registres : elle fournit une légitimité, et à la manière dont est envisagée la loi comme un substitut de la souveraineté populaire en constatant ses manquements, et à sa propre action faisant apparaître les dysfonctionnements induits par l'introduction de la loi. Dans le sens inverse de ce qu'elle entend faire, elle fournit, par ce biais, les arguments permettant de relativiser l'échec du gouvernement roumain sur ce point en donnant matière à étayer la catégorie « des dysfonctionnements » dus aux « réformes » et à la « transition ». La boucle est donc bouclée, et la manœuvre peut être répétée. La politique de transparence par les ONG semble à la fois se donner les moyens de son autojustification et d'une marge de tolérance pour son application permettant de la reproduire.

Enfin, venons-en à l'État dont la subordination formelle est manifeste. On peut considérer que la déviation par rapport à cette norme se fait généralement à travers les lois. Ce qui nous amène directement à questionner la réaction violente, rapide et dissuasive vis-à-vis de l'AP.

La demande de l'Action populaire semble être sortie du cadre normatif occupé par APD et l'État. En touchant directement au gouvernement et à ses membres dans le cadre de ses relations avec l'Union européenne – puisque l'emprunt pour les travaux de rénovation a été réalisé auprès de cet acteur politique – l'AP a frappé le gouvernement là où il est le plus fragile et le plus susceptible d'être pris en défaut, c'est-à-dire dans sa qualité d'acteur politique probant vis-à-vis des bailleurs de fonds externes. De surcroît, l'intégration de la Roumanie à l'Union est unanimement présentée par les élites politiques comme un objectif à atteindre. Ce n'est pas tant le fait que la loi ne soit pas respectée qui est impératif ici pour comprendre la situation : ce supposé détournement d'argent au cœur de l'État ne peut être amené dans la catégorie usuelle des « dysfonctionnements » qui seront bientôt « résolus ». Il semble donc que les craintes du gouvernement exprimées dans sa démonstration de force auprès des pétitionnaires de l'AP dévoilent l'illégitimité qui touche l'État lorsqu'il sort des degrés de tolérance par rapport au non-respect des règles de la gouvernance, ne possédant plus de registre de justifications adéquates. Certes, il n'est pas exceptionnel que l'État se retrouve à l'extérieur des normes ; dans cette situation toutefois, il s'est retrouvé sans possibilité de pouvoir justifier ce non-respect. Les demandes de l'AP visent la légitimité interne et externe du gouvernement. Par un effet de ricochet, la corruption locale, dénoncée auprès de l'UE touche l'image d'un gouvernement auprès de son électorat. La seule issue pour pallier cette fragilisation a été pour le parti au pouvoir de destituer la ministre de la Justice de ses fonctions.

*
* *

Cette analyse rapide des programmes de démocratisation amène à formuler quelques constats que nous pouvons récapituler. La mise en forme de la démocratie par les ONG, théoriquement, se passe de projets politiques. Ces organisations n'ont que des techniques de développement démocratique. D'où leur caractère de bureaucratie privée. Toutefois, dans la pratique, ce n'est pas tant la technique qui devient idéologie, que la politique qui devient technique, technologie de pouvoir et mode d'intervention. C'est un signe d'affaissement politique évident. Ces organisations sont modelées par l'intermédiaire des techniques, de leur mode d'action, ce qui va définir leur mode de participation. La vision de la démocratisation est celle d'une amélioration du cadre délibératif visant l'État plus que le rapport à l'État. C'est pourquoi elles ne prennent en compte les citoyens que d'une manière indirecte ou estiment qu'il n'existe pas, ce qui justifie dans un cas comme dans l'autre la mission civilisatrice. Il est clair qu'elles sont encouragées dans cette voie par des partis politiques qui accumulent les affaires de corruption et les comportements tendanciellement autoritaires.

Les ONG portent des projets de (gestion de la) société qu'elles ne peuvent ou ne savent pas assumer totalement, au risque de sérieusement escamoter leur représentativité postulée. Elles forment un rouage dans un mode de gestion politique de la société et sont aux prises avec le projet d'imposition démocratique. Ce projet, qui ne peut cependant fonctionner sans un horizon d'attentes fort, sera abordé systématiquement plus loin.

Après avoir brossé ce tableau large, nous pouvons nous tourner plus précisément vers les acteurs de l'organisation APD et les rapports sociaux dans cette ONG. On y apercevra une coagulation des éléments déjà abordés. Dans le chapitre suivant on se concentrera sur le monde des « figures » de la démocratie. Le chapitre 5 nous fera entrer en détail dans les rapports entre acteurs dans l'organisation.

4. Une figure de l'autorité démocratique dans le monde des intellectuels organiques de la démocratisation

Les ONG les plus importantes de Roumanie sont des espaces sociaux pris dans une relation extérieure à la société roumaine. Ce mouvement exogène est essentiellement le fruit d'une volonté politique de généralisation de la politique de démocratisation. L'injonction à la démocratisation est inextricablement liée aux intérêts économiques, géopolitiques et aux rapports de forces internationaux. C'est pourquoi elle s'apparente parfois à un simple vœu qui figure de « bonnes » intentions, parfaitement cyniques. L'exemple de l'actuelle guerre coloniale en Irak est à cet égard fort parlant. C'est, dans un pays aux ressources pétrolières importantes, la volonté d'imposer la démocratie qui a justifié l'invasion. Dans le cas des pays est-européens, du fait de leur position géostratégique par rapport à l'Eurasie et de l'objectif d'un espace de marché commun européen, ces programmes sont davantage autoritaires et coercitifs. L'exhortation des États occidentaux à la démocratie peut donc être interprétée comme une forme d'actualisation des rapports de domination internationaux fondant une hiérarchie selon les critères malléables d'un idéal démocratique. La redondance de ce type de discours traduit une volonté d'infériorisation des pays postcommunistes en leur présentant un modèle de démocratie abstrait, idéal et universel, et montre le stigmate qu'impose l'intégration dans la norme démocratique [1].

---

[1] Il en va de même pour la transition à l'économie capitaliste. Rappelons que ce n'est que le 6 octobre 2004 que l'UE a accordé le statut d'économie fonctionnelle de marché à la Roumanie soit entre les deux tours de l'élection présidentielle.

C'est dans cette résonance de la stigmatisation, à travers le filtre des standards démocratiques internationaux, qu'opère APD. Ses programmes s'appliquent sur une réalité bien concrète en Roumanie. C'est pourquoi on peut avancer l'hypothèse d'une localisation de politiques à vocation universaliste dont les deux traits saillants sont, pour les acteurs, l'extériorité et l'effet d'infériorisation.

Se concentrer sur l'Association *Pro Democraţia* relève d'un choix stratégique s'appuyant sur plusieurs arguments. Énumérons-les rapidement. Premièrement, l'association est l'une des plus importantes en Roumanie. Après quasiment 20 ans d'existence, elle peut s'appuyer sur plus de 30 clubs répandus dans toute la Roumanie. Deuxièmement, APD fait partie des réseaux d'ONG répandus dans les « régions » postcommunistes et postsoviétiques. Ces organisations sont au centre des nouvelles formes de régulation de l'architecture politique de la globalisation. Troisièmement, si les ONG commencent à devenir des objets de recherche dignes de ce nom pour l'anthropologie, il n'en reste pas moins que ce type d'organisation spécifique (dans la démocratisation) n'a pas été systématiquement étudié à la fois dans ses rapports internes et dans son intégration sociétale. Ces établissements d'établissement démocratique suscitent donc une curiosité scientifique légitime. Enfin, l'organisation est de plain-pied avec les transformations sociopolitiques de la Roumanie et permet de les étudier de près.

Le caractère allocentrique d'APD, qui est commun aux ONG les plus importantes de Roumanie, est fondamental. Les efforts d'aménagement dans le choix des procédures promues par l'organisation entrent dans une volonté d'appropriation d'objets définis par leur caractère étranger. C'est un indicateur visible d'une tentative d'appropriation. Dans de telles conditions, l'autonomie des décisions concernant la définition des programmes est modeste. La dépendance financière dont l'ONG est prisonnière trouve sa traduction immédiate dans la philosophie sous-jacente à ses activités, les rapports entretenus avec les bailleurs étant fortement inégaux. Remettre en cause l'approche des commanditaires reviendrait à mettre en jeu la pérennité de l'organisation, car ce sont eux qui financent les ONG.

Les discours et les actions de l'ONG s'adressent à deux types d'acteurs. La première catégorie, relevant de la politique, comprend les politiciens, les partis politiques, les syndicats, l'État, les institutions publiques, tandis que la seconde concerne la population roumaine, au nom de laquelle on démocratise et qui doit être démocratisée. À vrai dire, le terme de population est assez inapproprié puisque la perspective officielle des programmes de l'ONG évoque des citoyens, c'est-à-dire des entités individuelles. Cette double facette de l'organisation en fait un espace d'intermédiation entre l'étranger (l'Occident) et « l'intérieur » qu'il nous reste ici à définir. Il y a donc des aspects exogènes intériorisés. C'est dans cette logique que l'autonomisation des rapports sociaux dans l'ONG est construite, et leur configuration reste à éclairer à la fois dans le cadre des éléments avancés jusqu'à présent et dans la perspective des acteurs qui font vivre l'organisation APD. Pour éclairer cette question, nous allons d'abord nous focaliser sur le président de l'ONG.

Le président de l'association appartient à une catégorie d'acteurs qui mêlent une intégration dans l'université, des conflits ouverts avec l'État, et incarne une médiation avec l'étranger. Personnage habile, il est un acteur clé qui permet d'interroger la constitution d'une position dominante au sein de champs sociaux locaux par l'usage et la maîtrise des ressources sociales exogènes internalisées. Produit de l'imposition démocratique, il est investi d'une mission : la conversion de la Roumanie à la démocratie de marché. Cette frange dominante du monde des ONG démocratiques (qui est également une fraction subalterne des élites) a pour charge de remorquer cette société jusqu'à la modernité du premier monde. Leur mission, qu'ils partagent avec leurs subordonnés, est, au même titre que la démocratie de marché, universelle. La légitimité de l'œuvre de démocratisation se reflète sur les leaders d'opinion de la société civile et laisse en suspens la question de la légitimité représentative de ces acteurs. La Roumanie étant considérée comme une société à l'orée ou hors du camp des démocraties, la légitimité universaliste de l'élite des ONG ne saurait y chercher une quelconque justification à leur travail. En d'autres termes, on ne cherche pas chez des « non-démocrates » une légitimité démocratique, de la même manière qu'on ne fait pas corps commun avec les forces sociales, mais on parle en leur nom, pour leur bien, non sans un certain paternalisme assumé ou latent, en décidant des fins visées par les dynamiques sociales.

Ajoutons que, dans le cas de l'ONG Pro Démocratie, dès le début de l'enquête, il est apparu que le président occupait une position très particulière, assumant le rôle de représentation publique de l'organisation. En ce sens, il cristallise l'expectative de ses membres. Représentant une figure nouvelle dans un pays postcommuniste, il symbolise une génération d'intellectuels définie par l'ubiquité de leur statut, cumulant positions et relations dans la faculté, les médias, les ONG et les institutions internationales.

Cet acteur est exemplaire des présidents d'ONG : intellectuel, professeur dans plusieurs universités et écoles, invité à plusieurs reprises dans les pays occidentaux (en France, aux Pays-Bas, en Allemagne et aux États-Unis) dans le cadre de stages de formation ou de partenariats, il est aussi un analyste politique de premier plan. Il fait partie des comités de lecture des revues de sciences politiques roumaines où il publie régulièrement des articles. Ses compétences et sa cordialité font de lui un personnage central dans APD, mais aussi dans la société civile. Il nous serait donc difficile de comprendre le mode de fonctionnement de cette organisation sans montrer le poids de ce personnage dans les rapports sociaux et dans l'imaginaire collectif. Son image se différencie peu de celle de l'association, ce dont il a parfaitement conscience.

Il est apprécié très positivement dans l'ONG. Aussi, étant analyste politique, ses connaissances s'encastrent non seulement dans les demandes du marché des médias de masse, mais aussi dans les programmes d'APD. La *doxa* démocratique, rappelons-le, s'est construite par la mobilisation des sciences politiques [1]. Il s'agit donc d'un effet de restructuration du marché de l'emploi et d'un besoin systémique de mise en forme des savoirs. Dans les lignes qui suivent, nous nous pencherons sur cette figure centrale d'APD, en débutant par sa trajectoire sociale, son implication dans l'université. Nous nous efforcerons de comprendre son autorité en la replaçant dans ses champs d'intégration. Enfin, nous interrogerons sa conception de la société roumaine et sa vision du rôle d'APD dans la quête d'un idéal démocratique roumain.

Né en 1965, à Ploiești, ville de l'industrie pétrolière, Dimitrie – c'est ainsi que nous le nommerons fictivement – est président d'APD depuis 1999 [2]. Son léger embonpoint, sa barbe, ses yeux bleu clair, font de lui un personnage à l'allure cordiale et sérieuse en même temps.

Dimitrie fait partie de la génération des réintégrés. Ses parents ont été stigmatisés comme ennemis de classe parce qu'un de ses oncles était prêtre et qu'un autre, légionnaire pour le compte de la France, a combattu pendant la guerre d'Indochine. Au cours des années 1960, le parti change de grille de lecture. Les ennemis de classe sont remplacés par la figure polymorphique de l'étranger. Les exclus sont alors réintégrés.

---
[1] GUILHOT N., 2005: *The Democracy Makers… op .cit.*
[2] Le directeur adjoint d'APD, qui a été son étudiant, lui a proposé de concourir à cette fonction.

Après des études à la faculté de philosophie de Bucarest, qu'il termine en 1989, Dimitrie devient professeur d'histoire et de philosophie dans un lycée de la région du Maramures pour quelques mois, avant de revenir dans sa ville d'origine. Les destinations étaient alors imposées par la politique de répartition nationale des étudiants. Deux ans plus tard, il est de retour à Bucarest où il enseigne à nouveau dans un lycée, pour une période d'un an. Par voie de concours administratif, en 1992, il entre à l'École nationale des sciences politiques et administratives (ENSPA) de Bucarest en tant que lecteur en philosophie politique et en politologie générale.

L'ENSPA a pris la place de l'ancienne école des cadres du parti, l'Académie Ștefan Gheorgiu. Elle est d'abord institutionnalisée au printemps 1990 sous la forme de l'École des hautes études politiques et devient, en 1991, l'ENSPA. Son premier recteur (1991-2004) fut Vasile Secareș, ancien directeur de l'Académie Ștefan Gheorgiu, membre fondateur du Front de salut national et, pour la période 1990-1992, conseiller du président Ion Iliescu avec le rang de ministre.

Quand Dimitrie entre à l'École, elle n'est qu'un institut d'études *post-graduation*. Le cursus devient complet (de la première année au doctorat) à partir de 1995. Peu de temps après, l'actuel président d'APD devient maître de conférence titulaire à l'ENSPA. Il enseigne plus particulièrement la politologie générale et les « familles politiques en Europe de l'Est [1] ». Il est l'auteur de plusieurs livres publiés en roumain dans ce domaine. C'est ensuite qu'il obtiendra sa thèse de doctorat. Il a également écrit un mémoire de licence sur Jean-Paul Sartre, l'intellectuel négatif par excellence dans les milieux anticommunistes roumains.

Progressivement, son statut d'analyste politique, renforcé par sa position au sein d'instituts de recherche, va faire de lui un personnage souvent convoqué par les médias. À long terme, il obtiendra des contrats d'exclusivité avec certains d'entre eux. Aujourd'hui, par exemple, il intervient dans *Dilema Veche*, pour la BBC, Radio Free Europe, ProTV, des chaînes généralistes d'information, le journal *Cotidianul*. Il a aussi publié dans les pages du *Monde diplomatique* en France et en Roumanie. Enfin, il est intervenu dans des documentaires diffusés sur la chaîne franco-allemande *Arte*.

Cette position dans les médias fait de lui, d'une part, un personnage à la notoriété publique remarquable et, d'autre part, le met relativement à l'écart

---

[1] Il a d'ailleurs réalisé sa thèse de doctorat sur ce sujet. Des indications sur les familles politiques en Roumanie sont aussi reprises par l'association dans les documents distribués aux citoyens.

des problèmes de subsistance qui touchent une partie des intellectuels déclassés en Roumanie au plus bas de l'échelle hiérarchique. Ce qui est d'une certaine importance puisqu'à l'APD, les présidents ne sont pas rémunérés par un salaire constant.

Investissement dans l'enquête : ébauche du cadre idéologique dans et autour de l'ONG

Dimitrie est l'un des personnages qui s'est exprimé avec ostentation au cours de l'enquête sur ses convictions personnelles et son investissement tant dans l'ONG qu'à l'extérieur de celle-ci. Se pencher sur cette configuration de relations, c'est obtenir des informations de première main pour mettre à jour le fonctionnement idéologique de l'association Pro Démocratie, informations difficiles à obtenir au demeurant avec d'autres outils. Il n'est pas question ici de décentrer la pratique de terrain vers les déboires et sublimations affectives de l'ethnologue par rapport à « son » terrain et de tomber dans une forme de narcissisme pathétique, mais de considérer que les relations qu'entretient l'enquêteur avec les sujets de l'enquête sont fondatrices dans la construction de la connaissance. Il ne s'agit pas non plus de donner l'illusion d'une maîtrise parfaite de ces relations – ce qui serait absurde – même si l'ethnologue tente, avec plus ou moins de succès, d'éviter toute situation nuisible à l'enquête. La démarche vise plus simplement à recadrer les événements qui guident l'investigation et ainsi les assignations normatives sous-jacentes des acteurs par rapport à l'enquêteur, jusqu'à la production de leurs discours. Cette démarche n'est pas en soi novatrice [1], elle nous permet cependant de traiter l'enquête comme une matière supplémentaire offerte à l'interprétation des rapports sociaux qui se nouent dans et autour d'APD.

---

[1] En France, G. ALTHABE a formulé et mis en application le premier cette démarche comme le souligne BAZIN L., 1997 « Enquête en entreprise et procès d'ethnicisation de la domination en Côte-d'Ivoire » *in Journal des anthropologues*, 71 : 57-71. Voir sur ce point, parmi plusieurs exemples, G. ALTHABE & SÉLIM M., 1998 : *Démarches ethnologiques au présent*, L'Harmattan, Paris. G. ALTHABE & HERNANDEZ V., 2004 : « Implication et réflexivité en anthropologie » *in Journal des anthropologues*, n° 98-99. Cf. aussi BAZIN L., 2005, « L'enquête ethnologique cristallisation des modes de relégation » *in* LESERVOISIER O. (dir.), *Terrains ethnographiques et hiérarchies sociales. Retour réflexif sur la situation d'enquête*. Karthala, Paris. N'omettons pas de mentionner l'ouvrage important de J. FAVRET-SAADA, 1977 : *Les mots, la mort, les sorts*. Gallimard, Paris.

Plusieurs différences marquantes doivent d'emblée être soulignées entre le président et les autres catégories du personnel : leurs visions de la société roumaine, de leurs actions sur celle-ci, leurs convictions politiques, sont basées sur des ancrages divergents.

La plupart des membres de l'ONG se disent « libéraux », plus par opposition au PSD, au communisme, et comme mode d'appartenance à l'Occident démocratique qu'en vertu d'une conviction idéologique particulière. On ne connaît pas Adam Smith ni Friedrich von Hayek ou alors très vaguement, malgré la présence significative d'étudiants en sciences politiques et journalisme dans l'association.

À l'opposé du personnel de l'organisation, c'est positivement que le président d'APD définit son engagement politique. À la différence de nombre de ses collègues à l'université comme dans les ONG, il se dit, de gauche. « *Je suis un homme de gauche. Mais il n'y a pas d'hommes de gauche en Roumanie. Et voilà, je n'ai pas de représentation politique. Le PSD n'est pas de gauche et les partis de droite n'existent pas non plus en Roumanie. Les libéraux roumains ressemblent plus aux conservateurs américains…* »

De prime abord, cette opinion politique pourrait être jugée secondaire mais, tout au contraire, c'est une condition *sine qua non* de compréhension du mode de communication dans l'association. À cet égard, remarquons que cet acteur voile stratégiquement son propre engagement : rares sont ceux qui connaissent, dans l'ONG, la tendance politique à laquelle le président se dit attaché. La raison en est double : d'abord, il est fort probable que le non-dit s'explique par le souvenir de la longue soumission à une dictature dont l'inspiration officielle était le marxisme-léninisme, doctrine dite de gauche, d'autant plus difficile à assumer publiquement que la rhétorique internationale s'attache à stigmatiser ; ensuite, cet engagement pourrait facilement être interprété et/ou instrumentalisé comme une sympathie pour le PSD, l'ennemi de maintes ONG. Être de « gauche » est une position difficile, et ce d'autant plus que l'accusation de connivence avec le PSD ou le soupçon de sympathie pour l'ancien régime ou la *Securitate* peuvent être assez facilement instrumentalisés par un ennemi [1] ou un concurrent pour discréditer un rival. Il est donc logique que cet engagement ne soit jamais assumé publiquement, et encore moins dans l'association. Qui plus est, le président de l'association est à la fois le représentant officiel et/ou proclamé d'APD, des ONG et de la société civile. Affirmer cette position pourrait donc entraîner une disjonction entre le représentant (de gauche) de l'association et

---

[1] Les accusations croisées d'appartenance à la *Securitate* font florès entre politiciens.

ses représentés (libéraux). Il est astreint au devoir de réserve et à la rectitude idéologique, ce qui correspond également à l'idée qu'il se fait de son propre engagement.

Même cette stratégie de camouflage de ses aspirations politiques ne réussit pas à neutraliser totalement les accusations d'appartenance au communisme. Par exemple, il est soupçonné par quelques collègues de la faculté d'entretenir un lien de parenté avec un homonyme, membre fondateur du parti communiste roumain et d'appartenir à une lignée de dignitaires communistes. Une limite peut être perçue définissant deux camps : d'un côté, l'ancien parti communiste (le PSD principalement), ceux qui ont appartenu à la *Securitate* et, de l'autre, leurs opposants dont Dimitrie est une figure importante.

Le cadre de la discussion avec un enquêteur étranger permet justement de dévoiler cette conviction. Cette situation peut donner l'opportunité de discussions officieuses qui permettent une dérogation aux non-dits des champs sociaux d'évolution de cet acteur. Sous cet aspect, le rapport entretenu avec l'enquêteur met en lumière une logique de distinction opérée par cet acteur dans la mesure où être « de gauche » dans le cadre d'une relation à l'étranger européen – ce qui caractérise précisément la position du président d'APD – peut effectivement être positif, mais reste négatif sous l'angle des rapports politiques endogènes à l'organisation. Le cadre idéologique du rapport à l'État et au gouvernement ne permet pas, dans l'ONG, cette « liberté » de parole. Cette forme de relation sera renforcée par le fait que le président d'APD parle couramment le français, ce qui n'est pas le cas des autres membres de l'ONG, quelques volontaires mis à part.

D'autres facteurs affermissent cette relation. L'observateur n'est pas dans une position de supériorité par rapport au président, il n'est pas assimilable aux émissaires des bailleurs de fonds dont certains aiment – comme j'ai pu le constater au cours de l'investigation – expliquer sur un ton civilisateur comment mener un programme de démocratisation avant de s'empresser de me demander, lorsqu'ils sont français en particulier, des renseignements sur quelques sondages alors que le président de l'ONG est sûrement la personne la plus compétente pour répondre à ces questions. À l'opposé, l'écoute attentive des propos des acteurs, la présence sur le long terme différencient l'enquêteur d'un journaliste dont les entretiens très rapides, parfois par téléphone, sont en partie amputés lors de la publication, quand ce ne sont pas quelques bribes qui subsistent.

Une certaine connivence s'installe entre l'ethnologue et le président de l'association. Elle s'explique d'autant mieux que l'enquêteur est étranger et se différencie de la société roumaine « ignorante » et des collègues du président de l'association aux partis pris irréfléchis. Est donc mise en évidence cette position d'élite éclairée, revendiquée tacitement par cet homme. On peut voir également y voir une illustration des représentations de cet acteur vis-à-vis des champs sociaux dans lesquels il évolue, représentations qui laissent sous-entendre que l'implication conjointe dans les ONG et dans les sciences politiques nécessite d'être de droite, libéral, ou au moins bienveillant envers les partis d'opposition au PSD. Par l'affirmation d'une solidarité avec l'observateur étranger, Dimitrie opère un renversement du poids et de la légitimité de son attachement politique. Son opinion politique – minoritaire par rapport aux doctrines localement dominantes et considérée comme abjecte dans le champ de ses relations professionnelles – est réinterprétée et reformulée positivement dans le cadre de l'enquête. Cette allégation montre aussi que ces convictions ne peuvent être dévoilées que sous certaines conditions et que le président de l'organisation met une attention particulière à masquer les idées qui sous-tendent son engagement politique.

Précisons, pour éviter toute confusion, que ce n'est pas tant l'hétérodoxie relative de ce personnage qui importe, mais que c'est ce que livre cette hétérodoxie sur le mode de fonctionnement de ses champs sociaux d'intégration qui apparaît pertinent.

Néanmoins, cette proximité a pour corollaire un agacement perceptible des coordinateurs de projets. En passant outre les dispositions hiérarchiques d'APD, je participe jusqu'à un certain moment, inconsciemment, à une dérogation hiérarchique et remets en cause les principes qui fondent la supériorité des coordinateurs. Ces derniers tenteront à plusieurs reprises de m'enfermer dans la position du « volontaire ». Cet agencement de relations, sur lequel nous reviendrons plus loin, m'a poussé à changer à plusieurs reprises les lieux où les entretiens étaient menés. Cette réaction des catégories supérieures de l'organisation m'a placé à plusieurs reprises dans une position très inconfortable.

À plusieurs occasions, lorsque nous discutions ensemble dans l'ONG, Dimitrie renvoyait cordialement les coordinateurs et leurs questions à un moment ultérieur, les reléguant involontairement à un rôle secondaire, alors qu'ils manifestaient un certain entrain à s'entretenir avec leur président. Comme lors d'une conférence venant clore un programme de l'organisation, où, après un défilé de trois coordinateurs et plusieurs volontaires, je dus mettre fin à une discussion menée avec le président d'APD. L'irritation perceptible des membres d'APD fragilisait les perspectives de l'enquête avec les coordinateurs, ce qui se vérifiera au cours de l'investigation.

Champ universitaire et légitimité interne

Les universités de sciences politiques et de sciences sociales peut-être plus que d'autres peuvent être caractérisées, tout d'abord, par les rapports forts qu'elles entretiennent avec la scène et les partis politiques [1]. Entretenir des relations avec la scène politique peut également signifier l'entretien de relations avec l'entreprise privée, car, là comme ailleurs, ces deux mondes pour les catégories sociales supérieures peuvent n'en former qu'un. Commençons par l'exemple de l'université privée chrétienne Dimitrie Cantemir.

La rectrice de cette université est Corina Dumitrescu, mariée au député Cristian Dumitrescu. Y interviennent notamment Adrian Năstase, déjà évoqué, ainsi qu'Elena Udrea. Elena Udrea, avocate de profession, s'est rendue célèbre en réglant en quelques minutes un problème épineux pour le maire de Bucarest de l'époque, T. Basescu (PD), celui de l'auto-attribution d'une villa à Bucarest. À l'origine, elle était proche de Năstase et des figures éminentes du PSD. Son époux, Dorinel Cocoş, est un richissime homme d'affaires qui a fait (et continue de faire fortune) grâce aux contrats obtenus avec l'État et la ville de Bucarest. Lorsque T. Basescu sera élu président de la république, E. Udrea sera employée pour une courte période en tant que conseillère présidentielle et intégrera rapidement les rangs du PDL où elle occupera le poste de secrétaire exécutif. À la fin de l'année 2008, elle occupera le poste de ministre du Tourisme jusqu'à la fin de l'année 2009. Elle se distinguera par sa défiance face aux commissions parlementaires enquêtant sur les dépenses douteuses engageant le ministère du Tourisme. E. Udrea est employée dans la faculté Dimitrie Cantemir en tant que lecteur universitaire dans le domaine de « l'intégration européenne », un domaine dans lequel ses compétences et sa pratique professionnelle n'ont pu être sanctionnées par un diplôme. Dans cette même faculté, on trouve également

---

[1] Par exemple, Ecaterina Adronescu, députée-membre du PSD au cours de la période 1996-2008, ministre de l'éducation au cours de la période 2008-2009, est rectrice de l'université polytechnique de Bucarest depuis 2004.

d'anciens « dissidents », une juge à la cour constitutionnelle, des députés, le président de la cour des comptes de Roumanie. Dans le plus grand respect du pluralisme parlementaire, les principaux partis politiques y sont représentés.

Ces recrutements de personnages vedettes s'inscrivent dans une politique de marchandisation de l'éducation organisée entre autres au niveau de l'Union européenne. Outre les arrangements avec les partis politiques, attirer de tels personnages vise avant tout à augmenter le nombre de clients annuels (d'étudiants), afin de grossir les rangs et les bénéfices de ces entreprises de l'éducation. Cela permet de s'éviter quelques embêtements avec le ministère de l'Éducation qui valide les programmes des cours de licence, les libellés des mastères et ainsi de suite. Cette privatisation ne doit pas donner de fausses impressions ; les droits d'inscription peuvent être d'un montant plus élevé dans les facultés publiques. Toujours est-il que la transformation capitaliste, en Roumanie comme ailleurs, se solde par l'émergence d'entreprises d'éducation qui optent pour des stratégies baroques en regard de leur mission d'enseignement. On est rapidement tenté de dresser un parallèle avec les facultés de sciences politiques à l'Ouest. À la différence de la situation à l'Ouest, il faut le souligner, en Roumanie il existe une continuité. Sous le communisme en effet, les postes universitaires étaient redistribués à l'élite politique et inversement tous les postes importants, dans l'université, étaient politisés dans la logique d'extension et de domination du lien politique. On peut identifier quelques éléments corroborant cette hypothèse et notamment la présence de membres des partis dans des domaines qui ne relèvent pas nécessairement des sciences politiques et sociales, comme les facultés de médecine ou polytechnique.

La représentation forte des partis politiques dans l'enceinte de l'université est accompagnée par la présence d'intellectuels intégrés à la société civile. On peut évoquer la faculté de science politique de Bucarest, et le cas de son actuel doyen, le politologue Cristian Preda.

Né en 1966, Cristian Preda est titulaire d'un doctorat de science politique obtenu à l'École des hautes études en sciences sociales sous la direction de Pierre Manent. La thèse aborde l'histoire du libéralisme. Auteur d'une dizaine d'ouvrages, C. Preda est un ancien boursier de l'Agence universitaire de la francophonie (AUF) et du *New Europe College* (NEC). Il est collaborateur de la *Revue 22*, d'*Observator cultural*. Il dirige des revues de science politique roumaines. C'est en 1992 qu'il devient cadre enseignant à la faculté de science politique. En 1995, il rejoint les rangs du Groupe pour le dialogue social (GDS). Aujourd'hui, il est professeur et a été doyen de la faculté de sciences politiques.

Cristian Preda se lance à proprement parler dans la politique en mars 1999, mais sans passer par l'épreuve des urnes. En effet, il est tout d'abord employé comme conseiller du président (1996-2000) Emilian Constantinescu. Son incorporation aux organisations de la francophonie va faciliter cette intégration. En 1991, il est chef de projet de la filière universitaire de l'Agence universitaire de la francophonie. Au cours de la période septembre 2005-février 2007, il est nommé commissaire gouvernemental pour la francophonie et secrétaire d'État au ministère des Affaires étrangères. Depuis 2005, il est le représentant du président de la Roumanie pour la francophonie. Enfin, en 2009, il est candidat aux élections des députés européens sur la liste du PDL. Il est aujourd'hui député européen.

Remarquons que le passage de C. Preda au ministère des Affaires étrangères coïncide avec la nomination d'Adrian Cioroianu au poste de ministre des Affaires étrangères. Or, il existe des points communs assez surprenants entre la biographie de ces deux acteurs.

Né en 1967, A. Cioroianu, enseignant à la faculté d'histoire de Bucarest, est docteur en histoire de l'université de Laval (Québec), titre obtenu dans le cadre de l'Agence universitaire de la francophonie. Tout comme C. Preda, il a bénéficié d'une bourse du NEC, il est membre du GDS et écrit dans plusieurs journaux. Depuis 2004, il est devenu un membre influent du parti national libéral.

Les biographies de ces deux acteurs montrent qu'une carrière se construit grâce à une intégration à des champs sociaux précis et des obédiences nécessaires. On s'aperçoit qu'ils sont intégrés à des milieux internationaux, dans les réseaux anticommunistes locaux, aux organisations de la société civile et aux partis politiques. La dissolution de l'autonomie du champ intellectuel dans la politique forme une continuité avec l'ancien régime. Les partis politiques recrutent leurs intellectuels et ont besoin de ces intellectuels, car ils représentent une force de frappe remarquable dans les luttes politiques et le formatage des formateurs d'opinion (les médias). On peut estimer que ces carrières ne facilitent pas l'émergence de figures de l'intellectuel public, mais bien plutôt l'idée d'intellectuels à la solde des partis, politiques ou cyniques au point de confondre l'intérêt public et leurs projets de carrière personnelle bien compris. On pourrait multiplier les exemples à l'envi. Ceci concerne toutes les universités. Certaines d'entre elles, où interviennent des membres de partis politiques, participent au financement de campagnes électorales. Le retour de bâton est parfois sévère, certaines facultés peuvent y perdre leur accréditation pour les licences ou les mastères, ce qui se traduit par des pertes d'argent considérables. Les liens entre le champ de la politique et celui des universités sont contigus, mais il faut ajouter que les intellectuels y occupent une position périphérique, une fraction dominée de la frange dominante pour paraphraser Pierre Bourdieu. La collusion entre les milieux universitaires et les milieux politiques et par conséquent économiques, est évidente et implique tout un jeu de clientélisme.

Les universités sont donc des lieux où se trouvent côte à côte des membres des partis politiques et des professionnels des ONG qui occupent, pour la frange supérieure, un segment des médias de masse. Poursuivons dans ce sens.

L'École nationale des sciences politiques et administratives occupe une position plus marquée dans la production des élites. Arrêtons-nous sur cet établissement ultra-politisé où le président d'APD, Dimitrie, est professeur et où il occupe le poste de doyen depuis 2005. L'ENSPA est né du transfert du personnel enseignant de l'ancienne école des cadres du parti. Elle a été créée en lieu et place de cette dernière. Les présidents d'ONG y sont très présents.

Le premier groupe d'acteurs qui va imposer son leadership est regroupé autour d'une ONG se revendiquant du féminisme, Ana. Le couple Mihaela et Adrian Miroiu, tous deux philosophes de formation et enseignants en lycée sous le communisme vont occuper la direction de la faculté. La première a été doyenne de l'ENSPA entre 1997 et 2001, alors que le second a occupé les mêmes fonctions entre 2001 et 2005 après avoir été doyen de la faculté de philosophie de Bucarest (1993-1995) et secrétaire d'État au ministère de l'Éducation nationale (1999-2000).

L'université en général est patrimonialisée par ses acteurs. Ils en ont fait quasiment une propriété qui ressemble fortement à un système féodal. On hérite une position de lecteur d'université, puis celle de conférencier, ensuite celle de professeur et enfin celle de doyen. Les effectifs du personnel enseignant des facultés ressemblent à une addition de familles. Le népotisme y règne en maître, et c'est un fait parfaitement connu qui n'est en aucune manière combattu. L'ENSPA est en la matière remarquable. Ces acteurs qui détiennent les positions les plus hautes dans le système d'éducation, après avoir mené une OPA sur le système universitaire, ont dressé un système complexe de régulation de la concurrence du marché intellectuel par le népotisme et le clientélisme [1]. On trouve des familles entières, enfants, gendres, brus, voisins et voisines d'immeubles etc. embauchés dans ces facultés. Et les liens avec les partis politiques et les organisations de la société civile permettent à ce milieu d'être imperméable à toutes sanctions administratives et symboliques conséquentes [2]. Andrei Miroiu est un ancien secrétaire d'État du ministère de l'Éducation. Catalin Zamfir [3], l'un des mandarins de la faculté de sociologie et d'assistance sociale de Bucarest, a été ministre du Travail et consultant pour ce ministère. Mihaela Miroiu a été une des leaders de la Société d'analyse féministe, une ONG féministe élitiste, elle écrit couramment dans la *Revue 22* [4]. Ces groupes se sont formés préalablement sous le communisme [5]. Aucune étude systématique n'a été menée dans ce sens, et il faut dire qu'elle est presque impossible à réaliser, puisque toute perspective critique se solderait par une exclusion de ce milieu (mais aussi de l'édition qui est sous la direction des mêmes personnes etc.). Pour gagner en autonomie, il faut faire allégeance à ce système basé sur l'hétéronomie. Le fonctionnement de ce champ va à l'encontre de l'émergence de franc-tireur.

Les universités sont donc des lieux de corruption et elles sont également perçues en tant que telles [6]. Et ce notamment par leurs premiers clients, les étudiants. Plus rarement, mais de manière cyclique, des hauts personnels (hommes) des facultés proposant à leurs étudiantes toutes sortes de « facilités » en échange de faveurs sexuelles, se voient piégés par les médias, sans conséquences importantes pour eux. Cette dernière pratique de concussion, rare, représente la forme la plus extrême de ces logiques

---

[1] GAVRILESCU A., 2006 : *Les nouveaux marchands. Les intellectuels publics de Roumanie après 1989… op. cit.*

[2] A tel point que certains auteurs ne se privent pas de le dire publiquement et d'en revendiquer l'exceptionnelle compétence comme par exemple CERNAT P., 2006 : « O bomba artizanala cu intelectuali publici » *Observator cultural*, 73/20-26 Juillet.

[3] Né en 1941, sociologue, il est membre correspondant de l'Académie Roumaine et dirige l'Institut pour la qualité de la vie. C'est un membre important de la faculté de sociologie et d'assistance sociale de Bucarest.

[4] CÎRSTOCEA I., 2004 : « L'enjeu du genre sur le marché intellectuel roumain postcommuniste » *in Transitions*, XLIV, 1 : 165-177

[5] CÎRSTOCEA I., 2006 : *Faire et vivre le postcommunisme. Les femmes roumaines face à la « transition ».* Université de Bruxelles, Bruxelles.

[6] Ajoutons qu'il existe un marché important et stable pour la rédaction des mémoires de diplômes. Des chercheurs ou des étudiants de niveaux intermédiaires se voient commander des thèses de doctorat ou des mémoires de mastère.

d'accaparement dans le domaine universitaire. Soulignons que les positions dominantes dans le champ universitaire donnent droit à des salaires généreux et accès aux financements extérieurs de la recherche, dont les montants sont élevés. Une simple signature peut donner lieu à rétribution conséquente.

De l'extérieur, il est parfois difficile de percevoir le fonctionnement politique de l'univers des sciences politiques et sociales tant il est l'objet d'une particulière surveillance (à travers les revues etc.).

Comble de l'ironie, ces acteurs vont être financés par les bailleurs pour améliorer la justesse morale du système d'enseignement local et réduire le niveau de corruption. Prôner haut et fort l'éradication de la corruption et avoir un CV convenable est, semble-t-il, suffisant pour des bailleurs naïfs et peu regardants.

Toutefois, tout le monde ne fait pas preuve d'autant de naïveté ou d'esprit de corps. Dans ces universités, on trouve la masse des volontaires des ONG. Logiquement, ils connaissent assez bien le mode de fonctionnement clientéliste des universités. Et de leur point de vue, le président d'APD se distingue de ses collègues par une attitude stricte de refus de corruption. C'est ce qui expliquerait son niveau réel de compétence. Compétence et éthique se rejoignent dans leur conception, et ce, qu'ils soient membre de l'association ou non.

Il faut souligner les multiples accusations des étudiants lorsqu'ils évoquent les luxueuses voitures allemandes réelles ou imaginaires de leurs professeurs et se demandent comment leurs maîtres peuvent s'offrir de tels biens avec un salaire peu adapté à un tel niveau de consommation.

Le népotisme en tant que tel nous intérese peu. Après tout, c'est un mode de reproduction social assez répandu en ce qui concerne les élites. Il est vrai que son étendue est ici impressionnante. Le népotisme nous intéresse parce qu'il fait sens pour les étudiants du président d'APD. C'est un aspect essentiel de son image auprès de cette catégorie d'acteurs. C'est ce qui le distingue partiellement des intellectuels de la démocratisation.

Les deux caractéristiques sociologiques de ce champ – la perméabilité vis-à-vis des partis politiques et son hermétisme (illustré par le népotisme) – peuvent être utilisées pour décrédibiliser le président de l'ONG. Ainsi, après la délibération du vote de la commission parlementaire pour l'examen du vote uninominal (chap. III), un des membres principaux du PSD et de la commission, Victor Hrebenciuc, disait : « *Hé, voilà le président d'APD qui vient nous parler du vote uninominal, peut-être que l'an prochain il sera candidat lui aussi pour je ne sais quel parti !* » En 2007, le président de la Roumanie, Traian Basescu, utilisait à son tour ce type d'accusation dans une allocution télévisée, en pleine controverse sur l'adoption du vote uninominal : « *Cette loi est un mensonge qui a été promu par le gouvernement Tariceanu et monsieur [le président d'APD]. À partir de ce moment, je ne croirai plus [ce] monsieur et ses analyses jusqu'à ce que son épouse ne soit plus salariée au gouvernement* [elle l'est depuis 1992 et n'est pas nommée politiquement]. *Pendant le temps qu'elle reste au palais Victoria qu'il ne vende plus d'analyse politique à personne.* » Encore une fois, ce type d'accusation ne peut être instrumenté que dans la mesure où il se base sur des représentations sociales qui existent dans la société globale. Notons, pour l'anecdote, qui n'en est pas vraiment une, que Dimitrie a dirigé le mémoire (mastère) d'Elena Basescu, la fille cadette du président. Elle a obtenu avec succès 10/10, puis a été élue député au Parlement européen en utilisant des moyens illégaux.

Entre les communistes et les marchands d'éducation

L'ENSPA est une école qui compte dans ses rangs des présidents d'ONG, des intellectuels ayant converti leur capital culturel en capital social ou politique, et des membres ou conseillers de partis politique. Il s'agit d'acteurs ayant mis en œuvre une stratégie de promotion et de stabilisation de leurs positions et de leur statut dans un climat marqué par de profondes transformations sociales, politiques, économiques et culturelles.

Pour un observateur extérieur, il ne fait aucun doute que la plupart des ONG médiatiques entretiennent assez largement et font transparaître une relation conflictuelle avec les partis politiques de gauche, même si, dans les faits, la coordination entre ces acteurs est souvent nécessaire. Dans un tel milieu, les retournements de veste sont monnaie courante ou, pour le dire plus timidement, c'est un milieu social où le sens de l'opportunisme est structurellement développé. Il y a donc pour le président d'APD et pour d'autres ONG-istes une production de relations conflictuelles au sein de l'École et des universités qui concernent directement l'État et les ONG. Car l'École est elle aussi bien garnie en anciens cadres du parti. Dans ses rangs, on trouve, par exemple, d'anciens conseillers du président Iliescu, un général ancien adjoint d'Ilie Ceausescu (le général, frère aîné de Nicolae), l'ancien secrétaire du parti communiste pour la formation des cadres. Écoutons Dimitrie sur ce point : « *Je suis un peu fatigué : c'est très difficile de travailler avec les communistes. Ils ont un esprit de corps très fort. Cela rend la réforme de la faculté très difficile. »*

Ces propos mettent en exergue une interprétation des relations sociales constituée sur la base d'une bipolarité. Les « communistes » avec leur « esprit de corps très fort » phagocytent l'institution selon Dimitrie ; ils rendent sa possible amélioration vers un modèle plus démocratique difficile de par la distance qu'ils entretiennent avec les étudiants ; enfin, ils favorisent la pratique clientéliste entre les professeurs et leurs élèves. Ce n'est pas seulement « l'esprit de corps » des communistes qui est la cible de la critique développée par le président d'APD.

Celui-ci ajoute directement : « *J'ai proposé un système d'organisation comme à l'IEP de Paris avec une fondation des sciences politiques. Cela a été accepté formellement. Mais en réalité, ce n'est jamais arrivé. Nous avons ici un enseignement à distance. Et le nombre d'élèves a tendance à augmenter. J'ai protesté contre cette tendance, il y a presque trois ans. J'ai eu une réaction très dure des autres professeurs. Ils gagnent presqu'un million de dollars par an avec cet enseignement à la faculté de communication* [La faculté obtient ces gains]. *La réaction a été très violente. Ultérieurement, je n'ai plus participé aux réunions du sénat de la faculté. Seulement il y a deux mois. C'est une démocratie contrôlée : les professeurs ne veulent pas être l'égal des étudiants. Moi, c'est peut-être parce que je suis encore jeune, je suis encore jeune alors j'estime qu'ils* [les étudiants] *sont mes collègues. Il y a eu une contestation par le président du vote pour les représentants des étudiants. Parce que les étudiants* [élus] *n'avaient pas de bons résultats ou moyens, il a dit : « Il n'y a pas de démocratie en milieu universitaire. » C'est un système clientéliste la faculté en Roumanie. Les élèves se rapprochent des professeurs et négocient. En 1989, la réaction des étudiants a tempéré les professeurs, les étudiants ont presque contesté les professeurs et ils ont fait des concessions. Il faut construire la démocratie à la faculté aussi. Il n'existe pas en Roumanie de culture politique qui puisse aider la démocratie. »*

À l'inverse de ses collègues, Dimitrie, parce qu'il est « jeune » – ce qui suppose que les « communistes » soient « vieux » –, considère les étudiants élus comme ses « collègues », s'oppose à la tendance de l'ENSPA à se transformer en entreprise commerciale et s'attache au respect des procédures d'élection de représentants des étudiants. C'est contre ces tendances qu'il dit s'élever au nom de la démocratie, assignant implicitement ses ennemis à une position d'adversaires de la démocratie. Au-delà de cette représentation des rapports de pouvoir mêlant des enjeux internes à la faculté qui englobent cette institution, le conflit larvé qui lie le président d'APD aux anciens communistes prend forme de façon tout à fait concrète au sein de la faculté. Une remarque s'impose sur le fait que le président d'APD ne nomme pas clairement les réformateurs marchands et contienne quelque peu le fond de son accusation. Ces dirigeants sont effectivement des personnalités de la société civile. Or, si le président d'APD sait être critique, il sait tout autant que la témérité n'est pas payante dans ce domaine et qu'une critique contenue vaut mieux que de se créer des ennemis dans ce qui devrait être son propre camp. C'est pourquoi il reste mesuré dans l'expression de l'accusation.

Notons que la représentation qu'il donne du fonctionnement des facultés est socialement partagée. Les étudiants rencontrés lors de l'enquête ont des représentations collectives similaires, basées sur une connaissance pratique.

À l'occasion d'un rendez-vous pris à l'ENSPA avec cet acteur, une agitation est perceptible dans la cour de l'école : des policiers, des pompiers, des professeurs sont là à s'affairer. La rencontre avec le président d'APD coïncide avec une visite officielle du président de la Roumanie I. Iliescu, ce que j'apprends inopinément. Habituellement, une telle cérémonie contraint les professeurs à « participer » à la réception, plutôt qu'à répondre à la demande d'entretien d'un observateur étranger. Dans une partie moins accessible du bâtiment, je rencontre le président d'APD. Plus l'entretien avance et moins l'agitation est perceptible dans le bureau où nous avons pris place, là où se réunissent habituellement les professeurs. Alors qu'après quelques minutes la quasi-totalité des collègues de Dimitrie ont rejoint la cour, nous ne sommes apparemment que quelques-uns à boycotter la visite, involontairement en ce qui me regarde, délibérément, à l'inverse, en ce qui concerne Dimitrie, comme il me le confiera au cours de l'entretien. Dans la salle, autour d'une table en bois massif, je vois revenir, après un certain temps, en nombre, les professeurs. Le président de la Roumanie a quitté l'école. Un homme plus âgé attire l'attention de notre interlocuteur. « C'est notre doyen » dit Dimitrie. Quelques mots sont alors échangés entre les deux hommes au sujet de cette présence politique et du fait qu'il s'est fait remarquer par son absence. Alors que le premier manifeste son excitation, Dimitrie affiche sans ostentation son indifférence et se dérobe à la discussion en me présentant et reprend notre conversation en se détournant du doyen qui, en conséquence, s'en va, désappointé. Il manifeste ainsi l'opposition qui le sépare de bon nombre de ses collègues et remet en question, en même temps, la légitimité de leur obédience auprès du président Iliescu. Il crée une brèche dans la connivence entre une partie de l'élite universitaire et les élites politiques en se refusant à montrer une quelconque forme de reconnaissance envers le président de la Roumanie ; ce qui constitue sans aucun doute une autre forme de comportement normatif. De cette façon, il met effectivement en lumière la collusion existante entre le champ universitaire et le champ politique.

Le président d'APD se situe donc au centre d'un conflit qui l'oppose plus ou moins directement aux partis politiques et qui émerge, dans ce cas, vis-à-vis des ramifications des partis dans l'enceinte de la faculté. Si ce conflit se concrétise à l'intérieur de l'université avec des personnages en face-à-face, il existe aussi d'autres biais, plus distants, par lesquels cette relation s'exprime. Ils ne peuvent être négligés car ils confortent les représentations à la fois de ses étudiants et des membres d'APD sur cette « autorité morale » que représente le président de l'ONG.

Dimitrie est membre fondateur et fait partie de comités scientifiques de plusieurs instituts de sondages. Cette position accentue son opposition à l'État : il suffit qu'un sondage d'opinion – sans juger du contenu, de la portée et de la méthodologie de ce sondage – souligne par exemple, un manque de confiance dans l'État ou une observation des « Roumains » sur la corruption de leur propre société et des politiciens en général – comme c'est très souvent sinon tout le temps le cas – pour que ce sondage se transforme en une substantielle attaque contre le gouvernement, formant une matière à la critique pour ses opposants. Surtout que, comme nous l'avons remarqué précédemment, les États occidentaux ont leurs observateurs sur place, et que les médias tout comme les ONG sont de grands consommateurs de sondages. Ce constat n'est pas valable pour tous les instituts de sondage : plusieurs d'entre eux sont financées par des partis politiques, l'un des directeurs d'institut est même, à cette époque, l'un des porte-parole du gouvernement, ce qui implique des erreurs d'interprétation gonflant hasardeusement les chiffres d'intentions de vote.

Ces illustrations forment autant de facettes d'une opposition, assumée publiquement par le président d'APD, aux partis politiques dominant la vie politique roumaine. Cette position ne peut être séparée de sa lisibilité pour les acteurs qui gravitent autour de la politique en Roumanie : les étudiants, les collègues de travail, les médias, les ONG étasuniennes, la Commission européenne peuvent tous identifier la position dans laquelle le président de l'association s'inscrit. Il y a une stratégie claire de la part de cet homme visant à répondre aux attentes d'acteurs et d'institutions occupant des positions autour des ONG. Il existe une volonté de présenter une éthique normative au sens d'une construction sociale relevant d'une réponse à des attentes de rôles données. Cette éthique dévoile partiellement par sa marginalité relative les règles de fonctionnement des relations sociales dans ces champs d'intégration.

Les éléments sur lesquels nous nous concentrons dans ces lignes ne permettent pas seulement de clarifier une situation pour une catégorie d'acteurs, mais aussi de montrer les différentes pratiques qui peuvent être identifiées et font sens pour les personnes qui partagent cette insertion double dans les ONG et à la faculté. Autrement dit, ce sont les éléments qui constituent l'autorité du président d'APD que nous scrutons ici. D'ailleurs, Dimitrie est un des acteurs qui tire de cet investissement une forme de légitimité articulée sur plusieurs champs sociaux particulièrement bien sédimentés. Ceci est d'une importance majeure pour les volontaires de l'association qui ont, de cette façon, l'occasion de caractériser et d'accepter ce personnage. Il est sans aucun doute l'un des plus populaires sinon le plus populaire des présidents d'ONG pour sa position d'analyste politique privilégiée dans les médias. Ce statut, basé sur une duplicité entre la figure du chercheur en sciences politiques et celle de président d'ONG, crée les conditions d'un renforcement mutuel de sa position au sein de ces deux champs sociaux intriqués. Ainsi, l'action d'APD bénéficie de la caution « scientifique » de son président et de ses compétences réelles et idéalisées, et, inversement, la position qu'il occupe dans l'association avec la mise en œuvre des programmes lui fournit une expérience qui fortifie son capital de connaissances et de reconnaissances sociales. Son comportement d'opposition au non-respect de procédures démocratiques par le gouvernement est, en fonction des plages d'insertion sociale des acteurs d'APD, visible dans les médias, à l'université et dans les ONG.

Cette position du président de l'association est renforcée par ses relations avec les principaux commanditaires des politiques de démocratisation, c'est-à-dire, les bailleurs de fonds. Arrêtons-nous sur cet aspect.

Légitimité externe

Le président de l'Association Pro Démocratie a bénéficié de plusieurs stages de formation à Paris à l'Institut d'études politiques, dans le cadre universitaire. Il a été invité par le Département d'État étasunien dans le cadre d'un programme de « partenariat amical » en tant que président d'ONG. Certaines rumeurs courent chez les volontaires concernant une maîtrise de sociologie qu'il aurait effectuée à la Sorbonne (il y a effectué en réalité un stage d'échange de connaissances), ce qui apparaît comme un bagage de compétences supplémentaires dans leurs propos. Pour que les membres de l'ONG mettent en avant cette qualité, il faut qu'il en existe préalablement une appréciation sociale positive. Les volontaires ont, plus que d'autres catégories d'acteurs, tendance à mettre en avant ces formations en Europe, ce qui rejoint la très bonne appréciation souvent fantasmée qu'ils ont des universités d'Europe de l'Ouest et d'Amérique du Nord où beaucoup d'entre eux voudraient mener, ou ont déjà mené, un cursus universitaire. D'aucuns à APD ne manqueraient pas l'occasion d'interroger le président sur ces formations à l'Ouest ou d'en discuter avec ses collègues, car les contacts avec Dimitrie ne sont pas toujours directs. L'un des numéros du courrier électronique interne de l'organisation faisait référence à ces excursions sur le ton élogieux. Ces différents indices font émerger une hiérarchie des formes de gratification sociale et des critères validant l'occupation d'un poste. L'habilitation, dans ce cas, est conférée de et par l'extérieur, en l'occurrence par des institutions occidentales.

La position symbolique du président de *Pro Democraţia* se présente comme une interface entre les pays de l'Ouest, leurs institutions et la société roumaine avec ses institutions. Le rapport à cet « extérieur » a un contenu très spécifique, prenant la forme d'une reconnaissance exogène et plus précisément d'une reconnaissance par les institutions qui sont considérées et autodésignées comme représentantes et seules à même de désigner le modèle légitime de régime politique. Il n'est pas inutile de rappeler que la Roumanie est un pays qui, pendant la période de l'enquête, n'est considéré ni par l'Union européenne ni par les USA comme démocratique mais dans une phase de « transition » qui précéderait la démocratie et l'économie de marché. La démocratie étant considérée comme la normalité politique, économique, sociale et morale, tout pays en transition est en dehors de cette normalité et passe dans la catégorie de l'anormal voire de la pathologie. La notion de transition est l'un des raccourcis de la hiérarchisation des États-nations sous-entendus dans le langage international qui cristallise une position de subordination. Dimitrie est intégré dans une position qui réalise une connexion entre l'Occident et la Roumanie, entre des entités allogènes et une appartenance autochtone. Or, parce qu'il est considéré comme un interlocuteur légitime de ces institutions, ce qui se matérialise par des invitations dans le cadre d'opérations venant récompenser une « conduite exemplaire », le président d'APD efface la stigmatisation constitutive de cette relation asymétrique entre les institutions qui édictent les règles de la transformation démocratique et ses cibles dont la Roumanie est l'un des symboles européens. D'ailleurs à *Pro Democraţia*, l'incompréhension règne lors du retour de Dimitrie des États-Unis, où il avait été invité par le Département d'État, lorsqu'il affirme auprès du personnel sa déception vis-à-vis de ce séjour, car ceci jette le flou sur la composition des allégeances dans l'ONG et le contenu donnant forme aux rapports de domination.

De manière plus visible, Dimitrie possède un réseau de relations important chez les bailleurs de fonds implantés localement. Il a un savoir conséquent vis-à-vis de ces organisations et des acteurs qui y tiennent les positions clefs. Ceci peut s'étendre depuis les préférences des ambassades en termes de programmes à financer jusqu'aux connaissances en langues roumaines ou étrangères des différents interlocuteurs. Il en va de même pour les autres acteurs de la « société civile » : les journaux, les chaînes télévisuelles, les ONG voire les politiciens en mesure d'apporter un soutien à un projet sont assez bien connus par ce personnage. Réciproquement, si un bailleur de fonds inscrit dans ses programmes une opération concernant les thèmes d'action d'APD, il n'hésite pas à contacter l'ONG. L'association et sa réputation se sont construites sur des réseaux transnationaux, et ces derniers renforcent à leur tour l'image de l'ONG : l'organisation est considérée parmi les ONG les plus professionnelles de la société civile roumaine. La capacité de l'organisation à mobiliser ses antennes sur une grande partie du territoire roumain peut s'avérer très utile pour la politique extérieure des États occidentaux : il existe toujours des risques inhérents à l'implication dans une conjoncture peu connue ; et les échecs cinglants sont toujours malvenus pour l'image des États sur un plan international et dans les pays où ils interviennent. Les visites d'une délégation du Parlement européen, des entretiens pour une télévision ou un journal, les demandes adressées au président d'APD sont nombreuses et constantes. Ces éléments montrent les réseaux dans lesquels le président est inscrit. C'est un monde réservé à une élite, un monde étranger au reste des membres de l'ONG.

La connaissance objective de ces réseaux représente un succès par rapport à ces mêmes bailleurs de fonds : le symbole est celui de la réussite d'APD, de la réussite d'une politique de démocratisation et permet de se rapprocher de l'étranger en rompant avec l'infériorité explicite du rapport habituel à l'Occident. C'est un label à part entière définissant la relation entretenue avec les bailleurs de fonds et par conséquent une place privilégiée dans le champ des ONG et à l'intérieur de ces organisations.

À travers ces éléments et ces lieux, s'illustre, aux yeux des membres d'APD, un comportement particulier. Une figure de la contestation politique s'inscrivant dans les règles de la démocratisation se forme. La présence à la télévision, dans les journaux, perceptible à l'extérieur ou dans l'association puisque celle-ci réalise une revue de presse quotidienne (les articles au sujet de l'ONG ou de Dimitrie sont affichés à l'entrée de l'ONG), son comportement le différenciant de ses collègues professeurs, les considérations des bailleurs de fonds, l'ensemble de ces éléments, somme toute, contribuent à former une image de l'intellectuel rigoureux, distant et critique vis-à-vis des partis politiques, proche des étrangers occidentaux et de leur démocratie, un personnage engagé de la société civile et partant un bon démocrate dans le sens d'un pratiquant de la norme démocratique. Dimitrie donne de ce fait une profonde légitimité au travail de démocratisation en se posant en trait d'union des relations symboliques internes/externes sur lesquelles repose la vie dans l'ONG et en répondant aux attentes des bailleurs de fonds. Le président d'APD montre une capacité à s'inscrire presque parfaitement dans un scénario prédéfini avec ses attentes de rôle.

Tournons-nous maintenant vers les liens qu'entretiennent les membres d'APD et le président de l'organisation afin de donner un panorama plus complet à l'analyse de cette autorité. Pour faciliter la compréhension de cet exposé, on fera une distinction entre les volontaires, qui ne sont pas salariés, les coordinateurs de projet et la direction, formée du président, élu et du directeur exécutif. On explicitera à la fin de ce chapitre l'organisation de l'association au niveau national. Rappelons qu'on se concentre ici seulement sur le centre national de l'association.

Recoupement dans l'ONG

Les représentations positives dont Dimitrie est l'objet dans l'ONG s'appuient largement sur des pratiques répétitives. Le président de l'association salue les coordinateurs et les volontaires de la même manière, ce qui le différencie largement de ses subalternes, parfois prompts à faire preuve d'une distinction statutaire marquée. Aussi, il propose à des volontaires de répondre aux journalistes, les félicite pour leur travail… soit tout un ensemble de possibles gratifications. Cette pratique présuppose une position de supériorité, plus exactement celle qui donne autorité pour attribuer les gratifications aux volontaires. Lors des conférences organisées par l'ONG, on peut remarquer que le président d'APD prend soin de mettre en avant les autres membres de l'organisation et *a fortiori* de se mettre en retrait par rapport à eux. De cette façon, il obtient par le partage ponctuel de ses prérogatives des bénéfices secondaires, renforçant son autorité. Pourtant, il dirige et maîtrise réellement l'organisation, en public notamment : son excellente diction, son débit de parole sans hésitation, sans altération, sans support papier, avec un usage aisé des sondages, de la Loi, donnent une impression de justesse, de rigueur, d'aplomb qui est consolidée par sa connaissance des sujets abordés. Peu de place est laissé à la critique tant son propos est visiblement étudié, travaillé, afin de répondre à des impératifs de communication et de professionnalisation. Son aisance au cours des manifestations publiques est très bien perçue par les autres acteurs de l'association et confère à ce personnage une force certaine ; il n'hésite d'ailleurs pas à faire preuve d'autorité lorsque des débordements passionnels surviennent. Corollairement à la distance réelle que lui confère sa position par rapport aux autres catégories d'acteurs de l'association, le rapprochement hiérarchique qu'opère Dimitrie a non seulement pour effet de masquer sa position de direction, mais lui amène, consécutivement, une reconnaissance de la quasi-totalité des membres d'APD. Or, ce comportement n'est pas une pratique partagée par les autres membres de l'association ; quand bien même ils en émettraient le vœu, ils ne pourraient pas le matérialiser puisqu'ils n'ont pas une position dans la hiérarchie qui leur permette ce rôle d'autorité bienveillante et éclairée. Ce rôle recouvre une stratégie qui entretient une image d'effacement hiérarchique entre sa position – la plus élevée dans l'organisation – et les autres catégories d'acteurs de l'ONG et les volontaires de manière spécifique. Cette position pour être reproduite de façon endogène à l'ONG nécessite, et passe par, le partage de prérogatives, qui ne doivent pas être confondues avec une simple division du travail.

Dans la perspective de légitimation hiérarchique qu'opère le personnel d'APD envers le président de l'organisation, parfois au seuil du culte de la personnalité, la pertinence des critères mis en avant par les acteurs varie d'une catégorie à l'autre. Les volontaires tendent à centrer leur discours sur son statut de professeur, son professionnalisme et son éthique qui le distingue des sacripants de l'université. L'admiration pour la pédagogie de cet acteur ne se comprend, dans l'esprit des volontaires étudiants, que par rapport à la médiocrité de ses collègues (selon l'estimation des volontaires). Les critères sont différents pour les coordinateurs de projets. L'enjeu est d'une importance décisive pour eux, qui sont contractuellement liés à l'ONG. Le président est la façade publique d'APD : le statut de professeur devient alors secondaire sans disparaître pour autant.

Les attentes sont déterminantes pour les coordinateurs de l'association. On ne peut comprendre cet aspect qu'en prenant en compte l'enjeu de la représentation publique de l'organisation. Le président, dans cette optique, représente APD et met en jeu lors de représentations publiques la réputation de l'ONG, c'est-à-dire la réputation de chacun de ses membres. C'est par son professionnalisme – primordial dans l'organisation comme pour les ONG en règle générale – qu'il ajuste l'association aux attentes extérieures (celles des bailleurs de fonds, des ennemis comme il en existe dans les partis politiques ou encore celles d'ONG ou de médias concurrents). Il cristallise les efforts et la réussite relative des membres de cette entreprise ; le statut et la crédibilité de chacun des acteurs peuvent être directement touchés par ce biais. Et ces mêmes acteurs n'ont aucun moyen d'agir sur ces situations. Il découle de cette impuissance relative un processus d'identification à ce personnage sans lequel APD ne serait pas vraiment ce qu'elle est : la notoriété de cette dernière est confondue avec la notoriété de son président. D'ailleurs, on aimerait dans l'association que soit plus souvent affichée par les médias la mention « président d'APD » lorsque Dimitrie intervient en tant qu'analyste politique sur les chaînes télévisées.

Cette identification, se transformant parfois en investissement affectif, n'est pas uniquement le fruit d'une volonté interne à l'organisation, c'est aussi une conséquence de facteurs extérieurs à l'organisation : les journalistes manifestent en effet une préférence à s'entretenir avec le président de l'association, nonobstant bien souvent les autres acteurs de l'organisation, et pour cause : il était et reste un analyste politique pour les médias, rompu à leurs logiques et à leurs formes d'expression, avant d'être un ONG-iste.

C'est précisément dans le cadre de ces représentations publiques que les différents éléments qui caractérisent la position du président de l'ONG apparaissent visiblement. Ces moments illustrent pour une part de ce que John Kenneth Galbraith appelle l'effet histrion [1]. En tant qu'analyste

---

[1] « *L'orateur politique s'adresse presque toujours à des auditoires déjà totalement conditionnés dans leurs idées. [...] Tout son pouvoir tient en celui du prédicateur qui, voyant venir les nuages annonciateurs*

politique, il possède en effet tous les prérequis nécessaires pour assurer l'expression d'une parole publique reconnue. En d'autres termes, sa maîtrise d'instruments comme les sondages, les relations publiques, les théories, les concepts, les problématiques des procédures d'élections (dans tous les pays occidentaux), des systèmes politiques, en sciences politiques sont autant d'outils qui confortent « scientifiquement » son discours en public. Il possède donc toutes les compétences requises pour que son discours soit reçu par les acteurs d'APD (et pas seulement par eux) comme le discours dominant, inscrit dans le champ sémantique de la démocratisation. Et le travail de tous à APD prend pour base cette matrice de références avec ses notions telles la transparence, l'implication des citoyens, le code électoral, les réformes législatives, les élections « propres » et « justes ». Le discours intériorisé par les membres de l'organisation comme le discours légitime ou, plus exactement, le discours considéré par ces acteurs comme ayant une valeur positive intrinsèque, voire inaltérable, est l'objet d'une validation parce qu'il donne à chacun des formes de justification solides vis-à-vis de ce que représente l'investissement personnel dans l'association. L'autorité du président d'APD est aussi une autorité liée à la maîtrise des symboles qu'il mobilise brillamment et avec un certain charisme. Or, l'association est aussi une entreprise qui mobilise et fait vivre ces symboles, c'est d'ailleurs l'une des raisons principales de son existence. On comprend dès lors mieux que Dimitrie et APD sont parfois difficilement distinguables.

Les différents éléments composant les registres de légitimité du président d'APD, légitimité à occuper sa position, viennent d'être abordés. Seulement, la distance hiérarchique constatée ne peut devenir trop importante et risquer la rupture, ce qui explique que Dimitrie fasse preuve, quand l'occasion se présente, d'une volonté de réduire les distances hiérarchiques. En répondant à l'enjeu décisif qui consiste à donner une image positive dans l'espace médiatique et publique de l'organisation, il répond comme il se doit aux attentes de membres de l'ONG.

---

d'averse, invite ses ouailles à prier pour la pluie » in GALBRAITH J. K., 2007 : *Économie hétérodoxe*, Seuil, Paris : 66

Entre normes politiques, progressisme et société roumaine

La vision du changement dans le système politique roumain, pour cet homme, est plus sophistiquée que pour le personnel de l'organisation, en concordance avec les connaissances requises pour ses activités professionnelles. Son discours met en exergue des dimensions indissociablement liées aux plages d'insertion sociale dans lesquelles il évolue. Professeur en sciences politiques, intellectuel, ses propos s'appuient sur des éléments de l'histoire et une connaissance de la société roumaine. Le point de départ reste celui d'une perspective basée sur une inscription dans la politique de démocratisation. Le discours est donc plus raffiné, plus solide et exprimé dans une langue étrangère (le français).

« *Il faut construire la démocratie, mais il n'y a pas de culture politique qui peut aider à la démocratie. Les Roumains ne sont pas contre la démocratie, mais démocratie pour eux ça veut dire corruption. La Roumanie a une tradition parlementaire mais pas démocratique. Il y a une tradition oligarchique. Le vote universel, c'était en 1919, dans l'entre-deux-guerres : c'était très formel avec le problème des légionnaires. En Roumanie, nous avons une tradition intellectuelle de droite, très conservatrice et très antisémite. Le clivage gauche/droite n'existe pas en Roumanie, juste en Occident. C'est très lié à Ceausescu. Il a continué le travail de Dej. Ils sont toujours antirusses : c'est une bonne occasion pour Ceausescu de justifier… de légitimer le régime. Depuis 1990, le nationalisme est le principal défi avec la pauvreté et la corruption politique. C'est une question importante pour tout le monde sauf pour les politiciens roumains. C'est de la démagogie pour eux.* »

Tentons de délier les éléments intriqués dans cette opinion sur la démocratisation. Présentement, le premier obstacle est formé par la corruption corrélée à la pauvreté qui serait à l'origine d'une désaffection pour le régime démocratique actuel. Ceci doit être aussi compris, pour cet acteur, dans la perspective d'une absence de traditions historiques tendanciellement essentialisée lorsqu'il évoque la « culture démocratique ». Mais il pondère cette première allégation en soulignant le manque d'équilibre dans les représentations des idéologies sur un plan politique en le reliant aux méfaits qu'a produits le communisme sur l'État. Allons plus loin dans l'analyse des propos de cet acteur et particulièrement sur le thème du manque de solidité idéologique des partis politiques.

« *En Roumanie, il n'y a pas de socialistes, il n'y a pas les libéraux. Les libéraux doivent construire leur idéologie. Corneliu Vadim Tudor* [1] *est d'extrême droite mais*

---

[1] Représentant (principal) du Parti de la grande Roumanie.

c'est un produit communiste. Mais l'État n'existe pas en Roumanie. Il est privé. Il faut le construire, il faut construire l'État. Dans la Constitution de 1968 [1] *l'amendement n° 4 est de Ceausescu : « Le parti communiste est la force dirigeante du pays ». Ce n'est pas l'État, c'est le parti. Et pour Ceausescu l'idéologie communiste n'était rien. Il a utilisé le national-communisme pour se légitimer. L'idéologie n'était rien pour lui. »*

Les conséquences au niveau de la politique de ce manque d'assise légitime des partis sont identifiées : « *Le PSD a un contrôle autoritaire de la vie politique. Il n'y a pas d'alternative ni locale, ni nationale. L'UDMR est le seul parti alternatif, mais il est local et ne représente que 8 % des votes* [2]. »

Si les pratiques du PSD et des partis politiques sont mises en exergue pour expliquer le problème de représentation sur la scène politique roumaine, Dimitrie ne se limite pas au procès de ce parti politique. Il recadre cette pratique dans une vision plus large de la politique en Roumanie. « *Nous avons un État clientéliste, l'institution est très personnalisée. L'État public n'existe pas, les personnalités sont les plus importantes. Par exemple, le président de judeţ [les départements] est la personne qui compte dans le judeţ. Le préfet ne compte pas. Les présidents de judeţ sont des hommes d'affaires, les chefs absolus, les barons.* »

C'est donc la problématique de la construction de l'État et des partis qui est à la base de la démocratisation de la Roumanie, ce qu'il précise lui-même : « *Il faut construire un État parce que nous n'avons que des individus. Je crois que c'est un problème historique : nous avons échoué dans la construction d'un État. Le roi gérait le bipartisme, il nommait constitutionnellement le Premier ministre et organisait les élections entre 1876 et 1937. [C'est] Seulement en 1928 [que] l'élection a été vraiment libre, c'est le Parti National-Paysan qui a gagné contre le libéral-national.* »

Puis, il ajoute : « *C'est le parti communiste qui a détruit l'espace public. Et la politique de privatisation n'est pas très bonne pour reconstruire cet espace public. Toutes les institutions sont très contestées. C'est vrai, le président est très populaire, mais c'est un problème. Les anciens nomenklaturistes sont au pouvoir et c'est dramatique ! Iliescu est un gorbatchéviste. C'est dépassé ! Nous n'avons pas eu une*

---

[1] Il reprend ici une partie de son article publié la même semaine dans *Academia Caţavencu* un journal qui est souvent présenté comme un équivalent du *Canard enchaîné*, à une différence de taille près : le journal satirique roumain appartient à un empire économique fondé par un entrepreneur impliqué dans plusieurs effarantes affaires de corruption.

[2] Précisons que l'alliance DA (justice et vérité), dont le candidat gagnera les élections présidentielles, constituée du Parti national libéral et du Parti démocrate n'a pas encore vraiment émergé lorsque se déroule cet entretien.

alternative civique dans les derniers temps du communisme. Nous n'avons pas les fondements de la culture démocratique. C'est une démocratie formelle. »

L'ensemble de ces facteurs, diachroniques et synchroniques, est renforcé par l'attitude des politiciens : « *Nous n'avons pas de débats publics. Les politiques veulent dépolitiser la société roumaine. L'égalité comme débat n'existe pas en Roumanie, la liberté c'est secondaire. Ces débats sont secondaires parce que les gens n'ont pas de quoi vivre. Nous avons aussi un grand problème, car nous devons construire le capitalisme et le citoyen. Et nous avons un capitalisme sauvage ici : il n'est pas contrôlé par l'État. En Roumanie, l'État n'existe pas, le parti communiste était une organisation privée et les communistes ont repris cette organisation avec le FSN et le PDSR. Nous avons aussi une société fracturée entre le rural et l'urbain, la pauvreté est très très forte dans le rural. Les maires et les élus locaux sont intéressés de s'enrichir, et notre paysan n'a pas une conscience très claire de ses droits. Dans le milieu urbain c'est plus facile, la stratégie dans les campagnes c'est de survivre. Ça c'est le problème de la Roumanie : c'est très difficile de créer cette attitude civique. Voilà pourquoi nous avons beaucoup de problèmes. À mon avis, l'État est un arbitre qui est habilité à arbitrer entre les individus et les groupes sociaux. Mais voilà ce n'est pas l'État en Roumanie* […] »

Ce propos se concentre essentiellement sur les dimensions institutionnelles de la démocratie et de l'histoire de la politique en Roumanie : l'État et les partis sont les premiers visés. Plus exactement, c'est cette relation entre les partis politiques relativement puissants et l'État faible qu'il convient de construire. L'État dans son propos n'existe pas vraiment puisqu'il est l'objet de prédations et d'accaparements de la part d'individus et de groupes sociaux en fonction d'intérêts privés. Il s'agit certes d'un problème réel, celui de l'importation/constitution de l'État dans une région historiquement entourée et envahie par des empires, mais on s'aperçoit qu'il est replacé dans une perspective de transition constitutionnelle à la démocratie. Autrement dit, il y a conjonction entre un problème politique local et la politique dominante de démocratisation. Le président de l'association fait correspondre l'histoire de la Roumanie, les aspects bancals de son architecture institutionnelle et le programme de démocratisation constitutionnaliste. Ne sous-estimons pas cette opération, car c'est elle qui permet d'intégrer la mission de l'ONG, téléguidée méthodologiquement de l'Ouest, dans la Roumanie actuelle.

Sur un autre plan, dans ces mêmes propos, cet acteur reproduit un présupposé répandu chez les intellectuels roumains – basé sur une « fracture » historique –, par défaut d'interprétation, en stigmatisant négativement le « paysan [1] », qui n'aurait pas conscience de « ses droits ». Une étude plus minutieuse des villages roumains montre plutôt une impossibilité de donner une valeur et une pratique à ces droits dans ces villages [2].

Il est toutefois remarquable que, derrière cet usage de préjugés consensuels, les villages sont présentés dans une optique individualiste, ce qui est visible lorsque notre interlocuteur parle du « paysan » et de ses droits. Il y a ici un penchant manifeste à considérer de manière isolée des acteurs qui ne le sont pas ; une perception d'où les rapports sociopolitiques sont extirpés. Ce présupposé est analogue, au fond, à ceux développés par les bailleurs de fonds et les sciences politiques pendant la guerre froide vis-à-vis des sociétés postcommunistes qui étaient et seraient toujours tendanciellement atomisées. On entrevoit une transposition du stigmate de la population en général vers les « paysans » qui jouent le rôle de bouc émissaire. Ce déplacement de l'assignation à une position d'infériorité justifie la position d'analyste éclairé. Et ce sans remettre en cause la supériorité imaginaire des politiques de démocratisation. Les paysans forment le pôle à l'extrémité négative dans la hiérarchie de la démocratisation, mais ils donnent pleinement son sens à la pédagogie démocratique paternaliste et à un discours de classe se légitimant.

Le président d'APD réinsère, ensuite, le système économique dans la construction démocratique sous un double aspect : le premier exprime la pauvreté ambiante qui détournerait les Roumains – dans l'obligation de se concentrer sur leur subsistance – des procédures démocratiques ; le second est l'impossibilité de voir naître une économie de marché à cause du contrôle par les élites politiques du système économique. On pourrait, en d'autres termes, dire qu'il y a une privatisation/patrimonialisation de l'État par ces mêmes élites. « *Nous sommes dans une crise économique et la problématique domestique est très importante pour les citoyens, les taxes, pouvoir se nourrir… C'est pour ça que c'est difficile d'amener la démocratie. […] L'avenir social, économique et politique de la Roumanie… c'est très lié, c'est la même chose en Roumanie. Si nous n'avons pas d'alternative, nous ne pourrons pas avoir de marché libre, il est contrôlé par les partis, par le PSD. Il n'y a pas de concurrence ! C'est comme en Turquie ! Il n'y a pas de marché ! J'ai un exemple, le président du conseil*

---

[1] On peut se demander en regard des années de collectivisation des populations des villages et des vagues de migration à l'Ouest, ce que peut être aujourd'hui « un paysan roumain ».
[2] ALTHABE G & PIPPIDI A., 2004 : *Villages roumains. Entre destruction communiste et violence libérale*, L'Harmattan, Paris.

de Judeţ à Ploieşti est aussi un grand homme d'affaires. En Olténie, c'est l'homme d'affaires le plus important de Gorj. Ils étaient de petits nomenklaturistes […] Nous avons aussi une pluralité de médias, mais c'est en réalité faux. Ce sont les hommes d'affaires proches du gouvernement qui contribuent à financer les journaux par la publicité et qui contrôlent les médias. C'est vrai la Roumanie a changé, mais dans les dernières années du communisme, il n'y a pas eu d'opposition civique mais que des personnes isolées… »

Dans ces conditions, le social-libéralisme, pour cet acteur, apporte des solutions appropriées à la Roumanie. Il dit d'ailleurs lui-même : « *Je crois que le libéralisme est un système d'avenir* », s'inscrivant en cela de manière exemplaire dans les idéologies dominantes. Il pense que l'application de cette doctrine mènera à un développement économique par la construction d'une économie de marché qui lui-même détournera suffisamment les Roumains des préoccupations liées à la subsistance et les mènera sur la voie d'une attitude civique. On peut juger ce propos naïf en regard du nombre de marchés à dominante oligopolistique et la domination des groupes financiers et industriels ne serait-ce qu'au niveau de l'Europe. Cependant, l'instauration du marché, perçue comme une résorption de la pauvreté, est surtout un moyen de casser les volontés de monopolisation des partis sur l'économie et l'État – situation difficilement contestable au demeurant. Elle mènerait à la construction d'un État, à un équilibre des partis, ce qui ne va pas sans la naissance de partis politiques aux idéologies solides. Car, répétons-le, c'est aussi le manque d'opposition politique au PSD qui est primordial [1].

En dépit de tous ces arguments bien fondés, consensuels et relevant autant du bon sens que de la langue de bois bureaucratico-démocratique, on ne saurait faire preuve d'autant de cécité que le président de l'association. En effet, sans en prendre pleinement conscience, celui-ci pose toutes les bases d'une question fondamentalement démocratique – celle des inégalités – en s'appuyant sur différentes échelles : pauvreté et richesse extrêmes, problématique des impôts. Malheureusement, et contre toute attente, il fait de « la politique du ventre » un obstacle aux débats démocratiques sur

---

[1] Rappelons que peu de temps après ces entretiens l'opposition au Parti social démocrate (alliance Parti démocrate, Parti national libéral) « Justice et vérité » (DA) entrera dans la course aux élections et en sortira victorieuse. Le candidat élu aux élections présidentielles de l'alliance Traian Basescu, maire de Bucarest de l'année 2000 à décembre 2004, s'est présenté pendant la campagne vêtu d'un maillot où était inscrit « imperméable à la corruption ». La couleur de l'alliance était l'orange, ce qui ne manqua pas d'amener à une comparaison avec la révolution orange en Ukraine.

l'égalité et la liberté au lieu d'y voir une solide racine populaire. Ce faisant, il efface et dépossède toute une partie de la population de ses capacités à formuler des plaintes, des revendications et enfin des choix. Ce problème de l'identification du support populaire est central, et force est de constater que ces ONG ne sont conçues, ni financées, ni équipées pour entendre cela.

Prenons une dernière illustration étayant l'analyse de cette vision de la société roumaine, où notre interlocuteur souligne ce qui représente à ses yeux un risque potentiel pour la Roumanie, l'extrémisme : « *C'est difficile de changer l'organisation des partis. Le lien entre partis et société n'existe pas. Pour moi, c'est cela qui est important. Nous avons une situation très complexe en Roumanie. Il faut rétablir cette liaison. Il y a un grand parti antisystème : la Grande Roumanie. C'est une réalité occultée par les sondages et les grands partis politiques. Il est populaire parce qu'il est antisystème. Nous avons une tradition de non-participation politique et les partis politiques ne facilitent pas la participation des citoyens. Nous avons une situation difficile. Le PSD est hégémonique. Ils ont le contrôle au niveau local et national et l'équilibre est fragile. Nous n'avons pas de fondements culturels pour la démocratie. En Roumanie, il n'y a qu'un exemple de pouvoir. Il n'y a pas d'alternative politique, il n'y a pas d'intérêt pour une alternative politique. Maintenant, nous n'avons que le PNL et le PD. Ils sont intéressés de créer une alliance, c'est seulement pour l'élection présidentielle et parlementaire. Les élections locales sont en été et présidentielles en novembre. C'est l'occasion de changer la politique au niveau local. C'est le plus important. L'essentiel de la démocratie est au niveau local.* »

Essayons de synthétiser les différentes appréciations et souhaits du président d'APD qui donnent une matière pour comprendre la problématique de l'inscription dans la politique de démocratisation et, en même temps, forment un indice sur la façon dont APD entend aborder la démocratisation de la société roumaine. Les éléments qu'il met en avant pour argumenter son propos sont étayés par ses connaissances de politologue, mais ils dévoilent aussi un angle d'approche de la démocratisation et un discours sur sa propre société. En effet, un net penchant vers les partis et l'État est perceptible. Il concerne surtout leur gestion de la politique et de l'économie qui est considérée assez largement sous le signe de l'accaparement des richesses et l'abus de pouvoir. Cette dimension est d'ailleurs sensiblement favorisée par rapport à la population : celle-ci est abordée dans une optique de société atomisée, pauvre ou pire affamée, politiquement inactive en quelque sorte.

Les représentations de cet acteur, outre qu'elles justifient l'action de l'ONG, sont l'expression de l'inscription dans les standards internationaux de la démocratie avec, en son centre, les procédures institutionnelles et les droits du citoyen. On a donc, d'un côté, un État faible, pillé par des responsables politiques parasitaires et, de l'autre, une société inactive qui ne fait pas société. Cette perspective justifie l'action pédagogique de l'ONG, le leadership des intellectuels et leur investissement dans la société civile en vue d'assurer la démocratisation de la Roumanie. En ce sens, le président d'APD se présente comme un intellectuel progressiste, optant pour une réforme de sa société dont le raisonnement est emprisonné dans les logiques de la société englobante et de la soumission à la programmation normative de la démocratie.

Récapitulons quelques traits de cette autorité démocratique. Le président d'APD se présente comme un pivot assurant une médiation avec l'étranger ; il représente ce lien non inférorisant avec les pays se revendiquant démocratiques et les institutions ayant l'exclusivité de l'attribution de ce label. Il participe de ce fait à une réinsertion de sa position dans l'Occident, mais sans y donner pour autant accès aux membres de l'ONG. Il s'inscrit en rupture avec les membres de l'organisation, mais aussi avec d'autres « collègues » intellectuels en se situant à la périphérie doctrine libérale, lui préférant une doctrine sociale libérale portée à la fois par les ONG et par les intellectuels (ces positions sont souvent confondues). Se représentant comme un intellectuel de gauche, comme un intellectuel progressiste, c'est-à-dire à l'opposé des propos inscrivant la « gauche » dans le procès du communisme, Dimitrie ne peut se permettre de partager librement cette conception du changement à l'intérieur de l'ONG, à l'université ou en public en général. Par exemple, il est membre du conseil de direction de l'Institut d'investigation des crimes du communisme et de la mémoire de l'exil roumain [1], institut partenaire du Groupe pour le dialogue social, et donc à proximité d'une frange d'acteurs relevant d'un anticommuniste aussi fondamentaliste et qu'intéressé.

Cette hétérodoxie relative pourrait passer pour une alternative, ce qu'elle est formellement. Cependant, ses propos sont surtout les révélateurs d'un encadrement dans l'idéologie de la promotion de la démocratie de marché. Une comparaison permettra de saisir plus clairement ses soubassements

---

[1] Aux côtés, d'Andrei Pleşu, de Gabriel Liiceanu, Doina Cornea.

idéologiques. Évoquons les tendances vagues et médiatiques de l'altermondialisme [1].

L'altermondialisme se présente comme une force d'opposition aux organisations économiques internationales ou, du moins, comme une alternative formée de structures associatives, en lutte pour le monopole légitime de la représentation légitime de la société civile, se positionnant face à « la mondialisation néolibérale », « aux effets dévastateurs » du marché et du capitalisme actuel. Le point d'où émergent les revendications du président d'APD, dans cet idiome, représente une formulation opposée voire adverse. C'est parce que le capitalisme ne fonctionne pas encore correctement que la démocratie ne peut être instaurée. Le capitalisme est considéré comme un synonyme de réduction de la pauvreté et la réduction de la pauvreté comme une manière de « rapatrier » les préoccupations des Roumains pour leur subsistance vers la problématique de la communauté politique. Ce positionnement ne peut être séparé du fait que les acteurs en Roumanie se vivent dans une position de tiers exclu, de périphérie du camp civilisé pour reprendre un vocabulaire usité localement. APD, pour son président et, comme nous le verrons dans le chapitre suivant, pour la plupart de ses membres, se présente comme une alternative à la médiation de l'État. Par conséquent, elle s'inscrit exactement dans les idéologies de la démocratie de marché qui dominent le (post) développement aujourd'hui.

Nous venons de cerner le personnage central d'APD et de la société civile sous plusieurs angles. Cela nous a permis de mettre en lumière la construction d'une entreprise de démocratisation dans les cadres englobant ses actions. Continuons dans cette perspective et penchons-nous sur la construction hiérarchique interne au centre national d'APD prise dans un rapport à son environnement social et politique. Pour faciliter l'exposé, j'ai voulu préciser le fonctionnement au niveau national de l'ONG et son organigramme qu'on trouvera dans les lignes qui suivent.

*
* *

---

[1] L'effet médiatique est ici nocif : il tend à mettre des organisations révolutionnaires comme le *Black Army Faction*, les ONG comme Médecins sans frontières ou encore les fondations philanthropiques sur un même plan. Le terme d'altermondialiste recouvre différentes tendances et les regroupe sous un même symbole.

Fonctionnement d'APD au niveau national et central

L'organisation est dotée de trois organes de décision nationaux : l'assemblée générale, le conseil de direction et le président. Le centre national qui administre les activités et programmes de l'organisation, sis à Bucarest, est soumis au conseil de direction. Ce conseil est composé de 7 membres (et 6 suppléants) élus par vote à bulletin secret pour 2 ans. Chaque membre doit recueillir 50 % des votes plus un. 3 d'entre eux sont des représentants élus de trois 3 grandes régions, regroupant plusieurs départements, et confirmés lors de l'assemblée générale. Aucun des membres ne peut être président d'une antenne locale, ce qui revient théoriquement à éviter tout conflit d'intérêt. Le président « national », élu (à 50 %) en assemblée générale, en est aussi membre. Remarquons que pour être élu, ce dernier ne doit pas avoir été collaborateur ou membre de la *Securitate,* ce qui s'inscrit dans le problème plus large de la lustration. Il doit faire une déclaration de revenus et présenter une stratégie de développement de l'association. Il représente publiquement l'association.

Les fonctions du comité de direction sont de définir les éléments de stratégie de l'association, d'approuver les programmes, la création ou le démantèlement d'un club lorsque celui-ci viole les statuts et le règlement de l'association. Cette décision de démantèlement doit être validée par 2/3 des membres du comité. Le comité de direction nomme le directeur exécutif et définit ses attributions. Les donations extérieures sont approuvées après vérification par cet organe qui s'assure de la concordance entre les programmes locaux et la mission de l'association. Il se charge de constituer l'organigramme d'APD et peut décider de déplacer le centre de l'association.

L'assemblée générale est composée de représentants de chaque antenne locale (représentant un effectif d'au moins 10 personnes) ayant au minimum 6 mois d'existence. Chacune a un représentant. 2 représentants supplémentaires peuvent être ajoutés à condition que le club ait 15 membres avec au moins un an d'ancienneté dans l'association locale. Le nombre de représentants est limité à 3 personnes. Il y a 5 représentants par département qui élisent le conseil de direction d'APD et jugent de l'opportunité de modifier les statuts de l'association. L'assemblée approuve le rapport annuel d'activités et le plan annuel présentés par le président ainsi que le bilan financier présenté par le directeur exécutif. Ces bilans doivent être approuvés par au moins deux tiers des participants. Les postes éligibles ne peuvent être cumulés avec une fonction exécutive. Et les présidents ne sont pas salariés. L'assemblée générale définit la stratégie du club, approuve le rapport annuel d'activités et le plan annuel d'activités ainsi que les représentants de l'association au niveau national. Secondairement, l'assemblée des présidents se réunit une fois par an. Ses décisions ont un caractère de recommandation pour l'assemblée générale et pour le comité de direction. 2 organes supplémentaires peuvent être cités avec, premièrement, le comité de censure qui est composé de 3 membres nommés par l'assemblée générale. Il vérifie les dépenses et revenus de l'ONG et le rapport financier annuel de l'association. Il remet tous les 3 mois un rapport financier au conseil de direction. Il a le droit de participer aux réunions du comité de direction mais n'a pas le droit de vote. Les trois membres ne peuvent prendre de décisions exécutives. Ensuite, la commission d'éthique composée, elle aussi, de 3 membres avec une ancienneté minimale de 2 ans, prend en charge les contestations et réclamations internes et envoie une recommandation à la direction nationale. Quant au directeur exécutif, il dirige l'association de manière effective et la représente publiquement. Il assume le bilan financier devant le conseil de direction. Enfin, le centre national de coordination est soumis au conseil de direction, c'est le centre national qui administre les activités et programmes de l'association au niveau national.

Organigramme du centre national de l'association

Présentons les différentes positions hiérarchiques de l'ONG au centre national de coordination. Les volontaires sont des bénévoles, ils ne sont pas rémunérés. Les plus stables obtiennent des attributions supplémentaires telles que la présidence intérimaire du club de Bucarest voire une position dans un des comités (de censure, de direction), mais ces attributions sont plus rares. Les membres du centre national de coordination sont salariés dans l'ONG. Leur salaire pour une activité à temps complet tourne autour de 200 dollars par mois. En outre, ils sont en charge de la coordination des projets, au niveau régional et éventuellement local. Chacun à une attribution particulière. Officiellement, Raluca (coordinatrice pour la zone de Bucarest, CB) n'a pas le statut de coordinatrice, mais concrètement, au niveau du salaire comme de sa participation aux réunions de la direction, elle en a la position. Elle est en charge de la coordination régionale de Bucarest et de tous ses arrondissements. Dans les rapports officiels, elle n'est pas mentionnée comme membre à part entière du centre national de coordination. Petre, qui est employé à temps partiel, est le technicien en systèmes d'informatisés de l'ONG (TSI). Il est aussi l'un des trois membres du comité de censure. Lui non plus n'a pas le statut de coordinateur. Cependant, à la différence des volontaires, il participe aux réunions de la direction. Rodica est en charge des relations avec le Parlement et les institutions publiques (CP : coordinatrice pour les relations avec le Parlement). Adina occupe le poste de secrétaire de direction (SD) et Oana est la responsable des relations publiques d'APD (CE : coordinatrice en charge des relations extérieures). Vlad, ancien président du club de Bucarest, deviendra directeur exécutif adjoint (DEA) au cours de l'enquête, il prend en charge des dossiers similaires à ceux du directeur exécutif sans avoir pour autant son autorité hiérarchique. Il est aussi responsable de la transmission d'informations entre les organes de décisions internes et les coordinateurs. Teodora est la responsable du réseau des associations (RS), elle accumule et diffuse les informations sur ce réseau. Elle s'occupe aussi de la coordination de projets. Ruxandra est présidente intérimaire du club de Bucarest (PICB) en l'absence de Vlad et occupera son poste dès la nomination de ce dernier au poste de directeur exécutif adjoint.

Trois personnes sont chargées de la gestion de l'ONG : comptabilité et fiscalité sont leur pain quotidien. À l'échelon supérieur, on trouve Daniel, le directeur exécutif de l'ONG (DE) en charge de répondre aux appels d'offres. Il est responsable du bilan avec le conseil de direction, il assure la communication entre le conseil de direction et le personnel et il représente l'association dans ses rapports avec les institutions et organisations tierces. Il est également responsable du fonctionnement concret de l'ONG et de la présentation du bilan financier annuel au comité de direction national. Ces dispositions organisationnelles font de lui l'unique personne à laquelle le service comptabilité et gestion se doit de rendre les comptes.

5. Intériorisation de la domination et édification des rapports hiérarchiques dans une entreprise de démocratisation

Le fonctionnement des relations internes, tel qu'il est présenté à l'ethnologue dès le début de l'investigation et aux volontaires en général, est une fiction élaborée postulant que chacun a acquis sa position dans la hiérarchie grâce aux travaux qu'il a effectués en respectant les procédures internes. Les formes de gratification et de rétribution se présentent sous forme de prix — prix qui sont affichés ensuite dans l'enceinte de l'ONG, d'une communication en public lors de la présentation des programmes, et de la mention de son nom sur des documents écrits en tant que participant à la réalisation d'un programme, ou, plus rarement, par la publication d'articles ou d'entretiens dans des revues ou journaux. Ces récompenses sont considérées comme un capital qui justifie l'occupation d'un poste et reflètent une implication dans la création d'une société nouvelle, « plus libre » et « démocratique ». C'est par son travail, par son apport à cet objectif, par l'accumulation de savoirs bureaucratiques que chacun trouverait sa juste place dans la hiérarchie de l'association. Cette fiction est le fruit d'une règle interne, qui résulte des pratiques en usage au sein de l'ONG. En réalité, il s'agit pour les coordinateurs plus anciens de justifier d'une part, les gratifications accumulées comme preuve de leur supériorité et, d'autre part, le poste qu'ils occupent. Il est aussi fortement question d'encadrement, de discipline et de psychologie managériale permettant d'inclure et de classer tous les membres de l'organisation. Dans cette logique, les volontaires nouvellement venus qui n'ont pas encore eu l'occasion de fournir les efforts suffisants pour obtenir ces récompenses sont, par déduction, repoussés au bas de la hiérarchie, subordonnés aux coordinateurs.

Ce système de gestion des ressources humaines va dans le sens d'une reproduction des positions occupées et, par conséquent, dans l'intérêt de la fraction supérieure de l'ONG. La volonté de créer une alliance de toutes les catégories d'acteurs derrière l'objectif de démocratisation, deuxième élément important de cette gestion des relations sociales, a pour objectif de cimenter la hiérarchie dans l'ONG et de légitimer la capacité des responsables de projets à imposer leur autorité aux volontaires. Pour les acteurs, chaque réalisation se présente comme une illustration de la valeur positive de leur investissement dans l'association. Ceci entre tout à fait dans le cadre d'une idéologie managériale, au demeurant courante dans le champ de l'entreprise. Il s'agit d'une dénégation artificielle des rapports hiérarchiques et des formes du pouvoir. Cela rend l'enquête peu aisée, tant les acteurs sont enclins à lisser leurs relations. Ces méthodes de gestion des conflits dans l'entreprise et de mobilisation des salariés sont aussi connues sous le nom de *team building* ; les coordinateurs les ont étudiées lors de formations prévues à cet effet.

L'emprise d'une idéologie, même à un niveau local, présuppose la capacité pour les acteurs de contenir par la reproduction sociale (non linéaire) sa contestation dans une mesure telle qu'elle empêche de faire vaciller la prédominance des critères hiérarchiques de l'organisation. Une part d'adhésion et une part de contestation de ces principes sont des conditions nécessaires au maintien de cette configuration. Le principe méritocratique, comme nous allons le voir, est manipulé pour infléchir les délibérations internes et le fonctionnement officiel de l'organisation. Plus précisément, le principe méritocratique, présenté comme le principe central de hiérarchisation légitime va à l'encontre par exemple du droit de vote interne, droit qui confère un pouvoir limité et indirect dans l'organisation. Le droit de vote n'est pas, dans cet ordre, inaliénable, bien au contraire.

L'enjeu guidant la dynamique des rapports sociaux réside aussi dans la volonté de se référer à des maîtres mots, extérieurs à APD (démocratie, société civile, citoyenneté, transparence, etc.) mais irrécusables dans « le mode de communication [1] » même de l'organisation. Idéalement, il s'agit, pour ces divers acteurs, de justifier leur poste par la maîtrise de ces références. En ce sens tout peut devenir « démocratique ». Rendre ces

---

[1] ALTHABE « Ethnologie du contemporain et enquête de terrain » *in* ALTHABE G., SÉLIM B., 1998 : *Démarches ethnologiques au présent*. L'Harmattan, Paris.

normes valables, c'est, en d'autres termes, rendre le travail qui vise à les promouvoir légitime. C'est d'une espèce de compétence démocratique dont il va être question.

Pour comprendre la dynamique et l'architecture des rapports hiérarchiques dans cette ONG, nous commencerons par questionner les logiques d'investissement des volontaires (les bénévoles). Tous étudiants, ces acteurs fournissent une bonne entrée en matière pour comprendre la précarité d'une injonction idéologique finalisée qui se heurte à des pratiques d'insertion dans des plages professionnelles et sociales. Ensuite, nous tenterons de comprendre la fragilité des positions intermédiaires, des salariés dans l'organisation. Enfin, on se concentrera sur le cadre du rapport à l'étranger prévalent dans cette organisation.

Logiques d'investissement pluriel des volontaires

Dans le champ des ONG, le terme de volontariat, catégorie inculquée par les bailleurs de fonds et les institutions multilatérales [1] est bien implanté. Intervenant à la fois dans la continuité et dans la rupture avec l'idée de militantisme, partagée et revendiquée par les mouvements tiers-mondistes des années 1950 à 1980, le volontariat s'est substitué au militantisme comme idéologie et comme pratique. Cette notion est plus usitée aux USA, où hier encore les ONG pouvaient porter le nom de PVO (*Private Voluntary* [2] *Organization*), nom formalisé par l'USAID. L'adoption du terme par les ONG roumaines est le fait d'une intériorisation de l'idiome des bailleurs de fonds et des nécessités de standardiser la communication et les modes d'intervention. Mais il y a plus qu'une question de dépendance, d'intercompréhension et de sophistication derrière ce glissement sémantique. Une notable différence existe effectivement entre « vouloir le bien » et le devoir « de vouloir ». Elle signale un changement profond des injonctions normatives [3]. Car, il ne s'agit plus seulement d'une manifestation de bonnes intentions et d'un investissement personnel au nom d'une solidarité idéalisée, ni encore d'un militantisme visant un quelconque

---

[1] Notons, par exemple, qu'à l'occasion de la fin de l' « Année internationale des volontaires », l'assemblée générale des Nations Unies a adopté la Résolution sur l'Appui au Volontariat (05/12/2001).
[2] Terme qui fait autant référence au don d'argent, de temps et de travail volontaire.
[3] L'année 2001 a été déclarée « Année du volontariat » par l'ONU.

progrès social et incluant la visée optimiste de l'émancipation des peuples, mais d'une réponse à une astreinte coercitive : être individuellement et moralement responsable, participatif, entreprenant, motivé et professionnel [1], soit une conversion des normes coercitives (et d'une vision du monde) du niveau collectif au niveau individuel [2]. Les acteurs sont des volontaires, ce qui signifie qu'ils sont, dans ces affirmations, seuls souverains dans leurs décisions. Dans les faits pourtant, bien qu'elle soit déniée dans son affirmation, ils se retrouvent face à une injonction. C'est un système qui demande la dénégation pour masquer ses propres contradictions et pour prendre toute sa force.

Dans la terminologie des ONG et la pédagogie qu'elles pratiquent dans la dialectique normes internes/normes externes, le volontariat est associé à la solidarité. Ne parle-t-on pas de « volontariat de solidarité internationale » ? La notion est enchâssée dans un ensemble de concepts adjacents. Comme le don, dans ses acceptions les plus idylliques, elle est entourée *a priori* de connotations positives, proches de l'idée de charité, revêtant une dimension éminemment morale et anti-utilitariste. En ce sens, il s'agit d'un des prismes au sein de la chaîne encadrant la pratique individuelle et bien souvent non rémunérée de l'investissement des acteurs dans le secteur associatif. La mise en orbite planétaire, à l'état de projet politique et moral, du volontariat remonte aux années 1980 et à une accentuation de la privatisation de la solidarité plus marquée et plus durable. Les échecs répétés de l'État dans sa capacité à mettre en œuvre des politiques en mesure de combattre des fléaux aussi variés que la pauvreté et la corruption, et la volonté de créer plus de bien-être sont à l'arrière-plan de cette mutation.

Pourtant, l'auréole dont bénéficie le volontariat n'est pas atemporelle comme le soulignait déjà en 1992 Gilles Lipovetsky : « *La perception sociale du phénomène a elle-même changé. Longtemps associé, en France, aux dames patronnesses, le bénévolat était une activité peu valorisée, soupçonnée qu'elle était d'être une occupation des classes bourgeoises se donnant bonne conscience tout en renforçant la défense de l'ordre social* [3]. »

---

[1] Ce champ sémantique est présent autant dans les programmes et présentations d'APD que dans celui des institutions internationales.

[2] Nous avons à l'esprit le travail réalisé par EHRENBERG A., 1991 : *Le culte de la performance*, Calmann-Lévy, Paris ; et, du même auteur, 2000 : *La fatigue d'être soi. Dépression et société*. Odile Jacob, Paris.

[3] LIPOVETSKY G., 1992 : *Le crépuscule du devoir. L'éthique indolore des nouveaux temps démocratiques*. Gallimard, Paris : 181

Cette dimension positive est globalement récente, mais n'en reste pas moins floue. Cette opacité provient en partie du caractère décontextualisé, abstrait et dépolitisé de l'usage du terme. Ce qui n'empêche pas le volontariat, dans le cadre des discours sur la démocratisation, d'être considéré, tant à Bruxelles, à Washington qu'à APD, comme une manifestation de « l'attitude civique » voire d'une attitude civilisée. Un accord consensuel de ce type nécessite au moins une part de scotomisation des promoteurs démocratiques sans laquelle toute vocation universaliste serait impossible à formuler.

La puissance de cette notion repose sur son caractère amphibologique : plus elle se veut large et plus elle doit devenir abstraite ; plus elle a de sociétés en ligne de mire, moins elle fait et peut faire référence à des sociétés réelles. Brièvement, elle est pensée comme une pratique et une morale universelles et permet à différents interlocuteurs de s'y rattacher sur des positions différenciées. Pour cette raison, la catégorie de volontaire dans son acceptation la plus naïve apparaît peu pertinente pour une analyse non biaisée des logiques d'investissement des acteurs dans l'ONG. Au contraire, celles-ci y sont dissoutes, ou, plus justement, elles sont énoncées et prescrites avant d'avoir été interrogées dans un ensemble de présuppositions qui sous-entendent des actions et une réalité uniformes. La question est par conséquent ouverte et mérite que nous nous y penchions à l'aune de l'analyse des rapports sociaux dans l'association.

Les volontaires représentent la catégorie la plus inférieure mais aussi la plus importante quantitativement au niveau national de l'organisation. Dans la logique du fonctionnement hiérarchique de l'ONG, les volontaires occupent une position paradoxale : ils sont à la fois soumis aux instructions des coordinateurs, mais l'absence d'un salaire fixe (les *per diem* et quelques contrats occasionnels mis à part) et d'une relation contractuelle leur donne une indépendance relative dont leurs supérieurs hiérarchiques ne peuvent bénéficier. À n'importe quel instant, les volontaires peuvent quitter temporairement ou définitivement l'association. Ils peuvent aussi ne pas répondre au téléphone lorsque les responsables les appellent pour une collecte de signatures, un triage de lettres ou de mailing, une traduction, le dépôt d'une demande auprès d'une institution publique, ou simplement pour être présents à un meeting et donner une impression de nombre aux médias en présence.

Le travail des volontaires est principalement axé sur les activités énumérées dans les lignes précédentes, que les acteurs jugent généralement peu gratifiantes. Ceci explique partiellement l'existence dans l'association d'un *turn-over* très important de cette catégorie d'acteurs. Au-delà de ce tracé général, des logiques d'investissement sont identifiables chez ces acteurs dévoilant une réalité qui va au-delà de « l'œuvre de démocratisation ».

La composition sociologique des volontaires de Bucarest montre que tous sont étudiants dans une université publique ou privée (à une exception près). Précisons qu'en Roumanie, dans l'enseignement universitaire la division public/privé a perdu de sa netteté [1] ; le retrait progressif de l'État a ouvert le système d'enseignement à des logiques marchandes et d'aucuns soulignent le prix élevé des inscriptions et réinscriptions : celles-ci sont parfois plus onéreuses dans les facultés publiques que dans le secteur privé. La privatisation et la marchandisation de l'éducation constituent un phénomène remarquable dans une très large partie des pays postcommunistes et postsoviétiques [2].

Comment des étudiants en viennent-ils à s'orienter vers une ONG et, en l'occurrence, vers APD ? Comment se fait-il que l'université soit le lieu principal de recrutement des ONG ?

Pour les étudiants à l'université de Bucarest en sciences politiques, en administration, en communication et en journalisme, c'est par le biais de choix de stages et du bouche-à-oreille que l'on a découvert l'association. Cette connaissance est facilitée par le fait que plusieurs d'entre eux ont parmi leurs professeurs des dirigeants d'ONG. APD fait partie des ONG qui ont le privilège d'être conseillées par les professeurs d'université aux étudiants. Deux types de stages y sont proposés : le premier est la validation d'une partie pratique des diplômes. Ce stage est le pont principal entre l'université et APD. Il ne suscite pourtant pas un intérêt fondamental chez les étudiants pour l'ONG même si dans la réalité, il favorise un mouvement très puissant d'intégration d'étudiants de la faculté vers l'ONG. D'ailleurs, l'association tente depuis plusieurs années d'affirmer ses liens avec les universités de manière officielle, sans avoir pu atteindre cet objectif jusqu'à présent. Plusieurs ONG sont proposées aux étudiants, et APD, du fait de sa position privilégiée dans le champ politique, possède un cadre de travail avantageux. Outre la figure du président-maître de conférence qui pèse de

---

[1] Ce constat est valable aussi dans de nombreux autres pays.
[2] Voir, sur le cas du Kirghizstan, THIRCUIR A., 2005 : « Désengagement de l'État et marché de l'éducation au Kirghizstan » in *Journal des anthropologues*, 100-101 : 97-116

manière significative dans le choix de cette orientation, les réseaux de relations entre étudiants tiennent une place non négligeable par rapport à la publicité dont bénéficie l'association. Quelques jours d'observation dans l'organisation permettent de comprendre, eu égard au nombre de volontaires, que l'association remporte les suffrages de beaucoup d'étudiants [1]. Ce succès est aussi dû aux partenariats développés avec l'État. Un programme a été mis en place dont le but est de faciliter l'intégration d'étudiants dans les établissements publics [2]. L'ONG entend fortifier de cette manière les liens entre les universités, la société civile et l'État. Ce projet part de l'idée qu'il faut dé-scléroser les institutions publiques en leur amenant les compétences nouvelles requises par la démocratie, ce qui passe par la formation et la professionnalisation d'étudiants [3]. Pour ce programme, les places sont limitées : seules 40 personnes peuvent y avoir accès. En 2004, des candidatures ont dû être refusées ce qui montre l'attractivité du stage. Malgré les rémunérations peu élevées, les volontaires gardent bon espoir que ce stage puisse se transformer en emploi. Ce cadre général étant brossé, nous pouvons maintenant tenter d'identifier les facteurs les plus pertinents pour ces acteurs concernant leur intégration à *Pro Democraţia*.

Penchons-nous sur les motivations de ces acteurs en commençant par George. Ce jeune étudiant en sciences politiques, âgé de 24 ans, né à Bucarest, de petite taille, toujours souriant et au regard vif, définit les raisons qui l'ont amené à APD dans la perspective de ses objectifs professionnels: « *Aller en sciences politiques c'est par définition pour entrer dans un parti politique plus tard. Mais si tu n'as pas d'argent, tu dois te battre pour arriver au sommet parce qu'aujourd'hui les politiciens sont soumis à l'argent. Je veux dire beaucoup, beaucoup d'argent. Et moi, je n'ai pas d'argent, pas du tout. Si tu vas au gouvernement, ils disent :* « *Vous avez travaillé pour tel Parti. Ah, désolé, on vous rappellera.* » *Si tu travailles pour APD, c'est bon parce que ça veut dire société civile et tout ça. Ce n'est pas comme un parti politique, et pour eux c'est bon. […] J'ai travaillé au Parti démocrate. C'était bien : il y avait tous mes collègues et mes amis ; nous étions ensemble. Et ensuite, je suis parti. […] Je suis resté là pendant un an, un an et demi. Je pense à recommencer. Ils me demandent tout le temps :* « *On est*

---

[1] Les observations et entretiens réalisés lors d'une enquête préliminaire dans plusieurs ONG semblent confirmer ce constat.
[2] Le coût du programme qui s'étend sur une période de plus d'un an dépasse les 40 000 dollars. Il est financé par le *National Endowment for Democracy*.
[3] On retrouve implicitement, derrière ce programme, une tendance à construire une opposition entre « les jeunes, étudiants, démocrates » et, par opposition, « les anciens, incompétents, irrécupérables, communistes ».

une équipe, viens avec nous. » Oui, ce sont mes amis. C'était bien d'être avec mes amis mais on ne faisait rien ou presque rien. Il y avait de très grands objectifs. Et c'est tout. »

C'est ensuite qu'il s'est orienté vers APD : « *Oui, avec Mattei et Ion, je voulais savoir ce qui se passait [dans cette ONG]. Quand je suis arrivé à l'association, je ne parlais pas, avec personne. Je voulais écouter. Après ça j'y suis allé parce que l'idée me plaisait : des jeunes qui veulent changer les choses. Il n'y a pas beaucoup de personnes âgées qui te donnent des ordres. Mes interactions avec les gens sont directes, il n'y a pas trois personnes entre chacun d'entre nous.* »

L'investissement de George dans cette organisation relève d'une logique de professionnalisation. Le changement qu'il a opéré en quittant sa position de volontaire pour un parti politique et pour devenir volontaire d'une ONG en donne une illustration.

Ecoutons Ion, évoqué par George. Cet individu à l'embonpoint prononcé se livre avec plaisir aux entretiens, il fait d'ailleurs un effort remarquable d'hypercorrection [1]. « *Je suis étudiant en sciences politiques et mon professeur est M. Dimitrie. Moi et mes amis nous avons commencé à parler de cela [APD] après les examens du premier semestre. Au début, nous étions très timides. J'ai commencé à dire mon nom, d'où je venais. Oana (CE) ne nous a pas vraiment convaincus. Elle voulait qu'on aille dans la rue et moi je voulais travailler avec l'ordinateur, et après Raluca (CB) est venue et elle a été plus convaincante. Après c'est devenu plus détendu. Je pense que le moment qui a été important, c'était le programme pour les jeunes et le lycée... et un deuxième qui s'appelait les jeunes d'aujourd'hui, les futurs politiciens. Moi et Mattei nous sommes un peu perdus, si tu ne nous pousses pas on devient un peu fainéants. Et puis on a pris une bière avec George et nous sommes devenus comme une équipe. Il a donné l'impulsion derrière nous. Ici, on peut aussi faire des photocopies et vérifier ses e-mails ; je peux parler avec Raluca de problèmes politiques, c'est mieux que rester chez moi et jouer aux jeux vidéo. Il y a une autre chose qui m'a plu ici, on ne connaissait personne, on était un peu peureux et Oana a dit : « Vous voulez aller à une conférence ? Oui, oui. » C'était advocacy. Nous y avons assisté et nous étions stressés. Alors nous avons pris des notes parce qu'il fallait montrer que nous étions intéressés. Et ici on nous a demandé de faire un rapport. Oana nous a remerciés et elle a dit : « C'est très bien : des personnes qui nous connaissent à peine et qui sont très confiantes. » Tu sais ce n'est pas comme dans un entretien pour un emploi. Dans un entretien pour un emploi, tout le temps ils te disent : « Vous avez un bon CV, vous avez un bon niveau d'études, vous*

---

[1] BOURDIEU P., 1982 : *Ce que parler veut dire. L'économie des échanges linguistiques.* Fayard, Paris.

parlez bien l'anglais. Mais nous sommes désolés, vous n'avez pas d'expérience. » Et comment veux-tu que je gagne de l'expérience si personne ne m'emploie ! Et ici c'est la vraie différence. Ici si tu n'as pas d'expérience tu peux être accepté. Moi, je suis très anxieux et je ne me laisse pas faire… »

Pour Ion, l'ONG représente d'une part un espace qui se distingue de l'entreprise mais qui se définit par rapport à celui-ci. Nous sommes toujours ici dans l'optique d'une accumulation d'expériences avec pour objectifs la professionnalisation et la recherche d'un emploi. D'autre part, dans ce même discours, il met en relation son expérience précédente au sein d'un parti politique : « *J'ai été membre du PD, pas parce que je croyais dans l'idéologie PD mais… euh… Les jeunes étaient appréciés par le parti, ils essayaient de les promouvoir. Malheureusement, j'ai réalisé que les jeunes avaient une utilité tant qu'ils restaient derrière quelqu'un avec du pouvoir, ou pendant les élections quand ils vont dans la rue pour convaincre les gens. Et, pour cela, ils ne leur ont pas donné un local, sauf pour les districts (de Bucarest) : ils leur ont prêté la villa d'un big man du PD, juste pour deux jours pour faire une fête là-bas. Mais c'est tout. Si tu compares les jeunes du PD et d'APD, tu verras qu'il y a une différence, une morale différente. Ceux du PD ne se posent pas de questions, ils ne se demandent pas :* « *Pourquoi faire ça ? Quelle chose rationnelle pourrions-nous faire pour aider ?* » *Ils ne demandent rien et ils sont heureux comme cela. Nous, nous nous questionnons tout le temps ; nous devons toucher au vote uninominal, tu sais cette campagne, nous demandons ceci et cela, et ici nous avons toujours un argument en réponse. Au PD, ils te disent :* « *Fais-ça ou va t'en !* » »

En évoquant sa première expérience en politique dans une antenne d'un secteur de Bucarest du Parti démocrate, Ion révèle la présence des organisations politiques dans l'université (auprès des élèves comme chez les professeurs) ainsi que sa volonté de spécialisation professionnelle. On observe aussi des relations ténues même chez les étudiants entre parti d'opposition et ONG. En témoignent notamment les séances de pédagogie ponctuelles des projets de l'association dans les réunions des « jeunes du PD ». Outre les affinités sociopolitiques entre les jeunes du parti d'opposition et ceux de l'ONG, membres d'organisations en position secondaire sur la scène politique et membres secondaires au sein de leur organisation, il est aussi question de susciter réciproquement des vocations politiques ou d'ONG-iste. Bref, malgré leur proximité, ces organisations sont en concurrence pour le recrutement d'étudiants sur le marché du volontariat. Revenons à la question des motivations des étudiants pour s'investir dans l'organisation.

Marianna vient de terminer une licence en sciences politiques. Cette jeune femme, un peu réservée, est âgée de 23 ans : « *Je connais l'association depuis deux ans, je suis venue à APD comme volontaire quand j'étais à la faculté de sciences politiques. Je viens de terminer cette faculté, ma licence. […] Le président, c'est quelqu'un de fantastique, il est super ! Il connaît tellement de choses, il met de l'esprit dans tout ce qu'il fait. Il y a peu de professeurs comme lui. … Il sait comment se faire écouter. Il est vraiment le meilleur professeur. Les sciences politiques. Moi, au début, j'ai été très surprise, très choquée. Maintenant, j'aime bien. Je voudrais continuer les sciences politiques. J'essaie, mais je dois d'abord trouver un travail. Tu sais, c'est un véritable défi d'avoir une démocratie en Roumanie. Il nous manque des principes démocratiques. Nous devons apprendre la compétition d'une manière démocratique et cela nous ne savons pas encore le faire. Nous devons aussi apprendre à avoir confiance dans les autres. Ça, c'est la part humaine.* »

Puis elle évoque son intégration dans l'ONG : « *J'ai travaillé premièrement avec Rodica (CP). C'était pour un événement : le forum constitutionnel. Après, pendant environ un an, j'ai pris mes distances. Ils m'ont demandé quand je suis revenue pourquoi j'étais partie. Je leur ai dit « à cause de mes examens ». Je connais l'association depuis deux ans, je suis venue à APD comme volontaire quand j'étais à la faculté de sciences politiques. Je viens de terminer cette faculté, ma licence.* »

Epié par Vlad (DAE) qui n'a de cesse de tourner autour de la table où a lieu cet entretien et qui, visiblement, entend bien connaître le contenu de notre discussion, je propose de continuer cette discussion à l'extérieur de l'association. Dans un café ennuagé par les gaz d'échappement de voitures, Marianna explique qu'elle a postulé pour un poste de professeur de lycée, de « culture civique » : « *Je rêve d'être professeur. Je voudrais aussi être politique, mais pas dans un parti, analyste plutôt.* » Parallèlement, elle a tenté d'intégrer le Parti démocrate (PD), d'y être employée, dans un des secteurs (arrondissements) de Bucarest. Elle garde un souvenir amer de cette expérience survenue quelques temps avant cet entretien : « *Il me semblait que c'était un parti véritablement démocratique, mais j'ai fait une erreur. J'ai fait, la semaine dernière, une élection pour les départements des différents secteurs [arrondissements de Bucarest], pour le DRH [direction des ressources humaines] dans le département de sciences sociales. C'était un vrai désastre. Je n'avais pas imaginé qu'après 9 ans de fonctionnement cela pouvait être comme ça. Au niveau national, cela fonctionne peut-être mieux mais au niveau local c'est vraiment mauvais* ».

Elle revient ensuite sur son parcours scolaire : « *Et la faculté de sciences politiques que j'ai choisie... Je ne sais pas comment parce que je voulais étudier les lettres. Je voulais être journaliste, psychologue... En fait, c'est parce que j'étais intriguée et j'ai pensé que je trouverais un bon emploi après. C'était important pour mes parents. Ma faculté était assez sûre pour un emploi.* »

Les propos de Marianna montrent que son engagement à APD est inscrit dans une logique plus ample et subordonnée à l'obtention d'un emploi. La faculté est un instrument qui peut permettre d'arriver à cette fin.

Gabriela, de son côté est plus directe. Après quelques minutes passées à discuter avec l'enquêteur, cette étudiante en communication, âgée de 21 ans, dont les parents vivent à Vrâncea, qui vient depuis seulement un mois à l'association, annonce clairement le but de sa venue dans l'ONG : « *Je pouvais travailler dans la travail de communication. Ils travaillent sur les choses de la vie de tous les jours. Cela fait un bon CV [curriculum vitae].* »

Et effectivement, Gabriela interviendra rapidement sur plusieurs radios dans l'optique d'une publicisation des actions de l'ONG, ce qui s'inscrit dans ses projets de formation professionnelle.

C'est dans une ruelle de Bucarest à la terrasse d'un café que je m'entretiens avec Mihai dans la chaleur étouffante du mois de juillet. Il connaît l'association depuis 2001. Il est l'un des plus anciens volontaires rencontrés lors de l'investigation. Pourtant, il passe de moins en moins de temps à APD. Agé de 23 ans, cet étudiant en droit, originaire de Buzău, exprime clairement ce qui motive les étudiants (en français) : « *En 2001, quelqu'un de l'association qui est venu dans mon école – Rodica (CP) – qui a tenu un séminaire à la place de son petit ami. Elle a parlé de son programme. Le vrai programme qui donne la motivation, c'est le stage avec les institutions publiques, c'est ainsi pour tous les étudiants que j'ai rencontrés.* »

Ruxandra est une jeune femme de 22 ans, originaire de Câmpulung. Ses études devraient la mener à un diplôme d'assistante sociale. APD n'est pas sa seule ni même sa première expérience dans une ONG. Elle a d'abord été volontaire à la Fondation pour une société ouverte. Se tourner vers les ONG était pour elle aussi une manière d'enrichir son capital d'expériences et de favoriser son intégration dans un emploi. Ceci lui semble aller de soi, les ONG se présentant comme des lieux où la pratique est à la fois facile et, dans l'esprit des étudiants, une expérience positive. Comme d'autres, elle se plaît à réviser la langue française, avec l'enquêteur. Elle explique son départ de la FSO en ces termes : « *Je suis partie de là parce que j'étais la seule volontaire. Je me retrouvais toute seule comme volontaire et les autres me voyaient comme ça. Je devais faire toutes les choses et j'étais isolée.* » Sa promotion étant bloquée, elle a préféré quitter la fondation pour APD. Le nombre plus important de volontaires donne, selon elle, une possibilité plus grande d'obtenir une promotion et un emploi. En première instance, à l'instar d'autres volontaires, elle s'intéresse au stage dans les institutions publiques proposé par l'association.

Plus généralement, très peu de volontaires restent dans l'association pour une longue période ou de manière permanente. Bien entendu, la possibilité d'accéder à une connexion internet, de faire parfois une partie de ses photocopies gratuitement sont des avantages que les volontaires apprécient. Mais le *turn-over* doit être corrélé à ce que l'ONG peut proposer aux étudiants. Car les étudiants sont dans des logiques d'accumulation d'un capital d'expériences destiné à faciliter leur insertion professionnelle. Quand l'organisation n'est pas capable de répondre à ces expectatives alors les volontaires se retirent rapidement, ils tentent occasionnellement d'intégrer une autre ONG. Quand ils trouvent un emploi, ils disparaissent très vite. La période des examens et des vacances d'été qui s'étend de juin à septembre est d'ailleurs d'un grand calme à *Pro Democrația*. Illustrons ce propos avec l'exemple de Cătălina.

Étudiante en communication, originaire de Tulcea, cette jeune femme âgée de 26 ans est dans sa dernière année de licence à l'ENSPA. Rencontrée lors de la collecte pour des signatures de pétitions menée pour APD, c'est par le plus grand des hasards que je peux m'entretenir avec cette ex-volontaire dans une rue de Bucarest, alors qu'elle a quitté l'ONG depuis quelques semaines déjà. Elle regrette de ne pas être en mesure de cumuler un emploi et s'investir dans l'ONG. Son emploi l'occupe de 9 heures le matin jusqu'à 20 heures, et ce pour un salaire mensuel de 120 dollars par rapport auquel elle manifeste un certain mécontentement tout en acceptant cette rémunération pour une « première » expérience. Dans ces conditions, il est difficile pour elle de continuer d'être volontaire. Elle en vient même à se demander si elle pourra terminer son cursus universitaire.

Les rares volontaires qui restent dans l'ONG intègrent, la plupart du temps, la hiérarchie administrative de l'association ; ils deviennent président du club de Bucarest ou font partie d'un comité de direction. Autant de positions qui ne garantissent pas une rémunération, mais simplement un usage plus large des photocopieuses, quelques prises en charge pour assurer une représentation d'APD dans les réunions organisées par les bailleurs de fonds. Ces réunions, selon les volontaires, sont parfois de très agréables vacances, et peuvent être secondairement un gain d'expériences non négligeables. C'est aussi une façon de pouvoir accéder à des réseaux pour l'obtention d'un emploi puisque les séminaires suivis viennent enrichir un capital d'expériences reconnu par les bailleurs de fonds. C'est normalement une étape à franchir pour entrer dans le champ des employés d'ONG. Mihai soulignait : « *Tu peux avoir un boulot si tu es là depuis longtemps.* » Les activités sont dans ce cas plus attrayantes, mais elles demandent plus de temps. Les marges de temps libre pour gagner de l'argent, en plus du travail qu'exige la faculté, sont d'autant plus restreintes.

À travers ces différents exemples, il apparaît que l'investissement des volontaires sort de la macro-norme du volontariat telle qu'elle est avancée par les institutions internationales et qu'elle est en réalité arrimée dans des logiques d'investissement contradictoires. Pour la majorité des volontaires, la fréquentation des ONG est à replacer dans le cadre des interrelations faculté/ONG et plus généralement dans les projets de professionnalisation liés à l'obtention d'un statut social par le travail. Ce n'est pas un engagement idéologique et idyllique en faveur d'une quelconque forme de démocratie qui prime pour les individus au plus bas de la hiérarchie de l'association, même si cette volonté de « changer les choses pour la démocratie » est une cause qui leur paraît loin d'être futile. Les raisons qui motivent leur inscription dans une ONG sont beaucoup plus pragmatiques : c'est une première expérience à peu de frais et moins coercitive que dans le secteur privé. Pour certains, le passage dans l'ONG n'est qu'une étape dans un véritable plan de carrière. La présence de ces acteurs est le fruit d'une démarche ayant pour point d'arrivée un accès à un statut social à la hauteur de la trajectoire réalisée dans le cadre des études universitaires. D'aucuns soulignent le prix surélevé des inscriptions dans les universités et les difficultés à financer leurs études. En d'autres termes, les volontaires n'ont guère le choix en ce qui concerne leur intégration dans l'organisation. Elle vise plutôt à étoffer le bagage d'expériences professionnelles dans l'optique de l'obtention d'un emploi, cet emploi étant lui-même synonyme d'accès à une position jugée acceptable dans la société globale. Le temps qu'ils passent dans l'ONG est forcément limité par la nécessaire implication dans d'autres champs sociaux et la double obligation de payer les inscriptions à la faculté et de trouver un emploi. Ces deux logiques s'entrecroisent et finalement s'opposent l'une à l'autre.

Mise en accusation

L'intégration des volontaires aux opérations menées par les responsables de projets a un double effet contradictoire : elle fortifie la position d'autorité des coordinateurs sur les volontaires, mais les force, en même temps, à tenir ces derniers à distance de toute forme de gratification supérieure à la leur ou qui échapperait à leur contrôle car cela remettrait purement et simplement en cause leur position dans la hiérarchie. Face à ces pratiques, les volontaires manifestent rapidement une certaine lassitude qui très souvent se transforme en frustration, en irritation, puis en accusation lorsque les relations sont vouées à se prolonger dans le temps. Les volontaires ont l'impression d'être des instruments dans la quête de reconnaissance des administrateurs de projets. Ces accusations, qui pour un temps restent masquées, à cause de l'image que les salariés de l'organisation partagent et veulent donner d'elle, jaillissent avec d'autant plus de force qu'elles font l'objet de retenue. Ce sont ces plaintes et accusations que nous allons maintenant examiner.

Suivant des méthodes de gestion managériale d'entreprise, l'ONG « honore » chaque semaine une personne qui devient à cette occasion le ou la volontaire de la semaine. Ce moment de gloire est suivi d'un pot amical offert à tous les volontaires ayant participé à la collecte de signatures. De modestes cadeaux sont offerts à l'un de ces « soldats » de la démocratie, et surtout ils sont offerts face à tous les volontaires par une coordinatrice. Par le biais de ce genre de pseudo-rituel managérial des ressources humaines, on essaie de mettre en place un système susceptible de faire croire que la récompense vient en retour de l'investissement des acteurs, un système qui doit donner aux volontaires l'impression d'être régi au nom d'un principe unique basé sur le mérite, et donc juste. Ces modestes cadeaux, au lieu de susciter la joie escomptée par certains coordinateurs, ont un effet totalement inverse sur les volontaires dont souvent le visage marque un sourire obligé, révélateur d'une réception négative de la supercherie managériale. Lors de l'une de ces remises de prix, Marina, cette étudiante en sciences politiques, fait remarquer avec un sourire étiré et un ton ironique en français à quel point le pendule qui lui a été offert est « très beau ». Comme c'est souvent le cas, les efforts d'imposition et de voilement hiérarchiques n'ont que peu d'effets face à la réalité de la configuration des rapports hiérarchiques dans l'association. Penchons-nous sur un autre exemple pour compléter notre propos.

Lors d'une soirée karaoké organisée par l'ONG sur un campus étudiant de Bucarest, plus de vingt volontaires et quatre coordinateurs sont présents. La moitié de l'espace a été réservée par l'organisation, ce qui donne l'impression d'occuper un lieu fermé. Les frais de consommation des boissons sont pris en charge par l'association. Évidement, on est ici encore dans le management, le *team building*, qui vise à « souder » les individus autour d'un projet commun. Le karaoké commence, les imitateurs ne manquent pas de susciter des rires. L'une des coordinatrices (Oana, CE) incite chacun à participer ; elle tente avec une réussite mitigée de motiver tous les volontaires à participer. Après plusieurs dizaines de minutes, les invités ayant pris place, l'occupation des tables montre une très sensible séparation entre les coordinateurs et les volontaires. Cette séparation est atténuée par le fait que les étudiants les plus persévérants, les plus « anciens » à APD, se rapprochent de la catégorie supérieure du personnel. Corollairement, plusieurs groupes sont laissés à l'écart, non pas tant dans l'espace que socialement, et les quelques paroles attentionnées de coordinateurs ne changent pas cet état de fait. Ces groupes manifestent une lassitude observable face à leur mise à l'écart de ce spectacle. Ils sont d'ailleurs les premiers à quitter les lieux. Malgré les efforts pour l'occulter, le rapport hiérarchique se traduit ici aussi, inscrit dans l'espace.

Toutefois, il ne faudrait pas rester sur une vision trop unilatérale des relations entre les volontaires et les responsables de projets. Les volontaires ne sont pas eux-mêmes en manque de stratégies pour esquiver les ordres qui leur sont adressés. D'autres moyens moins apparents et cependant tout à fait efficaces sont repérables. Lors d'opérations comprenant plusieurs volontaires, ces derniers exigent de rester avec leurs amis, les relations amicales ayant précédé l'expérience dans l'association. Les coordinateurs se plient à ces exigences et font et refont les emplois du temps en fonction de ces revendications, certes relatives, mais révélatrices des limites de leur autorité. Tout un ensemble de pratiques viennent mettre à mal cette imposition idéologique. Dans l'association, les remontrances des coordinateurs, exposées parfois sur le mode ostentatoire, exigeant par exemple plus de silence des volontaires trouvent pour seule réponse quelques rires qui les obligent à s'éclipser.

Au-delà de ces gestes – nombreux – exprimés sur le mode de la plaisanterie, la critique explicite est peu pratiquée dans l'organisation. Il y a même une pratique claire de l'étouffement de la contestation. Par exemple, Raluca (CB) essayera d'influencer la présidente intérimaire du club de

Bucarest, dont nous avons évoqué le crédit auprès des volontaires, quand celle-ci se refusera à voter à nouveau pour Dimitrie lors de l'élection du président de l'association.

S'il est difficile d'entendre une quelconque contestation des rapports hiérarchiques dans les relations quotidiennes, celle-ci ressort avec force dans les entretiens menés en face à face. L'enquêteur est assimilé, dans le cadre des plaintes et accusations dont les coordinateurs sont l'objet, à un personnage dont l'écoute permet de s'exprimer. L'ardeur des acteurs à formuler ces plaintes est d'autant plus forte qu'elles sont étouffées dans le cadre des relations « officielles » de l'ONG.

Les attaques les plus vives sont avancées par les volontaires qui se sont engagés avec le plus d'énergie dans l'organisation. Ces derniers ont des attentes plus fortes et estiment avoir investi assez d'énergie dans cette entreprise. Mihai, personnage auquel nous avons prêté attention, met en scène un panorama de la situation peu réjouissant (en français) : « *À Pro démocratie, ça c'est bien passé jusqu'au moment où... maintenant ça se passe mal, je n'y vais plus. Je pensais y revenir mais ça a commencé à se passer mal quand j'ai appris la vue d'ensemble, quand j'ai appris comment ce système marche. J'étais mécontent du fait qu'il n'existe pas un système de valeurs correctes au sein de l'association. C'est quelque chose de fondamental qu'il faut vouloir.* » Mihai évoque une espèce de clientélisme que pratiqueraient les responsables de projets : « *J'ai... j'ai remarqué le vrai caractère des gens. La plupart ont un caractère très mauvais. En fait, il y a une personne qui avait meilleur caractère, mais elle est partie. Chacun tire son profit et ne pense pas au bien de l'association et celui des autres. On avantage ses amis... un... népotisme. Même si ce ne sont pas des personnes apparentées...Certaines personnes ont été favorisées, remerciées, appréciées, félicitées, mais c'est de fausses adulations. Si tu es employé du Centre national de coordination comme Rodica, tu amènes ta copine, par exemple, tu la soutiens toujours, tu lui donnes une super position. Ça se passe aussi pour Raluca, j'étais fort ami avec elle, pas petit ami. C'est parce que j'étais son ami que j'ai eu un emploi l'année dernière à l'association. C'était un super cadeau d'emploi ; superviser un site internet [...], six heures par jour, trois jours par semaine. Pendant des jours, il y avait cinq messages pour toute la journée. Tu sais, il y a un statut, et ce statut interdit que les gens qui ont une position de commande soient aussi embauchés. Le président du club de Bucarest a eu le même job que moi, mais il n'avait pas le droit selon les statuts. Curieusement, personne ne s'en est rendu compte, même moi je ne m'en suis rendu compte qu'après. J'accorde le bénéfice du doute aux gens. Peut-être je donne une fausse image ? Par exemple hier, ils ont essayé de me manipuler avec cinq autres étudiants qui sont très impliqués dans l'association. Quand je les vois, je me vois au début avec beaucoup de volonté. Le projet, c'était faire des sondages d'opinions. Hier soir, j'y ai pensé un peu, j'ai des preuves que dans l'association on fait des détournements pour les projets et de bonne et de mauvaise foi. Dans le projet, les gens qui faisaient le questionnaire doivent être payés. Et eux, ils ont dit qu'on aurait un jus d'orange. J'ai regardé le projet, tu dois obtenir une imprimante, une cartouche, et ils gardent tout ça après quand le projet est terminé. »*

Il souligne qu'il existe un contraste entre le travail fourni (gratuitement) par les volontaires et les prévarications, la « mentalité » des coordinateurs : « *Par exemple, nous sommes allés à l'assemblée générale [de l'ONG] en novembre l'année dernière… L'histoire est plus ancienne que ça : au sein de l'association, il y a une hiérarchie et il faut élire les gens, on le reconnaît, on ne le reconnaît pas [on vote oui ou non]. Je crois qu'elle [l'association] a des problèmes d'expansion à cause de leurs esprits fermés [coordinateurs]. Tous les gens font une ONG et après ils l'aiment comme leur enfant, c'est la recette. Et donc, il faut élire, et on finit par s'élire les uns les autres. Par exemple, tu prends quelqu'un qui a une fonction avant et il a une autre fonction après. Il fallait des élections pour les postes de président membre du comité, de cinq membres je crois, et les représentants du club pour la représentation nationale. Et, j'ai présenté ma candidature pour être président. J'ai eu 4 voix sur 40 en comptant la mienne [il sourit]. Mais je n'avais aucune raison de poser ma candidature. Raluca m'a dit que ce n'était pas très bon, elle m'a prévenu dans le sens bon et mauvais. Il n'y avait qu'un autre candidat. Tout le vote a été préparé par Raluca. Et elle, elle est coordinatrice régionale. Au moment du vote, on dit qu'il y a aussi un vice-président [à élire], c'était vraiment un premier signe. Bien sûr, il n'y avait qu'un candidat pour être vice-président ! Evidemment, ce n'était pas correct. Après, quand on a élu le représentant pour l'assemblée générale de l'association, on dit « c'est sérieux », mais c'est formel. La logistique manquait, mais aussi la pensée : il n'y avait pas de vraies intentions. Ma copine a été élue pour aller à l'assemblée générale, Raluca a dit qu'elle [Raluca] devait s'excuser auprès de moi, elle a dit : « Tu vas avec ta copine et tu partageras le repas avec elle. » Je suis allé et ils ont dit que c'était super, que c'était ok pour moi d'y aller. Après deux mois, j'apprends qu'on m'invite à aller à une conférence, mais c'est interdit pour moi de venir avec ma copine. Et pour l'assemblée générale, on a dépensé des frais qui n'étaient pas couverts. Tous ces problèmes ne peuvent pas être résolus sans une meilleure communication. Tu vois partout dans le club des petits papiers. Pourquoi est-ce qu'ils ne communiquent pas oralement ? Il y a des bureaux, certains ont la porte ouverte, d'autres ont la porte fermée. Pourquoi ? Il y a des choses qui ne doivent pas être dites. Il y a trop de messages affichés partout. Et puis les budgets sont à des niveaux odieux avec 5 zéros en dollars. De toute façon, il n'existe pas un projet où tu ne te mets pas de l'argent dans la poche. Tu dis que tu achètes du papier et tu achètes le papier de l'association. Et ça tout le monde le sait, tout le monde le dit. Tu imagines ce qui peut se passer avec des budgets à 5 millions de dollars. Autre chose, quand on a fait l'élection pour deux mandats, pour le second mandat du président [de l'ONG], Daniel [le directeur général] a dit : « On a changé les statuts parce qu'il ne pouvait pas être réélu. » M. Dimitrie ne sait pas ce qui se passe dans l'association : ceux qui volent ceux qui revolent, sont méchants. Il ne sait rien de la vraie association. La personne que je respecte le plus c'est lui, un homme qui ne connaît pas la vraie association ; il demande aux personnes les plus hautes, il leur fait confiance. C'est l'image de l'association. Il est professeur de droit constitutionnel dans mon université. Il y a certains cercles de l'association, tu connais déjà, avec l'école politique et administrative. L'autre faculté a été fondée par le parti de droite. Celle fondée par la droite fait un peu partie de mon université. »*

Les accusés dans ce procès se trouvent au niveau national de l'organisation. Le rapport de force interne les opposerait aux volontaires mais également aux niveaux des antennes locales : « *Les présidents du pays ne sont pas d'accord avec les coordinateurs. Je les ai rencontrés. Mais ils sont quasiment subordonnés. Mais ils ont raison. Dans les polémiques surtout. Il y a 25 clubs et ils sont hétérogènes. Raluca n'était pas d'accord sur le club de Constanța. C'est bien plus facile d'avoir un club jeune, qui va penser sans le savoir comme le centre national. Tu vois, quand je suis allé à l'assemblée il y a des gens plus âgés qui n'ont pas voulu venir. Je pense à M. Constantin. Les gens de l'association disent : « Il ne vient pas et le club de Tulcea est très désintéressé. » Il n'y a pas d'indépendance du club de Bucarest, il est implicitement conduit par les coordinateurs.* » On remarquera que cette logique du conflit bipolarisé, étendue à l'ensemble de l'ONG, renforce à la fois le discours de Mihai et les accusations qu'il porte.

Quelques précisions doivent être apportées à cette mise en accusation. En premier lieu, les plaintes de Mihai concernent la distance sociale entre les coordinateurs et le reste du personnel, inférieur hiérarchiquement dans l'organisation ou, plus exactement, ce sont les pratiques de mise à l'écart par les coordinateurs dans les prises de décisions qui sont visées dans ce discours, tout comme leur manière de considérer les volontaires. La cible de ces accusations est bien l'attitude des administrateurs de projets : ce sont eux qui, selon Mihai, choisissent les postes du club, instaurent « le népotisme », eux qui se « mettent de l'argent dans la poche ». Si cette situation est possible, c'est parce que leur comportement le permet, à la différence du président de l'association qui est préservé dans ce discours.

Un autre aspect dans ces propos attire aussi l'attention : la matière qu'utilise Mihai dans son procès d'accusation. Il s'agit exactement de ce que l'ONG combat au niveau de l'État, c'est-à-dire du détournement d'argent, du clientélisme et du népotisme. Il est remarquable que les références que les responsables de projets utilisent pour asseoir leur position, qu'APD utilise pour justifier son action et donc son existence, soient réversibles et puissent servir à délégitimer des positions dans l'ONG dans le cadre des rapports entre deux catégories larges d'acteurs. On notera aussi qu'étrangement, dans ces propos, comme dans tous les entretiens menés avec cet acteur, il apparaît rarement une référence aux programmes eux-mêmes que mène *Pro Democrația*. Mihai écarte tout ce qui concerne d'une façon ou d'une autre les objectifs de démocratisation de l'ONG comme s'ils étaient naturels, ce qui montre qu'il a intériorisé la légitimité de ces normes, pour souligner que les coordinateurs pervertissent le « système ». Les normes de la démocratie sont donc intériorisées, puis manipulées ce qui donne leur forme aux rapports politiques internes à l'association qu'il critique.

En troisième lieu, la semi-fiction que représente l'autonomie de l'association de Bucarest vis-à-vis du centre national est bien soulignée. On ne relève aucune certitude de la part des volontaires quant à l'obtention du droit de vote dans l'ONG. Ceci dépend, selon les coordinateurs de projets, du degré de « sérieux » des volontaires, du nombre de semaines passées comme volontaire dans l'organisation ou comme le dit une coordinatrice : « Nous n'avons pas encore décidé ». Une telle explication vague agrémentée d'autres pratiques allant dans le même sens (cf. ci-dessous le témoignage de Roxana) au niveau des critères d'obtention du droit de vote montre une volonté de contenir les procédures internes d'obtention d'un pouvoir qui puisse échapper, en partie, aux administrateurs de projets et à la direction de l'ONG. D'ailleurs, ces acteurs prétendaient, au sujet de l'attribution du droit de vote : « Nous verrons après quelques mois, s'ils méritent le droit de vote. » Ce « nous », qui représente la vision unifiée des coordinateurs, qui exclut les volontaires, représente dans ces deux allégations ceux qui attribuent et agréent l'adhésion des volontaires et leur assurent une intégration plus grande au micro-politique. Cette volonté de s'arroger l'attribution du droit de vote revient à une tentative de transfert des pouvoirs des volontaires vers les coordinateurs, et ce faisant, les coordinateurs tentent très clairement d'invalider les règlements internes de l'ONG. Ces considérations dévoilent, en même temps, une approche réaliste de ce qu'est concrètement l'antenne de Bucarest, c'est-à-dire un réservoir de main-d'œuvre peu coûteuse, peu d'importante dans la gestion endogène des pouvoirs. On comprend mieux pourquoi les volontaires s'étonnaient avec joie que leur opinion soit « importante » pour l'enquête, même après les explications multiples de l'enquêteur sur sa volonté de s'entretenir avec tous les membres d'APD.

Roxana (PICB) donne un autre exemple de propos oscillant entre la contestation et l'accusation : « *Je pense qu'il n'y a pas de communication. Je voulais en parler à la réunion nationale, mais beaucoup de gens étaient déjà partis. Il y a beaucoup de clubs qui se plaignent de ça. Pour moi, c'est bien que je suis amicale avec eux [les coordinateurs] et que je peux leur demander ce que je veux savoir. Je suis près de Raluca, alors je peux avoir les informations. Autrement, je ne pourrais pas les avoir. Il n'y a pas de communication.* » Elle cherche alors les causes de ce « *manque de communication* » : « *Peut-être… Ils parlent entre eux. Je pense que chacun est intéressé par ce qu'il fait et ils ne font pas attention aux autres. Ils ont leurs propres affaires. Ils n'inter-communiquent pas. Tu sais pour le programme avec la loi 544 [loi de 2001], Raluca (CB) devait parler avec Rodica (CP) et Oana (CE), et elles ont parlé. Mais autrement, ils ne communiquent pas. C'est comme à la conférence, M. Dimitrie nous disait qu'il avait parlé à d'autres personnes du code électoral, et il a dit :* « *Cela fonctionne bien !* » *On a dit qu'on ne savait pas, et il a dit qu'on devait savoir parce que Daniel (DE) était avec lui. J'ai voulu en parler, lui dire qu'il devait faire un mail pour nous tenir informés mais quelques personnes étaient déjà parties. La chose est que tout le monde le voit comme quelqu'un de très haut. J'ai vu qu'il faisait des blagues, au mariage de Daniel. […] Tu sais, ils (les coordinateurs) sont comme… Voilà je demande un projet, j'écris un projet et j'ai l'argent. Alors pourquoi je ferais de l'analyse politique, pourquoi est-ce que je dois analyser ? Ils ont tous l'impression qu'ils connaissent tout. Et Raluca, elle utilise les volontaires, elle dit :* « *Je suis ton amie* », *mais c'est pas vrai ! Elle est hypocrite. Elle t'utilise après c'est tout ! Elle essaie de faire l'amicale. George (Volontaire, déjà abordé), il sait comment jouer avec Raluca (CB), il sait bien faire ça, au début ça m'énervait mais après j'ai compris. […] Tu sais, ils ont quelque chose dans leur mentalité. Pourquoi sont-ils comme ça ? Je ne comprends pas, c'est public APD. Pour les classeurs, je ne comprends même pas ce qu'ils font dans le bureau de Daniel. Ils devraient être à la bibliothèque de l'association. Tout cela, c'est pour que les volontaires ne s'occupent pas des choses importantes* [elle souligne ce dernier mot avec ironie]. *Tu sais Vlad (DEA) m'a demandé de faire une traduction d'anglais en roumain. Il devait en faire la moitié. Ça faisait 30 pages. Je travaillais pendant cette semaine et j'ai travaillé le dimanche pendant la nuit. J'ai dormi jusqu'à 15 heures et j'ai vu, quand je me suis réveillée, sur mon téléphone portable un message : « Amène la traduction ! » Comme si j'allais la garder pour moi ! J'ai été à l'association et bien sûr Vlad n'avait pas fait sa traduction. Il est très lent. Quand tu lui dis quelque chose, il dit : « Attends : je dois penser [Elle mime la statue de Rodin]. » Raluca, c'est la même. Pour écrire une page sur l'ordinateur elle doit fumer 5 ou 6 cigarettes. Moi, quand je dois faire quelque chose, je le fais tout de suite et après je me détends. »*

Elle ajoutera dans un entretien ultérieur : *« J'ai découvert, il y a peu de temps, qu'ils utilisaient les volontaires. Raluca sait très bien manipuler les volontaires. Travaille, et après tu peux t'en aller, et ils ne reconnaissent même pas [le travail accompli]. Je suis passée la semaine dernière et Luciana*[1] *m'a dit de m'occuper des questionnaires. J'ai dit : « Je n'ai pas le temps. » Elle est payée pour faire ça et elle est très lente. Elle ne fait pas son travail et après elle te demande de le faire. Mais pourquoi je devrais faire le travail de quelqu'un qui est payé pour ça ! OK, j'ai appris beaucoup de choses là-bas : à faire des CV, à écrire des lettres. Mais je travaille énormément et personne ne me reconnaît. Non, je ne vais pas rester. ... Je fais une montagne de travail ici et personne ne veut l'apprécier. Je travaille pour ces gens et ils ne se rappellent même pas de mon prénom. [...] Il y a un vrai problème de communication. J'ai dit que je ne voterais plus [aux élections annuelles du président de l'association] pour le président de l'association. Je ne l'aime plus. Il ne communique pas. Je ne veux plus voter pour lui. Et Raluca m'a dit : « Mais non ! Tu ne peux pas dire ça ». Je lui ai demandé pourquoi ? Elle m'a dit : « Parce que tu dois représenter les volontaires. » J'ai dit : « D'accord, je vais demander leur avis à tous les volontaires, et alors on verra. » Le problème c'est qu'ils le voient toujours trop haut, ils disent : « Ouaouf ! [elle ouvre les paupières en grand et agite ses bras de bas en haut]. »*

Les propos de Roxana (PICB) découvrent sous un autre angle la mise en cause des coordinateurs. En interprétant sous l'angle de l'exploitation – affirmation redondante – les pratiques de ces administrateurs, elle met à mal leurs volontés de concrétiser, de renforcer leur légitimité à occuper une position ascendante. La primauté de la relation de proximité avec cette catégorie d'acteurs est, pour elle, le seul moyen de pallier la rétention d'information qui est pratiquée, ce dont se plaignent maints volontaires et

---

[1] Luciana, âgée de 24 ans, est une amie de Raluca qui est employée pour l'assister pour un programme de l'ONG. Elle possède une licence en sciences politiques et se présente comme sociologue auprès de l'enquêteur. Par la suite, elle entretiendra avec Vlad (le directeur exécutif adjoint) une relation amoureuse.

qui crée parfois des situations difficiles pour les responsables de projets. Par exemple, lorsque deux d'entre eux rédigent à quelques semaines d'écart une lettre adressée à la fondation Konrad Adenauer dans le but de participer à la même conférence en Bulgarie, l'étonnement de la fondation Adenauer quant à ce disfonctionnement interne à l'ONG provoque des réactions de crainte, d'agacement et de déception. L'image publique de l'association, son mode d'organisation et son professionnalisme en sont exceptionnellement affectés.

Les accusations de Roxana prennent pour cible les pratiques et les formes de justification des coordinateurs. Car, si pour ces administrateurs de l'association l'investissement de tous est nécessaire, Roxana voit dans leurs comportements une forme d'appropriation injuste des efforts fournis par leurs subalternes. En outre, ses propos dénoncent l'écart entre les relations telles qu'elles sont décrites par les coordinateurs et la façon dont elles sont perçues par les volontaires. La volonté de conserver l'information hors de portée d'autres acteurs lui donne une matière qui confère plus de force à son propos. C'est un exemple pertinent parce qu'incontestable ; c'est une pratique qu'aucun ne peut nier. Plusieurs responsables de projets tenteront d'empêcher en vain l'enquêteur d'avoir accès aux classeurs où sont recueillies les demandes de financement de l'association, alors que tous les accords préalables nécessaires lui avaient été assurés par la direction de l'ONG. La récurrence du problème s'est révélée telle que la direction a dû prendre les mesures qui s'imposaient ; parmi les trois objectifs centraux fixés pour la période 2006-2008, le second visait à : « *Accroître les capacités institutionnelles d'APD en ce qui regarde l'organisation et la communication internes.* »

Les témoignages des volontaires et leurs pratiques montrent une volonté de transformer les rapports de force avec les responsables de projets. Leurs plaintes et accusations visent la distance hiérarchique produite par ces derniers, leurs comportements envers leurs subordonnés qui sont en contradiction avec les normes que devrait observer cette entreprise de démocratisation. La construction idéologique de relations basées sur l'investissement de chacun est une tentative – en situation d'échec relatif – pour légitimer les notions liées aux programmes de démocratisation tels qu'ils sont menés, puisque c'est pour ces idéaux que chacun est censé adhérer à l'ONG et à ses projets. L'écart existant entre les comportements réels et les comportements idéaux forme le motif principal des accusations formulées par les volontaires à l'adresse de leurs supérieurs hiérarchiques. La cristallisation de cette dynamique des conflits s'appuie sur le projet de

« démocratie interne ». Il s'agit d'un instrument de gestion des ressources humaines – prévalent dans les ONG et importé du monde de l'entreprise – dont le sens peut-être manipulé, détourné pour appuyer la contestation. On peut aussi voir que la mise en place de notions, perçues comme intrinsèquement positives et universelles, tel le volontariat, se heurtent dans la réalité à des pratiques de hiérarchisation, d'insertion contradictoire des acteurs dans des champs sociaux différenciés, et ce même quand ils désirent fortement être impliqués. Les volontaires observent et contestent leur mise à l'écart continue des informations relatives aux projets de l'ONG. Ce qui est fondamental dans cette mise en question, c'est aussi la relation avec la direction de l'association, direction qui, en la personne du président, représente une médiation avec l'étranger et donc une proximité des étrangers. Cette dimension apparaît plus clairement dans le cas des fractions supérieures de l'organisation. Penchons-nous sur cette catégorie d'acteurs avec ses différentes caractéristiques.

La fragilité des positions subalternes et l'impossible mis à distance avec les volontaires

Les opérations conduites par l'ONG nécessitent la mobilisation de volontaires, ce qui induit la nécessité d'une proximité avec certains membres du centre national de coordination, notamment Raluca (CB) et Petre (Technicien en systèmes informatisés — TSI). Or, pour les coordinateurs, l'enjeu de la construction statutaire sied dans cette mise à distance ; cette dialectique est constitutive des relations entre ces deux catégories d'acteurs. Revenons à Roxana (PICB) embauchée au cours de l'enquête pour un emploi à mi-temps, rémunéré à hauteur de 100 dollars par mois — salaire qu'elle juge insuffisant pour les efforts qu'elle fournit dans l'association, Roxana estime toutefois que sa situation s'améliore : elle a débuté comme bénévole dans l'association : ensuite, elle a été promue présidente intérimaire du club de Bucarest, puis devenue salariée, s'est élevée dans la hiérarchie jusqu'à devenir proche des coordinateurs et surtout du président [1] qu'elle critiquait il y a peu encore. Ses propos sont exemplaires de ce changement de statut : *« Je me suis réconciliée avec notre ami [le président d'APD]. Je n'arrête pas de l'appeler quand j'ai besoin de lui et à chaque fois il dit : « Je suis vraiment désolé, je vais m'en occuper tout de suite. »*

---

[1] Elle continuera sa progression jusqu'à la direction de l'organisation.

Alors que cette jeune femme, quelques semaines auparavant, exposait à l'enquêteur ses griefs vis-à-vis du président de l'ONG, son rapprochement avec Dimitrie a provoqué un changement fondamental de sa conception hiérarchique : alors qu'elle voyait chez les volontaires, qu'elle fréquentait le plus souvent et soutenait avec enthousiasme, des comportements d'évitement des coordinateurs en réponse à leur malhonnêteté, ses appréciations s'inversent proportionnellement à cette distanciation : « *Oh! Tu sais j'écoute leurs discussions [Mattei, Ion, George] et c'est... ils ont des discussions stupides. Je ne sais pas pourquoi, avant je ne réalisais pas.* »

La promotion de Roxana dans les structures de l'association entraîne un double renversement de perspective. Alors que, dans la position qui était la sienne à l'antenne de Bucarest, elle considérait légitimes certains comportements des volontaires qu'elle mettait en relation avec les « manipulations » des administrateurs de projets et les inattentions du président, dans sa nouvelle position, ses griefs envers les fractions supérieures de l'organisation s'estompent, disparaissent et, par conséquent, elle émet des propos négatifs sur ceux-là même qu'elle dirigeait et soutenait quelques semaines auparavant. À travers la versatilité de ce personnage se manifeste une modification de l'assise légitime des pouvoirs. En tant que présidente de l'antenne de Bucarest, elle devait dans la direction des bénévoles privilégier le contact et occupait la position de médiateur avec les administrateurs de projets. Entrée dans la position de salariée, c'est-à-dire dans le « noyau dur » de l'organisation, son rapprochement avec le président devient un mode normatif d'identification à une position de proximité avec l'étranger occidental.

Continuons avec Raluca (CB). Âgée de 29 ans, elle est de par sa fonction la coordinatrice la plus proche des volontaires. Cela fait quatre ans qu'elle travaille à l'association. Originaire d'un village à proximité de Pitești, elle a été orientée vers ce travail par son amie Mirela qu'elle a rencontrée à la faculté de philosophie. Mirela quittera la position de directrice adjointe de l'ONG pour la structure locale du NDI au début de l'enquête, tout en restant membre du conseil de l'organisation. Toutes deux ont en commun ce cursus universitaire et un diplôme de philosophie. Mais à la différence de son amie Mirela, Raluca ne parle aucune langue étrangère, ce qui dans un pareil milieu social constitue indiscutablement un lourd désavantage puisque les formations et les documents sont la plupart du temps en anglais. Raluca est dépendante de ses collègues pour suivre les séminaires, et des volontaires pour les traductions de bilans de programmes en anglais. Elle souligne que sa venue à APD n'est pas le fait d'un souhait personnel, ce qui expose sous un autre jour ses motivations initiales : « *Il n'y avait pas de travail pour la philosophie. Alors j'ai dû changer. Ici, je suis très sollicitée.* »

Il s'agit donc moins, pour Raluca, du choix d'un idéal que d'une manière d'assurer sa subsistance par un emploi. Et elle ne cache pas qu'elle aimerait une rémunération plus élevée.

Les entretiens réalisés avec cette responsable de projets se sont révélés d'une difficulté extrême : celle-ci s'autocensurait sans discontinuer. Les premiers mots que j'entends de sa part, sans même lui avoir posé une seule question, en sont le prologue : « Je n'ai confiance en personne. » Quelques secondes plus tard, elle ajoute : « Je ne suis qu'une petite paysanne. » Cette dernière phrase manifeste une stigmatisation intériorisée. Le « paysan » est en effet une figure dévalorisée par une tendance de la presse autant que chez certains politologues nonobstant la structuration des rapports politiques dans les villages et leur articulation à des niveaux politiques intermédiaires, urbains et nationaux en Roumanie. Il semble assez clair qu'elle manipule ce stigmate pour refuser l'entretien. L'amphigouri qu'elle livre à l'ethnologue est extrêmement déstabilisant tant il est difficile de repérer ne serait-ce que des phrases dans cet échange. Ce repli défensif s'explique par l'aspect contradictoire que soulève l'enquête pour elle : d'un côté, elle ne peut refuser un entretien, ce qui risquerait de la marginaliser par rapport à ses collègues de même statut et de la direction, et ce qui l'empêcherait par conséquent, d'asseoir clairement son statut de coordinateur ; d'un autre côté, le risque qu'elle encourt dans l'entretien est que certaines dispositions relativement fictives liées à l'organisation soient dévoilées. L'enquêteur étant présent sur le terrain et dans l'ONG, les pratiques et les propos se doivent d'être plus adéquats à la réalité. Elle sait par exemple qu'il est difficile de soutenir, comme elle l'a fait au début de l'enquête, qu'il y a 200 volontaires alors qu'elle passe de longues heures à téléphoner à ces mêmes volontaires pour pouvoir en mobiliser une vingtaine le lendemain. Son embarras est perceptible, l'enquête ayant involontairement mis à jour cette distorsion entre les propos et la pratique des acteurs, cette obligation de maintenir une fiction démocratique.

Ses considérations sur les volontaires sont ambivalentes. Elle estime qu'ils sont « formidables » tout en leur adressant des critiques ouvertes. Contextualisons les scènes de l'enquête au cours desquelles ces propos, apparemment antinomiques, ont été relevés. Au cours de la collecte des signatures pour le vote uninominal, Raluca, coordinatrice la plus présente sur le terrain, se devait de ranger banderoles, tables et autres documents en fin de journée, et pour cela elle est quasiment seule, et ne bénéficie que de l'aide des volontaires. C'est là qu'elle dira à l'enquêteur à haute voix après avoir demandé préalablement aux volontaires comment exprimer son sentiment correctement en français : « Les volontaires sont formidables ! » Il faut apporter quelques précisions sur les circonstances de cette déclaration. Dans cette situation, Raluca s'est vue dans l'obligation d'ordonner aux volontaires de l'aider, ce qui la place dans une position de supériorité, mais une supériorité fragile. Elle partage en effet avec les volontaires cette même activité et, de surcroît, elle se voit exposée aux risques, bien réels, d'un refus de se plier à ses ordres. Lorsque ceux-ci suivent ses directives, lorsqu'ils reconnaissent l'autorité de Raluca ce rapport s'inverse. D'ailleurs, ses propos flatteurs et peu coûteux ne sont pas tant adressés à l'enquêteur qu'aux volontaires. En revanche, lorsque les volontaires répondent par la négative à ses sollicitations, les relations prennent une forme différente. Donnons-en un exemple parmi d'autres.

En début d'après midi, nous discutons avec une étudiante sur le balcon de l'association. Dana explique qu'elle est débordée, les examens arrivent et elle doit travailler pour financer ses études (inscription à la faculté et location d'un logement à Bucarest). Elle travaille le soir pour une radio, un travail pour lequel elle n'a même pas la certitude d'être rémunérée. Survient alors Raluca, qui, après avoir interrompu notre discussion, d'emblée se fait très prescriptive : « *Tu viens avec nous demain. Non, répond* Dana, *je ne peux pas, je dois faire mon travail de licence et je travaille ce soir...* » Elle est interrompue par Raluca qui insiste : « *Tu dois faire quelque chose pour l'association. Je ne dis pas que tu ne fais rien pour l'association. Mais nous devons trouver des signatures. Bientôt, le programme sera terminé. Je ne dis pas que tu ne fais rien pour l'association, tu fais déjà des choses. Si tu ne viens pas nous ne pourrons pas réussir.* » Non sans maugréer, Dana acquiescera.

La détermination avec laquelle est intervenue Raluca, sa volonté de convaincre, voire d'ordonner, peuvent apparaître comme l'illustration d'un rapport de subordination. Dans un sens, il s'agit bien de cela. Cependant, il est tout à fait significatif que Raluca soit contrainte de faire preuve d'une telle insistance auprès de Dana en mettant en cause le rôle de cette volontaire : par là, Raluca révèle en effet la fragilité de son statut puisqu'elle se voit contrainte de rappeler à la volontaire des règles qui ne sont que formelles et que cette dernière peut défier à tout moment. Raluca rappelle la volontaire à « son devoir » en introduisant une dimension morale de l'engagement « militant » et « volontaire », (devoir de participer) qui est d'ailleurs inverse de ce qu'elle exige. Elle tente de faire coïncider à son avantage son injonction avec une morale de l'engagement bénévole. Elle montre, de cette façon, que l'action des volontaires ne saurait être abordée comme une manifestation de spontanéité démocratique. Les autres responsables de projets n'ont pas besoin de tenir ce type de propos avec les volontaires. En effet, Raluca, à la différence des ses collègues, ne peut se permettre de prendre des distances trop importantes avec les volontaires puisqu'elle a besoin d'eux pour mener à bien les projets de l'organisation dont elle est responsable. Elle est en fait prise dans un rapport contradictoire entre sa position au plus près des volontaires, pour des raisons de division du travail, et l'obligation de les soumettre à une relation basée sur la reconnaissance de son statut. Raluca montre bien dans ces propos combien la séparation avec la catégorie subalterne de l'association est une construction fragile; elle essaie d'asseoir son autorité dans une position caractérisée par l'impossibilité d'assurer pleinement une mise à distance des volontaires. Puisque ces volontaires sont pour leur part soumis à d'autres logiques, ses capacités d'influence sur cette catégorie d'acteurs restent incertaines.

À plusieurs reprises, elle tentera d'enfermer l'enquêteur – cet étranger qui entretient des relations soutenues avec le président de l'APD autant qu'avec les volontaires et les coordinateurs – dans une position de volontaire. Elle essaie par-là, consciemment ou non, de replacer l'enquêteur dans une position dominée. C'est ainsi que l'on peut comprendre les premiers et les derniers mots qu'elle exprime à plusieurs mois d'intervalle : « Tu dois faire une demande de bourse pour être volontaire. »

Raluca est l'exemple le plus palpable d'un malaise dans la construction d'une position positive qui lui permettrait d'assurer une reconnaissance sociale découlant de son travail dans l'ONG. Dans la configuration abordée, son travail avec les volontaires l'en empêche. De ce fait, elle craint d'être rejetée plus loin à l'écart de la direction. Ses suspicions sont plus larges et concernent tous les membres de l'association.

On peut interpréter sous cet angle le fait qu'elle ne partage pas les informations liées aux programmes de l'organisation : en bloquant l'information, elle maintient les autres acteurs à l'écart des programmes de l'organisation et conserve, par ce truchement, une relation de plus grande proximité avec la direction, les institutions et les normes du dominant étranger puisqu'une large partie de la documentation se rapporte aux bailleurs. Les plaintes de certains volontaires (cf. l'exemple de Mihai) sont basées sur des intentions réelles et même l'enquêteur en fera l'expérience.

Enfin, il est exemplaire que Raluca ne voit « quelque chose de positif » que dans la décoration qui lui a été attribuée par un organisme de l'UE au nom d'APD. Mais cette décoration a été partagée avec Oana (CE), future épouse du directeur exécutif (Daniel), qui est chargée des relations extérieures de l'association. Autrement dit, la récompense d'un organisme étranger qui distribue et accorde des labels de « bonne » conduite démocratique ne se réalise que par l'intermédiaire d'une autre coordinatrice (Oana) qui fait couple avec le directeur exécutif.

La tentative de maintenir des références démocratiques autour des valeurs de partage de la mission commune de « démocratisation », « d'amélioration » de la situation, qui est surtout le fait des coordinateurs, semble délicate. Elle l'est d'autant plus que l'une des administratrices de projets met à nu les amphibologies de ce mode de fonctionnement.

Agée de 26 ans, née à Bucarest, Rodica est une jeune femme à la longue chevelure noire et au teint blême. Elle est chargée des relations avec le Parlement (CP). Elle raconte son parcours en ces termes : « *J'ai fait mes études à l'université des études politiques et j'ai eu une post-graduation en communication. J'ai travaillé comme volontaire avec Save the Children pendant 3 ans… J'étais une simple volontaire. La dernière année, ils ont établi un centre pour les volontaires et je voulais changer de niveau. Je n'étais pas psychologue et je voulais m'intéresser aux institutions politiques. C'était difficile de faire ça à Save the Children. C'était très bien, j'ai appris beaucoup de choses. À un moment, j'étais la plus expérimentée des volontaires. Il y avait des avantages. Moi, je visais le résultat. Après, j'ai participé à un inter-programme avec Save the Children et APD et, à la fin du programme, j'ai eu une proposition. J'ai d'abord été assistante pour les programmes et après coordinatrice pour l'observation des élections, et maintenant je coordonne les relations avec le Parlement.* »

Rodica fait ici l'impasse sur son passage par un stage préalable dans les institutions du gouvernement par le biais des programmes d'APD au sein d'une institution d'interface entre le gouvernement et la « société civile [1] » où travaille l'épouse du président d'APD. Elle gomme cette évolution progressive et fait valoir de cette façon sa différence avec les autres membres de l'organisation. Cette volonté de se distinguer sur la base d'une ancienneté et de réseaux de relations sociales avec d'autres professionnels est un premier indice qui sera confirmé tout au long de l'enquête. Selon Lucian, un

---

[1] Abordée à la toute fin du second chapitre de cette partie.

ancien volontaire, aujourd'hui chargé de diffuser la revue électronique interne à APD, Rodica (CP) est le « mouton noir » de l'association.

Les avis négatifs des responsables de projets et des volontaires à propos de Rodica sont très nombreux. Adina, secrétaire de direction (SD) à *Pro Democraţia*, donne un exemple tranché : « *Elle m'a demandé d'avoir un cours avec des étudiants, je l'ai préparé et j'étais très excitée pendant un mois ou deux je ne sais plus. Après ça elle n'a rien dit. Ensuite, elle a dit que j'avais donné un cours à des étudiants et les autres collègues ont demandé si c'était vrai. J'ai dit : « non ! »* [puisqu'elle n'avait pas donné ce cours] *Et après elle n'a rien reconnu et j'étais en mauvaise position. Et notre chef ne savait pas qui mentait. De toute façon, Rodica, on peut dire qu'elle ne travaille pas du tout, tout le monde observe mais personne ne dit rien.* [...] *Elle a eu des accidents quand elle était petite et elle n'est pas normale depuis. J'ai l'impression qu'elle vit dans un monde parallèle, qu'elle est mythomane. Elle ment et elle croit ce qu'elle dit. Nous avons eu un séminaire très important pour l'association avec le Centre de ressources juridiques. Rodica avait du travail à finir et elle ne l'a pas fini et elle a dit que c'était quelqu'un d'autre. Elle a dit que c'était de la faute de l'autre organisation. L'autre organisation a répondu que c'était de la faute d'APD. L'image de l'association a été détruite par Rodica et les gens de l'association savaient que c'était de sa faute. Il y a eu un conseil après cela. Oana a essayé de lui faire comprendre que c'était sa faute, mais Rodica a dit que ce n'était pas sa faute. Daniel lui n'a rien dit.* »

Nous pourrions multiplier ce type de témoignage visant le comportement de Rodica [1]. Les pratiques de cette employée vis-à-vis des volontaires sont aussi peu appréciées par ces derniers. Elle intime avec véhémence l'ordre de tenir le silence complet ; elle leur amène des traductions qu'elle est censée réaliser. Elle présente à l'une de ses amies anglaises la présidente intérimaire du club de Bucarest (Roxana) comme une « simple » volontaire, et celle-ci lui répond par un regard d'un mécontentement prononcé. Rodica tente de cette façon d'effacer les différentes positions que peuvent occuper certains volontaires, comme Roxana qui participe avec d'autres ONG à l'élaboration de revues, à la publicité de l'organisation sur les ondes radio et gère, avec aisance et tact, une partie des travaux des volontaires en s'attirant une certaine sympathie de leur part. En nivelant les efforts et l'investissement différenciés des individus, elle enlève toute légitimité aux caractéristiques qui constituent la

---

[1] Pendant le mariage d'Oana et de Daniel, une ancienne responsable du service de gestion de l'ONG dit en anglais à l'enquêteur en discussion avec elle et Rodica : « *She* [Rodica] *hasn't screw you... Not yet ?* ».

base d'une première forme de reconnaissance d'une position qui s'approche de la sienne à APD. Elle nivelle les positions des autres membres de l'association et, en particulier, elle confisque leur réussite aux quelques volontaires les plus investis afin de consolider son propre statut. Ce faisant, elle nie la qualité de leur engagement. Pourtant, Rodica n'a de cesse de mettre en avant les volontaires, mais en se tenant toujours dans une position de supériorité, de détentrice de connaissances : « *On a des liaisons avec les étudiants, beaucoup d'entre eux soutiennent ce programme et ont une attitude ouverte. Au début l'institution [l'État] n'avait pas de jeunes personnes et… Nous préparons le futur. Le présent des jeunes est menacé. C'était important de pouvoir les convaincre. D'un autre côté, les étudiants ont commencé à parler avec d'autres étudiants. C'est fascinant de voir le gouvernement écrire à la même table que toi. […] Au début du programme [d'intégration d'étudiants dans les institutions d'État] nous devions nous occuper de centraliser toute la région (de l'Est de l'Europe) et, en Ukraine par exemple, ils parlaient mal l'anglais. On leur a montré comment faire, et aujourd'hui ils savent faire tout leur programme [indépendamment].* »

Si l'on prend un point de vue plus général, Rodica remet en cause le mode de communication de l'ONG ou, plus exactement, elle dépasse la configuration habituelle des relations entre les volontaires et les coordinateurs qui est basée sur une dialectique de la proximité – en accord avec la nécessité idéologique et pratique d'intégrer de « jeunes » adultes à l'association dans le respect de l'image que l'ONG veut donner d'elle-même – et un éloignement nécessaire pour fonder une frontière entre la catégorie supérieure des employés et celle de volontaire. Toutefois, Rodica dans ses attentions, gestes et propos, fait preuve de son autorité de manière ostentatoire, parfois avec mépris, ce qui est antinomique d'un discours sur le volontariat tel qu'il est présenté dans l'association. L'image extrêmement négative que représente Rodica, qui n'est jamais assumée dans des discussions en face-à-face avec elle, puisque à l'ONG personne ou presque ne reconnaît un conflit qui serait contraire aux principes de la « bonne entente démocratique », est aussi renforcée par ses erreurs dans ses rapports avec les organisations extérieures de l'ONG. Ses maladresses relaient cette image sur un plan externe lorsqu'elle met en jeu le sérieux d'APD par rapport à d'autres ONG, ou même par rapport à l'État, ce qui peut s'avérer dangereux car, si les relations entre ONG peuvent être basées sur une coopération, la concurrence les touche aussi tant dans leur volonté de s'approprier un espace symbolique pour que leur discours soit publiquement entendu que dans l'obtention de fonds.

Rodica est une figure symbolique bien particulière. Elle fait voler en éclats la bienséance des relations sociales, lisse toutes les aspérités morales entourant les rapports hiérarchiques et montre la violence voire la brutalité des rapports sociaux sous un jour éclatant. On pourrait dire qu'elle crée un moment de vérité.

Lorsque Rodica quittera l'association, après avoir obtenu un emploi à USAID-Roumanie, des manifestations de soulagements seront visibles. Ces réactions proprement hors du commun à APD, outrepassant elles aussi les règles de la bienséance, correspondent au caractère exceptionnel du comportement de Rodica.

Passons à Petre (TSI). Ce jeune homme âgé de 22 ans est né à Bucarest. C'est par le biais d'un programme qu'il est entré en contact avec l'organisation. Grâce à sa réussite à un concours basé sur un questionnaire sur la Constitution, il a pu bénéficier avec dix autres lycéens d'un séminaire à Sinaia [1] intitulé : « *État, pouvoir et droits de l'homme pour les administrations publiques et locales.* » À la suite de ce séminaire, pendant un an et demi, selon ses dires, il ne s'est pas préoccupé de l'organisation. Puis, il a été rappelé par l'ONG pour surveiller les élections de 2000. Ensuite, il est devenu président du club de Bucarest. Après cela, il a résilié son contrat de président du club de Bucarest car une règle interdit le cumul des positions de direction. Il omet, peut-être sciemment, de dire que son poste à mi-temps (TSI) est rémunéré, ce qui n'était pas le cas dans sa position précédente. Son embauche correspond à la démission d'un salarié qui avait trouvé un emploi mieux rémunéré ailleurs. Il a aussi été choisi parce qu'il était déjà inscrit dans la structure de l'organisation. L'association avait essayé entre-temps de faire intervenir des entreprises pour résoudre des problèmes électroniques, de réseaux intranet, etc., ce qui a laissé à APD le souvenir d'une expérience difficile. Petre étant alors étudiant en électronique, son profil paraissait adéquat pour ces travaux manuels. Il changera un an plus tard d'orientation universitaire, même s'il est toujours préposé aux mêmes tâches, optant pour la faculté de sciences politiques où il suit depuis désormais plus de deux ans les séminaires du président d'APD. Ce choix correspond assez clairement à

---

[1] Cette ville touristique située sur la route de Braşov est l'un des lieux privilégié pour les séminaires d'ONG, de *team building*, pour les entreprises européennes, pour les réunions gouvernementales et même pour des associations scientifiques.

une perspective d'avenir liant la professionnalisation à l'ONG avec l'investissement dans les études supérieures.

Petre était le second membre du centre de coordination présent dans les rues de Bucarest lors des collectes de signatures. Il manifestait une sorte de dédain, restant la plupart du temps les bras croisés à l'écart des volontaires qui abordaient les passants. Cependant, il entamait facilement quelques discussions près de la table où étaient centralisés les documents et signatures recueillies, n'hésitant pas à répondre aux personnes qui demandaient des précisions. Cette marque distinctive de comportement est à interpréter sous l'angle du refus de l'assignation dont Petre est l'objet : assignation à une position de proximité des volontaires et à une mise à l'écart de la direction qui, à l'exception du cas de Raluca, restent pratiquées dans l'ONG. Petre modifie cette assignation pour se présenter dans une position d'ascendance par rapport aux volontaires.

Ce n'est pas là la seule règle d'exception réservée à Petre : son emploi du temps est affiché à l'entrée de l'association sur ce grand tableau où se côtoient des articles de journaux et le courrier interne à l'organisation. Cette présentation mise en avant, visible par tous, est le signe d'une volonté d'appliquer plus fortement la coercition et la surveillance. C'est aussi une façon de soupçonner le travail de Petre. Ce personnage fait l'objet d'un traitement particulier. S'il est salarié et responsable dans le cadre du réseau, dans les faits, il n'est pas vraiment considéré comme un membre de la direction de l'ONG. Dans ce sens, on peut noter qu'il n'y aura aucun communiqué de presse lorsque le site internet de l'organisation, amélioré par Petre, sera récompensé par un concours national d'informatique. Ceci serait revenu à reconnaître la qualité du travail de Petre et ses compétences, cet homme à la position ambiguë entre un salarié et un volontaire. Enfin en 2005, il préférera partir en échange interuniversitaire en Italie pour y suivre des études de sciences politiques plutôt que de se concentrer sur son travail à l'ONG. Ce qui transparaît à travers cet exemple, c'est que les normes que les coordinateurs tentent d'imposer en tant que consensus dominant apparaissent lézardées par des logiques contradictoires, et par leur volonté de consolider leurs positions. Or le dépassement de cette situation leur impose la mise en œuvre de pratiques qui remettent la légitimité qu'ils tentent de s'approprier. C'est une utopie qui cherche son impossible réalisation. Adina que nous avons déjà évoquée permet aussi d'illustrer ces tendances.

Originaire de Bucarest, la secrétaire de direction de l'organisation est âgée de 25 ans. Elle est en cinquième année d'études de communication et administration. Elle travaille à APD depuis trois ans. Sa rémunération s'élève à hauteur de 180 dollars par mois. Elle explique son embauche dans l'ONG : « *Ma sœur est venue ici. Elle voulait être coordinatrice de projet mais, après qu'elle ait vu la fiche du poste, elle n'a pas voulu travailler ici. Elle a dit qu'elle avait une sœur, moi, qui était prête à travailler ici. Et, après j'ai eu l'emploi.* »

Elle ne parvient pas bien à définir le profil du poste qu'elle occupe et ressent une sorte de distorsion dans les activités qui lui incombent : « *Ma position est assez claire parce que je suis employée là comme assistante de l'ancienne directrice. Mais maintenant le directeur dit que je suis l'assistante du staff, et je ne sais pas exactement ce que c'est. Je dois répondre au téléphone, envoyer des fax, faire des photocopies, faire de l'administratif et organiser des séminaires. Je fais de la traduction aussi. C'est la fiche de mon poste, mais je fais beaucoup plus en réalité. Quand quelqu'un ne veut pas faire quelque chose il me le donne.* »

D'ailleurs, sans assimiler sa position à celle des volontaires, Adina nous livre son interprétation du rôle des coordinateurs dans l'organisation : « *Ils travaillent. C'est de l'exploitation en fait. Mais il y a aussi des fêtes, des récompenses. Dans le staff, si quelqu'un à quelque chose à faire alors il le donne aux volontaires. Il y a des programmes et maintenant les volontaires vont dans la rue. Ils aident à organiser des séminaires, des conférences. Je crois qu'ils travaillent pour rien les volontaires.* »

Dans ce scénario, les coordinateurs occupent le rôle négatif d'exploiteurs. Avec de tels propos, Adina remet en cause les motivations sous-jacentes à leurs discours sur la démocratisation et leurs incessants « on peut changer les choses ». Ce qui l'amène à tenir ce discours « critique » sur les relations sociales dans l'association avec ce qu'elle nomme le « staff » : « *Ils laissent leur tasse de café partout, même sur mon bureau. Et toutes ces petites choses. Et je pense que toutes ces petites choses dans une entreprise font une différence entre les gens. Nous avons un problème de ce point de vue et je voudrais le résoudre mais je ne sais pas si c'est possible. Est-ce que tu as vu notre cuisine ? Il y a tout le temps des fourchettes sales, des couteaux, des tasses. C'est sale ! Je ne peux pas te dire que ce sont mes amis, ce sont mes collègues. Ils ont deux faces : devant toi, ils te disent de belles choses et sur ton dos…* »

Ce comportement d'infériorisation décrit par Adina n'est pas une pratique constante ; il se perçoit néanmoins après quelques semaines d'observation à l'APD. Cette volonté, inconsciente la plupart du temps, est une façon de fixer Adina dans une condition d'inférieure, de mise aux ordres des coordinateurs. La position d'Adina est assez ambivalente puisqu'elle est officiellement intégrée à la direction de l'ONG, quoique concrètement assignée à une position de secrétaire. L'attitude des coordinateurs à son égard traduit une volonté de faire passer Adina d'une position d'infériorité à la direction — c'est-à-dire de supériorité par rapport à la catégorie des employés de l'ONG — à une position d'infériorité vis-à-vis des coordinateurs. Pour le dire en d'autres termes, sûrement plus simplistes, la tentative consiste à faire passer Adina du poste d'assistante de direction à celle d'assistante des coordinateurs. Les tasses de café sur son bureau sont bien là pour attester la volonté de l'assigner à une position subordonnée, de la rabaisser au rôle de servante, de lui dénier son rôle officiel dans l'ONG, pour la désigner comme soumise au bon vouloir des coordinateurs. Notons, au passage, qu'une fiche a été accrochée sur un mur de la cuisine où sont notés les noms des personnes qui se sont acquittées de cette tâche (le nettoyage). Cette tentative s'est soldée par un échec, car rares sont ceux qui veulent délibérément être renvoyés à ce pôle négatif de domestique. Mais le volet marron plastifié affiché dans cette petite cuisine permet de masquer ces détails collatéraux lorsque des acteurs extérieurs à l'ONG (bailleurs de fonds et médias) viennent à l'ONG.

Ces différents exemples montrent les contradictions qui empêchent d'échafauder une hiérarchie des pouvoirs avec des statuts clairs. Les tentatives des coordinateurs pour instaurer un rapport de domination au nom de leur « supériorité » se heurtent à la volatilité de leur autorité réelle sur les autres catégories d'acteurs de l'association. Ils se voient contraints d'outrepasser le discours de la démocratie, de la démocratisation, de biaiser et ainsi de mettre à mal eux-mêmes la légitimité d'une position fondée sur ce langage.

Dans le cadre des rapports sociaux, on s'aperçoit que c'est la légitimité plus ou moins grande des deux catégories à assumer leurs compétences respectives, qui se joue. Dans l'association, l'organisation et le fonctionnement de la hiérarchie légale des pouvoirs reviennent partiellement aux bénévoles, en raison notamment des statuts de l'organisation qui prévoient un contrepoids aux pouvoirs centralisés par les directions locales ou nationales à travers des droits accordés, notamment pour les grandes décisions : l'élection du président ou l'éviction de membres. En se refusant à reconnaître ce droit aux bénévoles – pratique qui se manifeste par l'absence de valeur accordée au droit de vote de ces derniers dans l'association – et en tentant d'influencer les décisions qui ne vont pas dans le sens de leur intérêt, c'est-à-dire en subordonnant à leur contrôle les prérogatives légales des bénévoles, ils concourent à rejeter la procédure de gestion hiérarchique à un niveau secondaire au profit de modalités axées sur le professionnalisme et sur la base d'une allégeance à leur propre mode de classement. C'est pourquoi les critères permettant l'obtention du droit de vote sont impossibles à clarifier car laissés à l'appréciation des coordinateurs. Ce qui se joue donc, c'est l'altération de cet équilibre hiérarchique parce que la logique de professionnalisation est centrale dans l'organisation. Entre coordinateurs même, cette lutte est perceptible : les tentatives d'imposer des règlements supplémentaires, ne relevant d'aucune logique officielle, les contraintes dont Petre est l'objet, le montrent clairement.

Des relations sociales polarisées

Il convient d'ajouter qu'un autre axe reconstitue dans l'ONG au sein des rapports sociaux des éléments de l'environnement politique et social de l'association. Par le biais des coordinateurs et de la direction, s'incarnent dans l'ONG, à travers les relations sociales, leur degré de proximité et de distance, les interconnexions entre la politique et l'État, autochtones d'un côté, les étrangers « démocrates » de l'autre. On se trouve face à une construction des obédiences politiques oscillant entre deux pôles : le premier considéré comme négatif et le second comme positif, recoupant les relations internes. Des stratégies et alliances sont mises en œuvre afin de se distancer du pôle négatif et se rapprocher du pôle positif.

Nous avons noté que le président de l'association jouait dans l'ONG le rôle de trait d'union entre des aspirations localisées et un pouvoir étranger conçu comme un modèle politique supérieur. À la tête du pôle positif, le président a été promu en *leader* par les acteurs de l'association. De son côté, Daniel (DE) est parmi les employés le plus proche du président. Il est dans cette position de par sa fonction de directeur exécutif, mais aussi parce qu'il est à l'origine de la venue de Dimitrie dans l'association et que leur relation est donc beaucoup plus ancienne qu'avec tout autre membre de l'ONG. La position de Daniel est renforcée par son capital de connaissances, notamment dans le domaine des instruments de sciences politiques à usage interne à l'organisation. Ses compétences lui confèrent une légitimité certaine à occuper sa position et justifient sa proximité avec le président. Il n'est pas rare que des membres de l'organisation saluent le bon fonctionnement de ce « tandem », tout en relevant l'asymétrie des positions entre les deux hommes. Et il est vrai que les représentations en public de l'association ne sauraient leur donner tort, tant ce travail en binôme est efficace.

Au cours de l'enquête, Daniel (DE) et Oana (CE) se marièrent. C'est un changement qui vient consolider la position de prolongement que joue Oana (CE). Oana est avant tout chargée des relations avec les médias, ce qui est la composante la plus importante de son poste pour les membres de l'association. C'est Raluca (CB), proche d'Oana, qui sera la principale responsable dans l'organisation de cet événement, ce qui montre, au passage, le degré d'amitié et de confiance entre ces deux femmes. Pour Raluca, Oana représente le lien le plus solide avec le pôle positif dans l'ONG. Les réactions contradictoires de cette femme vis-à-vis de cette union, se situant entre l'angoisse et la réjouissance – ce que savent bien les membres d'APD les plus proches de Raluca –, doivent être interprétées comme la perception d'un risque de disjonction entre elle et la direction de l'ONG. Comme dans le principe des vases communicants, sa crainte est que l'union entre Daniel et Oana remette en cause et, finalement, mette en péril la relation de Raluca avec la direction de l'association par la médiation d'Oana. Même si ce n'est pas le seul moyen par lequel Raluca peut se rapprocher du pôle positif, c'est en tout cas, dans sa position, la médiation principale depuis que Mirela (ancienne directrice adjointe) a quitté l'association pour rejoindre la structure locale du NDI. L'évocation de Mirela chez les volontaires ayant eu l'occasion de la rencontrer relève très souvent de l'éloge. Elle jouait le rôle d'interrelation avec la direction de l'association. Les inquiétudes de Raluca sont indéniablement liées au fait qu'elle est toujours proche des volontaires, ce qui lui confère un rôle ne valorisant pas de compétences particulières, et que son statut est fragilisé par un manque de reconnaissance officielle. Elle possède une relation forte avec Vlad, suite à une histoire commune lorsque ce dernier était président du club de Bucarest. Depuis lors, cet homme est devenu directeur exécutif adjoint de l'association. Toutefois, sa nomination ayant été officialisée depuis peu, il est encore à la recherche d'une assise solide pour asseoir pleinement sa position [1].

---

[1] Il semble que cette quête soit à l'origine de sa volonté de soumettre l'enquête et l'enquêteur à son bon vouloir.

Tenter de disjoindre ce pôle de relations vers l'étranger, ce que font les volontaires avec récurrence lorsqu'ils essaient, ou formulent le souhait, de se rapprocher du président de l'organisation sans passer par ces intermédiaires (les coordinateurs), c'est tenter de détruire cette légitimité opérant dans le rapprochement du pouvoir étranger qui s'incarne au travers du président. Si les coordinateurs savent être avares en informations, c'est parce qu'ils entendent conserver cette proximité. Mais ils ne peuvent prétendre à une légitimité similaire à celle du président puisque la validation de son autorité repose aussi sur une stratégie d'effacement de la distance hiérarchique avec les volontaires, pratique que ni Raluca (CB) ni Oana (CE) ne sont en mesure de mettre en œuvre. Cependant, Oana semble intégrer la place laissée vide par Mirela ou du moins reprendre une partie de ce rôle de lien entre la direction et les volontaires. Un rôle que, pour une courte période, Roxanna, en tant que présidente intérimaire du club de Bucarest, aura essayé d'occuper sans succès. Ses doléances sur le manque de communication du président (notées précédemment) s'inscrivent aussi dans cette volonté de construire un lien avec le pôle positif et, pour elle plus spécifiquement, de passer par dessus l'échelon des coordinateurs.

D'autres ramifications existent. En ce qui regarde Petre par exemple, personnage qui est parfois la cible de velléités d'encadrement et de contrôle de la part de ses collègues, c'est dans sa relation avec Teodora (CR) qu'il s'approche du pôle positif. Teodora, qui a d'abord occupé le poste de secrétaire de direction, est aujourd'hui en charge du management du réseau. Elle collecte et distribue les informations sur le réseau des 25 antennes, informations qui ont été préparées ou qui seront traitées par le président et le directeur exécutif. Elle est la représentante nationale de la direction de l'ONG auprès des antennes locales et inversement, ce qui lui confère une position prééminente sur l'ensemble du réseau national. Elle est aussi dispensée, à quelques exceptions près, de tout contact avec les volontaires. Grâce à cette position, qui est le fait de la division et de l'organisation du travail, elle est l'employée la plus proche de la direction. Et ce, non seulement parce qu'il existe une distance avec les volontaires, mais aussi parce qu'elle bénéficie d'une position d'aplomb sur les antennes locales, ce qui, à ce niveau, est quasiment l'analogue de la position du directeur exécutif et du président. Elle leur reste subordonnée, mais c'est à cette direction seule qu'elle se doit de rendre des comptes. Il est d'ailleurs révélateur que les membres d'APD la qualifient, à la différence de ses collègues, « d'indépendante ». « Elle ne dépend pas des autres », disent-ils.

Teodoara se dit très proche de Petre. « Il est comme mon petit frère » dit-elle (elle a un frère cadet). Cette métaphore utilisée par Teodora des relations aînée/cadet, dans laquelle la sœur aînée protège, révèle assez clairement les relations entre ces deux personnages dans le cadre de l'association. Elle montre aussi une affiche publicitaire de l'organisation où ils sont tous deux réunis, en guise de témoignage de cette proximité. Petre, éloigné du président de l'association, bien que le président lui porte une attention visible, n'a, dans ses relations quotidiennes à APD, que peu d'atouts pour contrer les velléités de contrôle de certains de ses collègues. Même sa relation d'amitié avec Raluca le favorise peu, tant celle-ci est mise à l'écart de la structure centrale de la direction. Teodora, qui reste éloignée des manœuvres de surveillance s'appliquant à Petre, représente le lien le plus solide avec la direction de l'organisation et, de plus, elle pondère les velléités des coordinateurs par le simple fait de ne pas s'impliquer dans « le traitement de faveurs » accordé à Petre. Petre reste proche de Raluca et secondairement de Vlad, mais ces deux acteurs n'ont pas une position aussi importante que Teodora.

Le pôle négatif s'incarne dans l'organisation en la personne de Rodica, responsable des relations avec le Parlement. Les caractéristiques de son comportement soulignées par les acteurs sont semblables à celles qui sont émises au sujet du monde politique et de l'État. Désordre, mensonges volontaires, malveillances répétées, manque de professionnalisme : elle est soupçonnée et accusée de tous les maux. Le « mouton noir » (selon Lucian) a des habitudes qui irritent fortement bon nombre des membres de l'association. Par exemple, la promotion de deux de ses amies, qui sont en réalité des connaissances de faculté plus que des amies proches, dans les structures de l'organisation, est perçue comme un acte de clientélisme qui vise à lui donner une plus grande influence dans l'organisation. On reproche à ce type de pratique d'étouffer de possibles contestations (considérées comme) légitimes qui pourraient donner lieu au dévoilement du non-respect des procédures internes et des principes de l'ONG. Il lui est aussi notamment reproché de ne pas avoir assuré une partie de son travail tout en rejetant cette responsabilité sur d'autres personnes. D'ailleurs, les membres de la direction disent être intervenus pour rectifier ses erreurs.

Pourtant, le statut d'allié de celles qu'elle a fait entrer dans l'organisation n'est pas assuré. Lavina (qui travaille au service de comptabilité) par exemple, après sa période d'essai, s'est manifestement distanciée de Rodica. Il est clair que Lavina n'entend pas être redevable à Rodica. Qui plus est, certaines conditions objectives, comme son travail, la placent à l'écart des conflits et jeux d'influence [1]. Ceci implique que Rodica cherche à construire des alliances sur la base de faveurs octroyées : obtention d'un emploi à *Pro democraţia*, ou recommandation fortement appuyée. Les distances prises par Lavina sont une manière de casser l'obligation de rendre la faveur accordée et, pour être plus précis, de dénier l'importance de cette faveur et la position que Rodica s'adjuge par ce biais. Malgré ces échecs, ces façons de faire s'inscrivent, aux yeux des membres de l'ONG, dans la continuité des malveillances dont Rodica est supposée coutumière. Dans l'organisation, ses recommandations donnent un sentiment de préjudice, de passe-droit, qui ne respecte pas le jeu de « la libre concurrence » dans le recrutement. Par ses appuis personnels, elle trouble le jeu officiel d'attribution d'un poste par le travail dans l'organisation et l'accumulation de compétences, soit un travestissement des principes de l'ONG qui, officiellement, sont régis par le professionnalisme et l'accumulation de connaissances. En d'autres termes, elle corrompt les règles en vigueur dans l'ONG.

Le soupçon porté sur Rodica est perçu comme une force négative qui peut atteindre les membres de l'ONG – individuellement, collectivement – ou l'image publique de l'organisation dans ensemble. Elle est crainte et détestée parce qu'elle représente pour les responsables de projets à la fois l'ennemi et le partenaire obligé. Ils sont, du fait de l'espace restreint et de la division du travail, proches d'elle, mais s'attachent à maintenir une distance, distance qui reste mince quoi qu'il en soit. Ces tentatives d'évitement reflètent la volonté d'exclure Rodica de la direction de l'ONG et de l'étranger pour la renvoyer vers ce pôle autochtone négatif auquel sa fonction l'assigne : celui de la politique et de l'État. C'est un mode de dénégation de sa position de supériorité dans l'organisation et une manière de gérer les risques qu'elle fait courir à l'entreprise de démocratisation

Rodica, pour sa part, tente de faire la démonstration d'une relation privilégiée avec le président de l'ONG, en mettant, dans ses propos, Daniel (DE) à l'écart et en prenant pour appui un arbitrage en sa faveur du président lors d'un conflit antérieur avec l'un de ses collègues. Le conflit qui l'opposait à l'ancien responsable des systèmes de communication (précédant Petre) de l'organisation portait sur l'ouverture et le contenu de ses messages internet. Suite à l'ouverture de sa messagerie, un chantage aurait eu lieu. C'est ce que nous explique (en français) Mihai : « *Il (l'ancien responsable SI) avait fait un chantage avec Rodica, avec de l'argent. Il a ouvert sa boîte email et lui a*

---

[1] Le service de comptabilité ne rend compte qu'au directeur exécutif de ses activités.

dit : « donne-moi de l'argent. » De l'argent ? Ce n'est pas sûr. Mais il a fait pression. Finalement, il ne venait plus, ne communiquait plus. La direction a fait une lettre de démission. J'étais avec les gens qui ont fait la lettre mais j'ai pensé « ça ne se fait pas » ce qu'il a fait, mais je ne savais pas. Maintenant je pense qu'il avait ses raisons. Lesquelles ? […] C'était facile d'arriver à une telle situation. Il était plus doué que les autres. Après quelques temps, j'ai vu son ordinateur et il s'occupait des ordinateurs. Il y avait aussi une entreprise [qui était employée pour la résolution des problèmes et la maintenance de l'informatique] mais ils ont volé l'association. Après, quand il était parti, ils ont démonté son ordinateur. Le clavier – même si ça ne veut rien dire – mais le premier clavier avec les lettres roumaines, c'était le sien [clavier qu'il avait dû réaliser lui-même puisqu'ils sont introuvables en Roumanie]. Rodica, c'était la seule à avoir des emails avec qui tu peux faire du chantage. Tu peux imaginer parce que je ne les ai pas vus. »

Dans ces propos, il est tout à fait révélateur que les rôles soient inversés : la « coupable » est Rodica et la responsabilité du chantage lui incombe. Elle est la seule à échanger par messagerie électronique des messages suspects, tandis que l'initiateur du chantage, « plus doué que les autres », « avait ses raisons », supposées légitimes.

Dernier exemple : lorsque Rodica exige le silence dans le couloir avoisinant son bureau pour terminer, dit-elle, un travail écrit pour un de ses examens à la faculté, elle montre son désir de progresser et d'être encore plus compétente. Or les membres de l'ONG perçoivent cela comme un nouvel abus de la part de leur collègue qui passe ses heures de travail à réaliser des tâches dans son intérêt personnel. Cette stratégie reste donc sans effet sur la position qu'occupe Rodica.

Les deux pôles positifs et négatifs, le premier se rapportant à la domination étrangère sous l'angle de la démocratie et le second aux autorités publiques autochtones, donnent sens à une dynamique des relations sociales internes à l'ONG. C'est ce qui ressort explicitement des divers exemples abordés. Les coordinateurs tentent de stabiliser des stratégies d'alliance afin de rester proches du pôle positif soit en intégrant de nouveaux membres de l'association dans leur réseau de proximité, soit en entretenant des réseaux plus anciens. Les deux cas de figure présupposent l'exclusion du plus grand nombre. Cette relation entre l'étranger et le cadre local est centrale dans la production des rapports sociaux. Concentrons-nous avec plus d'insistance et de précision sur les représentations des acteurs qui s'étayent sur cette matrice autochtone/allochtone.

Normes allogènes, stigmatisation autochtone

Les coordinateurs forment la catégorie d'acteurs aux discours les plus encastrés dans l'idiome de la démocratisation. Le « regroupement » derrière des notions exogènes correspond à la légitimation de leur position dans l'ONG. Cet univers est donc marqué par une soumission aux normes extérieures, intériorisées par les acteurs. Cela a plusieurs conséquences au niveau de leurs représentations du monde et de leur travail. Les visions de la société roumaine, indissociables de la situation dans laquelle sont insérés les acteurs, sont largement consensuelles. Essayons de les comprendre et d'analyser l'agencement des différents éléments qui composent ces représentations à partir de leurs propos.

Si l'on interroge les membres d'APD, sur la faiblesse des résultats obtenus par les ONG, plusieurs facteurs sont mis en avant. En premier lieu, c'est le gouvernement et la situation qui se pérennise depuis plusieurs années sous sa direction qui en sont cause. Écoutons les membres de l'ONG. Rodica s'exprime dans ces termes : « *Le PSD a un bon public et de bonnes relations publiques. Je pense que c'est leur secret. Vous savez, c'est de la manipulation. Ils savent comment parler aux gens, aux intellectuels, aux ONG. Ils sont assez incohérents et adoptent des lois aberrantes. Ils font ce que demandent l'Union européenne et les partenaires internationaux.* »

Petre prolonge cette représentation en la pondérant quelque peu : « *Je dois dire que je les considère comme un vrai parti politique. Je le reconnais. Ils n'ont pas de souplesse, mais ce sont les plus forts, avec le plus de pouvoir. Mais je n'approuve pas leur politique. Mais ils ont fait des choses positives pour la Roumanie. La réforme de l'armée par exemple, pour l'OTAN aussi. Et ils ont commencé les réformes. Mais pour le programme croissant et lait* [1]*, c'était une bonne idée, mais 80 % des produits, je crois, sont détenus par les membres de leur parti. Chaque fois qu'ils viennent avec quelque chose de nouveau ils le gâchent en même temps.* »

Ion s'exprime sur les raisons du succès politique du président Ion Iliescu : « *C'est la mentalité comme je te l'ai dit. Il s'est comporté comme un père qui allait protéger ses enfants. Il était très populaire, tout le temps à la télévision. Il est très charismatique, ce n'est pas un politicien très moderne. Il y a une petite partie de l'électorat qui l'a choisi parce qu'il semblait bien. Ce n'est pas très rationnel comme choix.* »

---

[1] Le programme vise à distribuer à l'école primaire à chaque enfant un croissant et un verre de lait tous les jours. L'objectif étant de pallier à la pauvreté des familles et d'inciter à la scolarisation.

Lucian, de son côté, dresse un portrait négatif de la situation : « *La politique en Roumanie, c'est une falsification de la démocratie. Tu sais le premier ministre, Năstase, est le gendre du ministre de l'Alimentation et de l'Agriculture de Ceausescu. Dans sa maison [sous la période du communisme] il avait de la nourriture. Et après, il a fait des affaires avec des firmes qu'il avait achetées. Iliescu a été préparé dans l'école communiste et il ne sait rien faire d'autre que penser comme un communiste. C'est un autre Conducator communiste. Les néo-communistes ne veulent pas vraiment développer la société, ils veulent garder leurs privilèges. Ils font une autoroute et ils prennent 10 millions et en mettent 4 dans leurs poches. Tu sais, il y a des fonctionnaires qui gagnent 100 dollars par mois et ils ont des voitures. Le problème c'est la façon dont ils le font [la façon dont ils gagnent de l'argent] pas qu'ils aient une voiture : ils prennent l'argent public. De toute façon, les hommes politiques ne seront pas préoccupés par cela parce qu'ils ont d'autres soucis. C'est pour ça que l'on dit que la Roumanie est un des pays les plus corrompus du monde. Ils s'intéressent à l'argent, comment ils vont pouvoir être élus. Comment trouver les moyens d'obtenir et de cacher cet argent.* »

Ce que Lucian souligne est assez limpide : si la Roumanie est un des pays au plus haut de l'échelle mondiale en matière de corruption, c'est-à-dire une société déclassée, c'est à cause des hommes politiques préoccupés par leur enrichissement et leur position.

Adina assène : « *Les politiciens ont un mauvais caractère. Ils sont hypocrites, ils ont des gros salaires et ne pensent pas aux gens pauvres, à la nourriture pour eux, aux vêtements. Je n'ai jamais vu un politicien qui donne de l'argent aux pauvres. Peut-être un ou deux sur cent. Non, je n'en aime aucun.* »

À travers ces quelques extraits, on perçoit assez clairement que le gouvernement est l'ennemi principal. Dimitrie, le président d'APD, s'exprimait aussi dans ce registre. L'État, le PSD, le gouvernement et « les politiciens » reviennent dans ces discours sous plusieurs angles d'une façon tout à fait comparable avec les propos des signataires de la réforme du vote électoral. L'État y est défini par son appartenance passée et présenté comme quasiment pathologique pour la démocratie, et c'est surtout la tendance patrimoniale des agents de l'État qui revient dans ces allégations. La volonté d'enrichissement expliquerait la corruption de l'État par les politiciens, mais parfois aussi par l'ensemble des « fonctionnaires ». Les acteurs ne manquent pas d'exemples pour alimenter leur point de vue, le travail de l'association mettant à jour cette corruption de plusieurs façons depuis plusieurs années. Ces représentations sont toujours en adéquation avec le discours international qui représente une ressource renforçant les propos des acteurs.

Les propos sur la politique sont construits sur la base d'une vision interne et externe à la société roumaine. Ainsi ce tout négatif, « la classe politique », est l'un des opérateurs d'un passage à l'extérieur de la société, vers l'Occident, dans une position négative. On peut peut-être en prendre la mesure plus aisément si l'on se penche sur la similitude entre le discours critique tenu à l'extérieur de la Roumanie (sur son gouvernement, sur ses institutions) et le discours que l'on entend dans l'ONG. La figure imaginaire du gouvernement joue un rôle symbolique strictement antithétique de la médiation positive dont est investi le président de l'association en tant qu'il assure le passage sur un plan mondial (à vrai dire vers l'UE et vers les USA) d'une position inférieurisée de la Roumanie à une position intégrée. Au contraire, dans les discours recueillis, la classe politique, le gouvernement, les partis politiques (et surtout le PSD) apparaissent dans leurs relations avec l'étranger, comme les agents de l'avilissement de la société roumaine.

Cependant, le monde politique, construit comme un reflet négatif de la société roumaine, s'il peut expliquer les difficultés à mettre en place la démocratie, ne peut néanmoins être tenu pour responsable de la faiblesse de l'impact des programmes de l'association Pro-Démocratie. Du moins, c'est de cette manière que le personnel de l'ONG s'exprime à ce sujet, en se servant bien souvent de matériaux quantitatifs comme les sondages [1] qui reflètent un sentiment diffus chez les ONG-istes.

En effet, si l'on interroge les membres de l'organisation sur la difficile relation qu'ils entretiennent avec leur « public », comme dans d'autres ONG, la plupart mettent en cause la population civile elle-même, alors que l'organisation est censée la représenter, ce qui n'est pas le moindre des paradoxes. Les Roumains seraient, pour eux, atteints et représentés par une « mentalité communiste » qui les empêcherait de prendre conscience de l'importance des projets et de la « société civile ».

George, un volontaire abordé précédemment, en donne un exemple : « *Quand ils sont opposés à nos idées, je leur demande « Pourquoi ? » Ils disent : « Je ne suis pas d'accord c'est tout ». La raison la plus forte [expliquant ce refus], c'est le manque de confiance dans les politiciens. Je vois, maintenant, si tu dis : « Aujourd'hui, plus de politiciens en Roumanie », tout le monde va signer. Ils ne sont pas représentés. Tu dois retourner dans le communisme pour comprendre cela. Ils avaient le choix entre voter pour X ou pour Y et tout le monde votait pour X parce que le parti communiste leur répétait. Maintenant, ils connaissent le PSD et votent pour le PSD.* »

---

[1] Ces sondages sont réalisés par des proches des ONG ou des ONG-istes eux-mêmes.

La logique est poussée plus loin lorsqu'on questionne l'apathie des plus jeunes votants pour lesdits projets. Le personnel de l'ONG identifie alors une mentalité communiste « héritée par l'éducation ». Rodica dit par exemple : « *En Roumanie, il n'existe pas de culture de la participation. Je comprends que les gens âgés ne peuvent pas changer leur perspective. Ils ont tout appris sous le communisme et ils éduquent leurs enfants dans ce sens : « Ne faites rien, quelqu'un d'autre le fera pour vous. » C'est comme ça.* »

Cette conception s'apparente à celle d'un *homo sovieticus* resté en apesanteur au-dessus de l'histoire depuis la chute du régime Ceausescu et prend de surcroît pour argent comptant l'idéologie de l'ancien régime. Les personnes les plus insistantes sur ce point sont relativement jeunes (entre 20 et 29 ans), mais on peut aussi observer des discours négatifs sur la population pour d'autres catégories d'âge. On dénigre notamment « l'incapacité à prendre des décisions »[1] desdits citoyens. Il apparaît donc que l'inscription dans l'activité de démocratisation se double d'une stigmatisation par un mode d'accusation utilisant le passé dans le présent. Il semble que l'imaginaire de la supériorité idéologique et politico-économique des normes de la démocratisation ait pour corollaire une transposition du stigmate qu'impose cet idiome vers la population. Celle-ci est infériorisée, délégitimée par son assignation au passé communiste qui est déconsidéré ou plutôt qui est considérée comme un symbole d'un stigmate autochtone. C'est ce qui permet au personnel des ONG de prendre de l'aplomb pour jouer le rôle d'autorité et de guide paternels.

D'ailleurs, lorsque l'on interroge les membres de l'association, la majorité des acteurs en présence éprouvent de grandes difficultés à se remémorer l'histoire sous l'ancien régime. D'aucuns, parmi ceux qui insistent sur le caractère « communiste » de la « mentalité » de la population roumaine, soulignent la présence de la famille comme une protection contre l'ancien régime qui expliquerait leur méconnaissance de l'ancien régime. À cet égard, il est significatif que certains disent avoir appris ce qu'était le régime de Ceausescu après la chute du communisme. La présentation du rapport famille/communisme par les membres d'APD néglige les interpénétrations résultant de l'usage par l'ancien régime de la famille comme un mode privilégié pour imposer contrôle et encadrement dans le domaine privé, que ce soit par exemple pour la recherche d'ennemis ou les classements

---

[1] Ce type de commentaires est récurrent dans d'autres ONG également.

hiérarchiques [1]. D'un autre côté, il semble que la référence au communisme ne soit compréhensible, au niveau du discours des acteurs, que pour souligner leur implication dans « une société plus libre », « meilleure » ; bref, pour donner plus de consistance à l'œuvre de démocratisation. Leur désintérêt pour la période communiste correspond à l'empreinte rétrograde qu'elle impose puisque, corollairement, la référence à la démocratie est aussi une référence à l'Occident et à ses symboles, employés comme un signe positif de supériorité par ces acteurs. Dans ce sens, poser des questions sur un passé communiste revient à fragiliser le rapprochement avec l'Occident, ce qui pose problème pour le recueil de discours puisque, de ce fait, je remets involontairement en cause cette proximité avec l'étranger en replaçant les acteurs face à cette histoire. Ce passé communiste est toujours perçu négativement. Pourtant, il ne s'agit pas d'une référence à l'histoire en tant que telle mais plutôt à un imaginaire développé sur l'idée de communisme. On comprend aussi que la famille soit convoquée uniquement positivement comme pare-feu à l'implication dans le régime communiste. C'est là une manière de lever le soupçon de collaboration avec le régime communiste. Par exemple, Rodica assure que sa famille ne lui disait pas la vérité sur la coercition imposée par les structures de surveillance sur sa famille pour la protéger.

Ici, une représentation renvoie à une autre : l'image de l'ancien régime est accolée à celui dont on considère qu'il ne partage pas le projet de démocratisation. Cette assignation négative repose sur un procédé d'injection d'un passé réinterprété dans le présent. L'effacement de la conjoncture actuelle fonctionne alors d'autant plus efficacement que les réalités de l'ancien régime restent relativement méconnues. L'expression utilisée par Petre – « Je suis un enfant de la révolution » – montre toute la fragilité de cette représentation qui se dévoile dans cette contradiction entre le fait de ne pas connaître et/ou de ne pas vouloir connaître ce qu'était le communisme et par conséquent la « révolution » – le même acteur précisait, à propos de la chute du régime Ceausescu : « Cela ne m'intéresse pas de savoir quel diable est arrivé à ce moment là ! » – et l'assignation de cette image négative du communisme à toute personne ne partageant pas les projets de l'ONG et qui, par-là, va à l'encontre d'une reconnaissance sociale du travail de ces acteurs. Une disjonction doit nécessairement être matérialisée par ces responsables de projets pour se débarrasser du stigmate

---

[1] Voir les analyses de CÎRSTOCEA I., 2004 : « Le devoir féminin entre norme communiste et pratique quotidienne : une étude de cas »… *op. cit.*

communiste tout en maintenant une cohérence avec l'appartenance à la communauté nationale. Cela montre également la portée des incompréhensions qui constituent cette relation avec la population. Remarquons qu'en dépit de cette ambiguïté, l'accusation d'appartenance au « communisme » ou à la *Securitate* se prête d'autant plus facilement à l'usage qu'elle est couramment utilisée comme mode de dé-légitimation des positions liées à l'État ou aux partis politiques [1].

Les membres de l'ONG manifestent la volonté de se différencier de l'ensemble de la population, de s'en extirper. Ils tentent d'élaborer une image d'eux-mêmes dans une altérité avec leur propre société. Cette altérité ne repose pas sur la production d'un rapport entre deux entités égales : la construction met en lumière une expression négative et positive ; l'une inférieure, l'autre supérieure : l'une atteinte par la « mentalité » communiste inculte, qui doit être éduquée, l'autre porteuse du message de la vérité démocratique. Toutefois, ce rapport ne peut générer une pratique totalement assumée, car tous partagent une appartenance à une communauté politique qui ne peut être dépassée par une telle division.

Donnons une dernière illustration de ce rapport. Lors de l'intégration de nouveaux volontaires à APD, avant la mise en place du programme de recueil des pétitions pour la réforme électorale, un *briefing* est réalisé par Raluca (CB). Les volontaires doivent exprimer ce que leur inspirent les gens dans la rue et la différence avec « l'esprit » de l'association. Raluca dit pour commencer : « J'ai appris cela d'un Américain », ce qui, semble-t-il, dénote pour elle une certaine qualité qu'apparemment elle espère reconnue par les volontaires. Après quelques minutes, je m'aperçois que les réponses viennent des coordinateurs et de responsables du club de Bucarest plutôt que des nouveaux venus dans l'organisation. Les mots et expressions [2] utilisés pour décrire « l'esprit d'APD » sont les suivants : « *Esprit d'équipe, implication, volontariat, une autre mentalité, absence de préjugés, créativité, amitié, enthousiasme, connaissance des gens, évaluer...* » Pour la population, les gens dans la rue, les qualificatifs diffèrent assez sensiblement prenant pour certains la forme de l'injure : « *Indifférence, coopérant, empressement, idiot, pressé, sans éducation, pro-PSD, non informé, désinformé, ennuyé, l'esprit obtus, méfiant, déçu, curieux, choqué, désir d'être informé, anciens communistes (union des jeunes communistes).* »

---

[1] Les médias parlent incessamment de la « dé-conspiration » des institutions de l'État.
[2] Termes par ailleurs redondants dans les ONG en Roumanie au moins.

Remarquons que seules trois expressions sortent de ce champ de significations très négatif : « *curieux, désir d'être informé, coopérant* ». Il n'est pas moins significatif que ces trois termes sont exprimés par des volontaires.

Les différents stéréotypes relevés, qui apparaissent comme des injonctions à l'attention des nouveaux arrivants, ont tendance à former deux versants, respectivement positif et négatif, d'un positionnement par rapport à des « comportements » : la population d'un côté, et l'ONG de l'autre. Cette disposition vise à délégitimer la population comme acteur du processus démocratique et à en faire une cible de la politique d'apprentissage de la démocratie. En d'autres termes, ce procès d'accusation de la population donne à l'association toutes les « bonnes » raisons d'exister puisque si la population est elle-même pro-démocratique, citoyenne et civilisée pourquoi donc lui inculquer les normes (en termes idéologiques, de pratiques et d'attitudes) de la « vraie » démocratie ?

Le déroulement de cette espèce de rituel de passage montre également que l'organisation socialise ses membres et fonctionne dans l'idée d'une minorité éclairée légitime guidant un peuple immature.

Les membres de l'association sont également des Roumains et appartiennent à cette même population, la rupture ne peut donc être consommée : c'est ce qui explique cette volonté de différenciation des acteurs, cette insistance à produire une distance avec cet acteur imaginaire qu'est la population, lorsqu'ils ne tarissent pas d'éloge sur « l'esprit d'APD ».

Les sentiments de frustration vivement ressentis par les responsables de projets sont une manifestation de l'intériorisation d'une stigmatisation exogène subséquente à la domination des normes démocratiques. La résonance de cette infériorité se perçoit, dans leur esprit, dans le manque d'impact des projets qu'ils tentent de promouvoir dans leur société. Il n'est pas inutile de préciser que les résultats de l'action de l'ONG dans « l'opinion » de « la population » ne sont pas mesurés. D'ailleurs, ils ne sont peut-être pas rigoureusement mesurables. Il est logique que cette catégorie d'acteurs soit plus qu'une autre prisonnière de ce type de dilemme : tous travaillent pour et par les outils de la politique de promotion de la démocratie. Or, ce déficit de reconnaissance est aussi le fait d'une vie sociale plus personnelle, hors de l'organisation. Ces coordinateurs ne sont pas ou peu reconnus, selon leurs propos, au sein de leur famille ou de leurs cercles d'amis. Le manque de reconnaissance n'est pas uniquement global ; il n'est pas uniquement diffus ; il n'est pas seulement celui des ONG par rapport à la population, mais aussi celui de ses membres par rapport à leurs réseaux d'insertion hors de l'association. D'ailleurs, une large part des personnes qu'ils côtoient dans leur vie ne comprend pas ce que peut signifier cette mobilisation. De manière récurrente, on leur reproche de « perdre leur temps », selon la formule : « Tu ferais mieux de gagner de l'argent. » Cela vaut aussi pour les volontaires. George par exemple me disait : « Mon père à chaque fois que je lui parle d'APD, il me dit « bakchich, bakchich » comme les Turcs. C'est parce que je ne gagne pas d'argent. »

Cet investissement perd effectivement de son caractère « inutile » lorsqu'il est considéré comme un emploi, ou encore un lieu où l'on fréquente ses amis. Derrière les reproches sur leur investissement, se cache le fait que ce sont l'argent et la subsistance qui importent. La démocratisation est alors repoussée à un arrière-plan. La première représentation, négative, qui a été soulevée par rapport à la population est aussi renforcée dans les plages de socialisation des acteurs (principalement dans les cercles d'amis ou dans la famille) où l'argent compte davantage qu'un investissement personnel dans une organisation prônant la démocratisation.

En résumé, les acteurs ne tirent que très peu de gratifications sociales ou plus simplement de reconnaissance de leur travail. Corollairement à la récompense attendue pour les efforts qu'ils mettent en œuvre, qui n'arrive jamais ou que trop rarement, une certaine crispation s'observe tant l'objet de leur travail dans l'association pensé comme universel et, par prolongement, ne méritant pas de justification, n'arrive pas à s'insérer dans leur champ social. Ceci corrobore que le motif essentiel de l'investissement dans l'ONG s'inscrit dans la construction d'une carrière.

La rétorsion de la domination

Une dernière facette des constructions imaginaires doit être analysée ici afin de compléter la complexité du rapport à l'étranger. Si l'on peut observer que l'allégeance à l'étranger (par ses normes dominantes) ressort de manière constante de l'étude des relations et rapports sociaux dans l'organisation, de manière moins fréquente, mais non négligeable pour autant, en quelques occasions l'intériorisation de la soumission peut engendrer un vif rejet. Prenons deux exemples de formulations assez divergentes dans le but de bien cerner la subtilité de ce rapport.

Une première illustration peut être repérée dans les propos de Rodica : « *Tu vois pour la loi 544, la sociologue d'Iris, ils se sont établis avec USAID. J'ai une très bonne relation avec elle. Malheureusement, elle est très occupée. Nous faisons tout, elle ne fait qu'interpréter. Elle a tout ce qui est nécessaire pour travailler sur ce genre de données. Tu vois, il y a ce genre de frustration. Quand nous avons besoin de quelque chose d'elle il y a un très long délai, avec une ou deux semaines quand nous en avons besoin plus tôt. […] L'argent provient de l'USAID par World Learning et nous payons la sociologue d'Iris avec cet argent. C'est normal, il y a une logique. Ils doivent avoir des profits pour faire ça, et avoir de l'argent pour leur ONG. Mais ce n'est pas tout le temps comme ça.* »

Bien que Rodica accepte le fait que la circulation de l'argent fonctionne avec un « retour sur investissement » vers un réseau proche des bailleurs de fonds et l'estime comme « normal », la dépendance vis-à-vis de la sociologue d'IRIS et, autrement dit, les rapports entre commanditaires et exécutants sont perçus comme une première source d'agacement et donnent un sentiment fort d'amertume sinon de dégoût. Au sein du processus d'intériorisation de la domination étrangère apparaît un premier indice qui tend à pondérer une interprétation en termes d'allégeance pure et simple.

Roxana, de son côté, exprime de manière plus tranchée que Rodica une contestation de ce rapport : « *Tu sais, j'étais avec le type des Pays-Bas*[1] *pour le programme [de surveillance de la loi sur la transparence des institutions publiques] 544 et je voulais le registre [des demandes d'informations] au ministère de la Santé parce que j'en avais besoin pour le programme. Et il n'arrêtait pas de me demander pourquoi je voulais ce papier. J'ai fini par lui dire que c'était pour un travail à l'université, que j'en avais besoin pour écrire un rapport. Il était tellement stupide… Il m'a vraiment énervée !* »

Un paradoxe important se manifeste ici puisque les membres de l'association sont dans l'expectative d'une reconnaissance extérieure par ceux là-mêmes qui produisent ces normes. Comment dès lors expliquer cette contestation de la domination et de ses figures ?

Cette formulation met en perspective des frustrations engendrées par un avilissement trop prononcé vis-à-vis de la supériorité étrangère. On perçoit clairement ce que l'on pourrait nommer une sur-domination. Dans cette situation de rejet, apparaît un autre aspect du rapport à l'étranger. Le rapport de subordination peut en effet être inversé : il est exprimé en mettant en scène des positions symétriques, mais leur donne un contenu

---

[1] Le « type » en question est un émissaire de l'ambassade des Pays-Bas venu vérifier le déroulement d'un autre programme de l'ONG ainsi que ses activités.

contraire. On voit explicitement dans ces propos que si l'un des acteurs est assigné à la position négative que le terme « stupide » résume, c'est uniquement dans le sens où Roxana est en dehors de cette « stupidité » en se définissant en opposition à ce premier personnage. Il y a ici une inversion du rapport, une transgression de la domination lorsque le rapport de subordination dépasse certaines limites ou amène une trop grande frustration. En réalité, pour bien comprendre ce qui se produit, il faut remarquer que les normes des programmes ne sont en aucune manière remises en cause par les acteurs, ce sont les personnages qui se montrent trop dominants-dominateurs qui sont accusés. Cette supériorité n'est pas refusée pour elle-même, mais parce qu'elle remet en cause l'appropriation du projet de démocratie. Ce sont les normes portées par des étrangers qui sont irréfragables et non plus ces étrangers. Les normes deviennent des symboles détachés de leurs « porteurs ». Cette conception permet d'accuser les visages symboliques, opérateurs de la domination ou d'un excès de domination, que supportent difficilement les acteurs, sans s'attaquer à la domination centrale, c'est-à-dire à la soi-disant démocratisation. Ces normes prétendument démocratiques, étant donné les conditions dans lesquelles elles sont promues et utilisées, annihilent la revendication d'une conviction démocratique locale. Ce qui est remis en cause, ce n'est pas la démocratie, mais le démocratisme. L'idéal démocratique reste une expectative désirée et juste, quand bien même ceux qui s'en revendiquent comme les détenteurs deviennent, aux yeux des acteurs, des agents illégitimes. Cette tendance montre que la foi dans la vertu démocratique ne conserve toute sa valeur qu'au prix d'une autonomisation de ce symbole, d'une scission entre l'objet utopique « démocratie » et ceux qui s'en arrogent le monopole idéologique légitime.

6. Les vicissitudes d'un projet démocratique

> « *Toutes vos souffrances auront été inutiles, vaine votre obstination, et vous comprendrez alors trop tard que les droits ne sont intégralement des droits que dans les mots dans lesquelles ils ont été énoncés et sur le papier sur lequel ils ont été inscrits, que ce soit une constitution, une loi ou un règlement quelconque, vous comprendrez, et plaise au ciel que vous en soyez convaincu, que leur application immodérée, inconsidérée, bouleverserait la société la plus stable, vous comprendrez enfin que le bon sens commande que nous les tenions simplement pour des symboles de ce qui pourrait être éventuellement, mais jamais pour une réalité effective et réalisable.* »
>
> José SARAMAGO, 2004 : *La lucidité*, Seuil, Paris.

La société civile en Roumanie, celle qui nous intéresse et qui est représentée par quelques organisations, a émergé dans un contexte de difficile passage à la démocratie sous le poids d'un État autoritaire. De ce fait, la société civile est marquée par un anticommunisme puissant à la fois comme lieu commun idéologique, mais aussi comme mode et outil d'action collective [1]. Rapidement, les ONG ont été formatées par des institutions occidentales, ces bureaucraties de la démocratisation, elles-aussi marquées par l'antitotalitarisme.

Prise dans la catégorisation des normes occidentales, la société roumaine a été l'objet d'un traitement de développement démocratique particulier. Ce traitement a été la seule option donnée à APD qui, à l'image de la société civile, a progressivement formé ses membres dans ce carcan idéologique. C'était la seule possibilité envisageable pour s'investir dans une forme de

---

[1] On reprend en le paraphrasant un des principes théoriques de MANNHEIM K. (2006 : *Idéologie et utopie*. MSH, Paris (1929) liant la pensée et l'action collective.

militantisme, nécessaire pour des intellectuels en quête de reconversion. La professionnalisation découlant des années de pratique a engendré une relation quasiment structurelle entre les universités publiques et privées, les médias, les instituts de sondages et les ONG. Mais l'organisation, comme toutes les grosses ONG, dépend avant tout des financements. Par conséquent, elle est soumise à une programmation extérieure à la Roumanie.

Ainsi l'évolution d'APD continue et continuera de dépendre des bailleurs de fonds internationaux puisque ces derniers possèdent désormais le monopole de la parole légitime du développement, c'est-à-dire de ce que peut être le devenir pensable des sociétés. Imbibés d'ethnocentrisme, les programmes fonctionnent sur la capacité à maintenir une tautologie mettant en avant le bien fondé de leurs actions, moralement inattaquables, tout en tentant de dépolitiser ces manières d'opérer.

Les outils et procédures de démocratisation ont été intégrés par des États et sont devenus des instruments de domination internationale. Cela présuppose une généralisation de la croisade démocratique, ce qui relève déjà de l'état de fait. Plus précisément, la croisade démocratique est le résultat d'un rapport de forces sans nécessaire rapport avec une démocratisation réelle. On remarquera, par exemple, que ce n'est pas le moindre des paradoxes que de faire du principe d'ingérence transnationale une base de la démocratisation. Le penchant sur la loi, le législatif, l'État de droit entrent dans le cadre de ce simulacre démocratique qui vise à faire disparaître consciencieusement la souveraineté populaire comme principe fondateur du système démocratique. Le discours du développement démocratique permet en effet l'occultation des rapports de force sous-jacents à la diffusion d'un modèle politique au caractère singulier, et qui pourtant se voudrait universel.

Les programmes menés par APD témoignent distinctement d'une intériorisation des prescriptions des bailleurs de fonds. Être en osmose avec le cadre démocratique dominant signifie une restriction des choix par rapport à l'éventail des formes d'action possibles. Cette dépendance, sur un autre plan, place les institutions de la politique et l'État face à la difficulté de masquer le non-respect des normes démocratiques. De cette façon, l'APD arrive par son action de *lobbying* à ramener partiellement ces agents dans des marges plus proches des standards internationaux de la démocratie et des droits de l'homme. La situation se complique d'autant plus avec la forme complexe d'un État à la tendance néopatrimoniale dont la création et l'histoire sont marquées essentiellement par une capacité à neutraliser partiellement les dominations extérieures et à jouer avec ses liens de dépendance. Cependant, l'État se trouve aussi dans la situation paradoxale où il se doit d'adopter les lois en faisant bonne figure sur un plan interne et externe, lois qui ensuite se retournent contre lui en l'exposant à la sanction des institutions internationales et à la capacité de dénonciation des ONG.

L'association, du point de vue de ses rapports internes, est d'abord un univers de soumission à des instruments de domination occidentaux. Les constructions dans l'imaginaire que développent les acteurs de l'APD avec l'extérieur doivent être replacées dans le rapport qu'ils entretiennent avec les règles étrangères de la démocratisation, la Roumanie n'étant pas, dans cette grille de lecture, jugée totalement démocratique. La démocratie devient alors un élément qui leur est extérieur, qui les repousse à la périphérie notamment de l'Union européenne.

Cette position d'extériorité est analogue à une position de relégation sur la scène internationale. L'altérité qu'ils tentent de créer avec la population, cet acteur flou, peu défini, s'insère dans une opération de réinvestissement de la domination dans l'imaginaire selon l'expression de Gérard Althabe, pour donner sens à cette situation. Ici, la démocratie et les normes démocratiques forment un objet caractérisé par une extériorité, représentée par diverses médiations avec l'Occident. Les acteurs tentent de changer cette distanciation objective par des rapprochements symboliques précaires. Et cette extériorité prend la forme d'une domination aux contours indéfinissables qui ressortent peu des propos des acteurs ; la quasi-absence de justification doit être prise pour ce qu'elle est : une domination qui n'est pas justifiable, dont on peut discuter les aspects périphériques mais sûrement pas les principes fondamentaux. C'est, malgré les apparences, cette extériorité qui caractérise la domination. Il est remarquable que les acteurs ne définissent pas, qu'ils ne construisent pas ce rapport comme extérieur. Il s'agit d'une tentative d'appropriation toujours fragile et inachevée et qui est vouée à être répétée.

Les éléments constitutifs de l'extériorité de la domination n'en sont pas moins présentés comme indubitablement universels à l'inverse des porteurs de ces normes jugés parfois en des termes très négatifs. Voilà pourquoi la justification n'est pas de mise. Ne pas partager l'action présentée comme démocratique, c'est se placer du côté a-démocratique voire antidémocratique de la barrière et c'est s'exposer à l'assignation à une position honteuse, extérieure à « l'universel ».

Cette distance localisée dans l'APD entre l'Est en transition et l'Ouest idéal-typique, entre la Roumanie, les pays anciennement communistes et « la » démocratie, entre les pays intégrés à la morale (et producteurs de l'idéal qui définit cette morale) de la globalisation et ceux relégués à la marge, explique cette volonté de rapprochement.

Ce rapprochement se présente aussi comme une façon d'expier le péché que représente, dans l'idéologie globale démocratique, l'appartenance passée à la dictature. Dans ce cadre, la vie sous la dictature est considérée comme une pathologie comme le dénote clairement la notion de « thérapie de choc » réservée, aujourd'hui, aux pays postcommunistes. Il ne pourrait en être autrement à moins d'adopter une attitude de cynisme consommé puisque la mission de l'ONG consiste en une promotion de la démocratie et l'éducation de la population à la démocratie.

C'est ici que le rapprochement de l'étranger est détruit par l'imaginaire de la réception de ces idées dans la population, cette population qui forme une entité plus virtuelle que réelle, ignorante face aux idées de la « vraie démocratie » d'APD. Cet acteur vient par sa passivité imaginée, son imperméabilité aux programmes de l'ONG, détruire les efforts des membres de l'association et détruire cette volonté d'un rapprochement avec les étrangers. Le fait que les acteurs perçoivent toute forme de gratification sociale très largement comme un signe venant de l'extérieur en est d'ailleurs un indicateur probant.

Créer cette altérité avec la population renvoyée à la catégorie passée de « communiste » correspond à l'aménagement temporaire du rapport avec l'étranger. Le stigmate est transposé et le lien symbolique et réel avec les dominants est conservé. Paradoxalement d'ailleurs, les conceptions de la démocratisation et des membres d'APD aussi divergentes qu'elles puissent être estimées ont en commun de délégitimer la population, le *demos*, d'en faire une entité abstraite — objet de droits, ce qui équivaut à un refus de considérer ce *demos* comme un acteur politique de sa propre société. Il en va de même pour la question de la participation qui n'est jamais prise en compte autrement que dans un carcan idéologique dans lequel elle vient « naturellement » en déduction d'une transformation des institutions. Or, c'est, au niveau des discours, pour cette population, sa liberté, ses choix souverainement exprimés, qu'existe l'ONG. Les actions de l'ONG sont faites au nom du citoyen mais sans que la question de la délégation de son pouvoir soit posée. Puisqu'il n'est pas éduqué à la démocratie, le citoyen en gestation ne peut pas faire preuve de la compétence citoyenne exigée par un régime démocratique. C'est l'ONG qui se chargera de faire bon usage de ce droit en attendant son éclosion...

Toutefois, du côté des membres de l'association, la construction de cette relation avec la population reste délicate, elle ne peut devenir une séparation : tous les acteurs sans exception de l'ONG appartiennent à cette même population. La rupture est, par conséquent, impossible. La communauté politique nationale ne peut en effet être fracturée. Cet horizon est indépassable. La situation est un peu plus ressentie chez les responsables de projets, eux qui sont dans l'impossibilité de fonder une identité sociale strictement différenciée, un statut et une autorité solides et dignes d'une reconnaissance sociale.

L'un des rares agents qui symbolise, en apparence, le dépassement de la domination étrangère est le président de l'organisation, Dimitrie. Mais même ce dernier, en assurant cette médiation, empêche involontairement les autres membres de l'Association *Pro Democraţia* de matérialiser ce lien et de transformer le sens de l'aliénation à la domination étrangère. Il n'en reste pas moins un symbole de réussite dans les conceptions exogènes de la démocratie. Mais son autorité repose sur une insertion dans plusieurs champs sociaux complémentaires et les éléments constitutifs de cette autorité se renforcent réciproquement pour constituer sa singularité.

Une tendance peu entendue, mais bien présente, sur ces étrangers vus sous un angle très négatif, se dessine : c'est là une tentative de dépasser la situation de domination, mais qui conserve néanmoins pour objet apodictique les règles de la promotion de la démocratie. Cette tentative est forcément vouée à l'échec, car cette entreprise est toute entière tournée vers l'incorporation de ces règles. Il reste que le mépris pour les étrangers — en réaction à des comportements de mépris naïfs ou de cynisme structurel — est une autre manière de résoudre cette contradiction, mais cela ne peut se traduire par une remise en cause des normes démocratiques : une telle attitude ferait basculer les membres d'APD dans le camp de leurs propres ennemis et reviendrait à nier le sens de leur investissement dans cette entreprise de démocratisation.

Lorsque la promotion de la démocratie devient un instrument de domination revendiquée comme étant l'apanage de certains États, lorsqu'elle s'échafaude sur les rapports de force du système international, quand elle pose implicitement des pays dans la catégorie de l'immoralité a-démocratique, la promotion de la démocratie est essentiellement un instrument de pouvoir efficient et qui crée toutes les conditions d'une frustration identitaire dont les effets restent à suivre. C'est l'angle sous lequel se développe dans l'imaginaire, une oscillation entre la réhabilitation et la soumission, en prolongement de la position de reléguée de la Roumanie dans l'intégration à la nouvelle donne internationale démocratiste. Cette réhabilitation qui intervient en contrepoids du stigmate vise à produire une image de soi non souillée, mettant à distance le stigmate.

Le caractère particulier d'APD, ses activités qui prennent place dans un environnement spécifique, et l'analyse des rapports sociaux internes à l'organisation viennent d'être mis à jour. Cette enquête permet, du fait de l'originalité même du terrain d'enquête, de faire émerger l'actualité politique (terme entendu au sens large) d'une société plongée dans les changements à tous niveaux. En contrepartie, la particularité du terrain d'enquête pose un problème de limitation de la recherche : elle occulte tout un pan des « réalités sociales » en Roumanie dans la société d'aujourd'hui. En cela, nous limiter à ce terrain d'enquête nous empêcherait de développer une analyse plus ample. C'est pourquoi nous nous tournons maintenant vers un second terrain afin de compléter ce premier tableau. Il s'agit d'une zone urbaine dans la ville de la Bucarest. Entrons dans ce quartier pour aborder les différentes facettes des transformations sociales, politiques et économiques actuelles.

Figures de l'étranger, consommation et rapports sociaux dans un quartier de Bucarest

7. L'urbanisation comme forme de modernisation communiste

En Roumanie, dans la perspective du communisme, les zones « rurales » comme les zones « urbaines » devaient s'intégrer à la mise en forme d'une « société nouvelle » qui serait soumise entièrement aux structures politiques. La mise en place de ce dispositif systématique, qui a fortement participé à la perte de crédit du régime de Ceausescu sur la scène internationale, consistait en un plan de réaménagement physique (politique, urbain, économique, etc.) du territoire qui visait à la réalisation du projet de *l'homme nouveau*. Parce qu'elle était la capitale, Bucarest était au centre de ce projet à la fois en tant que dispositif de transformation de la société mais aussi en tant qu'obstacle à sa réalisation. L'opération, menée de manière extrêmement violente, avait pour but de créer un lieu d'expression du pouvoir capable de fournir un symbole monumental de sa puissance. L'enjeu était de taille puisque la ville ne possédait jusqu'alors pas de symboles capables de lui donner la forme d'un centre dominant le territoire du pays. « *La ville de Bucarest, souligne G. Althabe, a toujours eu une centralité faible, elle n'a jamais eu un centre politique fort, disons un palais, qui devienne un point de référence pour les constructions ultérieures. Même le premier roi de la Roumanie moderne a fait bâtir le château de Peleş, dans les Carpates, où il se rendait souvent. Mais le centre politique fort, qui aurait pu favoriser la création d'une identité urbaine et la cristallisation des différences par rapport au village, a continué d'être absent* [1]. » Aujourd'hui encore, la question semble se prolonger autour

---

[1] ALTHABE G., 2005 : « *În loc de concluzie, interviu cu Gérard Althabe* » [En guise de conclusion, entretien avec G. Althabe] *in* NICOLAU I. & POPESCU I., 1999 : *O stradă oarecare din Bucureşti* [Une rue quelconque de Bucarest]. Nemira, Bucarest, n° 102-103 : 367

de la construction d'une grande cathédrale dans la capitale, dont l'enjeu est la constitution d'un centre religieux, national de référence [1].

L'urbanisation de la Roumanie a été pensée comme un projet de modernisation visant à combler un retard vis-à-vis des voisins européens et des « frères communistes ». De ce point de vue, le problème de l'absence de capitale n'a pas été inventé par le communisme, mais accaparé, introduit et problématisé dans la logique de la réalisation de la dictature. La construction de la société nouvelle coïncidait avec la volonté d'élever la nation au rang de puissance mondiale et avec l'aspiration d'un pouvoir à formater, à donner une architecture à un environnement reflétant son empreinte. Toute politique urbaine, rappelons-le, est une politique de surveillance et de discipline des populations.

Fruit d'une histoire particulière [2], cette absence de ville-capitale a entraîné une gigantesque opération de transformation à la fois d'ordre physique et politique ayant pour effet une mutation en profondeur de la ville de Bucarest comme futur centre. En effet, « [...] *le régime communiste et Ceausescu ont voulu transformer la ville en lieu privilégié du pouvoir et de mise en œuvre du projet totalitaire* [3]. »

La coexistence des deux directions de développement du communisme au cours de la même période historique, en gros à partir de la fin des années 1970, fait partie d'une même logique : gagner l'indépendance sur le plan international et encadrer, surveiller et discipliner la population.

La politique d'urbanisation n'est pas univoque. Elle est constituée de plusieurs vagues d'événements et de volontés politiques qui la modifieront progressivement.

En faisant de Bucarest l'expression de l'évolution de l'État-parti et l'épicentre des modalités d'imposition et de légitimation du pouvoir, nous pouvons, en suivant le raisonnement de Cristina Bucica [4], distinguer deux phases dans l'évolution de la politique du parti concernant la capitale. Dans un premier temps, l'État-parti s'arroge les symboles historiques de la ville de

---

[1] POPESCU C., 2004 : « Du pouvoir et de l'identité : une cathédrale pour la rédemption de la Roumanie » *in* DURANDIN C. & CARNECI M., 2004 : *Perspectives roumaines. Du postcommunisme à l'intégration européenne*. L'Harmattan : 189-212

[2] MAJURU A., 2003 : *Bucureşti Mahalelor sau periferia ca mod de existenţă* [Le Bucarest des *mahalas* ou la périphérie comme mode d'existence]. Compania, Bucarest.

[3] ALTHABE G., 2005, *op. cit.*

[4] BUCICA C., 2000 : « Le centre civique de Bucarest ou l'idéologie coulée dans le béton. » Intervention aux Journées d'étude du Célat, Montréal : *Un/L'im Possible deuil du communisme en Europe.*

Bucarest. Il renforce son emprise en puisant dans un capital culturel par une élimination ou une domination ostensibles de la « tradition ». En investissant des lieux hautement symboliques, il montre sa victoire contre l'élite bourgeoise, il inscrit la supériorité de son pouvoir dans ce paysage. « *Ainsi, souligne C. Bucica, tous ces édifices, symboles d'une classe sociale et politique « vaincue » [la bourgeoisie], sont-ils rétrocédés de manière tout aussi symbolique au peuple. Le rapport à l'altérité, représentée par une classe sociale et une époque auxquelles on ne s'identifie plus, se joue donc en faveur de la construction identitaire de la nouvelle classe politique par le biais d'un réinvestissement sémantique des hauts lieux de la ville* [1]. »

Parallèlement, la construction de grands ensembles style HLM prend place dans les années 1960 à 1980, comme, par exemple, dans les zones *Militari*, *Drumul Taberei* et *Balta Albă*. Les formes architecturales de ces logements collectifs dans ces secteurs sont assez différenciées en fonction de l'époque à laquelle ils ont été bâtis [2]. Ceci suggère que le projet de création de la société nouvelle n'a pas suivi un plan unilinéaire. Cette politique avait un même objectif à deux faces : d'une part, elle consistait à amener vers la capitale de larges pans de la population issue de villes et de villages, voués à former les masses prolétaires urbaines, afin de renforcer la construction de l'univers communiste tant pour des besoins politiques que pour des nécessités économiques. Antony Todorov note l'ampleur du phénomène dans toute l'Europe de l'Est : « *Le « socialisme réel » a rapidement urbanisé et industrialisé les sociétés. De 1950 à 1970 le taux de population paysanne baisse fortement : de 80 % à 32 % en Bulgarie, de 57 % à 38 % en Pologne, de 75 % à 53 % en Roumanie, de 40 % à 18 % en Tchécoslovaquie, de 70 % à 57 % en Yougoslavie* [3]. » Ajoutons qu'il ne s'agissait pas seulement d'une migration vers les villes, mais aussi d'une transformation de localités en villes, en municipalités, et ce tant du point de vue administratif que physique.

La seconde face de cette politique consistait à fracturer l'organisation des rapports sociaux par un aménagement du lieu de résidence qui efface toute corrélation visible entre le statut social attribué sur la base de facteurs divergeant de ceux conférés par la logique de hiérarchisation de l'État-parti et le lieu géographique. Selon l'idéologie officielle, seul devait persister le rapport politique, rapport exclusif aux institutions du parti comme

---

[1] BUCICA C., *id.*
[2] Voir TUDORA I., 2003 : « Le bloc, l'escalier et la communauté rêvée » *in Arches*, t. 6 : 103-115.
[3] TODOROV A., 2000 : « À l'Est, tentatives de réformes, échec, effondrement » in DREYFUS M. et *alii*. (dir) : *Le siècle des communismes*, éd. de l'atelier, Paris : 309

ordonnancement des catégories sociales [1]. Cette élimination de « l'ancien » pour laisser place à la société communiste se perçoit également dans les déplacements des centres administratifs des villes.

Rappelons avec Georges Balandier que la société prétendument égalitaire, non antagoniste, communiste était, comme toute société, stratifiée : « *Toute société impose un ordre résultant de « hiérarchies » complexes et imbriquées, toute société assure une répartition inégale des biens, du pouvoir, et des signes exprimant le statut* [2]. » La particularité du régime communiste, c'est la volonté de s'arroger le monopole de ces signes relevant du politique pour leur donner un caractère dominant. Cependant, il convient de préciser dès à présent, car c'est là un piège très répandu, que si les structures de l'État-parti formaient, d'une part, des instruments de contrôle et de discipline, d'autre part, elles étaient aussi une voie de promotion (politique et professionnelle) et d'accès aux biens et services. Ces services et dispositifs d'assistance, dans une économie de pénurie, rendaient toute forme de déviance risquée, tant la dépendance et la contrainte étaient fortes, et favorisaient le consentement à la domination politique. « *Dans les pays les plus pauvres, rappelle A. Todorov — Bulgarie, Roumanie, Hongrie, Pologne, Albanie — l'exode rural est souvent perçu par les nouveaux urbains comme une promotion sociale. La scolarisation de masse — pendant cette période l'école secondaire cesse d'être un privilège et ouvre ses portes aux classes sociales populaires — est aussi le résultat de l'industrialisation, qui exige une main-d'œuvre plus éduquée. Pour beaucoup de ressortissants des couches sociales moins aisées, il s'agit d'une promotion sociale. Dans les pays les plus pauvres, ces mesures contribuent largement au soutien populaire du régime qui a contrebalancé le mécontentement des classes sociales, frappées par les nationalisations et les confiscations* [3]. »

Ainsi, les pouvoirs communistes se sont-ils attaqués à tous les secteurs de la société afin d'assurer le développement de la société socialiste multilatéralement développée. C'est une ingénierie incluant de manière systémique et automatique tous les secteurs de la société sous plusieurs angles, car il ne suffisait pas à l'État-parti de transformer la réalité ou de prétendre à la réalisation de cette transformation, il lui fallait également imposer la grille de lecture qui permettait de donner une forme légitime à ses propres actions et discours. La lutte pour l'imposition du pouvoir

---

[1] BALANDIER G, 1985 : *Anthropo-logiques*, PUF, Paris.
[2] *Ibidem* : 139
[3] WOLIKOW S., TODOROV A., 2000 : « L'expansion européenne d'après guerre » in DREYFUS A. & Alii., *op. cit.* : 227

communiste était aussi une lutte cognitive, une lutte visant la psyché collective. C'est dans ces conditions que le communisme allochtone, imposé par la force, représenté originellement par quelques centaines de membres, devient l'âge d'or du communisme nationaliste de la Roumanie « guidée » par un despote éclairé.

La ligne générale de ce régime politique est celle d'un communisme qui se détache progressivement de son centre de diffusion et de contrôle, en accord avec la tendance globale de légitimation nationale pratiquée dans tous les pays communistes est européens (en accord avec le Kremlin). Conditions préalables à cette lente autonomisation, en Roumanie comme dans les autres pays de l'Est d'ailleurs, la déstalinisation avait lancé officiellement une redistribution du pouvoir vers les États-partis nationaux. La prise de distance avec l'URSS et avec un modèle politique perçu comme étranger et impérialiste au profit d'un communisme nationaliste est une stratégie qui s'inscrit dans un mouvement de re-légitimation des partis communistes nationaux. Le parti s'autoproclame garant de la sécurité et de l'identité nationale face à la politique soviétique (et plus tard étasunienne) qui, par ailleurs, encourage cette production nationalitaire. Tel est le résultat du consensus entre le gouvernement roumain et le Kremlin, pour donner du crédit au parti communiste.

C'est dans la voie du national-communisme que s'engouffre la Roumanie, mais c'est surtout par une interprétation et une appropriation des instruments imposés par la ligne idéologique du « bloc » que le pouvoir va se singulariser. C'est une véritable autochtonisation du communisme qui prend place. Le projet visant à transformer totalement la société est le fruit de la nationalisation de la domination allochtone. Cependant, elle prend une forme originale en Roumanie sous Ceausescu. Revenons-y.

L'urbanisation s'inscrit dans cette politique « holistique » visant à soumettre la société dans son ensemble à l'État-parti et à son projet de dissolution/reconstruction sociétale qui s'efforce idéologiquement de faire *tabula rasa* du passé et concrètement tente une reformulation de l'image de sa propre société et de ses « traditions inventées » visant à mettre en adéquation l'âge d'or communiste, la nation roumaine et son guide.

La seconde phase de l'urbanisation peut être considérée dans cette optique de l'élimination des symboles des anciens régimes pour marquer une supériorité définitive des références au pouvoir politique en place. Celle-ci eut pour traduction la mise en place de travaux gigantesques. Le déplacement des églises « gênantes » pour la transformation de la ville [1] en donne un exemple assez frappant.

Selon la tendance actuellement dominante, Bucarest s'est constituée dans un mimétisme imaginaire des villes de l'Occident, comme une référence secondaire, périphérique, de l'Europe. Ce n'est que partiellement vrai [2]. Les dénominations de « seconde Rome » et de « petit Paris » qui lui furent assignées illustrent cette particularité. Or, dans la logique d'accomplissement du communisme roumain, l'ensemble de ces références doit disparaître et connaîtra ce destin. Le cas échéant, ils seront intégrés à la génèse du communisme national. Les références autochtones sont face « au capitalisme international » (ennemi et concurrent du communisme) de mise ; l'essence autochtone exacerbée, remise à jour par les communistes *via* le biais de manipulations multiples, doit l'emporter sur le cosmopolitisme bourgeois. Il y a une volonté de passage d'une position secondaire subordonnée à une position dominante. Ce projet nécessitera la disparition de 500 hectares du « vieux Bucarest » et leur remplacement par le Centre civique avec en son centre la Maison du peuple. Accompagnée par la politique de remboursement des dettes, cette construction va pousser la population au bord de la famine — nombreux sont les témoignages de personnes qui se remémorent la peur du froid pendant les hivers à la fin des années 1980 — et entraîner inexorablement le dépérissement de toutes les infrastructures.

Cette construction reste aujourd'hui encore l'un des signes les plus visibles de cette volonté de reconstruction centralisée de la ville autour du « monument » — dominant par sa taille exagérée — de l'État-parti et de son premier secrétaire N. Ceausescu. Il faut peu d'imagination pour voir dans les grandes avenues partant de l'assise architectonique de ce bâtiment les tentacules d'une pieuvre géante qui tente de se greffer et de s'étendre sur toute la ville, à la manière d'une structure de gestion et de surveillance politico-urbaine s'étendant à l'infini et emprisonnant toute la ville. On pourrait croire, à quelques détails près, que les mots de Karl Marx utilisés à une autre époque pour décrire une situation fort différente, ont été écrits pour décrire l'ombre de « *ce pouvoir exécutif, avec son immense organisation bureaucratique et [...] militaire, avec son mécanisme étatique complexe et artificiel,*

---

[1] Le fait qu'une partie de ces églises n'ait pas été simplement détruite, comme le soulignait Gérard Althabe, tend à mettre en lumière une forme d'intégration de l'Église orthodoxe dans la soumission à la sphère de l'État-parti. On passe d'une opposition ouverte et violente à une relation de subordination avec une marge limitée de négociation.
[2] MAJURU A., *ibid*.

son armée de fonctionnaires et son autre armée de soldats, effroyable corps parasite, qui recouvre comme d'une membrane le corps de la société [...] et en bouche tous les pores [1]. »

À la taille des bâtiments, on peut également imaginer à quel degré de folie était arrivé ce régime politique.

La Maison du peuple, qui serait le second plus grand bâtiment du monde, représente une métonymie de la volonté absolue de l'ancien régime de construire, de matérialiser son monopole de la définition de la société roumaine ; elle visait à annihiler toutes formes de relations sociales extérieures aux structures politiques de l'État-parti, notamment par la mise en place d'une homogénéité architecturale de la ville surpassée par un centre opulent symbolisant force et puissance. La ville a été transformée en apparence en une représentation de la domination du prolétariat par l'entremise de la création d'une vaste cité ouvrière. Le pouvoir avait en effet besoin d'une scène [2]. Cette impression d'ailleurs peut-être encore ressentie de nos jours.

Remarquons que la transformation de l'architecture de la ville pour lui donner une image idoine avec les plans du pouvoir a aussi été considérablement « facilitée » par la catastrophe du tremblement de terre du 4 mars 1977 qui provoqua de très graves dommages matériels et humains.

Progressivement, au cours de la période communiste, de nombreux quartiers de la ville ont disparu. Leur éradication puis leur remplacement par des immeubles assez homogènes, de piètre qualité, se poursuivirent jusqu'à la fin du régime Ceausescu. Quelques lieux de la ville ont pu survivre à l'impulsion donnée (par l'expropriation, la nationalisation, la démolition) par l'État-parti. Tel ne fut pas le cas de la zone du quartier *Tineretului* qui a été presque totalement rasée, puis reconstruite au début des années 1980, au cours de la période la plus intensive de construction [3]. Les immeubles sont venus remplacer les maisons de courée et le quartier s'est rempli d'une population qui lui était dans une très large mesure étrangère. C'est dans ce quartier que nous nous proposons d'entrer dans cette deuxième partie d'étude.

---

[1] MARX K., 1997 : *Le 18 Brumaire de Napoléon Bonaparte*. Mille et une nuits, Paris (1851).

[2] BALANDIER G., 1980 : *Le pouvoir sur scène*. Ballan, Paris.

[3] On perçoit une différence architecturale entre les premiers immeubles construits tels ceux, dans les années 1950, de *Balta Albă* et *Panduri*, suivant le modèle soviétique de *cvartal* et leurs espaces verts ainsi que les quartiers staliniens comme *Floreasaca* et les constructions les plus récentes dites de masse. Voir sur ce point TUDORA I., 2003 : « Le bloc, l'escalier, la communauté rêvée » *in Arches*, t. 6 : 103-115

Problématisation

Cette étude ethnologique est orientée vers les résidents de deux cages d'escaliers dans deux immeubles différents d'un même quartier. Deux raisons expliquent ce choix : en premier lieu, je pensais que si une amplitude de différences sociologiques significatives entre des acteurs était perceptible en fonction de leur lieu de résidence, une méthode de comparaison entre les rapports sociaux qui se nouent dans deux cages d'escalier de deux immeubles serait en mesure d'en réaliser la saisie. Or, l'enquête auprès des résidents s'est chargée de démontrer que cette hypothèse s'avérait concrètement peu pertinente, bien qu'il existe quelques nuances parfois non négligeables. L'intérêt « secondaire » de cette démarche était également de pouvoir répondre à une exigence d'exhaustivité minimale. Il paraissait nécessaire de connaître le degré de redondance des comportements, des propos des acteurs, des conflits, des formes de relations sociales et ainsi de suite. Conséquence de cette absence de différences fortes, dans cette étude, les acteurs des deux cages d'escaliers ne seront que très rarement séparés : les seules distinctions qui apparaîtront ne seront que des reflets de divergences marquées entre les deux lieux de résidence. La seconde raison qui m'a poussé à étendre l'investigation « sur » deux lieux d'enquête concerne, en plus de notre volonté de ne pas m'enfermer dans un lieu donné et de risquer d'en produire une image figée, la pérennité de l'enquête. J'ai en effet craint *a priori* d'essuyer des refus nombreux des résidents des deux immeubles de participer à l'enquête. Ceci s'est d'ailleurs vérifié très concrètement au cours de l'investigation. Une enquête est limitée par l'argent et le temps et plus particulièrement encore lorsqu'elle est réalisée dans le cadre d'un doctorat, il faut donc sécuriser son terrain de manière à pouvoir en tirer les matériaux nécessaires à l'analyse ultérieure.

L'enquête a débuté à partir de ces résidents. D'autres matériaux sont venus enrichir cette trame : les discussions menées aux marchés couverts ou simplement dans les rues avec des habitants du quartier dans les divers commerces du quartier, comme de manière quotidienne avec les vendeurs de journaux en bas de l'immeuble où réside l'enquêteur ont fourni des indices importants bien que disparates.

La démarche d'enquête mise en œuvre s'inscrit dans un ensemble problématique assez vaste pour ne pas forcer la réalité des rapports sociaux dans un contexte particulier jusqu'à leur dissolution dans un ensemble théorique trop rigide. Esquissons rapidement les lieux de constitution et les problématiques d'une anthropologie en milieu urbain. Même si notre propos ne prétend aucunement synthétiser l'ensemble des travaux réalisés en sciences sociales dans les lieux urbains, nous pouvons signaler schématiquement au moins deux « traditions » d'ethnologie ou d'anthropologie — au choix — urbaine.

Notons préalablement qu'aucune de ces deux traditions ne doit être considérée comme hermétique : les échanges et les différentes influences sous-jacentes à la construction d'appareils conceptuels et méthodologiques visant à donner une connaissance non biaisée de tels lieux d'investigation, relèvent d'une histoire complexe qui nécessiterait un travail colossal et qui, à notre connaissance, n'a pas encore été réalisé jusqu'à présent. À défaut de pouvoir répondre à de telles attentes, on peut remarquer que, de manière transversale, les différentes enquêtes en milieu urbain ont toutes pour prémisse une volonté plus ou moins prononcée de créer des instruments de contrôle et de connaissance de « mondes sociaux » dans un contexte de transformations inédites. Que cela soit à Chicago sous l'impulsion de la fondation Rockefeller ou dans les conjonctures de colonisation comme pour le *Rhodes and Livingston Institute*, cette volonté de contrôle est indéniable. Cette remarque ne vise pas à l'autoflagellation prétentieuse — loin de là —, mais plutôt à montrer que les États et différents pouvoirs politiques ont été très attentifs aux mouvements d'urbanisation d'ailleurs inséparables de l'industrialisation capitaliste. Autrement dit, l'anthropologie en milieu urbain naît dans des contextes d'enjeux politiques particuliers liés à ce que l'on nomme usuellement la modernisation. Subordonnée à ces évolutions politiques, l'anthropologie urbaine et industrielle s'est constituée graduellement dans une volonté de saisie des changements qui touchent diverses sociétés sous l'effet d'un mouvement de modernisation. C'est bien pour cela qu'elle est avant tout une anthropologie dynamique.

L'anthropologie britannique s'est tournée vers les villes construites en Afrique centrale sous l'effet de la colonisation. *« Le « Rhodes and Livingston Institute » fondé en Zambie en 1937, a accueilli de nombreux anthropologues qui ont essentiellement analysé les villes créées par l'administration coloniale autour des mines de cuivre, phénomène urbain qui n'avait rien de traditionnel. Connue sous le nom d'« École de Manchester », université dans laquelle les chercheurs britanniques se sont rapatriés après l'indépendance des colonies d'Afrique centrale, ces anthropologues sont parmi les premiers à avoir considéré que la ville moderne, méprisée jusque-là par la majorité des Africanistes, pouvait être un objet d'analyse pour leur discipline* [1]. »

Les travaux de Max Gluckman dont l'assertion : « *An African towsnman is a townsman, an African miner is a miner* [2] », est l'évocation la plus connue, peuvent être considérés comme pionniers. Cette anthropologie politique [3] s'est inscrite dans la rupture avec le fonctionnalisme dominant de Bronisław Malinowski et d'Alfred Reginald Radcliffe-Brown. Les chercheurs se sont intéressés principalement au changement, au rôle des conflits et des antagonismes, de telle sorte qu'il devenait nécessaire de remettre l'histoire au centre de leurs perspectives dynamiques.

Les travaux de Georges Balandier sur les Brazzaville noires [4] dans les années 1950, proches des travaux de l'école de Manchester [5], entraient aussi dans cette optique de saisie de transformations et recompositions sociales localisées dans le cadre du mouvement plus large de décolonisation, en rupture avec l'anthropologie d'urgence visant la patrimonialisation des traditions, l'étude des traditions ancestrales, véhiculant une image d'exotisme et évacuant la dimension politique englobant les contextes des études ethnologiques mêmes, c'est-à-dire le cadre de la décolonisation. Georges Balandier s'est aussi intéressé aux antagonismes et conflits dans les deux quartiers habités par des noirs à Brazzaville (Poto-Poto et Bacongo). Toutefois, le fait que la démarche ethnologique de cet auteur ait été désignée par lui-même comme relevant de la « sociologie » (puis anthropologie dynamique et politique) amène à considérer la division du travail et les rôles attribués, en France au moins, à la sociologie et à l'ethnologie : la première étant vouée à l'étude de « la modernité » en construction, la seconde tournée vers l'étude « des archaïsmes » en voie de disparition (les sociétés sans écriture, sans État…), entre les sociétés « chaudes » et « froides ». Hélas, les

---

[1] BAROU J., 2004 : « Comment les anthropologues en vinrent à la ville : extension du domaine de la recherche » *in* BATTEGAY A. et *alii.* : *La ville, ses cultures, ses frontières. Démarches d'anthropologues dans des villes d'Europe.* L'Harmattan, Paris : 41-42

[2] GLUCKMAN M., 1960 : « Tribalism in Modern Bristish Central Africa » *in Cahiers d'études africaines*, vol. 1 : 55-70

[3] On compte parmi les membres de cette « école » des noms aussi prestigieux que James Clyde Mitchell, Frederik Barth ou encore Victor Turner.

[4] BALANDIER G., 1955 : *Sociologie des Brazzavilles noires.* Presse de la fondation nationale de sciences politiques, Paris. Rappelons que G. Balandier critiquait les travaux de M. Gluckman pour ses penchants fonctionnalistes dans le rôle intégrateur du conflit.

[5] DOZON J.-P., 2003 : « Les États africains contemporains dans l'épistémè africaniste française » *in Journal des anthropologues*, n° 92-93 : 13-29

travaux de Georges Balandier ont en fait eu très peu d'échos immédiats à quelques rares exceptions près.

En France, c'est beaucoup plus tardivement, au début des années 1980, que l'on voit apparaître de façon plus significative des études ethnologiques prenant les lieux urbains (comme d'autres) comme des lieux centraux pour l'étude des dynamiques de construction des rapports sociaux considérés sous l'angle du présent ou du contemporain. Ce mouvement intervient, dans une certaine mesure, en prolongement du « rapatriement » de l'ethnologie des terrains exogènes vers la France.

Citons tout d'abord les premiers travaux de Jacques Gurthwirth, influencés par l'école de Chicago [1], sur les activités économiques (la taille et la vente de diamants) et le fonctionnement d'une « communauté » juive d'Anvers [2] et ceux de Colette Pétonnet [3] prolongés au sein du laboratoire d'anthropologie urbaine (LAU).

La mise en place d'un deuxième laboratoire — l'équipe de recherche en anthropologie industrielle et urbaine (ERAUI [4]) — dirigée par Gérard Althabe, favorise le développement des recherches ethnologiques en milieu urbain, en France notamment, dans une conjoncture de crise, de désindustrialisation et de transformation des relations sociales et des normes familiales au sein des champs résidentiels. Ces travaux se sont concentrés sur le sens donné dans les lieux de résidence à la transformation des appartenances hiérarchiques. Découlant de cette orientation, la recherche des ethnologues s'est aussi concentrée sur la montée en force de la xénophobie en réaction à la crise sociale (et au déclassement de la population appartenant aux strates supérieures les plus basses des quartiers

---

[1] Et notamment les études de recomposition des relations sociales des communautés d'immigrés.
[2] GURTHWIRTH J., 1980 : *Vie juive traditionnelle : ethnologie d'une communauté hassidique*, éd. De minuit, Paris.
[3] PETONNET C., 1985 : *On est tous dans le brouillard : ethnologie des banlieues*. Galilée, Paris.
[4] Un parallèle peut être souligné ici entre l'intérêt des différentes « écoles » et équipes de recherche évoquées et celle de « l'école de Chicago » qui, bien qu'étant dans sa globalité plus orientée vers les *community studies*, s'est aussi concentrée sur la constitution des relations sociales dans l'industrie (comme sur l'ethnicisation des rapports sociaux), dans les zones urbaines, et sur les conséquences de l'industrialisation des communautés rurales notamment à travers HUGHES C. E., 1938 : *Industry And The Rural System In Québec*, Toronto University Press, Toronto ; 1996 : *Le regard sociologique*, éd. de l'EHESS, Paris.

urbains), politique et économique, dont l'acteur idéologique négatif est symbolisé par la figure de l'étranger maghrébin [1].

Il est intéressant de noter, à ce stade de ce très bref rappel, que la première étude d'envergure d'ethnologie en milieu urbain menée en Roumanie et, plus spécifiquement, à Bucarest prit la forme d'un atelier franco-roumain « d'ethnologie de la ville » sous la direction de Gérard Althabe. Une étude de deux ans y a été menée et quelques publications ont pu être tirées de ces études [2]. Malheureusement, peu de travaux tournés vers une compréhension du présent ont été réalisés dans ce domaine, et pour cause : les termes d'anthropologie urbaine paraissent antinomiques en regard de la tradition ethnologique roumaine qui s'est essentiellement penchée sur les villages, les traditions, la nation, c'est-à-dire le folklorisme. Ces études restent ancrées dans la tradition de l'ethnologie roumaine et restent encore marquées par leur instrumentalisation par le pouvoir à des fins de légitimation nationaliste sous le communisme. Ce pouvoir qui était peu enclin à soulever les contradictions sociales, à examiner les rapports de domination et, pour être plus général, à questionner le carcan idéologique fixé par la doctrine nationaliste communiste qui s'impose après l'abandon du projet soviétique de faire des pays de l'Est des sociétés jumelles et fidèles. À l'inverse, quand la prise de distance relative avec Moscou s'est concrétisée, l'ethnographie, l'ethnologie, les sciences sociales, la littérature, mais également les artisans d'objets traditionnels (etc.) entrèrent dans un plan d'étatisation de l'identité nationale pour renforcer les liens symboliques entre l'État, le parti et la nation par la production d'un capital culturel recoupant un ordre symbolique plaqué sur la réalité par la propagande. En d'autres termes, l'objectif était de cimenter l'idéologie nationaliste communiste et d'entretenir l'illusion d'une solidarité entre la nation, le parti et le *conducator*.

Essentiellement marquées par la *volkskunde*, l'ethnologie et le folklore étaient d'une certaine façon prédisposés à s'inscrire dans ce mouvement.

---

[1] ALTHABE G. & alii., 1993 : *Urbanisme et réhabilitation symbolique*. L'Harmattan, Paris (1re éd. 1984, Anthropos) ; ALTHABE G. & alii., 1985 : *Urbanisation et enjeux quotidiens*. Anthropos, Paris (rééd. L'Harmattan, 1 993). Voir aussi « Production de l'étranger et xénophobie » ainsi que « Construction de l'étranger dans la France urbaine d'aujourd'hui » in ALTHABE G., SÉLIM M., 1998 : *Démarches ethnologiques au présent*. L'Harmattan, Paris.

[2] Voir la présentation, par CÎRSTOCEA I. & HEEMERYCK A., du livre de NICOLAU I. & POPESCU I., 1999 : *O Stradă oarecare din Bucureşti* [Une rue quelconque de Bucarest], Bucarest, Nemira in Journal des anthropologues, 102-103 : 355-357. On notera aussi l'étude réalisée par MIHAILESCU V. et *alii*. 1995 : « Le bloc 311. Résidence et sociabilité dans un immeuble d'appartements sociaux à Bucarest » in *Ethnologie Française*, n° 3, PUF, Paris : 484-496

Apparaît ici un des paradoxes les plus forts de l'ancien régime : la prétention à construire une société nouvelle complètement « libérée » de ses amarres historique s'est réalisée à travers l'injection d'un nationalisme traditionnel fortement inspiré des courants de pensée de l'extrême droite de l'entre-deux-guerres. Placé dans l'impossibilité de réaliser une éradication complète du passé, celui-ci étant nécessaire à la nationalisation du communisme, le pouvoir en place s'est acharné à s'approprier ses symboles. Un travail de transformation du profil type des personnages historiques de la Roumanie a été appliqué, afin de créer une espèce de filiation d'excellence avec N. Ceausescu, ce qui en faisait l'un des « pères historiques de la nation ». Notons, une fois encore, que le régime communiste n'invente pas cette question. Il essaie de la résoudre mais en poussant l'usage du nationalisme et la création d'une identité essentialisée et étatisée au-delà de toutes limites normatives. Ce grand écart entre les topiques de l'extrême droite et de l'extrême gauche historiques rend difficile la qualification de ce régime politique rétrospectivement.

Dès lors qu'elles font l'objet d'une telle instrumentalisation politique qui vise leur soumission totale, et non plus leur étatisation partielle, les sciences sociales deviennent des technologies du pouvoir dévitalisées de leur objectif de construction de connaissance des sociétés [1]. On comprend donc les difficultés éprouvées par une ethnologie du présent ou du contemporain, prêtant une attention forte à des phénomènes qui ne soient pas forcément considérés sous l'angle de l'expression de l'âtre roumain villageoise ou sous l'angle du folklorisme, à prendre place en Roumanie [2].

Une dernière causalité doit être soulignée : la Roumanie a été pendant très longtemps, et reste aujourd'hui encore, caractérisée par un paysage sociétal majoritairement rural. Une anthropologie dans les villes, il y a peu

---

[1] Une différence forte est à noter avec l'ethnologie soviétique qui classait les différentes nations en ethnies imaginées (voir par exemple HOVANESSIAN M. (dir.), 1987 : « Parcours de l'ethnologie dans le monde postsoviétique », *Journal des anthropologues*, 87). Le régime holistique de Ceausescu ne reconnaissant qu'une identité, qu'une nation et qu'un seul dirigeant, ce type de modèle extérieur ne s'est pas développé.

[2] Il existe quelques rares exceptions et notamment l'étude d'un quartier proche du centre-ville par CHELCEA L., 2000 : « Grupuri marginale în zone centrale : gentrificare, dreptul de proprietate şi acumulare primitivă postsocialistă în Bucureşti » [Groupes marginaux en zone centrale : « gentryfication », droit de propriété et accumulation primitive postsocialiste à Bucarest] in *Sociologie Românească* : 51-67. RUFAT., 2003 : « Les « résidences fermées » à Bucarest : de « l'entre-soi » à la fragmentation ? » in *Arches*, t. 6 : 83-93 ; dans le même numéro d'*Arches*, MARIN V., « La politique de l'habitat et la triade proximité-cohésion-communauté. Prolégomènes à l'étude de l'habitat collectif à Bucarest » : 75-94

de temps encore, était peut-être moins représentative de ce qu'était cette société surtout dans l'optique d'une recherche de patrimoine culturel endotique. Toujours est-il que cela a indirectement renforcé le manque de recherches sur des terrains autres que les villages et les campagnes [1] quand bien même ces dernières étaient travaillées par de profondes transformations (on y reviendra plus loin).

Il convient de souligner les études d'histoire, en rupture avec les recherches précédemment évoquées qui, sur fond de « travail de mémoire » et de réappropriation du passé, donnent des formes plus précises à la société communiste roumaine. L'étude de la société socialiste multilatéralement développée implique une perspective mêlant plusieurs champs sociaux, ce qui nécessite une approche moins fixée sur des polarités entre village et ville, puisque le développement du communisme nationaliste, bien que de manière inégale, n'a pratiquement épargné aucun secteur de la société. Cette tendance s'illustre notamment par la « récupération » de témoignages, au demeurant fort intéressants, mais sans aucun effort de méthodologie, d'analyse ou même d'interprétation de la part des chercheurs. Une telle démarche, outre qu'elle réduit considérablement la portée des études en question, pose un problème de respect des règles épistémologiques élémentaires des sciences sociales : la posture du chercheur qui guide sa perspective d'enquête (et l'analyse) n'est pas effacée mais devient implicite ou en reste au stade de l'inconscient. Illustrons cette tendance en citant les compilations d'entretiens biographiques de Zoltàn Rostàs : *Les visages de la ville. Histoires de vies à Bucarest XXᵉ siècle* [2], où l'auteur cherche à reconstruire l'organisation ethnicisée des territoires de la ville de Bucarest, ainsi que celle éditée par Marius Oprea et Stejărel Olaru : *Le jour qui ne s'oublie pas. 15 novembre 1987, Braşov* [3], retraçant le destin tragique d'acteurs ayant participé à cette révolte. Ce type de compilations suit une tendance plus lourde qui questionne le statut des sciences sociales en Roumanie [4]. Elles préfèrent se pencher sur les effets du communisme sous la forme d'un

---

[1] C'est une hypothèse émise par Z. A. BIRO & J. BODO, 2004 : « Une brève esquisse des recherches d'anthropologie urbaine en Roumanie » in BATTEGAY A. & alii. : *La ville, ses cultures, ses frontières. Démarches d'anthropologues dans des villes d'Europe*. L'Harmattan, Paris : 67-71
[2] ROSTÁS Z., 2002 : *Chipurile oraşului. Istorii de viaţă în Bucureşti. Secolul XX*. [Les visages de la ville. Histoires de vie à Bucarest. XXᵉ siècle] Polirom, Iaşi.
[3] OPREA M., OLARU S., 2002 : *Ziua care nu se uită, 15 noiembrie, Braşov* [Le jour qui ne s'oublie pas, 15 novembre Brasov]. Polirom. Iaşi. Les entretiens ont été réalisés par des étudiants.
[4] Pour un passage en revue des études postcommunistes en Roumanie et en Europe de l'Est voir la première partie de CIRSTOCEA I., 2006 : *Faire et vivre le communisme*… déjà cité.

discours politique souvent explicite, parfois implicite, mais dont la vocation politique est tout à fait claire, plutôt que de créer des analyses scientifiques rigoureuses du système communiste. On l'oublie parfois : la connaissance du système communiste reste lacunaire. Les livres d'entretiens sur le passé ont également un effet de censure sur le présent. Se concentrer sur le passé a effectivement pour conséquence d'oblitérer les changements intenses survenus en Roumanie, tout en tentant d'influencer le présent politiquement par l'introduction du procès sans fin du communisme.

L'historien Andrei Pippidi a bien relevé ce décalage existant entre les recherches orientées vers la compréhension du passé alors même que, de nos jours, la Roumanie est le lieu d'une transformation de la stratification de plus en plus importante. « *L'homogénéisation sociale, à laquelle notre génération* [1] *a assisté, devient un objet d'étude seulement maintenant, alors que nous sommes témoins d'une autre stratification, cette fois sans être forcée par l'idéologie* [2]. » C'est cette transformation de la société roumaine évoquée par l'historien qui nous intéresse particulièrement. C'est pourquoi les terrains situés dans et autour de logements collectifs ont été considérés au cours de l'enquête comme une entrée pertinente pour apporter un éclairage « spécifique » sur les transformations des rapports sociaux et ce en tant qu'ils représentent une des plages d'insertion centrales pour les résidents. Le terrain d'enquête a été considéré comme un lieu fonctionnant avec des enjeux relativement autonomes, dans le sens où ils restent inextricablement liés aux (re)compositions sociales touchant la société globale et notamment aux changements liés à l'introduction de structures capitalistes et à la transformation et de l'État et du rapport à l'État. Passons à une première analyse des investissements des acteurs dans l'enquête et aux indices qu'elle peut fournir.

Investigation

L'investigation s'est étendue du mois de novembre 2003 jusqu'au mois d'août 2004. Au cours de cette période, je me suis efforcé de m'entretenir avec un maximum de personnes résidant dans ces immeubles, et de repérer les fréquentations de différents lieux des rues. Le déroulement de l'enquête n'a pas été des plus aisés, loin de là. J'ai dû faire face à des refus nombreux

---

[1] Andrei Pippidi est né en 1948.
[2] « Préface » *in* ROSTAS Z., 2002, *Ibid*.

de la part des résidents du quartier. Les portes d'entrées des appartements se sont fermées à de nombreuses reprises — parfois avec fermeté — avant que j'eusse le temps d'expliquer les raisons de ma présence dans l'immeuble. Pourtant à l'extérieur des « blocs », des discussions ont pu être menées avec ces mêmes personnes qui avaient rejeté, pour certaines avec véhémence, l'observateur, ce qui montre que la frontière entre le domaine public et le domaine privé est un enjeu important pour ces résidents. Plus fréquemment, les acteurs ne respectaient pas les rendez-vous convenus ou n'étaient pas enclins à ouvrir de nouveau leur porte à l'enquêteur. Même avec patience et insistance, l'observateur a dû se résoudre à ne pas être en mesure de s'entretenir avec tous les acteurs des cages d'escaliers. Une insistance trop prononcée aurait pu engendrer des réactions prévisibles de rejet définitif. La stratégie mise en œuvre consistait à mettre à profit des rencontres hors des appartements pour tenter de construire ultérieurement une relation de confiance entre résidents et enquêteur. Cette stratégie ne s'est d'ailleurs pas avérée très féconde. Néanmoins, ces discussions, aussi courtes qu'elles aient pu être, ont fourni de plus amples données à l'enquête.

Il est très difficile, pour ces différentes raisons, d'avancer toute forme de chiffrage en ce qui concerne les résidents des deux cages d'escaliers. Il est donc préférable de repérer les tendances qui ont marqué l'enquête avec récurrence. Comme nous le verrons, le quartier fournit une entrée particulièrement intéressante sur la dynamique de stratification de la société et, entre autres, de la promotion, du maintien, du déclassement des positions des acteurs qui fait suite à l'intégration de structures capitalistes dans l'architecture de la société avec, pour répercussion directe dans la construction des positions sociales précarisées, une importance grandissante des richesses et de la consommation. On percevra à travers la situation des acteurs ces différentes tendances — tacitement ou non — concurrentes. La question centrale à laquelle on tentera de répondre concerne le sens que les acteurs donnent à cette situation dans leur rapport avec les autres, dans le cadre de cette résidence prise comme une entrée sur les modifications des hiérarchies sociales ou, en d'autres termes, sur le contexte général encadrant l'évolution de ce microcosme partiel. L'immersion de l'ethnologue dans le cadre de résidence et les relations tissées avec les acteurs, forment une première matière pour la compréhension des enjeux des rapports sociaux dans ces logements collectifs.

Le cadre de l'enquête

La constitution de liens avec les acteurs de l'enquête s'est réalisée selon des modalités dont l'examen rapide permet d'apprécier partiellement un ensemble de représentations et de motivations, soit une première entrée sur le fonctionnement de ce champ social. Étrangement, l'enquête, limitée par les décisions des acteurs, ne s'est pas déroulée selon un modèle assez classique d'alliance avec une couche sociale particulière. Les refus de participer à l'enquête, tout comme les acceptations, transcendent l'ensemble de la hiérarchie présente dans les logements collectifs. Être explicite quant à une telle démarche est extrêmement délicat : dans l'esprit des acteurs, du moins pour ceux préoccupés par cette question, un ethnologue est forcément quelqu'un qui étudie les croyances populaires et « paysannes » — *in fine* l'essence d'un peuple —, ce qui n'est peut-être pas tout à fait la meilleure position qu'on puisse occuper, en tant qu'ethnologue, dans un quartier revendiquant sa modernité occidentale. L'opération de « foklorisation » entre en contradiction avec les enjeux d'appartenance de classe du quartier. La position du sociologue n'est pas d'avantage réjouissante : elle correspond à celle du doxosophe (dans le sens de Pierre Bourdieu), commentateur de sondages, expert et éditorialiste surreprésentés dans les médias. Il faudra donc insister auprès des résidents pour leur rappeler que la recherche ne se passe pas d'eux mais se fait nécessairement avec eux et dans/sur ce quartier.

L'ethnologue est jeune (moins de trente ans), européen et français. Il représente *a priori* une figure positive de l'étranger reposant sur un attribut européen dont la Roumanie est l'exclue symbolique. L'ensemble des investissements des acteurs dans l'enquête est marqué par la dichotomie entre Européens et exclus de l'Europe (nous/eux, etc.). Cette dichotomie est plastique, ce qui permet aux acteurs de la travailler dans un sens adéquat à leur discours et à leurs expériences. En d'autres termes, elle est actualisable. Les modalités d'implication des acteurs dans l'enquête prennent des formes plurielles qu'on peut résumer en deux tendances distinctes.

Pour les catégories d'acteurs appartenant aux franges sociales inférieures, l'enquêteur est placé en position de témoin de la dégradation de la situation des acteurs. S'extirpant de la situation politique et sociale de Roumanie, il est considéré comme étant un interlocuteur légitime pour juger, comprendre, consigner et écouter les paroles des acteurs concentrés sur un cadre de vie détérioré. Cette capacité de l'enquêteur à juger est amplifiée par les acteurs, ce qui s'inscrit dans la logique de discrédit qui touche toute forme d'écoute prétendue par les institutions et acteurs politiques locaux. C'est aussi parce que l'enquêteur provient d'un pays où les défaillances sociales, économiques et politiques sont censées être mineures ou atténuées par rapport à l'Europe de l'Est — fantasme savamment entretenu par les mass media, leurs philosophes et les experts de l'opinion — qu'une telle position lui est accordée. Ce faisant, les sujets de l'enquête actualisent les accusations d'infériorité de la Roumanie sur la scène internationale, une société qui reste considérée comme un pays en développement ou en « transition » et « surveillé ». Cependant, cette actualisation se concrétise par une réappropriation du stigmate qu'ils neutralisent partiellement en le transposant du niveau individuel vers l'État. Cette place assignée à l'enquêteur reconstitue donc le rapport Europe/périphérie européenne, recoupant un rapport de domination à une échelle beaucoup plus vaste que ce seul terrain urbain ou de la discussion avec les acteurs. Reprenant à leur compte les accusations globales contre les gouvernements roumains et leurs politiques, qu'ils sont les premiers à subir, ils peuvent s'en démarquer en focalisant ces constatations internes sur la politique et les institutions étatiques. Les plaintes diverses mettent en relief à la fois le manque de confiance dans les institutions politiques et le manque de médiation — réel ou non — entre ces acteurs et d'autres institutions publiques intermédiaires. Voilà pourquoi l'enquête devient le support de revendications multiples. Les procès récurrents de l'État et des politiciens sont aussi le fait des personnes et familles se situant entre les deux pôles les plus éloignés et qui perçoivent leur promotion sociale comme une quête inachevée, elles sentent cet effort entravé par de nombreux dysfonctionnements. Il est évident que les efforts de l'enquêteur pour parler correctement la langue roumaine se sont avérés objectivement avantageux pour mener les entretiens. Mais inconsciemment, en se positionnant de la sorte dans la communication, il renverse les rôles attribués usuellement à chacune de ces langues : le roumain, langue minoritaire sur un plan international, est pratiqué par une personne dont la langue est connue pour être répandue et avoir été adoptée par de nombreux auteurs roumains prestigieux. Que cette assertion soit avérée ou non, n'a pour nous aucune importance, puisque c'est de cette façon que les choses apparaissent aux yeux des acteurs. Il est révélateur que certains d'entre eux, qui connaissent la langue de Molière, tentent de s'exprimer en français ajustant par là — en l'inversant — l'ordre symbolique qu'institue la configuration de la communication. Ils reconstruisent le rapport asymétrique entre un ressortissant d'un pays européen reconnu et pensé comme l'un de ses centres et les Européens périphériques qui doivent manifester leur appartenance à cet ensemble par la connaissance d'une langue européenne. Montrer sa francophonie est une manière de produire un lien de proximité avec l'Europe, de créer un substrat commun. Au-delà de cette illustration, on s'aperçoit que le cadre de l'enquête repose sur une division symbolique entre les Européens et les exclus rapprochés de l'Europe (et de l'Occident). En ce qui regarde les acteurs appartenant aux couches les plus basses de ces logements collectifs, le refus de s'entretenir avec l'enquêteur s'apparente à une stratégie de voilement d'une position glissant vers les « pôles négatifs » inférieurs de la résidence, mais aussi de la société imaginée dans un ensemble plus vaste. Glissement normatif réel donc, mais qui ne prend sens que dans un ensemble de représentations plus vastes, et qui sont tout deux encastrés dans des normes sociales localisées.

Pour les acteurs appartenant aux couches supérieures de l'espace résidentiel, les entretiens avec l'enquêteur procurent une occasion de montrer une réussite entière dans plusieurs champs sociaux d'insertion comme le travail, la famille et le domaine résidentiel. L'appartement, son agencement « moderne », objet d'un investissement financier considérable, sont mis en avant et l'ethnologue est le témoin de cette réussite. Il n'est toutefois pas un tiers vide, neutre. Il est un ressortissant d'une zone qui représente et inspire cette modernité, ce confort et cette sécurité. Il serait le représentant de valeurs en adéquation avec les nouvelles normes locales supérieures de comportements et d'attitudes. C'est de cette façon que les acteurs créent à travers la médiation de l'ethnologue un lien de proximité entre le monde d'où cet étranger provient et l'univers que les sujets s'efforcent de construire. L'enquêteur se trouve positionné en spectateur de la réalisation de l'appartenance à la couche sociale supérieure. C'est la concrétisation d'une forme de modernité imaginée par le rapprochement de l'étranger « civilisé », pour reprendre les termes des acteurs, qui est repérable dans la situation d'enquête. Certaines personnes relevant de cette couche sociale, bien que l'enquêteur leur ait proposé d'effectuer l'entretien en roumain, ne se sont exprimées qu'en anglais, un signe de compétences et de connaissances supplémentaires. De cette façon, la dichotomie Européen/Roumain est dépassée par l'usage d'une langue européenne, d'usage international jouant le rôle d'inclusion dans le monde, soit l'inverse de la situation incertaine de la Roumanie sur un plan international. Les acteurs nivellent le rapport asymétrique vers un niveau comparable entre ces deux entités floues (l'Occident et sa bordure) et neutralisent le rapport de domination en se positionnant sur un pied d'égalité par l'ostentation de leurs richesses dans l'espace privé. Ces investissements visent à corriger le cadre contextuel imaginaire de la Roumanie (la « crise », la « transition », le « chaos ») vers ce que devraient être la « réalité » roumaine et les conditions de vie qui y ont cours. Ces pratiques renforcent le sens de leurs dépenses et de leurs investissements en se mettant du côté d'images inspirées par le dominant étranger. En ce qui concerne cette catégorie d'acteurs, les refus de s'entretenir avec l'enquêteur entrent dans une volonté d'imposer ou de respecter une configuration des relations sociales dans le cadre résidentiel, renvoyant toute personne appartenant au voisinage à l'extérieur du domaine privé. En d'autres termes, l'espace privé se limite strictement à l'appartement et les acteurs n'acceptent que des relations *a minima* avec leurs voisins.

L'enquête est donc orientée par les sujets en deux directions opposées recoupant les différenciations hiérarchiques internes au champ résidentiel et à des ensembles ressortissant du contexte englobant. L'enquêteur est assigné à la position de juge témoin soit de la réussite soit du déclassement social des acteurs. Et c'est parce qu'il lui est accordé des propriétés fantasmées d'Européen qu'il est mis en position d'observer ces situations reposant, d'une part, sur l'adéquation des pratiques dans les appartements avec une position de supériorité s'inspirant d'un mimétisme sur des pratiques occidentales imaginées et, d'autre part, sur le décalage entre la situation des acteurs et un mélange fait d'inattention, d'inaction et d'incompétence de la part de l'État et de ses agents.

Ce cadre esquissé représente un éclairage introductif global sur les motivations et les formes d'investissement des acteurs dans l'enquête. Au long du texte, nous aurons l'occasion à plusieurs reprises d'affiner cette analyse par la lecture d'événements et l'analyse de cas plus particuliers.

8. Contextualisation : l'éclectisme comme trait caractéristique

Parmi les 6 secteurs composant la ville de Bucarest, l'arrondissement 4, où se trouve le quartier *Tineretului*, s'étend sur une surface de 32 km² dont 25 km² habitables, la capitale représentant dans son ensemble une surface estimée à 228 km². La population de cet arrondissement s'élève à environ 335 000 personnes pour une population bucaretoise totale évaluée à plus de 2 000 000 d'individus. Ces chiffres sont sujets à caution puisque les Bucarestois ne figurent pas forcément sur leur « *buletinul* » comme résidents de Bucarest, mais dans leur ville d'origine. En fonction de ce critère (la taille de la population), cet arrondissement est comparable à des villes comme Brașov, Craiova, Galați, Cluj-Napoca ou encore Timișoara. En raison de ces différentes données, l'enquête s'est concentrée sur une seule partie de cet arrondissement que l'on nomme en général comme la station de métro et le parc avoisinants *Tineretului* (de la jeunesse). Il s'agit d'une des zones parmi les plus proches du centre de la ville de Bucarest, une zone parmi les plus au nord de la partie sud de la capitale.

Pour atteindre *Tineretului*, en partant du centre-ville, il faut suivre une longue route à quatre voies. Cette longue avenue qui prolonge l'une des artères principales de la ville se sépare en trois boulevards face à un grand parc souvent très fréquenté. Là, la présence de commerces et d'échoppes se fait de plus en plus sentir jusqu'à l'entrée dans des rues très fréquentées bondées de petits commerces.

C'est vers sept heures du matin qu'une activité devient perceptible dans ces rues. Quelques dizaines de minutes plus tard, les rues se remplissent à une vitesse impressionnante : les commerces ouvrent, des personnes de tous âges passent dans les rues, les taxis en nombre croissant commencent à circuler. Avec ses deux stations de métro, cinq arrêts de bus, deux de tramways, cette zone résidentielle est particulièrement bien desservie en moyens de transports publics. Plusieurs universités privées ont élu domicile dans ce quartier où des résidences étudiantes, dont on prédit déjà les prix élevés, sont en phase de construction. Les deux marchés couverts, les petits commerces dont quelques-uns sont ouverts sans discontinuer de jour comme de nuit sont d'importants lieux de socialisation. On trouve plusieurs boucheries, des cafés internet, quelques commerces et des échoppes.

Le grouillement d'activités est un des traits caractéristique de ces rues, mais le soir l'ambiance est plus calme. Non loin de là, se trouve un très grand parc public avec des terrasses de café, des installations diverses pour enfants comme des trampolines, des manèges.

Tineretului est habitée par une population que l'on peut identifier comme relevant de la catégorie des classes moyennes, c'est-à-dire d'une mixité sociale assez remarquable. On est loin des *mahalla*, ces sortes de zones mi-urbaines mi-rurales, qui se différencient du bidonville (il n'existe pas de terme équivalent en roumain), situées à la périphérie de Bucarest, qui ailleurs peuvent être utilisées par les États comme outil d'une légitimation nationalitaire, de discipline et de surveillance des populations [1], mais absolument pas en Roumanie, tant cette dénomination paraît porter une image négative, se rapportant à un autre monde. On est aussi au plus loin des quartiers privés, aux prix exorbitants, fermés et sécurisés du nord de Bucarest pourtant proches du centre-ville et d'inspiration occidentale comme l'illustre leur nom : *Ibiza Housing, American village, Green village*, les villas et chateaux du lac de Snagov [2]. Le quartier est également éloigné des zones les plus marquées par la relégation, ce qui est très de première importance pour les résidents.

Le mélange social, observable à *Tineretului*, trouve son origine dans la construction du pouvoir de l'ancien régime, dans la continuité de sa détermination à fracturer toutes les formes de relations qui l'avaient précédé (les liens communautaires par exemple), déviantes par rapport aux ramifications de l'État-parti et à ses satellites institutionnels. Cette coprésence assez particulière qui ne se retrouve pas aisément dans d'autres sociétés, est l'un des traits caractéristiques de la ville de Bucarest. Cependant, *Tineterului* n'a pas véritablement été construit comme un

---

[1] Voir PÉTRIC B.-M., 2002 : *Pouvoir, don et réseaux en Ouzbékistan postsoviétique*. PUF, Paris.
[2] RUFAT S., 2003 : déjà cité.

quartier exemplaire. Si la tendance à l'homogénéisation est flagrante dans l'ensemble de ce projet urbain, elle n'est pas aussi prononcée par exemple que dans le cas du quartier *Militari*, spécifiquement destiné à l'homogénéisation. Autour de *Tineretului*, les grands boulevards devaient être occupés par les fonctionnaires supérieurs comme les cadres du parti, les professeurs d'université, les artistes. Le parti n'hésitait pas à exhiber les inégalités statutaires dont il était l'opérateur. D'ailleurs, il existe des continuités avec cette tendance spécifique à l'exposition : un appartement face à un *mall* (*market hall*), pourtant exposé aux bruits, coûte en règle générale plus cher qu'un appartement en retrait, à l'abri de la pollution sonore.

Quelques signes qui, rapidement, attirent l'attention de l'observateur, permettent de prendre acte de cette diversité des positions sociales entre les diverses catégories sociales en présence. L'éventail des gammes de véhicules est au premier abord étonnant : de toutes nouvelles voitures luxueuses, « les allemandes » comme on se l'entend dire, cohabitent avec les très anciennes et inusables *Dacia* et quelques rares épaves abandonnées sur lesquelles jouent des enfants en toute tranquillité de temps à autre. Il est d'ailleurs impossible de parcourir la ville sans voir la présence de nombreux modèles de voitures, depuis des bolides et des voitures coûtant des centaines de milliers d'euros jusqu'à des modèles de grande consommation, ce qui suggère que ce qu'on observe dans ce quartier n'est qu'un reflet d'une tendance présente dans la société globale. Les fenêtres aussi sur ces immeubles à la couleur monotone, qui donne parfois l'impression d'être dans une ancienne vaste cité ouvrière, sont de qualités variées, représentant un éventail de prix avec une amplitude marquée. Les fameuses fenêtres *termopan* [1], dont la présence dans les annonces de location fait très sensiblement et inexorablement augmenter les prix de la location ou de l'achat du logement, sont bien présentes. À côté de ces fenêtres entretenues à la couleur (blanche), on remarque des modèles plus anciens à l'armature couverte par la rouille. En somme, et pour le dire très brièvement, *Tineretului* est une zone urbaine où coexistent des catégories sociales d'exclus, de pauvres et de riches. Certes, les trois termes sont d'un manque de clarté et d'un simplisme outranciers. Mais ils permettent d'évoquer pour l'instant assez rapidement le canevas de la structure sociale sur laquelle nous allons nous pencher plus loin.

---

[1] Fenêtre à double vitrage en PVC.

Ouvrons ici une parenthèse. Les luttes d'imposition idéologique de l'histoire le font souvent oublier, tout comme la très lourde histoire urbaine du communisme, mais, comme le souligne l'historien Adrian Majuru, Bucarest n'a pas été surnommé seulement la seconde Rome ou le petit Paris, mais également *Hilariopolis* [1]. Et à bien peser la pertinence de chacun de ces surnoms, on serait tenté de conclure que seul le troisième a une valeur descriptive exhaustive. Car, ce caractère de reliefs, de désordre, de « mariage des extrêmes », donne à Bucarest un caractère si particulier, baroque, pathétique, hilarant, émouvant, triste, burlesque et joyeux en même temps. Dans les beaux quartiers centraux, on peut voir des petits châteaux, mais aussi des demeures précaires faites de matériels recyclés, d'autres que l'on croirait tout droit sorties d'une campagne d'un autre temps, parfois entourées par les impressionnants et si nombreux immeubles grisâtres et délabrés. Bien sûr, il ne faudrait pas tomber dans une aporie culturaliste. Mais, il est important de pouvoir se faire une idée, même très générale de la ville. Revenons-en à *Tineretului*.

Au total, les exemples évoqués plus haut forment autant d'indices qui montrent la présence d'un spectre large de positions sociales au sein de chaque immeuble et, par conséquent, dans une forme de proximité spatiale et sociale dont les paramètres pertinents de construction doivent être étudiés. Mais, on doit aussi se demander si la proximité de familles et de personnes aux positions manifestement inégales est révélatrice d'un creusement de la stratification entre résidents du quartier et surtout quelle est l'armature de cette stratification. C'est là, comme nous le verrons, l'un des enjeux des rapports sociaux, car chaque situation singulière dans laquelle les acteurs sont plongés aujourd'hui entraîne des modalités différenciées d'appropriation de l'espace résidentiel. Ces formes d'appropriation tendent à entrer en concurrence. Toutes tentent de créer non seulement un univers interne et autonome, mais aussi un groupement social construit sur la base d'un processus de distinction avec d'autres lieux et catégories de population.

Les résidents de *Tineretului* font de l'appartenance au champ résidentiel un enjeu d'appartenance à la frange inférieure des catégories hiérarchiques supérieures de la société roumaine. Il est un peu paradoxal d'utiliser le terme teinté d'ethnocentrisme de « classe moyenne » tant celle-ci se fait remarquer dans les pays de l'Est de l'Europe par son absence et tant le concept paraît inapte à rendre compte des situations de changement. Il vaut

---

[1] MAJURU A., 2003 : *Bucureşti Mahalelor...* déjà cité.

mieux donc parler de la frange subalterne de la classe supérieure de la société roumaine. Dans un contexte de crise continuelle, généralisée, de fragilité et d'hétérogénéité des positions occupées dans divers champs sociaux d'insertion, la résidence est considérée comme la matérialisation de l'appartenance à une catégorie sociale. Par ce biais, les acteurs tentent de mettre à distance la crise qui touche la Roumanie et la ville de Bucarest perceptible tout à fait spécifiquement dans la crise du logement. Il s'agit de se donner une forme de sécurité supplémentaire sur son propre destin, une forme de maîtrise plus efficiente sur les distances sociales entretenues avec les catégories identifiées à des pôles supérieurs et inférieurs de la société englobante. C'est ce que nous aborderons dans une première partie.

Le mode de vie idéal identifié à cette catégorie supérieure de la société se joue dans un rapprochement plus ou moins prononcé de l'étranger occidental, européen. C'est essentiellement cette orientation qui représente un idéal positif. Ce rapprochement opère à tous les niveaux du mode de communication. Résumons les deux configurations les plus distantes l'une de l'autre dans lesquelles le rôle de l'étranger intervient. D'un côté, il peut être utilisé comme critère pertinent direct de définition de l'identité ; d'un autre côté, il peut devenir un corollaire qui permet la fixation d'un (ou des) pôle(s) négatif(s) et cristallise l'infériorité par rapport au positionnement des acteurs à *Tineretului*. Nous analyserons cette tentative de mise en osmose dans une seconde partie.

Parmi les axes définissant l'appartenance à la zone *Tineretului* qui est aussi une appartenance à une strate sociale, on trouve chez les acteurs une logique dominante de distinction d'avec les « paysans », cette figure imaginaire, définie par son extériorité à la « civilisation » et qui est présentée comme le symbole par excellence de l'archaïsme. Actualisant un des axiomes de l'identité roumaine, cette construction ne va pas sans engendrer un ensemble de paradoxes. L'idéal postulé de rupture avec le village, qui vise à constituer une identité urbaine, ne peut correspondre totalement à la réalité surtout dans un pays resté très longtemps majoritairement rural. La mise à distance des « paysans », de la « campagne » est une retraduction directe de la volonté de rapprochement de l'Occident. Un lien intime existe entre la volonté de mettre à l'écart l'acteur négatif « paysan » et la position tout à fait particulière occupée par la Roumanie qui globalement est située à la marge de l'Union européenne. Un tel positionnement est de première importance pour la compréhension de la vision du monde développée par les acteurs dans ce contexte singulier de « crise » qui perdure.

La convocation de l'identité paysanne comme point de référence personnifiant un monde extérieur permet de solidariser les acteurs, de créer une appartenance interne où la définition d'une identité de classe relativement fictive, puisque cette classe n'existe qu'en tant que projet, est centrale.

Une troisième figure de l'étranger vient compléter le fonctionnement symbolique de ce champ social : le Tzigane [1]. La proximité ou la distance de l'une de ces trois figures va faire que l'acteur et ses proches vont se confondre avec une appartenance ou un rapprochement d'un pôle négatif ou d'un pôle positif de la structure sociale.

Le Tzigane devient la figure symbolique du déclassement social interne. À ce niveau, le cadre de production de ce visage de l'étranger et de sa mise à l'écart est celui de la crise urbaine. En effet, le Tzigane et les divers méfaits que connaissent certaines zones de la capitale, lieux de violence et de décrépitude sociale (chômage, pauvreté…) forment un tout dont il est nécessaire de s'extirper. Maintenir à l'extérieur ces agents construits en symbole négatif d'allochtonie interne se présente comme une nécessité et la mise à l'écart des Tziganes est une des façons de constituer cette appartenance locale.

Dès lors que ces frontières externes sont tracées et reproduites dans une mesure qui permet une relative pérennisation de la structure sociale de cette zone urbaine, de cet univers symbolique et de son mode de communication, par rapport aux différents pôles négatifs et positifs mêlant des éléments divers liés à la vision que les acteurs ont du monde, de leur société et de leur propre vie sociale, les lézardes liées aux différenciations internes au groupement social que représentent les résidents de *Tineretului* apparaissent.

À un autre niveau, qui entretient un lien étroit avec ce triptyque, dont il nous faudra questionner les articulations, la consommation et l'argent jouent un rôle important dans la construction de la micro-idéologie à *Tineretului*. Deux pôles, supérieur et inférieur se distinguent. Ces transformations entraînent un délitement des anciennes appartenances hiérarchiques.

La cage d'escalier, les appartements, les objets constituant cet univers sont autant de lieux/éléments qui matérialisent le processus de distinction sociale et de distribution hiérarchique de plus en plus étirée. Ces lieux sont

---

[1] L'usage du terme « Tzigane », outre qu'il relève d'une confusion historique, possède une connotation infériorisante et raciste. Nous le conserverons dans le texte sous cette forme, car, quand bien même il serait un sous-produit de luttes de pouvoir ethnicisées, il est d'usage courant en Roumanie et les habitants du quartier *Tineretului* n'échappent pas à cette règle.

aussi des observatoires de la concurrence entre les diverses formes de séparation entre l'espace public et l'espace privé mise en œuvre par les résidents. Cette extension de la stratification sociale se joue essentiellement dans l'idiome de la consommation.

L'appartement est parmi les plages de socialisation des acteurs l'un des lieux où il est possible d'observer et de réfléchir aux rôles, responsabilités et formes d'autorité internes à la famille. Se voir contraint de quitter *Tineretului*, c'est se trouver en position de déclassement puisqu'il n'y a pas de dissociation entre le déclassement et le départ. Or, le déclassement implique une réduction de l'éventail des possibilités d'évolution pour soi et pour ses proches et notamment la promotion des parents tout comme celle des enfants.

Dans le cas du déclassement, la promotion par l'école et l'université devient impossible, ce qui est contraire aux souhaits de reproduction et de stabilisation de la position sociale des parents ou de la transmission aux enfants de la promotion des parents. On se penchera également sur cette question des enfants et de la forme des relations générationnelles.

Ensuite, on se tournera vers les exclus présents dans ces logements collectifs dans l'objectif de cerner cette catégorie floue d'acteurs dans l'objectif de cerner cette catégorie floue peu visible d'acteurs par suite de leur application à masquer leurs faiblesses sociales pour éviter l'exclusion entraînée par le problème de la maladie : l'exclusion n'est pas synonyme de maladie, mais c'est par ce biais que les exclus ont pu être appréhendés. En dernier lieu, nous aborderons la question sensible du rapport à l'État sous forme de synthèse, puisque comme nous le verrons tout au long de nos développements, c'est un acteur omniprésent.

Avant d'aborder ces questions, exposons quelques éléments d'évolution afin de mettre en perspective les changements actuels qui touchent *Tineretului* et ses résidents.

Éléments d'évolution

Afin de mettre en place un dispositif à même de saisir les transformations à l'œuvre dans les lieux de résidence, il nous faut revenir quelques années avant la chute du Mur, pour pouvoir cerner comment les changements opérant actuellement prennent sens dans une optique plus large de passage d'un système politico-économique à un autre, du communisme à la démocratie de marché. C'est une étape nécessaire de notre démarche puisque la synchronie de l'étude du présent ne peut être considérée sans une approche diachronique, autant à un niveau objectif que subjectif ; à la fois en ce qui regarde les changements survenus à une échelle sociétale et au niveau de l'interprétation et de l'architecture des représentations qu'en produisent les acteurs. De cette façon, nous éviterons le piège de la réification des informations recueillies au cours de l'enquête et, ainsi, de considérer sous l'angle d'une substance arrêtée et atemporelle les propos que les acteurs émettent sur le sens qu'ils donnent à leurs rapports avec les autres, sur le présent, le passé, le futur de leur propre société en les extirpant du contexte.

La zone du quartier de *Tineretului* est une création idéologique. Elle a été détruite puis reconstruite au début des années 1980. La reconstruction a donné lieu à la mise en place d'un quartier partiellement « protocolaire » : une partie de la zone était occupée par une faible proportion d'individus ressortissant de divers pays en prolongement des accords bilatéraux entre États. Les « Noirs », bien que non isolés d'autres figures de l'étranger dans le discours des acteurs, laissent le souvenir le plus marquant chez les habitants actuels du quartier, la couleur de peau aidant sûrement les acteurs pour une identification plus marquée de personnes extérieures à ce quartier et plus largement au pays. Tous sans exception soulignent n'avoir eu aucun contact avec les étrangers dans le quartier : ceux-ci sont restés à l'extérieur des relations sociales du champ résidentiel. Deux explications se recoupant peuvent être avancées pour tenter de comprendre cette distance maintenue : d'un côté, toute relation avec l'étranger devait se réaliser par l'intermédiaire des structures de surveillance de l'État-parti ; toute dérogation à cette règle exposait les acteurs au risque d'avoir à rendre des comptes à un officier ou à des agents de la *Securitate*, puisque tout contact avec l'étranger devait être déclaré à ces structures d'encadrement. D'un autre côté, la relation à l'étranger, attestée soit par un voyage à l'extérieur du pays, soit par une relation directe avec un étranger sur place, pouvait générer la suspicion d'appartenance à la *Securitate* ou de proximité des structures du parti. Ce parti qui recrutait et donc pour lequel la question de l'adhésion était secondaire. Toute personne dans cette position pouvait être potentiellement considérée comme un ennemi et un danger. L'exclusion, pour un acteur, du cercle de ses propres relations sociales engendrant une situation d'anomie pouvait être « produite » par cette suspicion autant que par la proximité des étrangers qui pouvait signifier une proximité de la *Securitate*. Étant donné l'importance de l'image du système politique roumain et, en particulier, ses réussites de façade sur un plan international pour l'État-parti, la proximité spatiale des « étrangers » impliquait une présence et une attention particulièrement fortes de la part des services d'encadrement de l'État-parti. Nombreux sont les individus qui se rappellent la présence des agents de la *Securitate*, dans leur cage d'escalier ou dans les cages voisines. Les informations cependant restent limitées tant il était question d'une relation d'évitement forte avec ces agents porteurs de danger mais aussi d'extériorité du champ des relations locales. Notons aussi que la proximité ancienne avec la *Securitate* est aujourd'hui perçue extrêmement négativement, on peut donc supposer que les acteurs tentent d'effacer toute forme de suspicion rétroactive.

La surveillance qu'appliquait la *Securitate* sur les acteurs a entraîné une autodiscipline qui peut être comprise comme une nécessité intériorisée d'éviter de s'attirer l'attention des structures d'encadrement politique. On retrouve ici l'idée de Michel Foucault selon laquelle : « *La discipline [...] est la technique spécifique d'un pouvoir qui se donne les individus à la fois pour objets et pour instruments de son exercice* [1]. »

Plus précisément, le développement à outrance des systèmes de surveillance en Roumanie, qui impliquait notamment la présence dans chaque entreprise d'au moins un agent de la *Securitate* à qui il fallait faire acte de déférence, sans compter les agents officieux, a donné lieu à une forme de suspicion généralisée, une scène dans laquelle le « bourreau » et la « victime » sont interchangeables, comme le souligne Aurora Liiceanu à partir de l'étude d'un village. L'auteur remarque avec pertinence : « *Cette extension du contrôle exprime elle-même la crainte du pouvoir en ce qui regarde sa légitimité, produisant sa propre suspicion* [2]. »

C'est paradoxalement donc que l'État-parti crée les conditions de la suspicion généralisée dans une recherche de palliatifs à son manque de légitimité, en voulant assurer sa propre pérennité et en suivant de façon obsessionnelle quiconque peut remettre en cause explicitement cette fragilité. L'ouverture assez récente des archives de la *Securitate* montre clairement cette production d'un climat paranoïaque, au sens propre du terme, qui devait justifier l'existence d'un système élargi de surveillance. Arrivé à ce niveau de folie, ce n'est pas tant la menace réelle qui compte pour un pouvoir persécutant et persécuté par lui-même que la menace

---

[1] FOUCAULT M., 2001 : *Surveiller et punir*. Gallimard, Paris (1ère édition 1975) : 200
[2] LIICEANU A., 2000 : *Nici alb nici negru. Radiografia unui sat românesc 1948-1998* [Ni blanc ni noir. Radiographie d'un village roumain 1948-1998], Nemira, Bucarest : 95

potentielle qui, à force de conditionnement, est devenue un phantasme, une fiction réalisée.

La présence dense des structures de surveillance a aussi généré un phénomène de subversion qu'on se doit d'évoquer. En plus d'un repli sur la vie privée dans l'habitat, une des rares manières de pouvoir se protéger dans cet univers kafkaïen consistait à opposer le pouvoir à lui-même : les sanctions et le sentiment de peur n'excluaient pas les *Securistes*, eux-mêmes soumis au système d'encadrement. Il était donc possible, sous certaines conditions, de faire valoir une relation de proximité avec un agent de la *Securitate* pour faire face à la menace d'un autre agent [1]. C'est là un paradoxe important qui montre assez bien le rôle double des structures d'encadrement et qui ouvre une première piste de réflexion sur l'imprégnation du système communiste par les relations sociales qui, théoriquement, devaient lui être étrangères. Malgré toute la mécanique institutionnelle mise en œuvre, les sanctions potentielles qui s'étendaient de l'élimination physique et la torture – de plus en plus rares – à la menace diffuse et constante en passant par la marginalisation (perte d'emploi, de statut, éloignement dans une autre ville, travaux forcés), l'État-parti ne pouvait effacer totalement la société, ce qui présupposait la réalisation de son projet. Le projet de société nouvelle s'est heurté à ses propres contradictions. À ce propos, on notera que l'inscription dans les « dossiers » d'informations justifiant l'occupation d'une position ou une sanction s'étendait vers des références biographiques individuelles incluant la parentèle ainsi que l'origine nationale des individus.

Illustrons ce propos, concernant la mise en place d'un système complexe de surveillance, avec Monica. Cette femme, âgée de 44 ans, est mariée avec un médecin divorcé. Ce dernier vivait avec ses garçons, jumeaux, aujourd'hui âgés de 24 ans. Monica est professeur d'anthropologie culturelle et de religion à la faculté de théologie de Bucarest. Elle témoigne (en français) : « *Le bloc a été construit pour les hommes qui ont construit le métro. Moi, j'avais une formation humaniste et je voulais être journaliste. J'avais fait des articles dans les journaux locaux de Tulcea et le dernier examen c'était de venir à Bucarest pour suivre un séminaire pour les journalistes extérieurs [à Bucarest]. Je n'ai pas eu l'accès à cette faculté de journalisme parce que je n'avais pas les idées communistes, j'avais lu des livres interdits. J'avais d'autres idées, mais je ne me considérais [pas] comme dissidente. Mon père... Lui a joué la dissidence. Il a refusé la carrière militaire dans la marine. C'est un homme de gauche... Mais la faculté ça*

---

[1] « *Securitate* » in Musée du paysan Roumain, 2003 : LXXX. *Mărturii orale : anii 80' şi bucureştenii* [LXXX. Témoignages orales : les années 80' et les Bucarestois], éd. Paideia, Bucarest : 64-66

a été mon premier échec. Après, j'ai fait une société culturelle à Tulcea, mais je n'avais pas de succès parce que les hommes politiques de Tulcea n'aimaient pas ce mouvement. Ils disaient : « Il y a un mouvement néofasciste à Tulcea ! » Je n'étais pas libre d'afficher. Ils me disaient de dessiner les bateaux. […] Ma vie périclitait. »

En 1985, elle quitte Tulcea : « *parce que les autorités me bloquaient. Aussi je n'avais pas accès à la faculté de philosophie. Mon père était un Russe qui avait émigré de Russie et puis il n'était pas d'accord avec le régime. Je n'avais pas accès à la faculté de philosophie parce que je n'avais pas les bonnes origines roumaines. Comme je ne voulais pas rester comme ça bloquée, j'ai voulu devenir dessinateur technique. À Tulcea, ce n'était pas possible. Il n'y avait pas de place pour moi. Alors j'ai demandé à mon oncle qui était chef de chantier pour le métro à Bucarest. J'étais non conformiste par rapport à ma famille et à la communauté roumaine. Je voulais travailler pour construire les bâtiments. J'ai perdu tous mes contacts avec l'association et la culture, parce que j'avais peur de la Securitate. En décembre 1987, mon directeur de l'équipe de constructeurs m'a demandé : « Qu'est-ce que tu as dit par rapport à Ceausescu ? Tu as dit quelque chose de mal ? » J'étais très frappée, choquée. Il m'a dit : « Viens ici ! À mon bureau ! Avec ton manuscrit ! » J'ai déposé une valise et la secrétaire était consternée. Plus tard, le soir, mon directeur m'a demandé d'écrire avec qui je parle, ce que j'écris, ce que je dis avec mes collègues de l'école de dessin. C'était normal, je parlais de Gorbatchev, je le critiquais, je disais : c'est bien, c'est mal. J'ai dû donner à mon chef de chantier mes poésies. Quelle relation y a-t-il entre les poésies et le chantier ? Tu te rends compte ? Des poésies ? Pour un chef de chantier ?*

Les gens ne comprenaient pas. Le matin, ils allaient travailler, l'après-midi à la maison. Ils regardaient ensuite le téléviseur. Ils demandaient : « Mais qu'est-ce que tu vas faire au parc toute seule. » Avec les livres, le papier pour écrire. Mon père m'a dit : « Tu gardes de bonnes relations avec tes voisins et garde une vie qui ne leur donne pas d'idées. »

Remarquons tout d'abord que pour cette femme l'obtention, à son arrivée dans la capitale, d'un emploi de secrétaire et d'un logement, consécutive à l'évitement d'une situation de plus en plus précaire qui la voyait enserrée dans les mailles des structures de pouvoir locales, n'a pu se faire qu'avec le concours « d'un oncle ». Relation nécessaire, le parrainage semble, dans le contexte d'un communisme « dur », un mode d'entrée prévalant pour les acteurs distants des sphères de pouvoir et notamment pour les individus ayant attiré la suspicion des structures d'encadrement politique. L'intégration à la sphère du travail se réalisait par la médiation des structures du pouvoir, ce qui permet d'observer à nouveau un comportement ambivalent : la contestation et le rapprochement de l'État-parti, car la réalité menaçante ne laissait guère d'alternative. L'attitude peu commune de Monica a eu deux conséquences directes et peut-être assez prévisibles dans un tel contexte. Elle s'est d'une part tout d'abord attiré les soupçons de la *Securitate* qui, par l'intermédiaire de son travail, l'a sommée de rendre compte de ses activités. Mais d'autre part, et en amont de ce recadrage dans les normes sociopolitiques de comportement, de la manière de construire ses relations imposées par la ligne de définition du parti, ses relations de voisinages se sont réduites : le non-respect des règles de comportement en public dont les principes relèvent plutôt de la discrétion l'a menée vers une exclusion sociale, exclusion qui représente un moyen de mettre à distance la menace que faisait peser Monica sur elle-même tout autant que sur les personnes appartenant à son réseau de relations ou identifiables comme telles.

On perçoit la mécanique insidieuse du fonctionnement du communisme. Les acteurs travaillaient inconsciemment au respect des règles imposées par le régime étant donné que c'était là un des seuls moyens de pouvoir préserver partiellement la zone résidentielle (et son existence) dans une relative sécurité par rapport à la *Securitate* pour en faire un espace d'autonomie précaire [1]. À l'extérieur de l'espace privé, tout comportement ne répondant pas à des standards stricts de comportement était l'objet d'une réaction coercitive rapide. La violence symbolique imposée par le régime communiste était aussi celle de l'imposition de normes comportementales définies, soumises à une surveillance permanente.

Plus généralement, le quartier n'échappant pas à la logique du plan de mutation de la ville, sous l'égide du projet de l'État-parti, toute une population y a été acheminée pour assurer la transformation de la ville. Ces familles étaient destinées à former un prolétariat urbain en mesure de fournir une main-d'œuvre nécessaire à la reconstruction de la ville et à l'expansion industrielle. Rappelons que nous sommes encore, à cette époque, dans une forme d'idéologie de concurrence productiviste. C'est pour cette raison que les habitants du quartier comptaient de nombreux ouvriers tout comme des ingénieurs – en quantité moindre – spécialisés dans le bâtiment, l'architecture et le génie civil, sans oublier toutes les fonctions

---

[1] À cet égard, « *le coussin sur le téléphone* » qui avait pour but d'empêcher que les discussions soient écoutées par la *Securitate* dans l'appartement est une pratique aujourd'hui rare mais encore rencontrée, sans compter les personnes qui enlèvent la batterie de leur téléphone portable.

situées entre ces deux extrémités de la chaîne de la division du travail, indispensables pour mettre en œuvre cet énorme plan de reconstruction. Notons aussi la présence non négligeable, dans cet ensemble éclectique d'autres professions comme les professeurs d'écoles. Augmenter la population de la ville présupposait une augmentation du nombre de personnes scolarisées ; industrialiser à outrance l'économie et la société roumaine nécessitait une augmentation du niveau général d'éducation et de formation de la population.

Le mélange des positions, souligné ici, est un trait distinctif de la ville de Bucarest qui atteint son paroxysme dans les années 1980. Comme le soulignent les auteurs du dictionnaire *Les années 1980 et les Bucarestois* : « *Le bloc communiste s'apparente très bien à un mixeur, en gardant en vue le mode par lequel il a été utilisé par la direction du parti. Après à peu près trente ans de politique contre-élitiste, chaque bloc est un mélange étrange de populations provenant de toutes les catégories sociales* [1]. »

La taille des appartements obtenus dépendait, selon les habitants du quartier, de la taille de la famille, du statut marital, des revenus, de son « dossier », mais également de son réseau de relations sociales permettant le rapprochement des structures du parti comme nous venons de le voir. Le parti dans sa stratégie d'encadrement se servait de ces différents critères, au demeurant inévitables même pour un État totalitaire, afin de pénétrer la société et d'en assurer la surveillance. La réalisation de l'utopie communiste parfaite, de l'édification d'un système au sein duquel le seul rapport d'obédience politique comme principe d'obtention d'une position dans la société existe, a eu pour conséquence la pénétration des instruments de mise en pratique de ce pouvoir par des modes de classement des rapports sociaux, des rapports de proximité et de distanciation hiérarchiques qui lui sont *a priori* antinomiques mais en réalité complémentaires. En l'occurrence, il s'agit surtout des relations familiales et de leurs extensions qui représentent un moyen de s'assurer une médiation avec les structures de pouvoir de l'État par le parrainage au sens le plus large du terme (descriptif ou classificatoire).

---

[1] « *Securitate* » in Musée du paysan Roumain, 2003 : *LXXX. Mărturii orale… op. cit.* : 289-294.

Les prémisses de la privatisation

Lors de la chute de l'ancien régime, événements dont les acteurs gardent, à vrai dire, peu de souvenirs ou du moins pour lequel ils ne manifestent pas une curiosité spécialement aiguisée, le quartier, comme la majeure partie de la ville, est déjà complètement reconstruit et ne ressemble en rien à ce qu'il était avant que les projets urbains du parti soient matérialisés. À *Tineretului*, aucune maison de courée n'a survécu et la ville ressemble assez largement à une vaste cité ouvrière en plein chantier. Bucarest est atteint par les moyens mis en œuvre par le régime communiste pour résoudre ses problèmes, c'est-à-dire la faiblesse de la capitale en tant que capitale : les immeubles d'une qualité médiocre dominent une ville où la population est concentrée sur un territoire extrêmement restreint. À titre de comparaison, Budapest s'étend sur 525 km² et compte moins de 2 000 000 d'habitants tout comme Varsovie qui comprend une surface de 516,9 km² ou Prague et ses 496 km² pour environ 1 200 000 habitants. La capitale roumaine comprend une surface de 228 km², disons-le une fois encore, pour plus de 2 millions de personnes.

Parallèlement, le retrait progressif de l'État dans une pluie de réformes, parfois sinon souvent contradictoires, de tous les secteurs sociaux se traduit, à *Tineretului* comme ailleurs, par le rachat des appartements. C'est pourquoi la Roumanie deviendra rapidement un pays de propriétaires (d'appartements-résidence). Ce n'est pas le moindre des paradoxes que de voir un pays tant critiqué pour sa gestion politique, son « archaïsme communiste », sa lenteur à mettre en place les réformes qui nous ont menés à la crise mondiale que nous vivons actuellement, réaliser le rêve libéral par excellence d'une société de propriétaires. La Roumanie, à la fin des années 2000, compte plus de 90 % de propriétaires de leur logement. Le rapport 2009 de l'*Eurostat* chiffre à 96 % le nombre de propriétaires, soit le plus important de toute l'Europe. Par comparaison, la Hongrie atteint les 87 %, la République tchèque 72 %, la France et la Pologne 58 %, et l'Allemagne 46 %. Mais comme tout rêve, cette société de propriétaires de logement, possède sa contrepartie moins onirique : le cauchemar d'une spéculation capitaliste sur le marché immobilier qui ne va cesser d'augmenter, puisqu'elle est réglementée dans ce sens, pour atteindre des prix surréalistes au cours de la période 2004-2009, dépassant, dans certaines niches, largement ceux de nombreuses capitales de l'Ouest. Le domaine de la construction de logements, parce qu'il est très rentable, a été privatisé, les pouvoirs publics, en cela, ont suivi les prescriptions des bailleurs de fonds (UE, FMI, BM etc.).

Cela a entraîné une extension de la corruption à des niveaux qui n'avaient jamais encore été atteints. Notons que les choses vont s'accélérer dans les années 2000 lorsque la responsabilité de la rétribution des biens spoliés par l'État sera confiée à la responsabilité des administrations locales. Toujours en place aujourd'hui, on peut sérieusement se demander si cette politique de vols de propriété tous azimuts a été sciemment mise en place. Cette délinquance d'État met en lumière l'interrelation entre les milieux politiques, les milieux économiques, sans oublier la corruption structurelle de la justice, des services du cadastre, condition *sine qua non* de possibilité de cette délinquance parfaitement identifiable. Le pillage systématique des espaces verts, des terres et des propriétés publiques, à Bucarest et dans les grandes villes roumaines en particulier, a donné l'occasion de bâtir des fortunes colossales.

Dans ces conditions, les opportunités d'emménager à *Tineretului* deviennent rares ; pour prétendre s'y installer, il faut déjà posséder un capital économique conséquent. En revanche, la vente d'un appartement pour un propriétaire de ce même quartier est, sur le plan économique, de plus en plus attirante, car les bénéfices peuvent être importants pour des logements qui restent, somme toute, d'une piètre qualité.

Cette période est aussi la prémisse d'un mouvement de fermeture, de rachat et de restructuration (mise au chômage d'une large part des employés) des industries où le contrôle du parti battait son plein. L'économie de commande non rentable, dépendant des velléités de domination de l'État-parti sur le monde du travail et de l'économie, disparaît peu à peu ou reste du domaine public. Celle rentable, au contraire, est rachetée parfois par des opportunistes, mais généralement par d'anciens membres importants des structures du régime communiste. L'État perd le socle de légitimité qu'il tirait du plan de développement économique collectiviste et n'arrive guère à s'inscrire correctement dans le néolibéralisme, ce qui le place dans une position de porte-à-faux. Or, ces transformations touchent toutes les familles du quartier *Tineretului* qui peu à peu perdent et/ou changent d'emploi.

C'est dans ce contexte qu'une grande partie des résidents des immeubles dit avoir racheté à l'État l'appartement où ils logent. Exception faite de Monica, les résidents soulignent ne pas avoir eu de difficultés majeures à obtenir ce logement. La conjoncture de l'époque, en plus d'être marquée par une tension plus grande entre l'État et la population à laquelle s'ajoutent les demandes de « l'opinion internationale », laisse la possibilité de racheter des appartements aux acteurs puisque l'inflation est élevée et que les prix des appartements restent stables. N'omettons pas non plus la difficulté pour l'État à gérer la masse de logements. C'est peut-être sous cet angle qu'il faut interpréter la relative facilité pour l'appropriation des appartements : la question étant problématique en termes de logistique tout en étant potentiellement dangereuse pour les agents au pouvoir « conservateur » qui, après 1989, ont réussi à se maintenir à des postes clés [1] de l'État entre autres à force de trucages des élections, de démonstrations de force violentes, ainsi qu'en instrumentalisant les rivalités entre groupements ethnicisés, utilisant en somme une large part de la panoplie des instruments de pouvoir de l'ancien régime. L'usage récurrent de ces techniques dans les premières années du postcommunisme dénote la continuelle et faible légitimité de l'État. On comprendra que celui-ci a préféré, dans un climat de tensions, délaisser une partie de son pouvoir et de son patrimoine afin d'éviter un nouveau soulèvement de la population qui, comme le montre l'exemple des manifestations de la place de l'Université, était alors tout à fait envisageable. En même temps, l'opération permettait de donner une image moins négative de sa propre représentation au niveau international et cela en gagnant rapidement d'importantes sommes d'argents. L'État-parti, en recherche de légitimité (cf. chap. 1) sortait gagnant sur plusieurs plans de la réalisation de cette opération surtout face à une population acculée à la famine depuis plusieurs années. La privatisation progressive des zones urbaines de Bucarest peut effectivement être interprétée comme une manœuvre du pouvoir qui vise à s'assurer un électorat dans les villes.

Il convient toutefois de pondérer ces différentes hypothèses en revenant au niveau des acteurs. Pour les plus anciens propriétaires des immeubles, la relégation du rôle de l'État à un plan secondaire, pourtant central dans le processus de généralisation de la propriété privée, doit aussi être considérée dans la perspective de la transformation du rôle de la résidence dans les recompositions sociales en cours depuis la chute de l'ancien régime. L'exclusion de l'État traduit une volonté de la part des acteurs d'une mise en accord entre le discours et la construction d'un espace privé, c'est-à-dire de la résidence comme espace-témoin de la construction d'un itinéraire personnalisé. Dit de façon plus schématique et en forçant un peu le trait, si les acteurs sont aujourd'hui propriétaires de ces appartements cela ne peut

---

[1] Cf. GAVRILESCU A., TUDOR M., 2002 : *Democraţia la pachet: elita politică în România postcomunistă* [La démocratie en paquet : élites politiques dans la Roumanie postcommuniste]. *Compania*, Bucarest.

sûrement pas être le fait de l'État-parti, puisqu'une telle affirmation introduirait une tendance incohérente dans leur volonté de joindre de façon personnalisée leur statut social actuel et leur lieu de résidence.

Adjoignons que l'évolution des prix sur le marché de l'immobilier dans les premières années du postcommunisme a permis parfois d'acheter d'autres appartements situés ailleurs dans la ville au sein de zones urbaines plus éloignées du centre-ville de Bucarest. Cette période reste néanmoins très limitée dans le temps puisque les prix dans le domaine de l'immobilier augmentent inexorablement et les moyens des acteurs ne permettent d'acheter ces appartements que sur un laps de temps restreint. Comme nous le verrons, ces appartements rachetés donnent aujourd'hui à certains acteurs une source importante de revenus. Il faut ajouter aussi les appartements qui viennent, par le biais d'héritages ou de dons de la famille étendue, renforcer les revenus des acteurs.

Précisons que l'augmentation des prix sur les marchés immobiliers, même si elle prend des allures surréalistes, n'est finalement que le reflet d'une transformation générale de la société. La spéculation immobilière est la pointe de l'iceberg de la spéculation capitaliste. Par rapport au logement plus particulièrement, la croissance générale des coûts des dépenses courantes touche la consommation d'eau, d'électricité et de gaz – des ressources privatisées dans les années 1990-2000 et offertes à des entreprises annexes de partis politiques – autant de dépenses inévitables pour les acteurs. Ce phénomène à *Tineretului* qui, rappelons-le, est un quartier proche du centre-ville et comptant parmi les zones urbaines les plus exposées à la transformation, génère des départs successifs de familles dans l'impossibilité de pourvoir à cette augmentation des frais liés à la résidence. Il devient alors plus avantageux de quitter l'appartement de *Tineretului*, dont le prix augmente fortement, pour le louer ou le revendre à une tierce personne et trouver un logement plus à la périphérie du centre-ville voire en zone rurale. Cette opération permet de dégager des liquidités et d'éviter le (sur-)endettement. Corollairement, les places laissées libres par les anciens résidents – par la vente ou la location d'appartements – seront désormais occupées par des personnes qui occupent des positions supérieures dans le champ socioprofessionnel, c'est-à-dire que les nouveaux arrivants possèdent les capacités financières de payer des loyers plus élevés et peuvent répondre aux critères d'un endettement bancaire alors maîtrisé. Les loyers varient alors de 180 € à 400 €. Dans un pays où, selon des estimations diverses mais fragiles, le salaire moyen ne dépasse pas 150 € et le salaire minimum s'élève environ à 72 €1, il semble assez clair que pour une large partie de la population il devient difficile de résider dans ce quartier. Les deux cages d'escaliers du quartier *Tineretului* sont par conséquent des espaces sociaux où s'observe un mouvement d'exode des anciens habitants. Cette émigration se réalise essentiellement vers des quartiers périphériques où les locations sont moins onéreuses. Là où les acteurs peuvent parvenir à régler les frais liés à la résidence.

Cette observation doit être replacée dans le contexte de la société globale au sein de laquelle l'argent prend une place prépondérante renforçant des processus de mutation des hiérarchies sociales. Au mélange social des positions de l'ancien régime succède un second mélange entraîné par le basculement vers le régime capitaliste. Le phénomène de stabilisation hiérarchique se constitue dans le même mouvement de dissolution de l'agencement généré par l'ancien régime et de transformation sociale globale due à la progression des structures capitalistes. Ce « postcommunisme » abordé ici schématiquement ne peut être considéré de façon rapide dans l'optique d'une évolution économique et politique stable, homogène et sans à-coup. Penchons-nous sur quelques indicateurs supplémentaires, ce qui devrait nous donner la possibilité de mieux cerner cette transformation. Ces quelques indicateurs sont le reflet de la crise générale perçue par tous, certes de manière différenciée mais qui reste omniprésente.

Les jalons du postcommunisme : l'incarnation de la crise

Un des aspects centraux de la politique économique en Roumanie de l'après Ceausescu est caractérisé par le fait que les partis héritiers du PCR n'ont pas mené de politique du type « thérapie de choc », à l'instar par exemple de la Pologne. La Roumanie représente un cas assez singulier parmi les pays d'Europe anciennement communistes. Du fait de la politique menée à la fin des années Ceausescu, la Roumanie est en 1990 le seul pays de la région à ne pas être endetté. Contre toute attente, cela ne sera d'aucune utilité, mis à part le rejet temporaire des programmes impulsés par les institutions financières internationales, dans les premières heures du postcommunisme. En effet en comparaison avec 1989, à la fin de l'année 1990, les exportations chutent de 50 % tandis que les importations

---

[1] L'*Eurostat* avance un salaire minimum (40 heures de travail par semaine) qui s'élève pour 2003 à 73 €, pour l'année suivante à 69 € et pour 2005 à 72 €.

augmentent de 48 %. Aussi, en décembre le niveau des réserves de l'État en devises est estimé à un endettement d'environ 1 milliard de dollars, alors qu'en janvier 1990 ces mêmes réserves s'élevaient à 1,7 milliard de dollars. Il semble que le pourrissement des infrastructures, les investissements dans des travaux pharaoniques et la politique de désendettement aient abouti à une catastrophe.

La guerre de l'OTAN contre l'Irak (1990-1991), connue sous le nom de « guerre du golfe », suite à l'invasion du Koweït, et le respect de l'embargo contre ce pays se sont traduits par une perte de créances estimée à 1,7 milliard de dollars. La Roumanie se voit alors forcée d'acheter les produits énergétiques à des prix plus élevés, ce qui a pour conséquence d'augmenter ses dépenses dans ce secteur. L'intervention armée menée par l'OTAN en Yougoslavie viendra clôturer la désagrégation du tissu économique constitué par les relations alors décomposées avec l'ex-URSS et les pays communistes. En l'absence de tout autre partenaire, cette société est contrainte de se tourner vers les prescriptions des bailleurs de fonds occidentaux [1], de réorienter ses accords politiques et économiques et ses liens de coopération et de dépendance. L'arrêt des exportations alimentaires pendant les six premiers mois de l'année 1990 va accélérer la tendance générale de l'écroulement du système.

Au niveau interne, on observe un mouvement similaire : les réseaux traditionnels des entreprises sont désagrégés que ce soit pour l'approvisionnement, la clientèle, le financement, la distribution. Parallèlement, les procédures pour l'investissement extérieur attendront dix ans avant de perdre leur extrême complexité et la bureaucratie de l'ancien régime imposant ses taxes (légales et illégales) est toujours en place, sans oublier la corruption généralisée, qui, notons-le au passage, est une des justifications de la stigmatisation de l'Europe du Sud-Est dans le système mondial [2].

Les tentatives de conservation, d'aménagement du pouvoir dans une conjoncture marquée par une reconversion des communistes (régime et acteurs confondus) vers la démocratie de marché dans la région – peu désirée par les « seconds couteaux » au pouvoir – se traduisent par un échec.

---

[1] Ce qui ne l'empêche pas de commercer avec la Yougoslavie alors que dans le même temps plusieurs mesures de rétorsion sont pratiquées.

[2] Le même type d'explication est aussi utilisé pour justifier la position d'exclusion d'autres pays ou continents sur l'échiquier international ; pour l'exemple de l'Afrique, voir les critiques de BAZIN L., 1998 : *Entreprise, politique, parenté : une perspective anthropologique sur la Côte-d'Ivoire dans le monde actuel*. L'Harmattan, Paris.

En effet, le « socialisme de marché [1] » qui inspire fortement les anciens cadres du parti communiste et qui vise à la sauvegarde du socialisme, ne peut être mis en place dans un contexte géopolitique sans soutien extérieur fort en étant aussi éloigné de son centre de diffusion (la Chine). Le rejet de la « thérapie de choc » mise en place dans d'autres pays – de la Pologne au Kirghizstan – à l'instigation du Fonds monétaire international et de la Banque mondiale est donc à interpréter sous cet angle. Cette orientation répond à un double impératif : il s'agit pour les apparatchiks de conserver leur position de domination et leurs privilèges malgré les évolutions sociétales en cours, tout en préservant une légitimité vis-à-vis de la société civile. Les employés des grands complexes industriels en particulier, ont en effet eux aussi plus à perdre qu'à gagner avec une « thérapie de choc ».

Ce n'est qu'en 1996, sous l'impulsion d'un gouvernement très orienté vers l'Ouest (sous la direction de la Convention démocratique [2]), soutenu de l'extérieur, qu'une tentative de changement brutal d'orientation politique est initiée. Elle mènera le pays à s'enfoncer dans une crise sociale, politique et économique et décrédibilisera totalement le gouvernement dans ses prétentions à blanchir l'État et la politique des (ex-) communistes et du communisme [3]. La période de l'année 1997 à 2000 [4], du point de vue d'indicateurs de développement économique, même si on peut douter de leur exactitude [5], est une des plus catastrophiques par rapport notamment aux prix à la consommation, à l'inflation, à la production industrielle et agricole. Cet écroulement, que les gouvernements précédents ont contenu dans des marges précaires, ne s'estompera qu'en 2000, année marquée par le signe d'un retour à la stabilité.

Cette situation de crise et d'appauvrissement marque les esprits des acteurs. Les indicateurs utilisés jusqu'à présent ont tendance à soutenir un versant plutôt objectif, ce à quoi la « crise » ne saurait être résumée. En outre, à *Tineretului*, les difficultés à assurer sa subsistance et à maintenir à un niveau décent ses « conditions de vie » sont fortement ressenties, comme

---

[1] SÉLIM M., 2003 : *Pouvoirs et marché au Vietnam*, t. I *Le travail et l'argent*, t. II *L'État et les morts*. L'Harmattan, Paris. Voir aussi HOURS B. & SÉLIM M.,, 1997: *Essai d'anthropologie politique sur le Laos contemporain. Marché, socialisme et génies*. L'Harmattan, Paris.
[2] Voir HUIU I., PAVEL D., 2003 : *Nu putem reuşi... op.cit.*
[3] Rappelons que la Convention démocratique avait un discours très orienté vers l'anticommunisme présenté comme une sorte de vertu postcommuniste.
[4] DORDEA I., 2003 : « La Roumanie » *in* PAGÉ J.-P. : *Tableau de bord des pays d'Europe centrale et orientale*, Les études du CERI, n° 101 (décembre).
[5] Entretien informel réalisé avec des experts français employés par le gouvernement PSD en 2000-2004.

une menace à la fois latente et omniprésente. Cette inquiétude est assez généralisée comme de très nombreux sondages le soulignent. Certes, utiliser un sondage ne va pas de soi. Parmi les limites de ces matériaux qui d'emblée viennent encadrer les analyses que l'on peut en retirer, on notera que les résultats dépendent des questions posées et, précisément, de la signification qu'elles revêtent pour les personnes interrogées, de même que le contexte d'énonciation influence aussi grandement la qualité de la réponse. La « radiographie », aussi, est d'une pérennité réduite qui nécessite une opération de démultiplication afin de tirer de la comparaison de tableaux synchroniques une analyse diachronique solide. Enfin, les rapports sociaux y sont réduits à un indicateur statistique dont l'exactitude joue souvent le rôle de trompe-l'œil. Cependant, malgré ces limites très superficiellement abordées ici [1], quand une extrême majorité des sondages obtiennent des résultats quasi analogues sur plusieurs années, on peut estimer que les tendances mises en lumière reflètent des (res) sentiments, des représentations diffuses et présentes dans la société [2].

Deux indications nous intéressent principalement : l'une relevant plutôt de l'économie, l'autre des représentations du système politique. Le jugement de la situation des acteurs vis-à-vis de leur propre niveau de vie est une première façon de jauger la confirmation des représentations de cette crise. La plupart des sondages montrent que deux catégories dominent les estimations du niveau de vie. Ceux qui estiment « ne pas arriver au strict nécessaire » représentent une catégorie variant de juin 1997 à mai 2005 entre 28 % et 45 %, tandis que la catégorie des personnes estimant vivre dans le strict nécessaire oscille sur la même période entre 34 % et 43 %. Ces deux catégories représentent l'extrême majorité des personnes interrogées. Un tel constat oriente la perspective sur cette situation marquée par la difficulté à s'inscrire dans la nouvelle donne politico-économique, dans un contexte d'augmentation de contraintes individuelles portées par une forte concurrence. Il montre aussi une perception forte des difficultés à pouvoir se maintenir à un niveau de vie acceptable. C'est une indication de la

---

[1] On pourra toujours relire la critique succinte de BOURDIEU P., 1973 : « L'opinion publique n'existe pas » in Les temps modernes, 318 (janvier) ; l'ouvrage de CARRIGOU A, 2006 : L'ivresse des sondages. La Découverte, Paris ; ainsi que la critique, plus générale, de la sociologie empiriste libérale, appartenant à C. WRIGHT-MILLS, 1997 : L'imaginaire sociologique. La Découverte, Paris.
[2] Les matériaux utilisés pour notre propos sont extraits du « baromètre de l'opinion publique » (FDSD, 2005 & 2003 : Barometrul de opinie publică, Bucarest). Les indicateurs en question croisent les résultats fournis par plusieurs organismes de sondage parmi les plus connus (IMAS, MMT, Gallup, IMAS).

répercussion intersubjective de la paupérisation et de la précarisation de larges pans de la société roumaine : les retraités, les habitants des zones rurales, les chômeurs, les handicapés, les « Roms », bon nombre de fonctionnaires, sans compter les employés d'anciens kolkhozes (et les dispositifs de prise en charge) qui fermèrent définitivement leurs portes après la chute du régime communiste. Cette indication concerne aussi les catégories dites intégrées au travail dans le sens où elles sont également dans une situation de forte concurrence dans un pays où le droit du travail est largement factice. Il faudrait ajouter à ces catégories, les « surnuméraires » de l'économie sociale de marché postcommuniste comme par exemple les enfants vivant dans les égouts de Bucarest ou les familles résidants dans des abris de fortune à la périphérie des villes de petite et de grande envergure.

Somme toute, la crise économique n'est pas qu'une donnée économique secondaire ou objective, mais un cadre structurant d'appréciation pour les acteurs de leur propre société et de leur évolution dans cette société. C'est un relais interne de l'image pesant sur la Roumanie, une matérialisation du déclassement externe sur un plan interne et inversement.

Sur un autre versant, les indicateurs de « confiance » aux institutions donnent des résultats sans équivoque. Les quatre institutions, en ordre décroissant, placées au plus bas de l'échelle de la « confiance » sont : le gouvernement, les ONG, la justice, le Parlement et les partis politiques ; l'Église orthodoxe recueillant le plus de suffrages positifs. En d'autres termes, ce sont surtout les institutions relevant de l'État et de la politique qui recueillent les indicateurs de confiance les plus négatifs. Au passage, on voit derechef le décalage existant entre les ONG et la population.

Ces indicateurs reflètent la trajectoire sinueuse de la Roumanie dans les années qui suivent la chute du régime nationaliste-communiste. Cette crise se répercute à *Tineretului* à deux niveaux : à un premier niveau, tous les nouveaux propriétaires ne peuvent résister à ces moments extrêmes de crises à répétition, plusieurs d'entre eux doivent quitter le quartier et se trouvent contraints de s'installer à la périphérie de la ville de Bucarest vers ces zones urbaines perçues négativement. Du moins, c'est ainsi que les acteurs installés depuis plus longtemps dans ce quartier se représentent la situation de leurs anciens voisins. D'autre part, cette crise participe à une exclusion plus grande de la Roumanie de la scène internationale et la relègue aux pourtours de l'Europe. Cette impression plus large en Roumanie, relayée très souvent par les sondages et indicateurs de confiance, est d'une importance cruciale pour les résidents : le champ résidentiel de *Tineretului* est en effet construit de manière dominante dans la somme des représentations des acteurs comme un domaine à l'écart – et qui doit être maintenu à l'écart – de cette crise, de ce chaos, de ce présent essentiellement négatif.

Le niveau ici abordé ne peut être réduit seulement à une seule introduction fournissant quelques observations sur les évolutions générales de la société globale. La crise est le cadre de références structurant le rapport des résidents à leur environnement social, politique et économique dans lequel ils placent leur existence. Tournons-nous vers les représentations du champ résidentiel.

9. Symbolisation territoriale et positionnement dans la société globale

Les représentations du quartier *Tineretului* font appel à des ensembles symboliques qui ne sont pas liés entre eux dans l'absolu, mais seulement dans une logique anthropologique. Ces représentations sont un produit « brut » faisant appel à des matrices sociales et politiques et aux enjeux présents dans la société. Parce qu'il s'agit d'un quartier d'une grande ville, en l'occurrence de la capitale, l'échelle pertinente d'inscription de *Tineretului* dans un ensemble social, symbolique et spatial est justement la ville de Bucarest en tant que copie déformée de l'imaginaire de la société dans son ensemble. C'est ement parce que Bucarest est une capitale, qu'elle peut être considérée comme un centre national et sociétal.

Se pencher sur ces représentations permet d'interpréter à un premier niveau, le plus large, le mode de fonctionnement des relations entre acteurs dans ce quartier. La dimension de référence est macro-symbolique puisqu'elle permet de positionner l'appartenance sociale des acteurs dans un ensemble urbain plus large qui peut servir de point de repère pour exprimer un positionnement dans la société en général. Le sens de l'appartenance à la résidence peut-être partiellement découvert par cette première analyse. La vision que les acteurs développent de la ville permet de comprendre quelle position ils entendent donner d'eux-mêmes dans un ensemble spatial et démographique socialement stratifié. En d'autres termes, il s'agit de comprendre l'auto-assignation produite par les sujets de l'enquête vis-à-vis de l'imaginaire de la structure sociale hiérarchisée de la ville, elle-même reflétant partiellement la société globale. C'est sur cette question que nous allons nous pencher dans les lignes qui suivent.

Avançons d'abord quelques éléments qui représentent, pour les sujets de l'enquête, les traits d'appartenance les plus basiques à cette zone urbaine.

On en donnera ensuite une analyse plus large, par rapport à d'autres strates sociales.

Les résidents du quartier *Tineretului* fournissent des témoignages très positifs concernant leur quartier. L'appréciation de l'espace résidentiel laisse entrevoir une trame construite à l'aide de la convocation d'éléments produits en principes constitutifs de l'appartenance au quartier. Citons quelques exemples. Vera, âgée de 49 ans, qui travaille dans une des innombrables banques de Bucarest, est une des plus anciennes habitantes du quartier. Elle vit avec son mari et ses deux filles : « *C'est un très bon quartier, souligne-t-elle, avec des gens civilisés. C'est calme. Il n'y pas de voleurs, pas d'arnaqueurs...* » Rareş Iordanescu, retraité, âgé de 62 ans, en donne une version comparable : « *C'est un bon quartier. Très calme. C'est près du centre-ville. C'est bien desservi, il y a des autobus, c'est près du métro. Tu peux te promener. […] L'école est très bien avec des professeurs – comment on dit ? – très qualifiés.* » À 47 ans, Viorica, originaire de Braşov, occupe son appartement avec son mari et sa fille. Présente dans ce quartier depuis 1985. Elle nous donne une autre illustration de ce type de jugement prenant le quartier pour objet : « *C'est un bon quartier avec des gens débrouillards. Il n'y a pas de bruits pendant la nuit, ce n'est pas comme dans les autres quartiers. Ici, les gens travaillent, ils sont occupés. Et, ajoute-t-elle, on peut laisser les enfants dehors ici, sans problèmes, c'est calme.* »

Il est important de noter que les traits d'appartenance au quartier cités ci-dessus n'existent pas de manière pure et parfaite. Il est évident que les règles de discrétion sont généralement respectées, mais elles ne le sont jamais totalement. Effectivement, on peut entendre à l'occasion des bruits de voitures ou de personnes discutant, à très haute voix parfois, pendant la nuit. D'ailleurs, le magasin de vente de boissons alcoolisées « non-stop » est fort fréquenté. Il ne s'agit donc pas de vérités délivrées par les acteurs, ni même de mensonges. En réalité, les propos des acteurs reflètent une volonté d'homogénéisation catégorielle. Ils sous-entendent l'intention de créer un univers stable et différencié qui fonde l'appartenance de classe ou d'une catégorie hiérarchique, sur ce palier de sens du moins, en évitant la mise en avant systématique de points de séparation entre différentes rues ou parties de rues à l'intérieur de la zone considérée. Voilà pourquoi ces conceptions ont tendance à favoriser les points d'emboîtement au détriment de différences d'appartenance à des strates socioéconomiques qui sont pourtant tout à fait visibles entre les différents acteurs et familles. Ces critères de différenciation qui sont effacés, mis à distance dans ces discours, tendent à donner une cohésion, une homogénéité à la coloration sociale du quartier, et c'est dans ce sens que l'on doit interpréter le gommage des aspérités concrètes inadéquates aux représentations/revendications des acteurs.

Cependant, cette construction discursive de la cohésion sociale ne doit pas être interprétée sous ce seul angle. Elle permet aussi de nommer, de qualifier et d'assigner d'autres zones où résident d'autres groupes d'acteurs avec des normes aux caractéristiques différenciées de celles qui ont cours à *Tineretului*. C'est une espèce de communauté d'appartenance imaginaire que revendiquent les acteurs, ou mieux une appartenance catégorielle, car l'origine des acteurs n'est pas convoquée pour fonder cette cohésion. Ceci s'explique assez logiquement par le fait que ce critère serait trop peu cohérent et se trouverait toujours dans un état de fragilité prononcée. On peut noter que si Viorica parle de *Tineretului* comme d'un quartier où les gens travaillent et ont un emploi, c'est pour situer le chômage – qui sévit pourtant clairement en Roumanie – hors de cet espace résidentiel. Or, le chômage entraîne aussi l'impossibilité d'accumuler de l'argent et par conséquent empêche les résidents de répondre à des attentes de normes en ce qui concerne des investissements matériels divers sur lesquels nous reviendrons plus loin. En résumé, le chômage est un des signes de mobilité sociale descendante qui devrait idéalement être absent de cette zone résidentielle. Toutefois, même si plusieurs acteurs soulignent l'intégration des résidents à la sphère du travail, plusieurs familles dont le parent ou les parents n'ont pas d'emploi sont présentes dans ces immeubles sans compter le nombre d'acteurs désormais inscrits au régime du « précariat » (selon le mot de Robert Castel), quasiment généralisé, plutôt que dans un régime de travail stable correspondant au capitalisme industriel occidental.

On peut également relever les sous-entendus des propos des acteurs qui mettent en scène l'absence « d'arnaqueurs », le « caractère civilisé » des résidents, ce qui n'a de sens que si l'on prend en compte leur existence ou leur absence à l'extérieur de ce quartier. Autrement dit, c'est un critère qui vient cimenter la revendication d'une particularité sociale distinctive des acteurs dans ce quartier de Bucarest. Il y a un effet de réverbération dans l'autodéfinition d'une position qui se réalise uniquement par la distinction de catégories de population autres. L'autodéfinition identitaire et statutaire appelle nécessairement un rapport à l'extérieur à d'autres ensembles sociaux.

L'appartenance à cette zone urbaine, revendiquée ou tacitement postulée, est aussi le reflet d'une réponse aux attentes normatives que beaucoup tentent de respecter tant ces manières « de vivre, de penser et d'agir » apparaissent à leurs yeux naturelles, c'est-à-dire qu'elles représentent un mode de vie qui tend vers une forme d'idéal.

On peut classer en plusieurs catégories les propos des acteurs. L'une d'elles se réfère à la manière dont le quartier est desservi. Ce qui forme alors son caractère d'exception dans la ville concerne la structure physique du quartier, sa position par rapport au centre de Bucarest et les installations dont il bénéficie. La distribution inégale des services publics est d'une grande importance puisqu'elle mène directement aux normes du quartier, aux installations, aux infrastructures… On sait par exemple que l'écoulement des eaux usées n'est pas assuré dans les quartiers les moins bien lotis de Bucarest (voir ci-dessous) et que les canalisations et évacuations d'eau sont précaires. Or, les eaux usées, stagnantes, exposées, dans les conditions climatiques de Bucarest (la température l'été y dépasse souvent les 35 °C à l'ombre, les orages peuvent y être d'une extrême violence et entraînent inondations et autres dégâts matériels) peuvent mener rapidement à des infections virales ou bactériennes touchant notamment les enfants, ce qui met en cause directement la responsabilité des parents. De plus, il est aussi question ici, on y vient dans les pages suivantes, de la proximité des excréments d'autrui, des odeurs nauséabondes etc.

Dans ce même ordre d'idées, on peut rappeler la manifestation de résidents du quartier *Ferentari*, quartier « banlieue », en 2009, après l'électrocution d'enfants qui avaient pu accéder à des installations électriques non sécurisées. Bref, on voit que ce qui peut paraître à première vue comme une donnée négligeable ou allant de soi est une des bases d'un horizon social hiérarchisé, conjuguant des éléments qui vont former la différenciation sociale. Implicitement, ces éléments qui paraissent extérieurs à la réalité sociale locale, justement parce qu'ils sont traités socialement, vont contribuer et au renforcement de l'homogénéité du quartier *Tineretului* et à fonder sa supériorité hiérarchique imaginaire et réelle.

La seconde catégorie nous plonge dès à présent, et comme c'est le cas dans la plupart des discours des acteurs, dans les normes sociales distinctives des résidents de *Tineretului*. Dans les propos des interlocuteurs, une relation de causalité est souvent construite entre les résidents et les normes sociales qu'ils s'évertuent à respecter. Par exemple, être en mesure de laisser les enfants dehors loin de la protection immédiate des parents forme une preuve, aux yeux des résidents, que de bonnes mœurs sont respectées autour des immeubles. L'application de cette règle est assez clairement visible et respectée sur l'aire de jeux du petit parc à l'extrémité de l'une des rues les plus fréquentées de ce quartier. Le nombre peu élevé de parents contraste avec la présence forte de jeunes enfants s'amusant sur les balançoires et toboggans. Les parents et les grands-parents font toutefois preuve d'une intraitable attention vis-à-vis du comportement de leurs (petits-) enfants. Une grossièreté sur la route du retour d'une promenade ou de l'école peut amener une remontrance ouverte. De telles scènes montrent que les acteurs surveillent et appliquent avec assiduité les normes à travers les enfants. Laisser les enfants jouer avec un minimum de surveillance dans un espace où l'autorité parentale est physiquement des moins présentes, ce n'est pas leur offrir un surplus de liberté gratuitement, mais plutôt s'astreindre à délaisser une part du contrôle parental afin de reproduire un mode de vie considéré comme légitime.

On pourrait prendre d'autres illustrations qui étayent la construction de cette appartenance à un territoire social spécifique [1]. L'absence de blattes et de cafards, en contraste avec les zones urbaines extérieures – même si on dit qu'on en trouverait en petit nombre dans certains immeubles mal entretenus, est fortement remarquée ; elle constitue une preuve du niveau de salubrité du quartier, du bon comportement sanitaire de ses résidents, et ce quelles que soient les causes réelles de cette absence.

Cet exemple révèle peut-être une logique beaucoup plus profonde. La présence d'insectes comme les cafards fait référence, dans l'esprit des résidents, à la saleté, aux excréments, et plus généralement à des divisions comme entre le pur et l'impur, la souillure et l'hygiène et, par extension, entre la société et ses marges voire entre la civilisation et la sauvagerie. *In fine*, c'est une frontière séparant deux mondes ou plutôt une frontière séparant le monde intégré du non-monde. Vivre dans les déchets de l'autre, renvoie en termes pathologiques à l'obscénité et en termes sociaux à la rupture avec la société. Exprimant son dégoût, celle-ci ne fait qu'actualiser l'exclusion de ses marges et la domination exercée sur le dehors de la société. « *Cette intimité constante avec les déchets des autres, souligne M. Davis, constitue en outre une des fractures sociales les plus profondes qui puissent exister. À l'instar de la présence universelle de parasites dans le corps des pauvres, le fait de vivre dans la merde, comme le savaient les victoriens, sépare authentiquement deux humanités existentielles* [2]. »

---

[1] Pensons aux drogues illégales comme l'héroïne et aux toxicomanes.
[2] DAVIS M., 2006 : *Le pire des mondes possibles. De l'explosion urbaine au bidonville global*. La découverte, Paris : 144

Il s'agit d'une constatation générale, dépassant le cadre de la Roumanie, que les travaux de la sociologie urbaine, des urbanistes et des géographes montrent bien. Cette corrélation appartenant au monde des autres est un symptôme du fait qu'à *Tineretului, a contrario,* on est dans le monde et non dans le hors-monde. Cet hors-le-monde, cette humanité en trop selon l'expression de Mike Davies (*id.*), n'est pas forcément située dans les contrées lointaines, mais dans la ville même ; ainsi, à Bucarest, comme dans la plupart des grandes villes du monde, cohabitent ce monde et ce hors-monde, les beaux-quartiers fermés, les intégrés et les exclus vivant parfois sinon souvent dans des bidonvilles. Le quartier *Tineretului* vit dans le rêve d'une proximité avec les premiers et dans la peur d'un rapprochement avec les seconds.

La résidence, c'est avant tout un signe d'appartenance à un quartier défini par les normes sociales d'appartenance et, comme nous le verrons, c'est seulement ensuite qu'interviennent l'immeuble et la cage d'escalier. Ce niveau de représentations indique que différentes zones de la ville sont constituées en modèle de représentations de classes ou de strates sociales : c'est ce que fait valoir M. Brașoveanu lorsqu'il fait une distinction entre « le bon quartier » où il n'y a pas « d'arnaqueurs », ce qui souligne la volonté de renvoyer à l'extérieur du champ des relations cette figure négative. Les acteurs mettent toujours en rapport leur quartier dans une comparaison avec d'autres zones urbaines qui sortent des moeurs telles qu'elles sont présentées et relativement pratiquées à *Tineretului*. En fait, c'est à partir d'éléments divers mais contenant toujours une référence à des règles sociales idéales que se manifeste une distinction entre ce quartier et l'ensemble de la ville.

Parmi les territoires négatifs, cinq zones sont très majoritairement citées. Il s'agit de *Ferentari, Rahova, Berceni, Pantelimon et Crângași. Ferentari* est un quartier situé au sud de la ville de Bucarest, sa continuité mène à des zones que l'on peut situer entre le bidonville et le quartier aux installations insalubres. Il faut savoir que la ville de Bucarest a été construite sur un axe Nord-Sud, suivant la Dîmbovița, une rivière, un sous-affluent du Danube. Le nord de la ville était plus riche et plus développé tandis que le sud plus pauvre a été plus tardivement urbanisé [1]. Le quartier *Berceni* est également situé dans la partie sud de la ville, tandis que les quartiers *Pantelimon* et *Crângași* sont situés respectivement à l'est et à l'ouest de la ville et semblent faire l'objet d'une colonisation lente des classes moyennes. Il semble donc

---

[1] MAJURU A., *Idem.*

que cet axe de développement ait repris ses droits après la période communiste qui avait voulu substituer à l'axe urbain Nord-Sud, l'axe Est-Ouest, ce que l'on voit particulièrement bien lorsqu'on observe la position de la Maison du peuple et le boulevard sur lequel elle s'ouvre.

Les quartiers évoqués sont continuellement mis en avant dans les discours des résidents comme étant des territoires de plus ample pauvreté. Ils sont d'ailleurs considérés comme étant plus dangereux : les voleurs y roderaient en nombre, la sécurité n'y serait pas assurée. Ainsi on ne pourrait pas laisser sa voiture en parking pendant une soirée ; on ne pourrait pas y utiliser librement son téléphone portable sans risquer de se le faire voler, tout comme on ne pourrait être habillé comme on l'entend en pleine rue qu'en prenant le risque d'attirer les regards d'individus interlopes. En somme, ce qui s'avère irréalisable dans ces quartiers, selon les résidents de *Tineretului*, c'est la possibilité de montrer les signes d'une relative réussite et d'une relative aisance sociale et économique. En d'autres termes, ce sont les signes d'appartenance à une strate sociale se dissociant de la crise, qui est pourtant un horizon communément partagé, qui ne peuvent plus être montrés au regard de l'autre. La question, comme on va le voir, va se traduire par une revendication de sécurité et de contrôle de ce quartier, car c'est aussi ce que justifie cet imaginaire des subalternes et des relégués urbains. L'imaginaire de ces résidents est fortement entretenu par les médias de masse pour qui de tels « affaires » et « scandales » sont un véritable fonds de commerce, très rentable.

Une dernière corrélation doit être rapportée : l'association entre les quartiers et la figure du Tzigane. On reviendra dans un chapitre ultérieur sur cette question de la xénophobie très présente.

L'hypothèse interprétative de la ville comme support de l'ordonnancement de catégories sociales nous pousse à nous interroger sur la position de l'espace de résidence dans la ville de Bucarest. On s'est intéressé à ce qui, à un niveau global, assure la distinction de ce quartier de l'ensemble de la ville et *in extenso* d'une large part d'une société roumaine imaginée.

Limites imaginaires d'un territoire idéal

Notons, de manière préliminaire, que le quartier *Tineretului* est orienté vers le centre de Bucarest, la moitié de la zone peut donner accès aux zones les plus fréquentées de la ville. Le centre-ville est le lieu où les signes d'une présence occidentale – fantasmée et réelle – sont les plus visibles, notamment à travers un univers de la consommation représenté par les *fast food*, les supermarchés, les *Mall* (centres commerciaux), les cinémas, magasins de vêtements, de cosmétiques, etc. Se trouvent également au centre de la ville de grands immeubles aux aspects extérieurs luxueux alliés à une certaine forme de sobriété. C'est ici que toutes les marques de produits « de l'Ouest » et les échanges marchands sont concentrés, comme une espèce d'univers semi-concurrentiel du marketing publicitaire de l'offre. Bien que cette proximité géographique soit assez régulièrement soulignée par les acteurs, la construction positive de l'espace du quartier se joue à un autre niveau et mobilise d'autres références. Le centre-ville garde une espèce de forme d'anonymat. Certes, on le fréquente, mais ce n'est pas un endroit où l'on peut vivre. C'est un vaste marché et non pas un lieu que l'on peut s'approprier. Pour qu'un quartier devienne un enjeu résidentiel, il faut effectivement avoir un contrôle minimum sur les acteurs qui y entrent et qui en sortent, entre l'intérieur et l'extérieur. Or, le centre-ville ne répond pas à cette attente minimale : c'est le lieu de la consommation, de la dépense et d'une circulation anonyme par excellence, mais c'est également un lieu où des classes sociales très inégales économiquement parlant sont mélangées et où l'on va trouver des clients aux moyens financiers conséquents, sans être forcément exagérés, côtoyant une minorité de mendiants. Il y a antithèse entre l'appropriation du territoire et la nature urbaine, sociologique etc. de ce lieu.

Cependant, l'importance du centre-ville s'articule à la construction d'un groupe social supérieur par les caractéristiques qui sont censées le différencier, car les individus composant une classe moyenne devraient idéalement se distinguer des catégories de population inférieures de la société, par leur capacité à consommer et à faire étalage de cette consommation. Le centre-ville, en ce sens, représente un attribut prépondérant dans la constitution d'une appartenance, la proximité du centre-ville étant aussi une proximité du domaine de la consommation. Cet aspect contradictoire correspond donc à la réunion de caractéristiques antithétiques.

Les traits spécifiques qui positionnent *Tineretului* dans Bucarest sont caractérisés par leur plasticité. Une telle constatation doit être recherchée dans la pertinence que les acteurs donnent à la construction de la ville comme une représentation quasi cartographiée d'ordonnancements sociaux.

La constitution des frontières du quartier n'existe que dans un rapport à un ensemble hiérarchique dans la société englobante et vient signifier des éléments d'appartenance plus larges, plus globaux. Ce ne sont pas uniquement de frontières territoriales qu'il s'agit mais également de frontières constituant des appartenances hiérarchisées.

Radu Tănase, âgé de 25 ans, qui vit avec ses parents, est étudiant en économie. Il en donne une version assez explicite : « *Tu sais, il y a un classement chaque année pour la ville, ici, à Bucarest. Il y a cinq ou six catégories. Disons qu'il y en a cinq. Le quartier présidentiel [Cotroceni] est dans la première catégorie. C'est le premier. Et tout ce quartier ici, tout ce qui est de ce côté du parc, c'est dans la deuxième catégorie.* »

Radu trouve à travers cette grille de lecture des classements des quartiers de Bucarest une formulation assez adéquate de l'image du quartier tel qu'il se le représente et tel que les résidents se le représentent, autrement dit comme il devrait être. Ce faisant, il exprime une conception de la zone résidentielle marquée par son exceptionnalité du point de vue de ses installations et de sa population largement répandue chez les résidents. Cette grille de lecture objectivée est le support d'une représentation subjective hiérarchisée de la société roumaine dans le cadre de la ville et de l'appartenance à une population distincte qui devrait théoriquement se confondre avec le lieu de résidence. Cela, comme nous le verrons plus loin, n'est pas le cas, et c'est d'ailleurs un élément essentiel de la dynamique des rapports sociaux. Les frontières qu'il allègue dans ce discours sont des construits instables. On peut avancer la proposition selon laquelle le quartier présidentiel représente un pôle extérieur et supérieur à d'autres zones de Bucarest.

Mais il y a plus, dans le sens où le quartier *Cotroceni* (centre-ouest de la capitale) est un quartier ancien de Bucarest et où ses résidents appartiennent eux aussi à une strate sociale supérieure. Or, l'inscription dans le temps c'est exactement ce qui fait défaut à *Tineretului* pour donner solidité et force à sa revendication d'appartenance aux couches supérieures de la société. La légitimation des discours d'auto-assignation nécessite de dépasser cette identité sociale récente du quartier. Dans une conjoncture de crise et de transformation continuelles, d'introduction des structures capitalistes, la pérennisation de la position du groupe de référence est une qualité toujours absente.

Nous sommes bien face à la formulation métaphorique d'une appartenance à un quartier. Elle permet de revendiquer une position de supériorité par rapport à de nombreux quartiers de la ville en taxant d'infériorité une autre zone urbaine, puisque ledit quartier « présidentiel » incarne les strates les plus élevées de la société globale. La zone où officie le président de la Roumanie est logiquement peu accessible à cause du prix des locations et de la rareté de l'offre de vente et de location de logements. C'est là où, comme dans « les beaux quartiers [1] » de Paris, la distance sociale peut être maintenue avec le plus de force. C'est à *Cotroceni* en effet que réside également le pouvoir. Les acteurs soulignent la sécurité qui règne dans ce quartier, une sécurité virtuelle, hypothétique, car peu remarquable par une simple observation. Se trouve aussi dans cette zone une partie du « vieux Bucarest » qui a échappé aux projets communistes. Ce quartier, d'une physionomie distincte, habité traditionnellement par la bourgeoisie urbaine et par les professions libérales, est constitué de villas, de maisons avec des cours bâties au début du XXe siècle et marqué par une quasi-absence d'immeubles de type HLM. Notons que sous l'ancien régime, il était un objet de convoitise pour la fraction subalterne de la nomenklatura. La « haute » nomenklatura lui préférait le quartier *Primaverii* [2], là où se trouvent les appartements les plus chers de Roumanie. C'est pour cela que les anciens habitants de ce quartier se font déposséder pour la deuxième fois de leur logement lors des rétrocessions des résidences nationalisées et que des domaines d'État sont cédés à des avocats et autres affairistes véreux avec la participation dynamique des pouvoirs publics et autres figures politiques locales [3].

Ces quartiers « riches » sont cependant l'objet de railleries populaires. C'est dans ces quartiers que les journaux à scandale, aussi appelés *tabloïds* (*Libertate*, *CanCan*) vont chercher leur matière première : souvent des individus déjà présents dans les médias, dans la mode. Une place particulière y est occupée par les enfants de politiciens et leurs historiettes. Un terme spécifique est presque systématiquement associé à ces quartiers, celui de *Fițos*. *Le Dictionnaire explicatif de langue roumaine* (*DEX*), pour le coup peu explicatif, ne fait que reprendre la définition formulée dans un

---

[1] PINÇON M. & PINÇON-CHARLOT M., 1989 : *Dans les beaux quartiers*, Seuil, Paris.
[2] Tout comme il existe les quartiers fermés *Dreamland* et *Utopia* à la périphérie du Caire, un *gated community* « Orange county » au nord de Pékin ou encore un quartier *Sunnyvale* à Bangalore (DAVIS M., 2006 : *op. cit.*, 120-125). En Roumanie, Il existe un quartier fermé *Primaveri* à Timișoara ou encore à Pitești.
[3] Un tel système suppose une chaîne complète de corruption des fonctionnaires en charge de la rétrocession jusqu'aux juges.

dictionnaire d'argot [1] et se contente de donner des synonymes : capricieux, prétentieux, précieux (ridicule)... Cette définition correspond en partie à l'expression « nouveau riche » en français surtout en ce qu'elle souligne une exposition non contrôlée des richesses. À la surexposition de cette classe dominante répond la moquerie populaire que le terme *fițos* résume à lui seul. *Tineretului* se tient à l'écart de cette teinte baroque, assez du moins pour que l'association symbolique avec ces quartiers ne puisse être fondée.

La construction d'une position d'infériorisation à quelques zones – peu nombreuses – identifiées comme étant supérieures, mais à proximité et non sans défauts, n'a de sens que dans la mise en perspective de l'infériorisation d'autres quartiers plus nombreux. Les principes cognitifs que produisent les acteurs dans le cadre de la logique de construction de la ville fournissent un reflet d'une position occupée dans la société roumaine. La structure imaginaire de la ville et la structure imaginaire de la société semblent être en osmose. Il n'est peut-être pas surprenant que les acteurs identifient les zones urbaines symbolisant les positions les plus élevées de la société, et nous pouvons supposer que, quel que soit le lieu de résidence des acteurs dans la ville de Bucarest, ceux-ci prennent pour modèle les mêmes territoires urbains en tant que symboles du sommet de la société. Cependant, il est beaucoup plus significatif que les sujets de l'enquête situent leur quartier résidentiel dans une forte proximité avec ces zones urbaines. Il s'agit là de la construction imaginaire d'un groupe social subalterne. Cette construction constitue la première limite du quartier ; une identification positive dans l'infériorité aux « meilleurs quartiers », infériorité qui est aussi considérée dans une distance sociale réduite. Le territoire symbolique de *Tineretului* par sa proximité des « bons quartiers » appartient à la frange supérieure de la capitale, ce qui rejette *a contrario* la majorité des autres zones urbaines dans l'infériorité hiérarchique. Dans cette configuration, le consentement à la reconnaissance d'une subordination à quelques catégories sociales représentées par une zone urbaine est la condition de revendication de l'appartenance à la classe moyenne voire aux franges inférieures de la classe supérieure.

La seconde limite – négative – peut être approchée par l'ambiguïté des témoignages concernant le parc. Il faut d'abord souligner que le parc est situé au sud de *Tineretului*. Une conception répandue en Roumanie fait de la zone sud de la ville la partie la plus pauvre de la capitale en opposition à la

---

[1] *Dicționar de argou al limbii române*, [Dictionnaire d'argot de la langue roumaine] 2007, éd. Niculescu, Bucarest.

zone nord opulente. Il est bien clair que cette image est une extrapolation et que dans le détail cette dichotomie est plus complexe. Mais c'est une image qui reste à l'esprit des résidents. Le parc, qui fait en grande partie le lien entre *Tineretului* et la banlieue sud et est de la ville, est assez apprécié par les résidents. Pourtant, chacun avoue que, même les jours de beau temps, la fréquentation de ce lieu reste assez rare. Il y a donc un paradoxe qui doit être soulevé. Partons des « problèmes » exposés par les résidents vis-à-vis du parc.

Silvia vit avec son frère cadet Virgil dans l'appartement de leurs parents divorcés. Agée de 22 ans, cette étudiante, en plus de ses diverses occupations, essaie de pratiquer des activités sportives : « *Moi je n'ai pas le temps de faire du sport le soir et le midi : je reste à la faculté. C'est pour travailler. J'aime bien courir, mais le matin dans le parc ce n'est pas possible. Il y a des gens bizarres. C'est un peu dangereux, tu peux te faire agresser, alors je ne peux pas.* »

Qu'exprime exactement Silvia derrière ces propos anodins de prime abord ? À certaines heures de la journée et, selon d'autres témoignages, de la nuit, le parc n'appartient plus aux habitants des deux immeubles. Ces heures de la nuit sont associées à l'idée de troubles sur ce territoire. Dans cet espace de temps, le parc serait envahi par des personnages ténébreux, étrangers aux habitants et à leurs relations sociales. Le parc devient un lieu étranger, il appartient à des gens « bizarres » capables d'« agressions ». C'est ici que nous trouvons une seconde limite au quartier – une frontière symbolique définie dans le temps et dans l'espace – caractérisée par une extériorité négative, sortant des normes sociales produites par les acteurs. Cette appréciation peut être renforcée par les propos de Radu, qui perçoit la limite de *Tineretului* au parc en reprenant le classement annuel. D'autres, comme Ileana, donnent un contenu plus particulier à cette présence étrangère : « *Il ne faut pas aller [au parc] quand il n'y a pas beaucoup de gens. Il y a des voleurs et des Tziganes qui viennent des autres quartiers. Ici, c'est mieux. C'est calme et il n'y a pas de scandale.* » Son mari d'ailleurs explique à nouveau que les tziganes et les voleurs viendraient de *Brâncoveanu*, le quartier proche de *Tineretului* après le parc, ce qui corrobore le rôle joué par ce parc dans la définition des frontières de *Tineretului*. Il est aussi intéressant de noter le glissement qui s'opère entre la frontière voulue du quartier et sa frontière réelle.

Quelques éléments viennent renforcer les représentations des acteurs. L'été, par exemple, la présence des *Roms* dans le parc est visible. Les jours de forte chaleur, on peut voir des jeunes gens se baigner dans l'eau d'un petit lac artificiel, ce qui fait sourire parfois les résidents, mais qui marque à nouveau une distinction entre les normes respectées par les résidents et celles des supposés Tziganes symbolisant l'invasion étrangère à proximité du quartier. Les voleurs et les « Tziganes » semblent être, dans cette optique, les facettes d'un même acteur idéologique négatif. Il représente une périphérie du quartier et par extrapolation la frange de la société avec laquelle la distance sociale doit être maintenue.

Soulignons, afin que ce propos ne prête pas à confusion, que ce sont les acteurs qui font de l'espace géographique de la ville un ensemble constitué de territoires souplement séparés représentant une appartenance sociale, c'est une matière qui permet de donner forme à leurs représentations sociales structurées, une matrice de références permettant de se situer dans la hiérarchie sociale. C'est un « produit » social qui s'appuie sur des réalités plus ou moins réelles, car dans la ville de Bucarest les séparations en fonction des appartenances de classe n'ont pas l'étanchéité qui leur est conférée dans les représentations des acteurs. De ce point de vue Bucarest reste une exception. On peut seulement identifier des tendances dominantes, assez pertinentes, quoi qu'il en soit, pour les habitants de *Tineretului*. Continuons à scruter les voies par lesquelles les acteurs tentent de particulariser le quartier de *Tineretului* en nous penchant sur les différents acteurs idéologiques prépondérants dans les propos et l'imaginaire des acteurs.

10. Frontières symboliques du quartier résidentiel : les figures polymorphiques de l'étranger

Trois types d'acteurs idéologiques, correspondant à trois champs sémantiques distincts, reviennent avec récurrences dans les propos des sujets de l'enquête : premièrement, « le diplomate », les « étrangers » (européens), ensuite, les paysans et, enfin, les « tziganes » et les voleurs. Il faut saisir cette présence de figures imaginaires comme des représentations des extrémités positives ou négatives dans la perspective du mode de communication, mode de communication qui opère à travers une application d'un niveau de vie et de normes sociales permettant l'accès et la revendication d'appartenance à un groupe social globalement supérieur. C'est de cette manière que les acteurs créent et revendiquent à la fois un positionnement dans la société et dans le monde. Ils utilisent des ressources symboliques qui correspondent à des enjeux politiques globaux et au capital symbolique et culturel de leur propre société.

Entre Européens… ou presque

La question du rapport à l'étranger européen ne peut être isolée du contexte politique général en Roumanie. Depuis la chute du régime Ceausescu, l'intégration à l'UE, qui peut aussi être perçue comme l'expression de la concrétisation de l'appartenance à l'Europe, prend une place de plus en plus forte à tous les niveaux de la société roumaine. L'adhésion et l'UE sont présentées comme l'avenir inéluctable de la Roumanie, ce qui renforce un horizon onirique d'attentes déjà sédimenté. Les acteurs ont une conscience aiguë de cette dimension politique. Cette Europe qui porte le nom d'Union européenne dont ils ont été exclus ou, plus exactement, dont ils ont été conviés à rester depuis des années sur les marches d'entrée, est une question qui a des répercussions importantes au niveau intersubjectif. Tout un ensemble d'images et de discours traduisent cette orientation vers l'idéal du monde imaginaire de l'Europe. Et l'intégration n'a pas changé fondamentalement ce stigmate intériorisé.

L'étranger est constitué d'une palette de figures intégrant des niveaux de distances sociales et de définitions particulières. Le diplomate, en premier lieu, représente la figure la plus distante des résidents et la plus indéfinissable. Aucun des résidents des deux cages d'escaliers ne connaît personnellement ni n'aperçoit de diplomate au quotidien ou même rarement. On s'entend pourtant dire de manière récurrente : « Il y a des diplomates », sans pour autant qu'ils puissent être clairement localisés à *Tineretului*. Seul un immeuble non loin des lieux d'enquête suscite quelques spéculations. Ce bâtiment ressemble quasiment à une forteresse complètement fermée sur le monde extérieur bien que située une vingtaine de mètres face à un boulevard à quatre voies où passent incessamment voitures et tramways lors de la journée. Ce bâtiment se distingue totalement de l'architecture des immeubles où résident les sujets des enquêtes : sécurisé à un niveau non égalé à *Tineretului*, il représente et matérialise une présence « hors normes » à la fois présente et distante, car si la distance réelle est infime les barrières qui permettent d'entrer dans cette forteresse sont infranchissables. En atteste le fait qu'aucune information ne filtre sur les résidents de cet immeuble.

L'imprécision générale, concernant les fonctionnaires internationaux, tient au fait que « les diplomates » ne sont pas des personnages très visibles, réels : du point de vue des acteurs, ils sont là quelque part dans cette zone, discrets, se mélangeant avec les us et coutumes de la population de façon homogène, à un point tel qu'ils ne sont pas aisément remarquables. De plus, comme « ils sont occupés » dans la journée par un emploi important, ils n'ont guère l'occasion d'être aperçus quelquepart dans ce quartier. La mise en avant de cet acteur idéologique souligne son rôle dans l'imaginaire des résidents dans la perspective de l'appartenance aux catégories sociales supérieures de la société. Elle semble aussi marquer la volonté d'une proximité avec cette figure de l'étranger d'Europe puisque les acteurs ne parlent jamais « d'Américain » dans ce quartier.

La trame d'ensemble que dessinent les acteurs vis-à-vis des étrangers de « l'Ouest » est renforcée par des indices divers que l'on peut percevoir dans le quartier. D'une part, les plaques d'immatriculation marquant l'origine française ou allemande des voitures donnent une première indication, même si les propriétaires de ces véhicules, dont aucun n'est « bas de gamme », ne sont pas forcément des citoyens des pays indiqués et peuvent être Roumains ou encore ne résident pas obligatoirement dans le quartier. D'autre part, tant dans les rues que dans les différents commerces et aux marchés on entend, de temps à autre, la langue de Shakespeare tout comme la langue française et, plus rarement, italienne.

Ces éléments sont tout à fait fondamentaux pour les acteurs : ce sont là des signes visibles et audibles par tous de la présence de personnages occidentaux dans la zone ; ils représentent autant de références qui donnent solidité et force aux discours des acteurs et qui cimentent leurs assertions et leur rapprochement postulé avec ces « diplomates ».

Ce « retrait » mis à part, aucune différence avec ces diplomates n'est avancée par les acteurs. Les étrangers étant présentés à la fois comme des individus aux mœurs homogènes avec les résidents et caractérisés par une forme d'extériorité, leur mise en scène donne au mode de vie des résidents une qualité proche de celle des diplomates, des étrangers. C'est un signe visible d'une volonté de donner aux normes acceptées et produites dans l'espace du quartier une teinte similaire à un autre mode de vie reflétant l'appartenance à une couche supérieure de la société. En faisant valoir une proximité des diplomates, caractérisés par leur dimension allogène puisque les diplomates sont allemands, anglais, français, c'est-à-dire tous occidentaux, il s'agit pour les acteurs de présenter leur lieu de résidence comme étant un minimum adéquat à des normes qu'ils produisent en marqueurs de supériorité, comme le reflet d'un mode de vie relevant des couches élevées de la société. C'est ainsi que l'on comprend que « *les étrangers sont ici comme tout le monde* », « *ils s'occupent de leurs affaires* », pour reprendre des expressions utilisées avec récurrence par les acteurs ; ce qui permet d'éclaircir ce paradoxe qui ressort des propos des résidents entre la présence de ces étrangers et le fait qu'ils soient simultanément difficiles à identifier.

Cette figure symbolique est toujours incluse dans un champ sémantique positif. Cette considération positive de l'étranger dans ce quartier implique la viabilité des normes locales par rapport à l'étranger, ce qui met en exergue une tentative de mettre sous un signe d'équivalence les normes allogènes et les normes autochtones. Cela sous-entend qu'il existe nécessairement une distance préalable entre ces deux types d'acteurs. En d'autres termes, cette volonté de rapprochement de la part des acteurs ne serait pas envisageable si les étrangers n'étaient pas extérieurs à ce lieu d'appartenance. Et les acteurs n'auraient aucun besoin de souligner avec une telle fréquence cette présence si elle était déjà entièrement concrétisée. Tous les efforts vont donc dans le sens de la création d'une osmose entre ces étrangers et les habitants autochtones de *Tineretului*. Les représentations et discours des acteurs sont empreints de cette dynamique.

Précisons que la construction de cette proximité dans le quartier serait peut-être trop fragile si certains acteurs ne connaissaient pas eux-mêmes quelques ressortissants français et italiens habitant les mêmes cages d'escaliers, les réseaux sociaux jouant à leur tour pour propager l'information. Cet autre niveau représentant la figure de l'étranger est plus palpable pour les acteurs. Livia fait référence par exemple au travail qu'elle a mené avec un architecte français en lui fournissant quelques traductions et en lui donnant des précisions sur des problèmes d'aménagement d'intérieurs d'appartements. De même, le travail de Marina dans une ONG italienne, alors qu'elle a quitté l'une des cages d'escaliers quelques mois avant le début de l'enquête, constitue un indice de cette proximité avec des étrangers.

Cette forme de rapprochement concret ne doit pas faire oublier que ce n'est que dans le cadre de relations professionnelles que ces relations se produisent, et qu'il n'existe aucun rapport de voisinage dépassant le cadre de ces relations. Remarquons aussi que les personnes mises en scène (Marina et Livia) occupent une position de subordination par rapport aux étrangers. Est donc manipulé le stigmate marquant une infériorité pour faire de la revendication d'un mode de vie prétendument calqué sur les Européens une caractéristique majeure de l'appartenance à ce quartier résidentiel, lui-même considéré comme appartenant à une frange des plus élevées de la société roumaine. D'ailleurs, la présence de l'enquêteur permet aux acteurs de consolider leurs conceptions concernant la présence des étrangers de « l'Ouest » dans ce champ résidentiel.

On s'aperçoit que la construction du champ résidentiel à *Tineretului* se joue dans la revendication d'un rapport de proximité avec les étrangers occidentaux. Construire un mode de vie de valeur supérieure, dominante pour les résidents, implique aussi une fermeture sur les lieux dérogeant à cette règle, dans une logique de distinction et de maintien des distances sociales. Pour neutraliser le stigmate dont la Roumanie et ses habitants sont les objets, et établir une contiguïté entre une appartenance locale à un pôle supérieur de la société et une référence extérieure dominante, il faut que les résidents se détachent virtuellement des couches sociales inférieures qui les entourent. À l'anormal local mis à distance comme intériorisation du stigmate global est substituée la modernité occidentale.

Des frontières commencent à se dessiner. Le quartier *Tineretului*, composante inextricable de la ville de Bucarest, est construit sur une zone relativement fermée et autonome par rapport à d'autres zones urbaines représentant un pôle supérieur ou inférieur de la société englobante. Mais cet espace « civilisé » pour reprendre un terme récurrent d'auto-désignation en appelle un autre, négatif celui-ci.

Il existe, dans la vision des acteurs, une liaison entre cet univers à l'intérieur stratifié et un univers extérieur « non civilisé ». Les campagnes, les paysans et les villages symbolisent ce que les acteurs présentent et pensent être un monde rétrograde qui leur est étranger. C'est sur ce point que nous allons maintenant nous pencher.

Les paradoxes de la construction d'un symbole négatif : le paysan et les villages

Nous avons souligné que la Roumanie, de par sa population fortement agraire, se distingue de nombreux pays européens. Le projet du communisme s'était, par conséquent, attaqué à la fois aux villages et aux villes en continuité avec l'idée de modernisation idéologique communiste. À ce sujet, quelques statistiques [1], à titre d'introduction, peuvent être des indicateurs utiles.

Notons par exemple qu'en 1930, 20,6 % de la population vivaient en milieu urbain alors qu'en 1950, on évaluait la population urbaine à 24,7 %. Dix ans plus tard, les chiffres s'élèvent à 32,1 %, tandis qu'en 1970, l'estimation est de 36,9 %. La progression de l'urbanisation est continue puisqu'on relève en 1980 et en 1990, respectivement 45,8 % et 54,3 % de la population vivant en milieu urbain. Après 2000, les variations de la distribution entre la population vivant en milieu urbain et rural sont faibles. On notera qu'elle s'élève en 2003 à 53,4 %. Ces chiffres n'ont vocation qu'à indiquer la tendance lourde de l'urbanisation et de l'industrialisation et notamment celle opérée sous le communisme. Ils rappellent aussi que le

---

[1] INSEE, 2004 : *Anuarul statistic al Romaniei* [Annuaire statistique de la Roumanie], Bucarest. Les chiffres suivants sont tirés de cet annuaire.

projet de société socialiste multilatéralement développée, aussi violent qu'il ait pu être, est un projet de modernisation et d'urbanisation. Toutefois, il nous est nécessaire de modérer cette première remarque, puisque la volonté politique de création d'un prolétariat urbain ne s'est pas traduite par la formation de deux entités sociales, de deux mondes clos — l'un urbain et l'autre rural. Ainsi, il faut relever avec Gérard Althabe que : « *[…] les paysans amenés en ville sont restés très fortement liés au village : il n'y a jamais eu création d'une classe ouvrière véritable, définie par son travail industriel et ayant coupé ses amarres avec le monde rural* [1]. »

De ce fait, parmi les pays communistes, l'expression de « rurbanisation » s'avère peut-être plus intéressante pour décrire l'évolution de la situation sous le communisme en Roumanie (en Russie et en Bulgarie aussi). Les attaches sont en effet restées très fortes et plusieurs observations au sein de la capitale, de nos jours, montrent de fortes interrelations entre le « milieu » rural et le « milieu » urbain tout comme les relations demeurent nombreuses entre la capitale et les villes de moindre envergure, et ainsi de suite. On peut par exemple se poster quelques heures le soir aux gares de trains et de bus à Bucarest et observer le nombre de colis, de paquets de plats cuisinés notamment, qui circulent par ces réseaux d'acheminement. On peut également observer le nombre impressionnant de personnes circulant par ce moyen entre la ville et la campagne. Il en découle toute une économie et un maintien continuel des réseaux sociaux.

De ce point de vue, la division ville/campagne apparaît artificielle et dénuée de pertinence pour l'analyse, puisqu'il existe une circulation entre les villages et les villes des personnes et des objets souvent dans le cadre des échanges interfamiliaux [2] (entendus au sens très large). Il faudrait ajouter à cela les très importants investissements dans les maisons à la campagne. Parmi les cas illustratifs, on trouve ceux de la région du Maramureş [3] et de la vallée de Prahova. On peut y voir s'ériger d'impressionnantes résidences, ce qui laisse supposer que les travailleurs émigrés [4] ne reviennent que périodiquement en milieu rural mais y restent attachés. L'investissement sur le lieu d'origine semble faire partie de la concrétisation d'une réussite

---

[1] ALTHABE G., 1999 « Un paysage social incertain. La Roumanie postcommuniste » *in Journal des anthropologues*, n° 77-78 : 35-51

[2] Observations menées à Bucarest depuis plusieurs années dans d'autres quartiers que *Tineretului* et à partir de villes de province.

[3] Région connue pour avoir une large population de migrants depuis le début des années 1990.

[4] Que l'on appelle *capşunari* en Roumanie, équivalent de « cueilleurs de fraises », *capşuni* voulant dire fraises.

sociale. Il faudrait ajouter la colonisation des petites villes par les élites économiques urbaines rapidement enrichies.

Le maintien de ces interrelations donnerait un motif d'insatisfaction aux résidents de *Tineretului* tant ceux-ci tentent de rejeter ce qu'ils considèrent comme un mode de vie archaïque à l'extérieur du champ de leurs relations sociales. « Les paysans » dans l'imaginaire des acteurs, forment un ensemble distinct par les valeurs et les comportements particuliers qu'ils seraient susceptibles de véhiculer. La figure symbolique du « paysan » doit être considérée non pour ce qu'elle est « en réalité », mais pour ce qu'elle représente dans l'esprit des acteurs, c'est-à-dire une figure prévalente dont la mise à distance permet la construction d'une identité sociale située dans une structure sociale. C'est un monde représentant une forme d'arriération qui doit être repoussée à l'extérieur de l'univers des acteurs. Reflétant plus largement un discours diffus, cette conception doit être interrogée afin de ne pas développer une interprétation prenant pour argent comptant les schèmes des acteurs qui sont autant de représentations de leur société – basées sur des observations partielles et réinterprétées – en termes de classements sociaux. Cette question, en raison de son importance pour les résidents, ne peut être éludée. Elle nous amène à une mise en perspective, certes un peu longue, mais qui est une étape obligatoire pour comprendre le nœud complexe dans lequel s'enchevêtre la question du « paysan », des « campagnes » et des villages.

En préalable, il est nécessaire de préciser que la communauté paysanne et le monde rural qui, de nos jours encore, passionnent toujours les scientifiques en sciences sociales, s'insèrent, en Roumanie, dans une problématique historique rémanente de construction de l'appartenance identitaire nationale.

Plus précisément, cette construction de la nation se joue dans un rapport d'appartenance et/ou d'exclusion entre l'Occident et l'Orient. On peut même dire que la question a hanté nombre d'écrivains et de philosophes roumains dans la perspective de la modernisation et de l'indépendance nationale. Les modes d'appartenance à la nation roumaine se sont construits avec une référence forte à la scission rural/urbain recoupant l'opposition tradition/modernité. Un ensemble de conceptions, de courants de pensées, avec tout un ensemble de nuances, s'est développé sur le rôle de la communauté villageoise et du paysan. Il n'est en aucun cas question pour nous d'en donner une version exhaustive. Notre démarche, plus modestement, consiste à exposer schématiquement certaines tendances des plus fortes dans cet ensemble de façon à rendre intelligibles les représentations des acteurs, leur cohérence et leur légitimité aujourd'hui. C'est une manière d'appréhender ces enjeux localisés présentement sous un angle dynamique.

La dialectique rural/urbain comme celle Orient/Occident sont des références qui se superposent et dominent dans la constitution de l'identité nationale roumaine. Elles sont présentes tout au long de la construction de l'État-nation roumain dont la constitution remonte à 1877. Il s'agit de conflits dont les enjeux sont affaires d'histoire, de philosophie, d'idéologies, de politiques, d'appartenances nationales. On les retrouve notamment chez les quarante-huitards (en référence à 1848) au sein d'une conception unificatrice et émancipatrice du nationalisme. Ce groupe d'intellectuels, représenté par des figures comme Nicolae Bălcescu (1819-1852) ou Ion Ghica (1816-1897), recevra une formation intellectuelle à Paris autour d'Alphonse de Lamartine et Jules Michelet. Les *Bonjurişti* (selon l'appellation en roumain) sont globalement romantiques, libéraux, patriotes et largement influencés par le modèle de la révolution française de 1789. Ils seront au centre des révoltes contre l'occupation ottomane en 1848 en Moldavie et Valachie (et contre l'empire austro-hongrois pour les Transylvains) avec l'idée d'amener le soldat-paysan à l'émancipation vers les lumières de l'Ouest.

Parmi leurs opposants, on trouve l'historien Nicolae Iorga (1871-1940), auteur extrêmement prolifique, pour qui l'héritage byzantin dans la nation est central. Il accusera ses opposants de nier l'existence d'éléments relevant de l'État-nation comme l'appartenance nationale et les institutions antérieures à 1848. Il met à distance l'idée d'une révolution copiée sur celle de 1789 en France. Iorga s'oppose à une importation extérieure qui renvoie la Roumanie à une position subordonnée dans le déroulement de l'histoire.

Ces conflits vont se prolonger de façon complexe au-delà de la première guerre mondiale. Catherine Durandin remarque la structuration sociopolitique de ces conflits autour de l'appartenance écartelée entre l'Occident et l'Orient, pendant l'entre-deux-guerres, mais dont on voit les prémisses bien avant. « *L'opposition entre les libéraux et les « paysannistes » réside dans deux représentations identitaires qui ne peuvent se rejoindre. Les paysannistes condamnent les libéraux parce qu'ils sont bourgeois. Or la bourgeoisie est étrangère à la réalité sociale paysanne, à l'esprit de la tradition. La vérité de la culture roumaine est paysanne, comme a voulu le démontrer l'œuvre de Radulescu-Motru [1868-1957] qui, dès 1904, a opposé la réalité paysanne à la superficialité de la civilisation importée dans les villes. […] Cette notion de rattrapage est intolérable parce qu'elle suppose un retard, implique le dénigrement des valeurs paysannes et une acculturation forcée* [1]. »

En poussant l'abstraction plus loin, on peut dire que l'on se trouve face à deux grands types de conceptions qui s'opposent. Le premier va faire des éléments ruraux un signe autochtone traditionnel d'appartenance à l'Orient qu'il faut utiliser afin de mettre à distance la domination des empires avoisinants de la communauté nationale. Il va mettre en avant l'autochtonisme et rejeter, corollairement, sur un plan négatif, les influences de l'Occident. Il les rejette d'autant plus qu'elles amènent la position de la Roumanie à un stade d'arriération. Le second type en revanche considère ces éléments comme des tares qu'il faut supprimer afin de s'émanciper de cette condition de périphérie. Les éléments relevant de la culture occidentale présents dans la société roumaine, ou du moins les éléments considérés comme tels, doivent être la base d'un éthos national qui récupère son retard et la distance avec l'Occident. Peu ou prou, ces conceptions traitent plus ou moins explicitement de la question des dépendances de la Roumanie qui renvoient à celles de la subordination, de la sensation d'infériorité et de la souveraineté.

Dans l'optique de la construction de l'identité nationale roumaine moderne, ces deux courants de pensée vont s'opposer avec, d'un côté, les autochtonistes et, de l'autre, les synchronistes. Les premiers sont les partisans d'une identité revendiquant sa particularité et son autonomie vis-à-vis des nations de l'Ouest. Le terme d'autochtoniste en fournit une illustration sans équivoque. Les synchronistes sont, à l'inverse, les partisans d'une mise en avant des aspects européens de la culture nationale roumaine voire d'un développement par mimétisme de la modernité occidentale à partir d'une base autochtone. Mais chacun de ces positionnements, autour de cette scission dichotomique, est teinté de jugements de valeurs symétriquement opposés.

C'est le philosophe Lucian Blaga (1895-1961) qui donnera la conception la plus abstraite, sophistiquée et onirique de ce credo mêlant appartenance nationale, traditionnelle et appartenance rurale. Pour lui, le villageois, représente la substance de l'être ethnique roumain. Le très connu et même populaire à certains égards « espace mioritique » (en référence à la ballade de l'agnelle) est, dans cette conception, la quintessence originelle roumaine qui survivrait aux acteurs. Ce n'est pas la pertinence de cette expression, qui vise plutôt à la construction d'une nationalité dans un cadre hermétique,

---

[1] DURANDIN C., 1995 : *Histoire des Roumains*, Fayard, Paris : 244

dénué de toutes influences extérieures, qui nous intéresse, mais ce qu'elle représente en tant que construction idéologique d'identité-substance. Pour Lucian Blaga, comme pour d'autres, le village est un lieu positif, l'épicentre de la roumanité faisant concorder la personnalité rurale, nationale et ethnique, ce qui génère une configuration identitaire particulière notamment sur tout être roumain ne correspondant pas ethniquement à cette idée d'appartenance à la nation roumaine.

À l'inverse, le surnom donné dans l'entre-deux guerres à Bucarest de « petit Paris » encore très usité aujourd'hui, montre bien une volonté de revendiquer une influence occidentale et renforce cette perspective d'une construction binaire, mais cette fois-ci, non pas par rapport au village, mais par rapport à la ville. Notons à cet égard que la ville de Bucarest est et a été l'objet de nombreux discours et d'écrits sur le caractère occidental/oriental de la Roumanie. La capitale a été considérée comme un point d'observation central de ces influences.

La logique de ces procédés oscillant entre, d'un côté, la recherche d'une modernité et d'une identité créées par imitation des centres de domination extérieurs et, de l'autre, celle d'une identité qui évacue ces mêmes influences, valorisant sa spécificité propre dans une volonté d'effacer le mouvement de modernisation par mimétisme, n'est intelligible que si l'on rappelle que pour la Roumanie, comme pour d'autres pays d'Europe de l'Est, l'histoire pèse lourdement sur la définition de l'identité nationale : dans leur émergence et leur formation, ces États-nations se sont constitués (et ont évolué) sur les marches des empires ottoman, russe, austro-hongrois. Ces deux courants visent à édifier une identité convenant soit à la mise à distance soit au rapprochement des modèles des empires dominants. C'est une condition de subalterne. La mise à distance peut être réalisée par la convocation d'une autre puissance extérieure comme modèle de référence, comme ce fut le cas, dans une certaine proportion, pour la France. En revanche, la mise en exergue d'une pureté originelle et l'attachement à mettre en valeur des traditions ancestrales visent à renforcer l'idée d'une résistance aux invasions extérieures multiples et à donner une image positive réhabilitée au sein de l'histoire d'un peuple soumis aux stratégies géopolitiques des empires avoisinants. Les mouvements extrémistes, au cours des années 1930-1940, sauront instrumentaliser cette construction nationalitaire à référence rurale dans une période de crise effroyable.

Ce n'est pas tant pour leur qualité heuristique que pour illustrer les difficultés qu'implique la dynamique contradictoire de construction d'une identité nationale que ces courants nous intéressent. On voit se dessiner ici l'un des dilemmes constitutif de l'identité nationale roumaine. L'appartenance au monde paysan et l'appartenance au monde européen sont liées. Question essentielle, s'il en est, pour une nation restée de tout temps à la périphérie d'empires, mais dans une proximité forte des centres de domination [1]. L'appartenance à l'ensemble « Europe », à « la modernité », se jouerait-elle dans l'effacement d'une origine paysanne ? En suivant Constantin Noica, on est fortement enclin à juger que cette interprétation n'est pas totalement dénuée de pertinence : « *Nous savons bien que nous sommes « une culture mineure », affirmait Noica en 1943. Nous savons encore que cela ne signifie pas nécessairement une infériorité qualitative. [...] Mais c'est justement ce qui nous rend mécontents aujourd'hui : le fait d'avoir été et d'être encore, par tout ce qu'il y a de meilleur en nous, des villageois. Nous ne voulons plus être les éternels villageois de l'histoire. Cette tension est le drame de ma génération. Ce qui rend notre conflit si douloureux, c'est qu'il est, du moins théoriquement, sans issue* [2]. *Constantin Noica, ajoute V. Mihăilescu, ne se trompe que sur un point : ce drame n'est pas seulement spécifique à sa génération, il est constitutif de la culture roumaine* [3]. »

Dans la représentation de Constantin Noica, héritier d'une élite intellectuelle méprisant la population, entrer dans la modernité occidentale, c'est ne plus être villageois. Or, être roumain, dans la conception de cet auteur, signifie être villageois, et par voie de conséquence, signifie une auto-distanciation rabaissante vis-à-vis de l'Occident, ce que l'appartenance villageoise – élément considéré comme central dans cette construction identitaire – symbolise.

Ces deux conceptions télescopées créent les conditions d'émergence d'une téléologie de l'idéal national de la modernité. Ainsi, plusieurs oppositions binaires se recoupent : entre les villages et les villes, entre la tradition et la modernité, entre le centre occidental et la périphérie extérieure ou intérieure (les confins), entre le cosmopolitisme et le localisme. Ces différentes conceptions de l'identité roumaine qui se ressentent au cours de l'entre-deux-guerres vont disparaître sous le communisme au bénéfice de l'une d'entre elles.

---

[1] ALTHABE G., 1999 : Déjà cité.
[2] NOICA C., 1989 : *Istoricitate și eternitate* [Historicité et éternité]. éd. Capricorn, Bucarest, cité *in* MIHĂILESCU V., 1991: « Nationalité et nationalisme en Roumanie » *in Terrain*, n°17. Version électronique.
[3] MIHĂILESCU V., *Idem*.

Le parti communiste, après la période de postseconde guerre mondiale, période dite de russification, au cours de laquelle la question du synchronisme est jugée comme relevant de problématiques bourgeoises, fait de ces controverses sur l'identité un des instruments de légitimation du communisme nationaliste. C'est l'opposition de Ceausescu à l'intervention à Prague en 1968 qui en signifiera le tournant [1] et le symptôme. Il s'agit d'une tentative d'assimilation par l'État-parti de la question du nationalisme s'encastrant de manière remarquable dans la doctrine de la souveraineté qui domine alors le système international [2]. Le communisme s'opposait alors au « capitalisme décadent » et toutes les conditions étaient réunies pour que la revendication du monopole légitime de la protection et de la représentation de l'identité roumaine tombe entre les mains du pouvoir communiste. L'appellation de « père de la nation » dont se revendique Ceausescu corrobore cette interprétation.

Après la chute du régime nationaliste communiste, suivie de la progression vers l'Union européenne (accompagnée de refus d'intégration) et l'intégration de la Roumanie à l'OTAN sous l'égide des USA, de tels questionnements sur la composition de l'identité roumaine réapparaissent. Tout se passe comme si la situation géopolitique de « rapprochement distancié » des pays d'Europe de l'Est, et en particulier de la Roumanie, conjuguée à une situation de crise interne fournissait les conditions d'une actualisation du dilemme de la « culture moderne roumaine ». Ces discours resurgissent avec d'autant plus de force que l'on tente de redécouvrir des symboles non entachés par l'empreinte du communisme. On retrouve cette même problématique sous-jacente à un discours diffus sur les « deux Roumanie » comme nous l'avons déjà évoquée. Mais on peut évoquer l'apparition du Musée (national) du paysan roumain à Bucarest et la relance du Musée du village roumain « Dimitrie Gusti » reconstruisant de manière générale une réalité mythologique paysanne. Ces musées, subordonnés au ministère de la Culture et des Cultes, sont exemplaires de la multitude de musées de Roumanie évacuant les traces du communisme tout en restant dans la continuité du nationalisme de l'ancien régime. Ils tentent de

---

[1] LAIGNEL-LAVASTIGNE A., 1994 : « Le XXe siècle roumain ou la modernité problématique » *in* DELSOL C., MASLOWSKI M. : *Histoires des idées politiques de l'Europe centrale*, PUF, Paris. Cette opposition intervient 3 ans après la prise de pouvoir officielle de Ceausescu.
[2] BADIE B., 1999 : *op. cit.*

conserver cet univers onirique et inventé tout en participant au marché identitaire incroyablement développé avec le tourisme folklorique [1].

Le retour à une problématique de la modernisation qui impose le stigmate sous-jacent à la mise à distance de l'espace de modernité, est aussi perceptible à un niveau plus général. Ainsi, Ioana Cîrstocea note la perspective globale de (re) présentation de cette situation qui contribue à en fabriquer un angle d'interprétation : « *Toute une idéologie de la modernisation fait pendant au discours de la crise dans les milieux politiques et culturels : « l'occidentalisation », « l'entrée en Europe », « la synchronisation avec le monde civilisé », « la nécessité de récupérer le temps perdu » semblent être le rivage vers lequel se dirige un monde en mouvement* [2] ».

À cette rhétorique évolutionniste d'intériorisation de la soumission au modèle allochtone correspond un discours d'emphase réactionnaire sur « l'âtre roumain » dont Corneliu V. Tudor, dirigeant du Parti de la Grande Roumanie et ancien poète de Ceausescu, est l'un des symboles. Cette phraséologie représente par ailleurs un registre toujours utile pour des partis politiques enclins à instrumentaliser les figures de l'étranger sur le registre de la menace extérieure et/ou intérieure qu'ils soient désignés nationalistes et xénophobes ou non, tout en souscrivant à toutes les politiques de l'UE sans formuler ne serait-ce qu'une once de critique.

La mise en perspective que nous venons d'effectuer rapidement, et qui mériterait sûrement d'être traitée plus longuement, ne doit pas donner l'impression d'une perception arrêtée, en termes réifiés, de l'opposition entre paysan et citadin, entre « le rural » et « l'urbain », entre l'Orient et l'Occident. Montrer sommairement l'ancrage des discours dans une dynamique historique plus longue ne signifie pas que la problématique a été et reste la même entre hier et aujourd'hui. Précisons, dans ce sens, que nous sommes face à des schèmes qui permettent aux acteurs de créer une appartenance statutaire à une frange supérieure de la société et non pas de résoudre un dilemme qui serait l'apanage de l'intelligentsia roumaine d'aujourd'hui, même si le lien entre ces controverses est assez évident. Revenons, après ce détour, aux acteurs et au sens que revêt la présence dans leurs discours de ces « paysans ».

---

[1] HEEMERYCK A., 2008 : « Le patrimoine culturel immatériel entre marché, État et globalisation : une esquisse de problématisation autour de l'exemple de la Roumanie » *in Martor*-Revue du Musée du paysan roumain, Bucarest : 67-86

[2] CÎRSTOCEA I., 2004 : *Contribution à une sociologie de la « transition » roumaine à travers le prisme de la condition féminine et des représentations de la féminité*. Thèse de doctorat de sociologie, EHESS, Paris : 23

Monica, professeur d'anthropologie culturelle que nous avons déjà abordée, s'exprime dans ces termes (en français) : « *La personnalité de l'individu roumain n'est pas collective. Ils sont des paysans. Il n'y a pas de personnalité intellectuelle. C'est une communauté collective primitive : nous ne savons pas travailler. C'est un problème de mentalité. C'est une pathologie collective.* »

Le commentaire de Monica est un assemblage assez étonnant pour que l'on s'y attarde quelque peu. Cette femme en joignant « la personnalité » roumaine et les « paysans » unifie symboliquement l'ensemble de la nation roumaine dans une pathologie collective. Mêlant des conceptions évolutionnistes et culturalistes des plus extrêmes, elle construit son discours à partir de la subordination de la Roumanie et des Roumains dont la principale cause serait leur caractère paysan.

Cristian, sur un ton sarcastique, fournit à l'enquêteur un commentaire moins sophistiqué et plus concret : « *Mon grand-père et le frère de mon père vivent dans un village à la périphérie de Bucarest où nous allons tous les dimanches. Tu devrais aller faire une étude là-bas, c'est très intéressant. Là-bas, tout le monde sait ce que tout le monde fait… Ils sont nés comme ça, on leur a appris à être comme ça.* »

Cristian exprime une volonté de distinction entre le village et, tacitement, le quartier *Tineretului*, mais, et c'est une remarque importante, sa famille elle-même ou du moins une partie de sa famille, vit dans un village. Il y a dans cette logique de différenciation une proximité familiale de fait. La volonté des acteurs ne doit pas faire oublier qu'il existe une proximité sociale préalable qui empêche dans le cas que nous venons d'évoquer une émancipation totale.

Cette image du village est très présente dans le discours des résidents et joue un rôle important dans la construction de l'histoire de ces lieux. Les sujets construisent un lien organique entre les représentations négatives de la vie dans les villages et les acteurs qu'ils estiment en rupture avec les normes admises à *Tineretului*. Cristian assène : « *Ils ont un problème de mentalité. Si tu reviens du marché, ils doivent savoir exactement ce qu'il y a dans ton sac. Quand ils te voient passer, ils veulent savoir d'où tu viens et ce que tu as fait. Nous sommes chanceux, maintenant, ils ne sont plus là. Ils sont retournés dans leur village, là où ils doivent vivre. Ils sont mieux là-bas. C'est un lieu naturel pour eux.* »

Ilie, artisan dans le domaine du bâtiment, âgé d'une trentaine d'années, ajoute : « *Ils mettaient les transistors sur les balcons là [il montre le rebord de la fenêtre] et ils mettaient du manele* [1] *au maximum. Aujourd'hui, on entend encore cette musique moche, mais c'est chez eux. Avant, t'avais l'impression qu'ils écoutaient de la musique dans ta cuisine. [...] Et tu sais ? Il balançait tout par la fenêtre, tu voyais tomber des épluchures de légumes, des paquets de cigarettes. Il fallait presque mettre un casque. Il croyait que la rue, c'était une poubelle. »*

Ces comportements ne portent qu'un nom pour Ilie : « *des villageois* », « *non civilisés* », dont le départ l'a pleinement réjoui, car ils ne savaient pas respecter les normes de comportements et surtout la distinction entre les sphères publique et privée. En somme, ils ne savaient pas se conformer aux principes phares qui fondent la micro-idéologie de cette zone résidentielle.

Dans la construction de cette altérité interne, la figure du paysan représente un mode de vie extérieur à l'image que les acteurs tentent de donner d'eux-mêmes dans leur façon d'être au sein du champ résidentiel. Cette extériorité recoupe aussi une dialectique de la modernité et de la tradition perçue sous l'angle d'une arriération. On peut observer que dans le champ résidentiel la distinction sociale se joue pour les sujets de l'enquête dans cette différenciation avec le mode de vie imaginaire « paysan », notamment par le respect de la norme découpant les sphères sociales privée/publique. Outre la tendance particulière à naturaliser la différence entre le village et la ville qui reste dans les faits vague, le départ des gens au comportement identifié comme « paysan », c'est-à-dire en tant que porteurs d'un stigmate, est présenté comme le moment fondateur d'une véritable émancipation à la base de la création d'une classe sociale urbaine. À vrai dire, c'est à partir de ce repère que la différenciation se joue de manière unanime avec un large pan de la société ; ce qui renforce l'idée d'unité et de particularité dans l'esprit des résidents.

Voilà pourquoi, la (tentative de) relégation à l'extérieur du champ des relations sociales de *Tineretului* par l'accusation de « paysan » unifiant symbolique, fonctionne uniquement si le sujet accusé est en position de déclassement, indiquant un départ imminent ou déjà réalisé. L'accusation recouvre le déclassement et le renforce sans toutefois le créer.

La construction d'un mode de vie idéal et distinct, d'inspiration occidentale, se réalise dans une mise à distance d'un mode de vie rural. Mais cette construction est fragilisée dans ses fondations mêmes, ce qui explique l'avidité des acteurs à reproduire cette mise à l'écart, et ce à deux niveaux :

- Premièrement, il n'y a en fait quasiment aucun résident qui n'ait au moins un parent proche ou éloigné vivant hors de Bucarest. L'insistance des

---

[1] Style de musique chantée par des artistes *Roms*. J'y reviens dans ce chapitre.

acteurs à rejeter ceux qu'ils désignent comme les paysans est peut-être plus compréhensible sous cet angle. Si ceux qui voudraient faire *tabula rasa* de leurs relations au monde extérieur à la capitale sont nombreux, cette aspiration ne peut être matérialisée parce que les relations sociales de chaque personne ne correspondent pas au « rêve » de rupture avec ce monde paysan imaginaire. Tous ont quelques relations de parenté et d'amitié dans des villes de petite envergure et/ou dans des villages. D'ailleurs comment pourrait-il en être autrement puisque la région, d'origine de l'individu et de la famille se trouve bien souvent à l'extérieur du lieu de sa résidence. Cristian en donne peut être l'exemple le plus explicite en moquant ce qu'il identifie comme les habitudes du village alors qu'une partie de sa famille vit dans un village.

- Deuxièmement, le départ des anciens – représentant un acteur négatif – entraîne corrélativement leur remplacement par de nouvelles catégories sociales qui font preuve d'une capacité économique plus importante. La présence croissante des derniers arrivants modifie la structure et l'univers social des immeubles à travers le nombre grandissants des acteurs appartenant à une catégorie sociale supérieure (par rapport à celle antérieurement dominante) par divers signaux et objets de consommation visibles dans et autour des immeubles. La composition sociale de cet espace de communication pousse donc vers les strates les plus hautes de la société. Pour une partie des résidents à *Tineretului*, le phénomène de mise à distance progressif d'un groupe social, puis son exclusion, a eu pour conséquence non pas un nivellement des positions hétérogènes, mais un remplacement des exclus par des familles qui appartiennent à la couche sociale supérieure, celles qui possèdent assez de moyens pour pouvoir se maintenir dans ce quartier. Leur arrivée fragilise ceux qui, jusqu'à présent, s'étaient tenus à l'écart des positions « dangereuses ». Disons-le autrement : la disqualification des concurrents les plus faiblement armés au lieu d'apporter une cohérence de classe à ce quartier a amené des candidats au capital économique supérieur. La conséquence de ce remplacement des relégués est que le niveau de concurrence est de plus en plus élevé et que les personnes hier à l'abri glissent de plus en plus vers les pôles négatifs qu'il dénigre.

Résumons-nous. La revendication d'une osmose entre les agents symbolisant « l'Occident » et les résidents de *Tineretului* a été analysée. Cette tentative d'assimilation doit permettre d'interpréter l'altérisation négative qui frappe le mode de vie paysan. En effet, on s'aperçoit que si, dans le mode de communication des acteurs, d'un côté, les représentations générées par « l'Occident » et ce type de figure de l'étranger forment une entité positive, de l'autre, « les paysans », représentent le symétrique inverse. Cet ensemble recoupe une espèce de dialectique que nous avons abordée auparavant qui recoupe notamment les oppositions Est/Ouest, tradition/modernité, nature/culture et barbarie/civilisation. Du point de vue des constructions de sens philosophiques et littéraires roumaines, dont les références semblent s'actualiser dans la conjoncture présente de crise générale (le postcommunisme), cette distinction s'inscrit dans la frontière entre l'Occident et l'Orient, c'est-à-dire dans une conception peu éloignée de l'ethnicisation du rapport à l'Occident qui oscille entre l'exclusion et l'affirmation d'une appartenance commune. L'ensemble des représentations des acteurs commence à apparaître plus clairement dans deux tendances intriquées. D'une part, la distinction se joue dans ce qui est imaginé, pensé, produit comme un mode de vie proche des Occidentaux, de l'autre, en dérogeant à cette règle souple et coercitive à la fois, les personnes ayant quitté *Tineretului* se présentent aujourd'hui comme extérieures à l'image que les acteurs entendent donner d'eux-mêmes. Moins on est capable de respecter des règles de vie identifiées comme les normes légitimes dominantes dans le champ résidentiel et plus on a de chance de se voir assigné à la position du paysan. Cependant, derechef on doit souligner qu'il n'est pas d'accusation de la sorte possible sans une chute statutaire de l'acteur qui indique son départ à venir [1].

Nous venons de mettre en lumière la manière dont les acteurs considèrent leur appartenance au champ résidentiel dans la ville et leur rapprochement de l'Occident par une tentative de mise à distance de la figure symbolique du « paysan ». Cette figure fonctionne comme un acteur étranger et son exclusion (voulue) du champ résidentiel se présente comme la condition d'une appartenance à des normes sociales et l'affirmation d'une identité occidentale. Si la frontière symbolique fixée avec ce monde extérieur tend à homogénéiser les éléments situés en dehors des échanges, à les stéréotyper, à l'intérieur de cette frontière, les différents éléments ne sont pas homogènes. L'univers des « villages » est à l'extérieur du monde dans lequel évoluent les résidents, le monde interne à la ville, comme nous l'avons vu,

---

[1] En contrepoint à cette accusation, notons que Aurora Liiceanu (déjà cité) a relevé, au sein d'un village roumain, que les acteurs donnent de la ville une image négative. Soulignant le fait qu'il est plus sain de vivre à la campagne notamment vis-à-vis de l'individualisme de la ville, de la pollution (etc.). Ces propos sont d'ailleurs assez similaires à ceux de l'une des familles, dont nous parlerons plus loin, qui subit un déclassement social fort et s'apprête à quitter *Tineretului* pour un village.

est un univers stratifié. Or, l'échelon le plus éloigné, le plus bas de cet univers interne est représenté par un autre acteur idéologique. Il correspond à la production d'une figure de l'étranger interne mêlant les « tziganes », la pauvreté et le déclassement social. À plusieurs égards, cette construction ne fait sens que dans le cadre de la cohabitation à *Tineretului* entre les « riches », les « pauvres » et les personnes et familles exclues, c'est-à-dire en coprésence de familles exposées au risque de déclassement, dans un contexte global de « crise ». Penchons-nous sur cette figure.

« Tzigane ! » : actualisation d'une xénophobie entre continuité et rupture

Quelques scènes observées dans le quotidien des acteurs de *Tineretului* peuvent illustrer les pratiques de mise à distance de personnes identifiées comme radicalement étrangères au quartier dont la présence n'est que tolérée.

Sortant d'un petit commerce, j'aperçois, à quelques mètres de là, deux jeunes garçons dont l'un d'eux invective un enfant du même âge et une jeune fille Roms, les poussant et les menaçant tous deux. La petite fille Roms maugrée. Lorsqu'ils s'aperçoivent de la présence de l'enquêteur (d'un « adulte »), les deux enfants se retirent sans attente tout en proférant quelques menaces envers les jeunes Roms à voix basse. Comment interpréter une telle scène ?

Sous deux aspects. En premier lieu, la mise à distance des *Roms*, construits en étrangers qui doivent être repoussés à l'extérieur du champ résidentiel, est intériorisée par les enfants. En second lieu, on notera que les enfants ont cessé, dès qu'ils ont perçu la présence d'un adulte, leurs oukases et gestes brusques envers les enfants Roms. La coercition des normes imposées par les adultes se fait ici ressentir. Cette scène illustre une ambiguïté dans le rapport aux Roms, disons même une contradiction entre la violence du rejet vers l'extérieur et le rejet de la violence comme norme interne. On voit que les enfants reproduisent dans une certaine mesure ces pratiques. Prenons un deuxième exemple.

À la sortie du marché, Anişoara, une femme retraitée âgée de plus de 60 ans, prend la direction de son appartement après avoir acheté quelques légumes. Elle s'aperçoit de la présence derrière elle de sans-abri qui se distinguent par leur tenue et leur visage encrassé. Anişoara, serrant son sac à main, se met à hurler en nommant les trois individus « Tziganes », les traitant de « voleurs », « d'arnaqueurs [1] », et assène : « partez d'ici », ce qui ne manque pas de faire rire les trois personnes visées et d'attirer l'attention des personnes présentes peu tolérantes face à ce type d'algarade. L'esclandre s'estompe rapidement, suite à l'intervention d'un homme d'une trentaine d'années qui, après avoir rassuré cette femme, en substance, adresse un message similaire à celui de Anişoara aux trois indigents, mais cette fois-ci d'une façon beaucoup plus mesurée, si bien que les regards se détournent de ces trois « étrangers » et le regard des trois personnages se détourne de Anişoara.

On peut déduire de cet exemple que la mise à distance des pauvres exo-assignés à la figure du tzigane ne saurait outrepasser les règles sociales en vigueur à *Tineretului*. Le *scandal* n'est pas de mise, surtout lorsque l'on réside dans un quartier où les acteurs entendent être considérés comme « des gens civilisés ».

L'acuité de la question posée par la production en minorité allochtone interne des Tziganes nécessite une mise en perspective diachronique rudimentaire. Historiquement, les Roms sont les héritiers d'une population qui a été réduite en esclavage et qui, avant et après leur émancipation au cours du XVIIe siècle, ont été la cible de politiques civilisatrices [2].

Sous le régime communiste, les Roms n'existent pas officiellement et l'intégration non plus puisque la politique du régime est assimilationniste. Il s'agissait pour l'État-parti de donner l'image d'un peuple homogène prolétarisé. Selon la version officielle, l'homme nouveau n'est ni tzigane, ni allemand : il ne peut être qu'un prolétaire d'une nation roumaine sublimée à outrance. Une telle conception entraîne officieusement plusieurs mesures qui visent à arracher les Roms à leurs activités professionnelles traditionnelles pour les amener sur les lieux de travail, sous l'influence du parti et, *in fine*, renforcer le contrôle des structures politiques sur cette minorité. Si l'État-parti ne reconnaît pas officiellement de minorités Roms, ce qui rend difficile l'expression de comportements racistes, ses actions démontrent leur prise en compte tacite. Ils n'ont pas échappé à

---

[1] *Smecher* peut-être traduit par malin ou fourbe. En langage courant il recouvre quasiment parfaitement l'espace sémantique occupé par le terme arnaqueur dans ses acceptions positives et négatives.

[2] Dans l'empire des Habsbourg, cette politique commence avec l'impératrice Marie-Thérèse puis avec son fils Joseph II dont une circulaire du 12 septembre 1782 impose, par exemple, la scolarisation des enfants Roms. À partir de la seconde moitié du XVIIIe siècle, peu à peu, les droits des maîtres sont réduits en Moldavie et en Valachie.

l'instrumentalisation des inimitiés et conflits entre acteurs par l'État-parti [1]. Sous le communisme : « *L'opinion ne les aime pas : avec l'appui des autorités ils ont occupé en Transylvanie des maisons confisquées aux Allemands qui émigrent* [2]. »

Depuis, la chute du régime de Ceausescu [3], en Roumanie, comme dans la plupart des pays de l'Est, il est devenu commun de parler de « la question tzigane [4] ». Plusieurs attaques de villages de Roms ont eu lieu dans les premières années du postcommunisme. Touchés par le chômage, la pauvreté et l'exclusion, les « Roms », dans une large mesure, se sont trouvés parmi les plus exposés par le changement de régime [5] : des enclaves ont commencé à se former à la périphérie des villes. C'est un sujet qui est soigneusement étouffé. Et les centres-villes sont devenus des lieux où il est difficile de ne pas voir des Roms mendier, ce qui favorise sûrement la (re) production de stéréotypes. L'inclusion dans l'économie informelle est un moteur pour la délinquance et les trafics en tout genre.

Qui plus est, les Roms se sont avérés d'une utilité politique importante pour le pouvoir dans les années 1990 : ce dernier détourna les frustrations et les ressentiments dont il était considéré comme responsable vers les Tziganes (et les Magyars). À titre d'illustration de ce racisme d'État et de cet usage de la xénophobie, rappelons les appels du président Ion Iliescu, en 1991, aux mineurs de la vallée du Jiu, qui, semble-t-il, étaient accompagnés par les services armés de l'État-parti, à déjouer « un complot d'extrême droite », mené par des « tziganes », des « voyous », c'est-à-dire la manifestation pacifique de la place de l'Université. Ce travail de production de xénophobie se prolongea pendant les mois suivirent. La pesanteur de l'image du Tzigane se maintient d'ailleurs aujourd'hui dans les médias. Dans les affaires délictueuses, ces derniers dénoncent systématiquement « l'ethnie Roms » des citoyens.

Depuis la chute de l'ancien régime, parallèlement, la mise en place progressive de respect des normes extérieures imposées par l'UE

---

[1] ALTHABE G., MUNGIU-PIPPIDI A., 2004 : *Villages roumains. Entre destruction communiste et violence libérale*. L'Harmattan, Paris.
[2] DURANDIN C., 1995 : *Histoire des Roumains… op. cit.* : 458
[3] Les rumeurs sur l'origine tzigane de Ceausescu sont assez révélatrices du stigmate de l'appartenance à cette « minorité ».
[4] Question qui succède à la problématique de « la minorité » magyare. Cf. NACU A., 2004 : « Vers un « politiquement correct » ? Quelques tendances récentes de la politique envers les minorités en Roumanie » *in* IONESCU A. & TOMESCU-HATTO O. : *Politique et société dans la Roumanie contemporaine*. L'Harmattan, Paris : 267-287
[5] PONS E., 1995 : *Les Tziganes de Roumanie : des citoyens à part entière ?* L'Harmattan, Paris.

notamment et d'autres partenaires de l'État roumain a obligé les pouvoirs publics à appliquer des règles plus rigoureuses dans le domaine de « la protection des minorités », d'autant plus que des ONG se sont saisies de la question. La gestion de l'exclusion des minorités (plutôt que la lutte contre la xénophobie) dont les Roms sont les objets principaux passe donc désormais par cet entonnoir politique contraignant inspiré par les politiques communautaristes étasuniennes et britanniques de la *positive action* [1].

Malheureusement, l'adoption de dispositions politiques [2] ne génère pas nécessairement l'éradication d'un discours diffus ethniciste stigmatisant les Tziganes. Le double langage est désormais à l'ordre du jour des divers gouvernements sans réduire pour autant la portée du problème de la marginalisation des Roms.

La formulation de la marginalité prend essentiellement deux formes : d'un côté, un discours offensif toujours présent — Corneliu Vadim Tudor, chef du Parti de la Grande Roumanie, en est la figure de proue internationalement reconnue comme telle, axant son discours sur les « abus » dans les « dépenses sociales », sur la délinquance et l'insécurité. Le succès électoral d'un C. V. Tudor représente d'une certaine façon la cristallisation d'un sentiment diffus comme en témoigne son succès électoral qui l'amena au second tour des élections présidentielles en 2000 [3]. D'un autre côté, on trouve une forme d'expression de moqueries stéréotypées qui finissent par être utilisées par ceux qui en sont la cible [4].

Plusieurs objections peuvent être formulées face à l'interprétation donnée, en observant le succès de la musique *manele* (au singulier *manea*). Ce style de musique est l'un des plus populaires sinon le plus populaire en Roumanie. *Manea* signifie « chanson d'amour d'origine orientale » selon le DEX [5]. S'il y est bien question d'amour, de tromperies, de fourberies, du malheur, des bienfaiteurs et des malfaiteurs, on y évoque aussi très souvent l'argent. Le succès des chanteurs de *manele* comme Adrian Minune (Adrian

---

[1] Pour une comparaison on pourra se conférer au cas de la France analysé par GIBB R., 2003 : « Constructions et mutations de l'antiracisme en France » *in Journal des anthropologues*, 94-95 : 165-179

[2] Voir par exemple l'intégration de Roms à la police pour assurer la surveillance des *Roms*.

[3] Ce n'est pas là le seul élément du discours de C. V. Tudor qui considérait les juifs, les antipatriotes, l'absence de sécurité, la corruption des élites, l'absence de morale comme responsables des difficultés touchant la Roumanie.

[4] On retrouve cette équivoque dans le film de Tony Gatlif, *Gadjo dilo*. Voir sur les usages des stigmates par les populations visées GOFFMAN E., 1975 : *Stigmate*. éd. de Minuit, Paris.

[5] DEX (Dictionnaire explicatif de la langue roumaine), 1998, Académie roumaine, institut de linguistique Iorgu Iordan.

le Merveilleux), Florin Salam (Florin le Salami) Vali Vijelie (Vali la Tempête) est tout à fait phénoménal. Plusieurs chaînes télévisées se sont spécialisées dans la diffusion de clips vidéo de ce style de musique. Lors des élections présidentielles de 2009, certains d'entre eux ont été embauchés par le Parti libéral démocrate pour chanter des odes au candidat Traian Basescu [1], ce qui montre assez bien leur prise sur les masses populaires. En revanche, les médias d'informations et leurs commentateurs manifestent explicitement leur mépris, qui n'est qu'une forme parmi d'autres de racisme de classe, pour les « manelistii ».

Ce succès pourrait suggérer que le phénomène de xénophobie est, en regard de cet exemple, infirmé ou considérablement limité. Nous rappellerons donc que lorsqu'ils étaient esclaves, déjà les Roms étaient particulièrement appréciés pour leurs pratiques de la musique [2]. De surcroît, les chanteurs de *manele* sont en quasi-totalité des Roms ou sont considérés comme tels, ce qui sous-entend que le positionnement sur la scène publique se réalise par le biais de l'occupation d'un registre marqué par la particularité, cet envers du stigmate. Autrement dit, cette « niche » commerciale réservée aux Roms montre une tendance à reproduire une forme de marginalisation mais par l'inversion. En ce sens, il est exemplaire que la définition du DEX tout comme celle du DER [3] fassent référence à l'origine étymologique turque du terme *mani*. Ce croisement entre la musique que l'on entend souvent dans les quartiers populaires des villes des Balkans et l'origine orientale est une distinction symétriquement opposée à la norme dominante imposée dans le quartier *Tineretului* et des acteurs qui entendent se donner l'image d'une élite européenne et occidentaliste.

Soyons clair. L'interdiction d'écouter du *manele* est une règle qui n'est pas ou peu respectée à *Tineretului*. Cela a tendance à provoquer l'agacement d'une large part des résidents. On s'exprime alors sur le manque de goût des amateurs de *manele* et leur « manque d'éducation ». Par ce biais, ils joignent le mépris pour les classes populaires écoutant les *manele* à une xénophobie institutionnalisée. Plus rarement, certains résidents disent d'eux qu'ils sont des « paysans ». Dans ce cas extrême, les *manele* superposent les trois éléments dont la frange supérieure des résidents de *Tineretului* veut se séparer : le rapprochement de l'Orient s'opposant à la proximité désirée de

---

[1] L'une des plus connues était intitulée « *Basescu la putere* » (Basescu au pouvoir) et était interprétée par Florin Salam et Roxana prinţesa Ardealului (Roxana la princesse de l'Ardeal).
[2] PONS E., 1995 : *Les Tziganes… op. cit.*
[3] CIORĂNESCU A., 1958-1966 : *Dicţionarul etimologic român*, Universidad de la Laguna, Tenerife.

l'Occident, le paysan s'opposant à la consommation moderne et urbaine, et le Tzigane comme représentant de la pauvreté et du « hors monde ». Ce style musical joue le rôle d'unificateur symbolique entre la « campagne » et les quartiers populaires urbains. Bien entendu, nous sommes ici dans le champ des représentations et ces propos extrêmes qui prennent la forme d'une accusation sont clairement liés non pas à des faits avérés mais à des représentations instrumentales indissociables de l'appartenance que tentent de fonder une part des résidents.

Un autre point de faiblesse apparent de cette hypothèse peut être formulé par l'observation directe des pratiques à *Tineretului*. Quasiment tous les jours, on peut voire passer un attelage et des chevaux conduits par des *Roms* qui viennent récupérer, selon les opportunités qui se présentent à eux, le plastique, le bois, la ferraille et parfois divers objets. Ils entonnent toujours un chant envoûtant : « *fiare vechi luam* » [nous prenons le vieux fer]. Il n'est pas rare que des résidents de *Tineretului* indiquent où se trouvent les amas – préparés par eux ou leurs voisins – à récupérer. Une telle « complicité » pourrait naïvement être considérée comme un contre exemple d'un phénomène de xénophobie diffuse. Or en y regardant de plus près, on s'aperçoit qu'il y a une inégalité des positions évidente entre les ramasseurs d'objets et de matériaux utilisés par les résidents et ceux qui utilisent ces produits dans une société dont les agencements se construisent de plus en plus par le biais de la consommation et de l'argent.

Deux domaines se définissent dans cet exemple : celui de la consommation d'un côté, et celui de la récupération (ou de la consommation par la récupération) de l'autre. La récupération d'objets par une catégorie d'acteurs ou, du moins, perçue comme telle, présuppose la consommation des premiers. Les objets des premiers peuvent être pris par les seconds de manière légitime uniquement s'ils sont sortis du système de consommation des premiers. Les objets qui sortent du régime de consommation, renvoyés à l'extérieur du « monde » des résidents, les « restes », sont ceux réservés aux personnes qui appartiennent à un univers extérieur à *Tineretului* et qui, de cette manière, sont aussi en position de marge, de « fin de chaîne » ou de fin de société. C'est une des seules intrusions des Roms acceptée à *Tineretului*. Ils sont positionnés à l'extérieur du régime normatif de la consommation, car, à moins d'être capable d'une grande discrétion et armé d'une certaine audace, personne ne récupérerait des matériaux ayant appartenu à une autre personne dans le champ résidentiel. Ceci rapprocherait virtuellement cette acteur d'une position d'infériorité et donc du pôle négatif où se trouvent renvoyés les Tziganes. Les objections usuelles évoquées ci-dessus semblent donc n'avoir de pertinence qu'à première vue.

En revanche, il est à souligner que la seule appellation de cette « minorité » donne une illustration particulièrement forte d'une stigmatisation ambiante. En effet, le terme Tzigane peut désigner une population tout autant qu'être synonyme de fourbe, de voleur, tandis que le terme Roms est devenu, à l'écrit en roumain, celui de *Rroms* pour éviter soigneusement toute confusion avec les Roumains.

Cependant, cette volonté de mise à distance qui repose sur un consensus informel visant à matérialiser et à reproduire la différenciation et la mise à distance, ne s'appliquerait pas avec une telle force si les Roms n'étaient pas proches à plusieurs égards des individus se définissant comme autochtones. En d'autres termes, elle n'aurait pas lieu d'être si ceux qui sont considérés en tant que Roms n'étaient pas eux-mêmes Roumains, s'ils ne partageaient pas une histoire commune et un ensemble de macrorepères comme par exemple la religion orthodoxe. L'enjeu, dans cette perspective, est de donner un poids plus fort au terme de Tzigane, de l'essentialiser, ce qui corollairement implique une cohésion de l'appartenance identitaire (ethnicisée) roumaine. L'exo-assignation à une position d'extériorité permet de doter d'homogénéité *a contrario* les « autochtones ». En résumé, il est question de produire ces acteurs identifiés comme des autochtones en minorité allogène et de les maintenir, dans le cas du champ résidentiel, hors du quartier et de ses relations. Partant de cette hypothèse une mise au point s'avère nécessaire.

Premièrement, la « communauté nationale » Roms n'existe pas en tant que telle, il s'agit d'une appellation exogène qui homogénéise une réalité qui ne l'est guère. Ni le partage de la langue tzigane, ni les professions ne sont des critères pertinents pour constater la conscience d'appartenance à un groupe ethnique, bien qu'aujourd'hui, tout comme pour la minorité magyare, un parti politique soit censé les représenter au niveau national (*Partida Rromilor*). Les appellations de « Rom » ou de « Tzigane » doivent être considérées comme des constructions sociales sécrétées par l'idéologie dominante dans une société et dans un contexte donné. Les dénominations légitimes utilisées par les acteurs ne sont elles-mêmes que l'expression d'un mode de classement prépondérant dans la société globale impliquant ses labels, ses assignations directes ou par résonances à des positions cristallisant la subordination ou la supériorité. Prendre pour vérités ces dénominations reviendrait à réifier l'ordre consécutif aux luttes cognitives dans la société roumaine. Il est bien question d'une manifestation de ce que Pierre Bourdieu appelle le « pouvoir de nommer [1] », reflétant un état des luttes de pouvoir et, dans ce cas, des constructions de catégories ethnicisées.

L'histoire longue de la marginalisation des Roms oriente la perception de façon préjudiciable pour l'analyse : l'ancienneté des pratiques discriminatoires et la reproduction sur le long terme de l'exclusion, qui n'est pas étrangère aux conceptions identitaires que nous évoquions plus haut, peuvent inciter à considérer cette relation en des termes naturalisés. C'est là un écueil qui ne nous permettrait pas de comprendre de quelle façon cette construction d'une altérité intérieure s'échafaude sur les dynamiques de transformations en cours dans la société roumaine, comme s'il s'agissait d'une problématique auto-explicative, autosuffisante. Cette perspective nous condamnerait à prendre pour argent comptant la logique dominante qui assigne une population à une appartenance différenciée de la communauté nationale.

Revenons à *Tineretului* et essayons à partir de cette situation de comprendre quel est l'enjeu de cette mise à distance.

Les acteurs comme nous l'avons souligné ont des représentations sociales territorialisées et hiérarchisée de la ville. *Tineretului* est perçu, d'un côté, comme le lieu de résidence d'une catégorie inférieure de la catégorie supérieure de la société ; sur un autre plan, toutefois, dans l'imaginaire, ladite zone est représentée comme supérieure. Ce quartier est dans une situation d'interstice avec le « haut » de la structure sociale stratifiée, minoritaire, difficile à atteindre et le « bas » majoritaire. Et les risques de déclassement social sont plus nombreux que les opportunités de promotion. Les franges inférieures, représentées par des zones d'habitat perçues comme des ghettos et des bidonvilles, des espèces de lieux extérieurs où régneraient l'anarchie, la violence et la promiscuité, sont caractérisées pour les acteurs par la présence de Tziganes. D'un point de vue interne au champ résidentiel, dans le cadre de la crise générale régnant en Roumanie, c'est-à-dire en prenant en compte les risques potentiels de déclassement, plus une famille de résident s'approche des strates les plus basses de la société, plus elle se rapproche des Tziganes, et moins elle est en adéquation avec les normes sociales en vigueur à *Tineretului*. D'ailleurs, les acteurs évoquent plusieurs familles qui ont été forcées de quitter « leur » zone résidentielle pour aller s'installer dans les zones urbaines où les prix des logements en location ou à

---

[1] BOURDIEU P., 2001 : *Langage et pouvoir symbolique*, Fayard, Paris ; et du même auteur, 1982, *Ce que parler veut dire. L'économie des échanges linguistiques*, Fayard, Paris.

l'achat sont moins élevés. Ces lieux sont définis dans les propos recueillis à la fois par la présence de Tziganes et par la pauvreté des habitants [1]. Prenons une illustration parmi d'autres avec Bogdan : « *Ici, il n'y a pas de Tziganes. À Rahova par exemple, il y en a beaucoup. Ils volent. Ils sont beaucoup. Ils volent, ils cambriolent, ils arnaquent les gens. Toutes sortes de choses [insupportables].* »

Ştefan lors d'une discussion sur les différents quartiers de Bucarest s'exprime ainsi : « *Tu as habité à un autre endroit dans Bucarest avant de venir ici, me demande-t-il ? J'ai habité à Nicolae Grigorescu, c'est assez différent d'ici. Là, c'est la limite encore trois stations [de métro] et tu ne peux pas te balader dans la rue avec un [téléphone] mobile à la main. Seulement cinq minutes et tu n'as plus de portable. Ce n'est pas de l'imagination ! C'est vraiment comme ça !* » Je me dois de préciser que mon expérience dans ces quartiers, où je réside depuis plusieurs années, montre que ce propos est largement sinon totalement fantasmé.

Les zones stigmatisées ne se limitent pas à *Rahova*, les acteurs évoquent *Ferentari, Berceni, Crângasi, Pantelimon* et même la zone de *Brâncoveanu*, quartier limitrophe situé au sud de *Tineretului*. Dans ces représentations, le Tzigane est l'emblème symbolique négatif dans la ville de Bucarest. Cette figure symbolique est l'indicateur et la formulation d'une existence en bas de l'échelle sociale. D'où la « tziganisation » de la pauvreté.

Les acteurs mettent en scène des oppositions entre leurs normes et les normes des quartiers périphériques de Bucarest. Par exemple, *Tineretului* est considéré comme une zone sécurisée, « calme », ce qui s'oppose aux zones où règne l'insécurité. Et l'insécurité est un frein à la mise en place de normes sociales comme, par exemple, celle de laisser les enfants jouer dans la zone résidentielle en pleine rue, ou comme celle de montrer, dans une certaine mesure, l'enrichissement par la possession d'un véhicule neuf. Les extensions sémantiques entre les termes de Tziganes et de « fourbes », entre indigents et Tziganes forment d'autres indices de la constitution de ce pôle négatif. On pourrait donner d'autres exemples, comme pour l'éducation et l'école. En somme, les territoires urbains évoqués par les acteurs représentent à la fois l'opposé des règles et codes sociaux présents à *Tineretului* et des lieux où leur mise en œuvre est impossible.

---

[1] LiviuCHELCEA note dans son étude de la « gentryfication » des groupes marginaux des quartiers centraux de Bucarest que les prix des bâtiments résidentiels augmentent avec le départ des Tziganes. CHELCEA L., 2000 : « Grupuri marginale în zone centrale : gentrificare, dreptul de proprietate şi acumulare primitivă postsocialistă în Bucureşti » [Les groupes marginaux en zone centrale : « gentryfication », droit de propriété et accumulation primitive post-socialiste à Bucarest] *in Sociologie Românească* : 65

On peut en déduire que la figure symbolique du Tzigane joue le rôle d'acteur idéologique au pôle le plus éloigné de la structure sociale. Elle permet de définir son appartenance à une zone résidentielle dans une version peu éloignée d'une appartenance hiérarchique. L'opposition entre *Tineretului* et les quartiers périphériques tend à être mise en avant de façon diamétrale. Pour que l'image large que se donnent les résidents de *Tineretului* soit maintenue, c'est-à-dire pour que les normes (familiales, de la consommation, du comportement, etc.) basées sur un niveau socioéconomique postulé par les acteurs soient en adéquation avec une appartenance à une strate sociale supérieure, tout signe d'affaissement social doit être vivement combattu et à plus forte raison maintenu et repoussé à l'extérieur de cette zone lorsqu'il cristallise la relégation. Voilà pourquoi il s'exerce une forme de violence symbolique à l'égard des Roms. Le phénomène de xénophobie observé à *Tineretului*, dont les Tziganes sont la cible, est indissociable de la constitution d'une appartenance à une frange supérieure de la société roumaine (sous l'angle de la ville de Bucarest) réalisée à travers l'appartenance au champ résidentiel. Ce n'est donc pas un processus de xénophobie auto-explicatif, mais bien un phénomène lié à l'intégration des structures capitalistes et à des dynamiques historiques profondes. La trame de ce processus est représentée par la « crise », le « chaos », la « transition » consécutifs au passage à une société de plus en plus inégalitaire. Les peurs du déclassement, qui sont aussi des peurs de ne pouvoir plus agir sur son propre destin, engendrées par cette situation forment le cadre structurant et structuré de la production de cette mise à distance. Ainsi, la constitution d'une appartenance sociale localisée (résidentielle), le contexte global (de crise) et la construction de l'étranger sont intimement liés. La figure fantasmagorique du « Tzigane » peut et doit donc être perçue dans les représentations des acteurs comme une matérialisation des angoisses qui les hantent dans leur quotidien, car, rappelons-le une fois encore, ce ne sont pas les Roms dont nous avons parlé, mais de la production des Roms en figure de l'étranger interne.

Jusqu'à présent, nous nous sommes concentrés sur les limites externes – symboliques, géographiques et sociales – du champ résidentiel en nous efforçant d'en donner les caractéristiques pertinentes pour les acteurs. Cette démarche nous permet d'assurer une compréhension des enjeux locaux selon une dialectique extérieur/intérieur, c'est-à-dire par une mise en perspective entre les changements touchant la société globale et les relations imaginaires et/ou réelles avec d'autres champs sociaux non contigus. Ce cadre d'édification de l'appartenance interne ayant été abordé sous cet angle, nous allons maintenant nous concentrer plus fortement sur le domaine interne à l'univers de la résidence.

11. La consommation, les objets, l'appartement et la cage d'escalier : mode d'appropriation, opérateur de différenciation

Dans la Roumanie de l'après-communisme, la transformation de l'habitat s'est faite progressivement en suivant le rythme de la mise en place des échanges commerciaux et de la multiplication des produits disponibles sur les marchés de biens et de services. Cette dynamique de transformation est la traduction de l'ouverture aux marchés internationaux sans laquelle, le processus de différenciation sociale – qui provoque une véritable émulation – ne serait pas à ce point perceptible aujourd'hui dans les rues de Bucarest. Il suffit à l'observateur de se balader quelques minutes au centre de la ville pour percevoir de quelle manière se chevauchent (ou se séparent) dans des proportions diverses une pauvreté et une richesse apparentes, mais aussi tout un panel de « styles de vie », de groupes de références, suscités et pratiqués qui hiérarchisent les appartenances des acteurs. Ce constat qui sous-entend une transformation du rapport aux objets, aux possessions matérielles, constituant une des facettes de l'univers de la société postcommuniste entrée dans le régime de la consommation, n'aurait aucune forme d'intérêt pour nous, si elle ne correspondait pas, au niveau des acteurs, à une (im) possibilité et à une (in) capacité de modifier les signes d'une appartenance à une catégorie sociale dans la société globale. Cette effervescence entraîne une visibilité croissante des inégalités sociales grandissantes dans le quartier de *Tineretului*. Plus précisément, les objets et l'aménagement de l'appartement sont, dans cette optique, à la fois l'indicateur et le moyen de concrétiser une mobilité sociale ascendante ou le maintien dans des positions sociales élevées, mais cependant subordonnées de la couche sociale supérieure de la société.

Se maintenir dans cet environnement est extrêmement difficile si l'on en juge par les nombreux départs pour des zones urbaines jugées de qualité inférieure. Mais c'est en soi une manifestation de l'appartenance à une couche sociale supérieure. Ces questionnements sont importants puisque les formes d'appropriation de l'espace résidentiel se jouent aussi dans l'agencement de l'appartement, de la cage d'escalier et des objets qui le constituent, et ce bien qu'une large partie des acteurs ne fréquente que rarement l'espace privé de leurs voisins.

Quelques précisions doivent être apportées auparavant concernant les différents aspects du rapport particulier entretenu avec ces objets dans la société roumaine. Tout d'abord, il faut souligner avec Irina Nicolau que : *« En roumain, dans les variantes dialectales du roumain, il n'existe pas de mot pour désigner l'objet en tant que tel. On a le terme* lucru *(chose), qui renvoie immédiatement au verbe* a lucra *(travailler). En tenant compte de cela, l'objet devient, d'une manière presque impérative, le produit, le résultat d'un acte de travail* [1]. »

L'objet, de ce point de vue, n'existe qu'au sein d'un processus qui permet aux acteurs de lui conférer une signification particulière, celui d'un objet-signe produit. Nombreux sont les objets qui peuvent revêtir un sens particulier, mais ce n'est que par la médiation des rapports sociaux qu'ils peuvent prendre cette qualité. L'objet ne crée pas, il ne fait que permettre d'intégrer des signes supplémentaires, des supports pertinents dans la définition des positions et des relations sociales. L'objet abordé ici est inscrit dans un régime de consommation subissant des transformations depuis la chute du régime communiste dans la société globale. Le mélange étrange que présente la ville de Bucarest, entre un univers de la consommation ressemblant à un domaine de conditionnement généré par l'offre de produits, les très évidentes stratégies de marketing de l'offre — dont les diverses affiches publicitaires sont les signes les plus visibles — et une armature empreinte d'un stalinisme dur, fournit toutes les conditions d'une distinction sociale de plus en plus marquée mais désordonnée et éclatée. Ce paysage donne une impression d'abondance par la quantité des produits et des choix possibles de signes qui leur sont conférés. Leur usage et leur appropriation, en revanche, relèvent de la rareté qui est fonction des dispositions pécuniaires et, moins fréquemment, des opportunités ouvertes

---

[1] николаи I. *in* Althabe G., николаи I., 1999 : « Les gens et les choses : intimité et consommation » *in* Martor (Revue du Musée du paysan roumain) : *Objet pratiqué, objet interprété*. 7, Bucarest : 134-146

par le marché noir. Il s'agit là d'une des manifestations du basculement d'un régime communiste à un régime de consommation capitaliste.

Cependant, on ne saurait saisir ce problème sous un angle unilatéral, restreint, et réduire cette transformation à la percée d'un *homo economicus* en contraste avec l'évanescence lente d'un *homo sovieticus*, ce qui reviendrait à renvoyer dos à dos deux types de comportements naturalisés.

Sans la généralisation des échanges marchands, leur imposition/incorporation dans la vie sociale et l'importance prise par l'argent comme instrument de médiation dans les modes de constitution des relations sociales, en rupture avec les impositions politico-économiques sous l'ancien régime, sans un cadre politique englobant qui soutient la généralisation de ce phénomène, nous ne pourrions observer ces comportements et ces types de relations. Ainsi, comme le souligne Jacques Sapir dans sa critique de Georg Simmel : « *Les comportements directement opératoires des agents ne peuvent être compris hors du cadre social de référence dans lequel ils se déroulent. Les agents n'ont pas de préférences qui soient indépendantes du cadre des normes et valeurs au sein desquelles ils opèrent. Ainsi, la monnaie permet aux agents des comportements d'accumulation ; mais, pour que ces comportements se matérialisent, il faut que les agents modifient radicalement leurs comportements et produisent les représentations sociales et symboliques qui rendent légitime ce changement et permettent à ces comportements de trouver leur place dans l'ensemble social* [1]. »

L'importance intrasociétale prise par la consommation doit être considérée dans une articulation à la transformation du cadre de référence social, institutionnel et politique qui lui donne sa possibilité d'existence. C'est bien de la dynamique de transformation des rapports sociaux et des acteurs qu'il est ici question dans leur rapport à leur environnement immédiat. Les processus de distinction sociale à l'œuvre en donnent une première illustration.

Prenons, pour éclairer ce basculement, la catégorie des « gagnants » de l'ancienne nomenklatura. Sous l'ancien régime, quand la richesse ou le privilège légitime devenait visible, il n'était que l'expression d'une position élevée au sein des structures politiques, synonyme d'allégeance au « pouvoir ». Avec le basculement progressif vers le capitalisme, une partie significative des acteurs occupant ces positions dans la hiérarchie du parti sous l'ancien régime se sont trouvés les mieux armés pour assurer une

---

[1] SAPIR J., 2000 : *Les trous noirs de la science économique. op. cit.* : 198. La critique concerne l'ouvrage de G. Simmel, 1987 : *Philosophie de l'argent*. PUF, Paris (1900).

mutation de leur capital de relations politiques en capital de relations sociales favorisant l'intégration à des postes élevés dans la nouvelle donne économique [1]. Cette conversion a pris place dans un contexte de privatisation de l'industrie étatisée.

Il n'est donc pas étonnant de constater aujourd'hui la portée du problème insoluble du clientélisme, de la corruption, conséquences de l'insertion double de tout un pan de l'ancienne nomenklatura [2] entre le système politique et économique. Les médias de masse, qui relèvent pour la plupart de cette nouvelle élite, publient systématiquement des articles sur l'évolution des propriétés des agents politiques et des « personnalités » à forte notoriété publique [3] à travers une double perception qui oscille entre l'accusation d'enrichissement frauduleux et une forme de contemplation émerveillée devant la réussite de ces « *self made man* », cette sorte de figure héroïque du capitalisme postcommuniste.

L'apparition de ces figures du capitalisme est étroitement liée à la modification des régimes d'accumulation du capital. À titre de comparaison, on pourrait suivre l'exemple analysé par Nicolas Guilhot [4] des « raiders » dans les années 1980 aux USA, conspués et/ou adulés pour leurs réussites… frauduleuses.

Plus récemment, pour prendre un exemple plus proche de la Roumanie, l'oligarque russe, Mikhaïl Khodorkovski, ancienne première fortune de Russie et président de l'entreprise Ioukos, proche de Boris Eltsine, emprisonné pour fraudes fiscales et escroquerie à grande échelle, et fondateur de l'ONG « Russie ouverte » (inspirée par le modèle des sociétés ouvertes poppériennes de George Soros) a fait l'objet de longs commentaires contradictoires dans les médias occidentaux.

---

[1] Le cas de la Pologne est peut-être, parmi les pays de l'Est, le plus marquant. Voir MINK G. & SZUREK J.-C., 1999 : *La grande conversion. Le destin des communistes en Europe de l'Est*. éd. Du Seuil, Paris ; 1992 : « Adaptation et stratégies de conversion des anciennes élites communistes » *in Ruptures et transition en Europe centrale*, La documentation française, Paris ; des mêmes auteurs, 1993 : « Anciennes et nouvelles élites en Europe centrale et orientale. » *in* Notes et études documentaires n° 703, La documentation française, Paris.

[2] Nous en avons vu un exemple avec la question de la transparence dans une partie précédente.

[3] La revue roumaine *Capital* en est l'exemple le plus abouti : la revue réalise annuellement un inventaire des Roumains les plus riches.

[4] GUILHOT N., 2004 : *Financiers, philanthropes. Vocations éthiques et reproduction du capital à Wall Street depuis 1970*. Liber/Raisons d'agir, Paris. Ces acteurs, d'abord figures de la réussite dans un système capitaliste « sauvage », deviennent ensuite des champions de la vertu associative assurant par là une « reproduction du capital ».

En Roumanie, Gigi Becali, homme d'affaires, président et fondateur du parti Nouvelle génération et président du club de football Steaua Bucarest fait aussi l'objet de considérations contradictoires entre accusation de corruption, populisme et charité chrétienne. Ce double visage permet à la fois de revendiquer une réussite d'affairiste sur le mode occidental et de rejeter cette présentation de soi qui sous-entend soupçon de corruption et affaires réelles de corruption.

Tous ces acteurs ont sérieusement commencé à investir dans la charité et les fondations philanthropiques qui se développent depuis les années 2000 ; ils peuvent ainsi continuer à étendre leurs domaines d'influence et leurs moyens de pression dans les luttes entre dominants. L'investissement dans l'entreprise et le commerce moral passent pour devoir colmater les méfaits inavouables qui ont permis à ces nouveaux entrepreneurs d'accumuler de telles richesses [1] et l'injustice que leur seule position représente.

À un niveau plus éloigné des hautes sphères du pouvoir, le système de l'économie de pénurie, en faillite dans les dernières années du régime communiste, avait favorisé fortement des habitudes de récupération. Le manque de ressources à tous les niveaux s'est répercuté dans une sorte de règle d'accumulation systématique des objets qui s'explique par leur rareté ou/et l'anticipation d'un risque de pénurie encore plus sévère. Irina Nicolau en témoigne : « *On gardait tout. On gardait tout, en premier lieu, à cause de la pauvreté ; on était obsédé par l'idée de stocker, vu qu'on ne savait jamais si l'objet ne peut devenir utile à un certain moment, dans une certaine circonstance* [2] ».

Catherine Durandin va plus loin lorsqu'elle remarque qu'au cours des années 1970-1980 : « *La pénurie obsède et crée une fringale d'objets sans que nulle réflexion ne porte sur cette chimère de consommation bas de gamme. Les jeunes s'exercent à imiter les modes occidentales : l'acquisition d'un jean suppose de bons contacts. La relation travail-consommation est rompue. Le travail est une espèce de triste fatalité, la consommation relève de la chance, de la capacité à risquer les bonnes petites affaires* [3]. » On peut également évoquer les personnes investissant de petites fortunes pour obtenir des journaux occidentaux et risquant de s'attirer les soupçons de la *Securitate*.

---

[1] HEEMERYCK A., 2009 : « Legitimarea filantropică a capitalismului postcomunist în România [Légitimation philanthropique du capitalisme postcommuniste en Roumanie] » *in Romania Review of Political Sciences and International Relations*, éd. de l'Académie roumaine, n° 3, t. IV, Bucarest.
[2] NICOLAU I. *in* ALTHABE G. & NICOLAU I., *Ibidem*.
[3] DURANDIN C., 1995 : *Histoire des Roumains*. Fayard, Paris : 443

Cette habitude d'accumulation prenait sens dans le rapport aux règles imposées par les institutions du système communiste qui ne se montraient guère « tolérantes » vis-à-vis de formes d'activités qui échappaient à leur sphère de contrôle et qui représentaient, à court ou à moyen terme, un risque fantasmagorique potentiel de déviation et de contestation du système.

Sous le régime communiste, les objets étaient multipliés en quantité, mais les gammes restreintes ; les symboles permettant la revendication d'une appartenance différenciée dans une société stratifiée restaient exceptionnels et ne concernaient qu'une faible partie de la population. L'usage d'accumuler des objets à valeur égale en s'adressant à des réseaux non marchands, en tant que système quasi généralisé, n'est pas assimilable à une société de consommation capitaliste [1]. Si le système communiste avait démultiplié des objets identiques, il n'en avait pas pour autant démultiplié les signes d'appartenance permettant d'engendrer des lignes de démarcation sociales, ce qui s'encastrait logiquement dans le projet de prolétarisation de la population, tout comme la détention d'objets-signes distinctifs – des vêtements de marques et de qualités souvent importés de l'Ouest (les membres de la nomenklatura avaient accès à des magasins qui leur étaient réservés), une voiture avec chauffeur – montrait un degré d'intégration élevé des acteurs aux structures de l'État-parti [2].

La consommation dans une société capitaliste nécessite le gaspillage ostentatoire [3], ce que le système communiste n'était ni en mesure de produire ni ne voulait produire. Toute forme d'expression d'une différence sur ce registre était vivement attaquée. Notons, par parenthèse, qu'il y a là une forte contradiction : plus un acteur était inscrit dans les réseaux du parti, plus il avait la possibilité de déroger à la règle de l'homogénéisation prolétaire. Autrement dit, plus elle se trouvait proche du sommet de la hiérarchie, et donc respectueuse du communisme-nationaliste, moins elle était tenue à l'obligation de présenter un « visage » conforme à l'homogénéité prolétarienne. La distinction dans la nomenklatura était légitimée comme un principe de rétribution de l'intégration au parti.

Dans une telle configuration, on comprend que de simples vêtements en provenance d'un pays capitaliste, ou d'ailleurs tout produit s'y apparentant, nécessitaient la mobilisation de ressources telles qu'un réseau de relations sociales interconnecté aux structures du pouvoir. Le régime de

---

[1] BAUDRILLARD J., 1970 : *La société de consommation*. Denoël, Paris.
[2] Il est évident que l'élite du parti était elle-même fragmentée.
[3] VEBLEN T., 1970 : *Théorie de la classe de loisir*. Gallimard, Paris (1899).

consommation restait prisonnier de l'évolution des projets de l'État-parti. Irina Nicolau remarque : « *Il y a eu des périodes quand vendre des meubles, des tableaux, des objets anciens était interdit, même illégal. On n'avait pas le droit de vendre aucune chose d'une certaine valeur, ou supposée comme telle, sans le contrôle de l'État. Par conséquent, les gens étaient mis dans la situation de stocker, toujours stocker. Alors, l'esthétique de la chambre vide, peuplée seulement de quelques meubles et d'un tableau n'est pas très répandue ici* [1] ».

Les réflexions de Jacques Sapir (*idem*) concernant la légitimité politique de pratiques économiques et l'encadrement des institutions par rapport à des comportements socioéconomiques s'appliquent ici aussi. Gardons bien à l'esprit que cette situation ne remonte qu'à une vingtaine d'années (au moment de l'enquête). Dans les années 1980, le rationnement de la consommation avait atteint des degrés effarants allant jusqu'à planifier les besoins en calories de la population. La situation était à ce point catastrophique que la Roumanie était devenue un pays digne d'intervention humanitaire. L'objectif de l'encadrement autoritaire de la consommation, qui a acculé la population au bord de la famine et rendu visible la séparation avec la nomenklatura, était, d'une part, d'assurer des exportations fortes, bradées à tout prix, et, *in fine*, de rembourser les dettes de l'État-parti auprès, notamment, du FMI, pour lui assurer un pouvoir totalement indépendant [2] et, d'autre part, d'accélérer la transformation de la structure physique et sociale du pays, le palais du peuple étant son symbole le plus illustratif.

Il est clair que les changements qui intègrent la consommation comme mode de classement, d'appartenance, de référence statutaire et comme forme de communication entre acteurs (et entre acteurs et organisations) s'effectuent, après la chute des Ceausescu, à une rapidité exceptionnelle. Dans le but de saisir correctement cette transformation, quelques indicateurs statistiques concernant les équipements des ménages peuvent nous être utiles [3] en ce qu'ils nous permettent de dessiner un tableau d'ensemble schématique du « paquet moyen » des possessions des acteurs.

En 1990, par exemple, 28,65 % des ménages possédaient une radio ; 51 % en 2003. L'année suivant la chute de Ceausescu, 17,48 % des ménages possédaient un frigidaire, et en 2003, la marge de la population possédant cet appareil s'élève à 26,19 %. En ce qui regarde la possession de la télévision

---

[1] NICOLAU I., *Idem*.
[2] Rappelons cette assertion du *Conducator* mêlant indépendance formelle et nationalisme : « *Refusons le Diktat des financiers occidentaux* »
[3] Les chiffres suivants sont tirés d'un rapport de l'INSEE, 2004 : *Anuarul statistic al Romaniei* [Annuaire statistique de la Roumanie], Bucarest : partie 12.2.8.

entre 1990 et 2003, les chiffres s'élèvent pour chaque année respective à 19,09 % et à 36,63 % de la population. Pour la machine à laver électrique, il n'y a pas eu de changements démesurés puisque, si en 1990 la proportion s'élevait à 14,92 %, en 2003 la proportion ne s'élève qu'à 18,90 %. Tous les appartements des deux cages d'escalier de *Tineretului* possèdent ces équipements, à l'exception de la machine à laver électrique. Il faut noter la présence d'une laverie entre deux immeubles, aux prix assez élevés, dont l'occupation continuelle montre l'existence d'une demande stable dans le quartier. En ce qui regarde ce « paquet moyen », la population de *Tineretului* tend à se situer à proximité des franges supérieures de la société roumaine.

Venons-en aux traitements et paradoxes que suggèrent de tels changements dans les cages d'escalier pour les sujets de l'enquête. Les aspirations de ces derniers concernant l'agencement de leur appartement sont marquées par une certaine diversité. Toutefois, il existe un idéal d'appartement qui correspond aux gammes supérieures de ce que l'on peut trouver dans les annonces qui paraissent dans les journaux. Les qualités requises par l'appartement idéal sont les suivantes : il doit être spacieux, clair, avec un parquet, équipé avec des fenêtres à isolation thermique (termopan), doté d'un « mobilier moderne », d'une gazinière, d'un réfrigérateur, d'une machine à laver, d'une télévision câblée, d'entrées indépendantes dans chaque chambre, sans oublier le carrelage et le grès.

Objectivement, le capital économique des résidents de chaque appartement permet d'envisager une installation dans une certaine gamme de prix. Au-delà de cette donnée, de cette règle générale, les acteurs remédient au manque de capital de manière différenciée, en obtenant notamment certains produits en fonction de leur profession et en jouant de leurs réseaux de relations sociales, ce qui leur permet, par exemple, de se procurer des matériaux à bon marché ou encore de contacter des ouvriers ou un ingénieur et de les payer au « noir ». Nous avons pu observer à maintes reprises au cours de l'enquête la présence d'ouvriers et d'artisans qui travaillaient au réaménagement des appartements, ainsi que les matériaux ainsi acheminés.

De très nombreux résidents expriment une volonté de « soigner » leur logement. Cela devient particulièrement visible lorsqu'on observe les différents modèles de portes d'entrée des appartements : rares sont les modèles assortis à l'état des cages d'escalier, aux murs, aux revêtements, ou à l'ascenseur plutôt en décrépitude. On notera, aussi, la présence, au rez-de-chaussée, d'un appartement placé sous la surveillance d'une entreprise de sécurité privée : elle atteste que l'appartement, dans l'esprit de ses propriétaires, est un lieu d'investissement et de richesses à sauvegarder [1], mais aussi que l'on tient à montrer à ses voisins que ces richesses nécessitent cette sécurité, sécurité qui évidemment n'est pas gratuite. Les résidents de cet appartement estiment que leurs biens doivent être davantage protégés que ceux de leurs voisins, ce qui revient à dire qu'ils pensent posséder davantage de richesses que leurs voisins dans l'appartement. Il s'agit bien d'ostentation, et il est probable qu'elle entraîne tous les résidents dans son sillage à moyen terme tout en excluant certains d'entre eux.

Eu égard à l'attention apportée aux appartements et à leur porte d'entrée, il est assez étrange de constater le délaissement de l'espace situé hors de l'appartement, dans les cages d'escaliers. Cela est d'autant plus étonnant que ces immeubles sont extrêmement vétustes. Le paradoxe n'est qu'apparent. Il s'agit d'un choix orienté vers la visibilité et la personnalisation – une porte d'entrée d'appartement est une propriété privée et visible. Rappelons avec Thorstein Veblen que : « *Pour s'attirer et conserver l'estime des hommes, il ne suffit pas de posséder simplement richesse ou pouvoir ; il faut encore les mettre en évidence, car c'est à l'évidence seule que va l'estime. En mettant sa richesse bien en vue, non seulement on fait sentir son importance aux autres, non seulement on aiguise et tient en éveil le sentiment qu'ils ont de cette importance, mais encore, chose à peine moins utile, on affirmit et on préserve toutes raisons d'être satisfait de soi* [2]. »

Pour reprendre la logique de Thorstein Veblen, dans une cage d'escalier, ces parties en copropriété, tous les objets ne peuvent devenir des *évidences*, sources d'estime et de regards envieux devrait-on ajouter. La porte d'entrée des appartements peut seule traduire *l'évidence* la plus nette, car elle exprime, dans une certaine mesure, à travers la capacité pécuniaire, une position ou vise à donner cette impression.

À *Tineretului*, la fonction de cette pratique partagée est, pour les acteurs, de cadrer avec le niveau social supérieur prétendu. Or, il n'existe pas réellement d'homogénéité entre les acteurs, ou *a contrario* les gammes de produits disponibles, et les capacités inégales d'obtention de ces produits permettent des différenciations de plus en plus fines entre acteurs reflétant

---

[1] L'enquêteur aura l'occasion, lorsque le système de sécurité se mettra en fonction en pleine journée ou plutôt en dysfonction, de voir arriver deux employés d'une milice privée, qui semblaient tout droit sortis d'une série de science-fiction du début des années 1980, pour rechercher des voleurs imaginaires, ce qui atteste que l'autocollant n'est pas là que pour des motifs de décoration ou dissuader quelques voisins aux projets malhonnêtes.
[2] VEBLEN T., ouvrage cité : 27

l'hétérogénéité des positions sociales en présence. Chacun cherche à obtenir des produits de qualité supérieure et donc à des prix élevés (parfois en terme de relations et d'échanges), car tous ne possèdent pas les capacités financières qui permettraient une rénovation de leur appartement, de leur porte d'entrée, mais aussi de la cage d'escalier.

Ajoutons que cette absence d'attention forte sur la cage d'escalier montre qu'elle ne forme pas une entité « habitée » par les acteurs. C'est un lieu que l'on peut caractériser par son anonymat en regard de la rareté des discussions qu'y entretiennent les résidents. Les salutations cordiales ne sont certes pas rares, mais les échanges de paroles ne vont que très rarement au-delà.

En revanche, l'entretien et l'agencement de l'appartement font l'objet d'investissements élevés, soutenus et continus de la part des différents locataires. Pour bien comprendre cette pratique arrêtons-nous sur quelques exemples significatifs.

Oana, docteure en médecine et vendeuse de produits pharmaceutiques pour une importante entreprise allemande, possède un appartement de cinq pièces. L'appartement a été totalement réaménagé. La cuisine, à l'origine située à une extrémité, a été transférée dans la pièce jouxtant le salon, et le mur séparant les deux pièces a été abattu pour ne plus faire qu'une large pièce en deux parties. Le salon est constitué de meubles des plus « modernes ». Le style moderne-minimaliste correspond à celui que l'on peut trouver dans les revues d'architecture d'intérieur en Roumanie, preuve qu'une attention forte a été portée à cet agencement : un canapé jaune avec un dossier en forme de vague, des fauteuils aux pieds fins en aluminium sur un carrelage apparemment neuf et un comptoir qui joue le rôle de pivot entre les deux espaces. Dans ce deuxième espace se trouve un réfrigérateur gargantuesque sur le modèle « américain » (selon la dénomination en vigueur en Roumanie). Oana ne cache pas qu'elle a dû recourir à quelque procédé illégaux pour obtenir une autorisation officielle de réaménagement de l'appartement : « *Ça peut prendre des mois pour obtenir cette autorisation. Oui, ça peut prendre, je ne sais pas, des semaines, des mois... Alors, j'ai été voir la bonne personne qui travaille au bon endroit. Je lui ai donné un peu d'argent et j'ai eu l'autorisation après 10 jours. C'était vraiment nécessaire. En Roumanie, c'est quelque chose.* »

La somme d'argent engagée qu'Oana juge assez peu élevée pour elle, est un capital qui ne peut être investi par un nombre important de résidents. Les travaux les plus importants dans son appartement ont été effectués par des ouvriers spécialisés en ce domaine, sous la houlette d'un architecte d'intérieur. Mais concernant les aménagements moins importants comme la pose du carrelage ou des cloisons en plaques de plâtre, c'est un ami de ses parents, un homme âgé de plus de 60 ans, qui s'est occupé d'assurer ces tâches. Ici, il n'est pas seulement question de simples dépenses d'argent. Par le biais de l'aide à un homme retraité fier, mais dans une situation déplorable, l'argent investi par Oana circule dans les réseaux de la famille. Oana, renforce ainsi sa position vis-à-vis d'un réseau plus large, celle de ses parents et le rôle de sa mère (son père est décédé) par rapport à cet homme.

L'appartement de Margareta où elle vit avec son mari et sa fille étudiante en journalisme est constitué de cinq pièces aussi. On remarque, dès l'entrée, une chambre aménagée, où se déroulent la plupart des entretiens, avec deux fauteuils en cuir. De cette pièce, on peut observer ce qui se déroule dans trois pièces de l'appartement. En effet, des portes vitrées coulissantes séparent toutes ces pièces. Leur utilité ou, du moins, leur fonctionnalité, ne semble pas tout à fait probante. À vrai dire, cette installation est assez étrange, même gênante pour la circulation dans l'appartement, et n'a rien de nécessaire. C'est une façon de construire son appartenance à une couche sociale moyenne supérieure. L'absence d'utilité de ces portes coulissantes marque une utilité sociale en tant qu'elles donnent aux acteurs un motif de satisfaction dans l'expression de la différenciation hiérarchique d'avec autrui.

En ce qui regarde la famille Braşoveanu, les dépenses sont plus restreintes. L'appartement était déjà en cours de réaménagement lorsque j'y suis entré pour la première fois. Après avoir attiré mon attention sur les fils électriques à hauteur du visage et qui s'étendent du salon aux chambres, le fils souligne avec ironie : « *Nous avons commencé à refaire l'appartement en juin et peut-être que nous aurons fini au printemps. Au printemps... mais pas cette année, l'année suivante.* » Le ton ironique du fils n'a pas empêché la famille de terminer les travaux dans la cuisine et de rénover toutes les installations électriques dans les mois suivants. Le salon attendra quelques mois ou quelques années, mais sa rénovation fait partie du plan de réaménagement de l'appartement. D'ailleurs, le contraste entre cette pièce et le reste de l'appartement est frappant : alors que l'on peut voir un modèle ancien de téléviseur, une moquette et des fauteuils usagés, la cuisine est entièrement recouverte de carrelage blanc et les poutres de plaques de plâtre.

Mr Braşoveanu formule de multiples plaintes sur l'impossibilité de refaire l'appartement à sa guise. Il met, très souvent, en relation le fait que son emploi lui laisse trop peu de temps pour arranger l'appartement et ne lui rapporte pas assez d'argent pour acheter les matériaux nécessaires à sa rénovation : « *Tu vois pour refaire ça, ça coûte au moins 1 000 dollars. Pour rénover la cuisine, l'électricité tout ce qui est là. À peu près 1 000 dollars. Et ma femme gagne 200 dollars [par mois] et moi 150. Alors ça prend beaucoup de temps.* »

La réfection de l'appartement s'est faite suivant plusieurs modalités. M. Braşoveanu a pu profiter de son emploi de gestionnaire de matériaux dans une entreprise de bâtiment, pour les obtenir à moindre coût. Mais le budget de la famille a dû se resserrer sur les tenues vestimentaires et les chaussures qui sont achetées un peu plus loin dans la ville, là où les commerces pratiquent des prix moins prétentieux. Plusieurs familles jouent sur ces équilibres, tandis qu'Oana et Margareta ainsi que Monica ont fait appel à un architecte d'intérieur et à une entreprise privée sans forcément que soient déclarées toutes les heures de travail, ni même tous les travaux.

Şerban est professeur à l'école primaire. Cet homme, âgé de 56 ans, a emménagé, à *Tineretului*, au cours de l'enquête. « *Je suis satisfait à 80 %, dit-il en français. Ça va. C'est presque tout neuf maintenant. Il y a des problèmes de cohabitation avec les autres colocataires. Avec l'ascenseur, beaucoup de monde laisse la porte ouverte. C'est un problème d'éducation civique. C'est à deux stations de métro de mon travail. Je l'ai payé 26 000* €[1]*, il y a deux chambres, un parquet, c'est un prix relativement bon. Je veux le rendre plus beau avec un termopan. Il est évident que la population roumaine a une volonté de confort. Le termopan… c'est, c'est un élément de civilisation, d'assurance, de sûreté.* »

Mettons à profit ces propos pour nous concentrer sur cet objet qui revient avec une récurrence remarquable dans les propos des acteurs. Le *termopan* est une installation distinctive très intéressante de par la place qu'il occupe dans l'imaginaire et les pratiques des acteurs. Outre le fait qu'il assure une meilleure isolation de l'appartement, c'est parce qu'il est un des signes les plus visibles à l'extérieur de l'appartement et de l'immeuble qu'il revêt une telle importance. Précisons que dès lors que le *termopan* est acquis, les acteurs y accordent moins d'importance, du moins c'est logiquement que l'insistance, dans les discours, sur la possession de ce bien est réduite. Satisfaire à cette demande de confort supplémentaire, concernant ce *termopan*, est en soi un luxe que seule une part des acteurs peut ambitionner. Le simple fait de ne pas avoir à se préoccuper de la possession de cette

---

[1] Après l'enquête, les prix des appartements n'ont cessé d'augmenter. Ils ont été multipliés par 7 jusqu'à l'été 2008.

installation provient déjà d'un pouvoir conféré par une capacité pécuniaire des propriétaires de l'appartement. Cette situation va générer un endettement croissant dans les années 2005-2008, endettement fortement encouragé par les pouvoirs publics. Le témoignage de Șerban ne tient pas lieu d'exception, il s'agit d'un sentiment partagé par maints acteurs. En scrutant ces propos d'ailleurs, on s'aperçoit d'un glissement entre un appartement « plus beau » avec ces nouvelles fenêtres et le « confort », « l'assurance ». Aussi, le *termopan* est associé à une « civilisation », figurant comme un signe distinctif d'appartenance à la « civilité », c'est-à-dire à une forme de normalité conférée par l'appartement.

Le fait que les termes de « civilisé », de « civilisation » soient joints à un modèle de fenêtre a, de prime abord, de quoi surprendre. Les termes utilisés font référence à l'idée de modernité occidentale, sans que pour autant l'analogie soit réelle. Il est donc question d'une normalité plus ou moins éloignée d'une normalité occidentale imaginée [1], et nous avons souligné que c'est là une distinction importante pour les acteurs dans l'édification de la micro-idéologie locale, reflétant des représentations et des enjeux plus largement partagés dans la société roumaine. La revendication de l'attachement à une couche sociale supérieure passe par la possession de fenêtres en *termopan*. Cet objet est crucial pour fonder l'appartenance à un groupe social de référence idéal contenant de manière plus ou moins affirmée l'idée de modernité occidentale. Cet objet possède une signification double : dans la structure sociale d'une part, mais qui correspond aussi à une vision du monde entre Occident et non Occident, entre civilisés et non-civilisés d'autre part. Affirmer la possession de produits comme signe de civilisation, c'est constater leur absence (observable) dans l'environnement social et, par conséquent, la relégation hors de cette « civilisation » d'acteurs situés dans une proximité spatiale relative. On retrouve l'idée d'une séparation interne entre acteurs sur la base du mimétisme d'un modèle constituant l'appartenance à un monde civilisé et occidental. La bipolarisation que nous avons relevée au sein des discours entre un monde rural extérieur et un monde urbain civilisé se reproduit à l'intérieur du champ résidentiel dans un processus de distinction sociale. Ce schème en binôme est adapté à l'étirement de la stratification sociale interne au champ résidentiel.

---

[1] Même si les normes occidentales sont largement imaginées, elles n'en sont pas moins basées sur des idées et images observables.

Dès lors que les acteurs ne peuvent faire face à ces diverses « obligations » formant la norme de la catégorie des familles et des personnes de la couche supérieure présentes dans cette zone résidentielle, une stratégie de prise en charge collective intervient sur un registre latéral. Ils sont condamnés à l'innovation.

Les « anciens » dont les moyens sont limités et Şerban, seul contre-exemple de nouvel arrivant aux capacités financières restreintes, refont, dans une large mesure, eux-mêmes leurs appartements, ce qui tend, de ce point de vue, à en faire un groupe qui s'écarte des familles les plus aisées. Ce dernier groupe, s'extirpant ainsi de l'image d'un travail manuel méprisé le justifie : ainsi Lavinia assure qu'elle et son époux n'ont pas le temps de s'occuper du réaménagement de leur appartement car, dit-elle, ils sont trop occupés par leurs activités professionnelles, et leurs responsabilités sont trop grandes pour pouvoir s'en détourner. Parmi les plus aisés, nombreux sont les résidents à mettre en avant cette préoccupation pour les activités professionnelles de direction, renforçant ainsi la place du travail dans la construction des statuts sociaux mais aussi la légitimation hiérarchique par une logique de méritocratie fictive (si je gagne plus, c'est parce que je travaille plus. C'est pourquoi j'ai un plus bel appartement…). C'est aussi parce que le travail met en jeu une responsabilité vis-à-vis de la famille qu'une telle justification peut être légitime. L'enrichissement dans le cadre professionnel entretient en effet un lien étroit avec la famille et l'appartement.

Nous avons noté que la presque totalité des portes d'entrée des appartements faisaient l'objet d'un grand soin de la part des résidents, ce qui donne parfois des agencements baroques, et que, par contraste, peu de travaux sont réalisés pour l'entretien des cages d'escaliers. L'entretien d'une des cages d'escaliers et des parties communes de l'immeuble est officiellement pris en charge par Augustin, administrateur du bâtiment (rémunéré pour cela par l'association des locataires) dont le ventre fort ballonné est l'objet de railleries tout comme son caractère « difficile », « comme un Allemand » dit-on. De tels propos montrent une volonté de renvoyer cet homme à une position de subordination dans le champ des relations internes à l'immeuble. L'observation montre que certains travaux sont gérés par un groupement de familles se connaissant depuis plus longtemps et organisé autour de ce même personnage. Les dalles de béton formant les marches de l'entrée de l'immeuble vers la rue principale ont été refaites à leur initiative et le béton a été amené de l'entreprise où travaille

Augustin, ce qui a permis de payer ces matériaux à moindre coût et de ne pas payer les frais liés à l'utilisation de la main-d'œuvre. Pourtant, ces sommes, collectivement assumées, ne poseraient que peu de problèmes financiers à bon nombre des résidents. Il en va de même pour l'entretien du rez-de-chaussée de l'immeuble que trois couples de résidents, tous parmi les plus anciens et les moins bien armés en terme de capital économique et d'emploi repeignent ensemble.

Cette pratique, observée seulement dans la catégorie inférieure des acteurs, est une tentative de substitution d'une configuration, en l'occurrence la préoccupation pour la réfection de la cage d'escalier, de l'espace social/résidentiel, définissant la frontière entre l'espace public et l'espace privé, à une autre qui repousse l'extérieur de l'appartement au sein de l'immeuble quasiment dans l'anonymat. C'est bien une voie déviante d'application de la norme dominante qui est mise en œuvre. Et c'est également une manière de chercher une reconnaissance de la part des résidents : comme nous nous sommes chargés des tâches les plus difficiles, vous pouvez nous être reconnaissants.

Cette tentative repose cependant sur une contradiction : en utilisant cette stratégie, ces groupes de personnes renforcent les processus de mise à distance qui opèrent dans l'espace résidentiel. Un écart est matérialisé entre les acteurs, non seulement au niveau des tâches manuelles, peu pratiquées sur ces lieux par les résidents sinon dans le seul cadre de l'appartement, mais aussi au niveau de la construction des espaces sociaux. D'un côté, les cages d'escaliers sont considérées comme l'extension d'un réseau de relations interfamiliales à travers ces activités de rénovation, alors que, de l'autre, elles sont considérées comme un espace anonyme entre le territoire privé (l'appartement) et l'entrée sur un territoire public (à la sortie de l'immeuble). Tandis que, d'un côté, les travaux dans les appartements sont réalisés par l'emploi de personnes payées par les résidents ou, le cas échéant, sont pris en charge par les parents seuls, c'est-à-dire sans aucune prise en charge collective en dehors de la famille restreinte, de l'autre, les travaux sont gérés collectivement. Cette base collective est constituée sur des relations antérieures. Et cette histoire commune renforce derechef la séparation entre deux groupes d'acteurs. Ces deux groupes n'existent que par la force des pratiques et des propos des acteurs et, du point de vue interne, ils ne sont pas forcément homogènes.

Augustin dans cet immeuble occupe une position d'infériorité en tant qu' « administrateur », position à laquelle il est nommé par l'assemblée des résidents. Il est chargé de la maintenance des installations pour les autres. La participation d'autres familles à ces activités autour d'Augustin étend le rapport asymétrique, entre les familles en charge des travaux et celles qui délèguent ce travail. Il s'agit bien d'un rapport de subordination. Les motivations sont aussi très différentes en fonction des activités des acteurs : alors que, pour les premiers, il est question de réduire les coûts de l'entretien et de s'approprier l'espace résidentiel ; pour les seconds, il s'agit de s'éviter une forme de travail qui remettrait en cause leur statut social, car, répétons-le, pouvoir éviter tout travail manuel est un luxe qui marque la distinction sociale.

En ce qui concerne la rénovation de l'appartement, les moins aisés pécuniairement n'ont pas la possibilité de faire appel à une entreprise privée pour assurer la rénovation de leur appartement : les ressources qu'ils peuvent mobiliser en termes de capital social pour répondre aux exigences du niveau social, très souvent liées à leurs relations professionnelles, leur permettent cependant de pallier au manque de capital économique quitte à laisser parfois certaines pièces de l'habitation attendre une nouvelle rentrée d'argent. C'est parmi eux que l'on va trouver les familles les plus éloignées de la concrétisation de l'appartenance à une frange sociale supérieure [1].

Face à ce désintérêt d'une partie des résidents pour les travaux d'aménagement dans l'immeuble hors des appartements, apparaît, dans les discours, une conscientisation de la présence latente de deux groupes antagoniques. Cette dichotomie est déclinable. Par exemple, on parle des anciens, qui seraient de meilleurs bricoleurs que les nouveaux venus. M. Brasoveanu va même plus loin lorsqu'il accuse : « *Ce sont de mauvais gospodări* ». Or, le terme de *gospodăria* – dont les responsables sont le *gospodar* [2] et la *gospodina* – possède une signification double. C'est un « foyer » familial, mais aussi une unité familiale, économique et sociale, la structure traditionnelle roumaine caractérisée par son émergence du monde rural. Cette accusation, si elle permet de faire l'économie d'un aveu de déviance par rapport aux normes internes dominantes et donne même la possibilité d'une tentative de dé-légitimation, rapproche cependant du pole négatif où se trouvent « les paysans », « les villageois », « non civilisés ». Le cadre de cette accusation est en effet contraignant. Les nouveaux arrivants

---

[1] La différenciation est aussi visible sous d'autres aspects : les loisirs et la pratique du sport, les vêtements, le maquillage pour les femmes.
[2] Le terme parfois peut être utilisé dans un sens équivalent à celui d'administrateur. On dira, par exemple, qu'un directeur d'entreprise ou d'école est un bon ou un mauvais *gospodar*.

ne peuvent être accusés d'inattention envers la « tenue » de leur logement puisque c'est chez eux que l'on peut percevoir l'investissement des sommes d'argent les plus considérables toutes proportions gardées.

Il faut conclure que toutes les tentatives pour sortir d'une position s'approchant du pôle social négatif, et pour s'en justifier, se soldent par des échecs. Le cheminement déviant pour tenter de s'octroyer une position dans la couche sociale supérieure participe à sa propre négation. En comblant de façon dérivée cette distance sociale qui s'installe, on introduit une nouvelle dimension qui de par sa pratique réintroduit la distance sociale.

Les formes de distinction dans les cages d'escaliers sont de plus en fortes et se présentent comme un enjeu des rapports internes au champ résidentiel. L'argent est destiné à être dépensé dans le cadre de l'appartement, un cadre familial restreint ou élargi, puisque c'est là que se joue l'appartenance à une couche sociale supérieure plus que dans la profession. Ce mouvement s'inscrit dans l'effervescence de la consommation, et la grande majorité des acteurs tentent de se conformer à ce qu'ils considèrent être une forme de modernité s'opposant à la fois à la pauvreté et à l'insécurité que symbolisent les Tziganes et à l'archaïsme que symbolise la figure du paysan. Tous ne réussissent pas pour autant à faire corps avec à ce modèle. De telles conditions entraînent des conséquences sur la construction des responsabilités au sein de la famille dans les appartements.

12. La structuration des rapports sociaux dans le champ résidentiel

Afin de fournir un exposé convenable de l'ensemble des attentes de rôles attribués à chacun au sein du foyer, nous prendrons, dans les lignes qui suivent, quelques modèles d'organisation familiale. Les situations dans lesquelles les acteurs sont plongés engendrent un agencement des responsabilités, notamment à travers une division sexuée des rôles, ainsi que diverses stratégies qui font partie intégrante de la cohérence du mode de communication interne à ces logements collectifs. C'est aussi le cadre d'une mise en relation avec la pluralité des champs d'insertions des acteurs.

Le mode d'organisation le plus répandu à *Tineretului* est la famille nucléaire qui inclut les enfants scolarisés du plus jeune âge jusqu'à faculté. La famille Braşoveanu donne un bon exemple de ce type d'organisation familiale. Leur fils, Cristian, âgé de 22 ans est en troisième année d'études à la faculté de sciences politiques. Ses parents sont salariés. La compagne de Cristian, Andreea, étudiante en géographie et en langue allemande, partage le même foyer. Andreea, âgée de 21 ans, est originaire d'Arad. Ses parents participent par un paiement mensuel aux frais du foyer. Ainsi, tout comme Cristian, elle économise quelque somme d'argent qui sera réinvestie dans les frais de scolarité.

La famille Braşoveanu suggère une question sur la continuité paradoxale de la cohabitation entre enfants et parents au sein du même foyer entre la période communiste et la période actuelle. Sous l'ancien régime, la famille était à la fois un des éléments participant à l'édification de classements politiques, un lieu de refuge face à la coercition politique et un moyen qui permettait de subsister au cours des périodes de pénurie. Or, aujourd'hui, les raisons qui amènent les foyers à rester constitués de la sorte entrent dans une optique de promotion des enfants par l'éducation. L'argent économisé sur les frais de location d'un appartement laisse entrevoir, pour les enfants, la possibilité de continuer leurs études et donc d'espérer obtenir un emploi rémunéré à hauteur de leurs attentes, c'est-à-dire une rétribution salariale qui les mette à l'abri de la situation de crise. Les témoignages des parents lient intimement l'obtention de diplômes universitaires, l'accès à un emploi respectable et correctement rémunéré et la crise à la fois sociale, économique et urbaine (engendrée par le prix des locations et un marché de l'immobilier saturé) régnant à Bucarest.

Dans ce type de famille, c'est la femme qui détient, d'une certaine façon, la responsabilité de l'univers familial. Lors des premiers entretiens menés avec ces différentes familles l'enquêteur n'a pu s'introduire dans les appartements qu'en présence des femmes. Les hommes, et dans certains cas les grands-parents, lors des premiers contacts, indiquaient à l'enquêteur, l'air désolé, qu'il devait revenir aux heures de présence de la femme. De telles observations montrent une configuration des responsabilités dans laquelle l'aval de la femme est nécessaire à l'intrusion d'un élément étranger à la famille dans l'espace de la famille.

La femme incarne également l'autorité dans l'espace familial de l'appartement, comme en témoigne Ileana : « *Tu ne peux pas rester trop [souvent] avec les voisins il peut arriver des problèmes... Si un voisin vient ici, et qu'il boit [de l'alcool], il rentre chez lui et il peut battre les enfants. C'est aussi de ta faute.* » Dans ces propos, Ileana se place au niveau de la protection de la famille, tout en sachant que les hommes appartenant aux familles les plus anciennement installées à *Tineretului* ne refusent pas de boire quelques bières ensemble de temps à autre. Les femmes restent en général à l'écart de ces réunions. Les hommes de leur côté ont peu d'activités dans les appartements. Seuls ceux qui n'ont pas l'argent nécessaire à l'emploi d'une personne extérieure au foyer pour les réaliser effectuent quelques travaux manuels de rénovation. La plupart du temps, ils restent devant leur téléviseur. Cette division des rôles fait de l'appartement essentiellement un territoire de l'autorité féminine : les hommes font, quelquefois les courses, mais rarement, dans le quartier, près des immeubles, au marché par exemple. Mais globalement, ces activités masculines restent très limitées. Les femmes en revanche, comme le montre Ileana, sont attentives à préserver le domaine privé et à éviter toute situation d'esclandre qui pourrait conduire la famille vers un pôle négatif. Les propos d'Ileana montrent l'étendue de la responsabilité des femmes dans ce domaine : même dans les relations avec les voisins, elles doivent tenir la famille à l'écart de pratiques qui pourraient être considérées comme honteuses et coupables et jeter l'opprobre sur la famille, ce dont la femme serait tenue pour responsable.

Abordons avec Oana un cas un peu plus particulier. Originaire de Braşov, elle vit avec son fils, âgé de 8 ans, et avec sa mère, depuis le décès de son père. Dans son récit, elle est au centre de l'organisation de l'appartement et de la famille : c'est elle qui a décidé de garder son enfant en coupant tout lien avec son ancien compagnon ; c'est elle qui a décidé d'amener sa mère à Bucarest après le décès de son père. Après avoir mentionné à plusieurs reprises ces divers aspects, Oana affirme : « *Je suis un peu l'homme dans cet appartement* ». Ce commentaire, qu'il faut prendre avec circonspection, est assez intéressant, étant donné que l'appartement est un lieu dont la garde relève normativement des femmes. L'assertion d'Oana est en partie conforme à la réalité de ses pratiques, la majeure partie de ses activités se déroulant à l'extérieur de la résidence. La charge de l'éducation de l'enfant est dévolue à sa mère tout comme celle liée à l'entretien de l'appartement. Son emploi du temps prévoit une activité avec son fils chaque samedi matin. Par ailleurs c'est dans l'appartement surtout qu'elle investit financièrement.

Cette configuration de la division des responsabilités dans l'appartement est assez difficile à appréhender dans le cadre de l'investigation : la mère d'Oana évite l'enquêteur jusqu'au moment où sa fille se trouve dans l'appartement. Dès lors que cette dernière est présente, elle s'efface complètement de la scène et s'en va dans une autre pièce. Elle se laisse à sa fille qui occupe la position dominante dans l'appartement bien que celle-ci se détache de cette responsabilité. Quoique prépondérante, la position d'Oana se réalise paradoxalement à travers une prise de distance avec l'espace résidentiel. Son rôle et son autorité de mère sont essentiellement constitués par ses activités professionnelles, extérieures au champ résidentiel. Mais elle reste bel et bien maîtresse du domaine. C'est celle à qui l'autorisation doit être demandée et dont la présence est requise pour que l'enquêteur puisse entrer dans l'appartement. La position d'Oana est de ce fait assez ambiguë. Ces propos en donnent une illustration : « *Ce qui est le plus important pour moi, c'est mon travail parce que… [elle hésite] Non, en fait, le plus important pour moi, c'est mon fils. Je passe la plupart de mon temps en dehors d'ici [l'appartement]. Mon travail demande beaucoup de temps. Mais je veux pouvoir donner à mon fils… je veux pouvoir lui payer des cours d'anglais pour qu'il parle mieux [l'anglais], je veux pouvoir l'envoyer en Autriche skier, je veux qu'il fasse ce qu'il veut faire de sa vie, qu'il rencontre beaucoup des gens…* »

Outre les souhaits de reproduction des distances sociales (sur un plan intergénérationnel) que projette Oana, ce qui est très marquant dans ses hésitations, c'est la superposition de deux registres de discours légitimant son statut. D'un côté, elle insiste sur ses responsabilités familiales, de l'autre elle tient à souligner l'importance de son travail. Cela rejoint son insistance sur son indépendance, mais également sur sa compétitivité, ses performances.

L'activité exercée à l'extérieur de l'appartement permet de réfléchir à l'articulation entre vie privée (l'appartement et la famille) et vie publique (travail). Il serait faux de croire que la distance vis-à-vis des activités familiales dans l'appartement est systématiquement sujette au déshonneur. Au contraire, cette prise de distance est perçue comme nécessaire aux investissements les plus importants : l'appartement et l'éducation de l'enfant ; le temps consacré aux activités professionnelles permet d'accumuler l'argent nécessaire à l'investissement dans l'éducation et les loisirs. C'est la condition de possibilité de la consommation. Et comme souvent, la croyance dans une corrélation entre le niveau d'intelligence et l'argent ou le statut donne forme à l'ascendant pris par les individus qui se revendiquent les plus performants, les plus habitués à l'économie de marché, les plus modernes, ceux qui s'opposent aux « paysans » inadaptés. Ceci dit, le travail salarié n'est pas vraiment libre pour les femmes dans la mesure où l'absence du foyer peut être considérée comme un manquement grave aux obligations familiales, notamment sur le plan de l'investissement affectif à l'égard des enfants.

On constate que, parmi les cas observés dans ce quartier urbain, les familles plus nombreuses, peu armées au niveau du capital économique, occupent le même appartement et mettent en œuvre une stratégie de prise en charge collective. Eugenia, âgée de 22 ans, est mère d'un enfant de moins de 2 ans. Elle vit dans un appartement de 5 pièces avec son frère, son épouse et leur enfant à peu près du même âge que le sien, ainsi que leurs parents. Cette femme, très amusée de voir un étranger prendre des notes sur ses propos, travaille, tout comme son frère, dans un petit commerce alimentaire de Bucarest. Elle explique en ces termes les raisons de leur situation dans la résidence : « *Nous vivons ensemble parce que c'est très difficile. Mes parents sont pensionnés [en retraite] c'est très peu [d'argent], et les appartements, c'est trop cher à louer. Oui et ils sont vieux. Il faut s'occuper d'eux.* »

Il s'agit pour cette famille touchée par « la crise », d'éviter, par le regroupement familial, tout risque d'un départ obligé du quartier, et toute situation qui mettrait à mal les conditions de vie d'un ou de plusieurs membres de la famille. Dans de telles conditions, le regroupement est l'une des seules façons de « se débrouiller », de « s'accrocher ». L'appartement, dégradé si on le compare avec d'autres appartements observés à *Tineretului*, montre la situation de déclassement social de cette famille par rapport aux voisins, en raison notamment de l'impossibilité d'accumuler l'argent nécessaire à l'entretien et aux réparations. Il faut une certaine abnégation pour ne pas céder aux sirènes des promoteurs immobiliers, tant ces appartements (5 pièces) sont l'objet d'une féroce spéculation.

Dans cette famille, les parents se chargent de l'éducation des enfants. L'observateur sera invité à partager quelques moments le dimanche midi avec cette famille. Là aussi les grands-parents s'effaceront de la scène après avoir échangé quelques mots. Pour cette famille, qui est loin de pouvoir se permettre une surenchère sur les objets de consommation, le travail de la femme est une obligation pour assurer sa subsistance et celle de la famille, étendue sur plusieurs générations. Les propos d'Eugenia, qui mêlent à la fois les difficultés des parents à être autonomes, le prix élevé des produits pour les enfants, en fournissent un exemple. Les explications, qui décrivent l'univers familial comme une entreprise collective où chacun fait face à une catégorie de problèmes, se différencient des propos émis par Oana déclinés à partir de sa position individuelle surplombant la famille.

Livia et son frère Virgil, tous deux étudiants, représentent un exemple très rare. Les parents séparés, qui vivent à Bucarest, ont après leur divorce laissé l'appartement dont ils sont propriétaires à leurs enfants. Tous deux investissent dans le cadre de vie de leurs enfants. La mère prépare souvent la nourriture pour la semaine (les enfants mangent tous les dimanches à peu près chez leur mère) tandis que le père règle chaque mois les factures d'électricité et de l'*intreținera* (charges liées à la consommation d'eau, de gaz, d'entretien des cages d'escalier). Bien que dépendante de ses parents à ce niveau, Livia n'apprécie guère leurs visites dans la mesure où elle prétend être seule maîtresse de l'appartement. Son frère, plus jeune qu'elle, y occupe une position secondaire : lorsqu'il s'agit d'aller acheter quelques aliments pour compléter les repas préparés par leur mère, Livia en prépare la liste. Et lorsqu'elle n'est pas dans l'appartement, il lui téléphone à plusieurs reprises pour savoir quels sont les achats à effectuer. Les importants projets de transformation de l'appartement formulés depuis quelques années déjà par Virgil seront effectués, selon ces deux personnes, lorsque Livia aura quitté l'appartement, un départ prévu à la fin de ses études. En attendant cette occupation individuelle de l'appartement, ce domaine appartient à Livia bien qu'elle n'y passe que très peu de temps, préférant investir son temps dans la faculté.

À travers ces différents exemples, se dévoile la complexité de l'agencement des rôles au sein de la résidence et des familles en ce qui concerne le champ extérieur au foyer. L'appartement est un domaine féminin, même si ce n'est pas là que s'exerce concrètement et principalement l'activité des femme La situation des femmes sans emploi est doublement pénalisante : d'un côté, elle signale une situation de chômage, c'est-à-dire l'impossibilité de répondre aux besoins qu'exigent les normes familiales, notamment celles liées à l'éducation et aux loisirs des enfants ; d'un autre côté, cette inactivité professionnelle des femmes freine la possibilité d'accumuler des biens relevant d'une logique de distinction sociale.

Ces familles sont alors reléguées à une position subordonnée, à un pôle inférieur dans la concurrence tacite interne qui règne à la résidence. À l'inverse, se tenir trop à distance du foyer n'est pas signe de prestige, puisque la responsabilité des femmes reste première vis-à-vis du foyer. Dans les deux cas donc, les femmes sont en position de porte-à-faux, car se soumettre à une tension forte dans son travail salarié (être performant) et assumer pleinement les responsabilités familiales relève de deux pratiques contradictoires qui s'excluent toujours à un moment donné. On voit bien que dans ce champ résidentiel, la femme est un acteur qui joue un rôle central dans le jeu qui consiste à maintenir la famille à l'écart du pôle inférieur.

Rester auprès de ses enfants est pour une femme une contrainte subordonnée à l'obligation d'accumuler suffisamment d'argent pour pouvoir répondre aux normes sociales du quartier. Les femmes qui n'ont pas d'emploi risquent d'être dévalorisées par rapport aux représentants des positions les plus hautes dans la hiérarchie de ce quartier urbain, ces gens pour lesquels s'enrichir entre dans le cadre d'une volonté d'aller au-delà du simple entretien de la famille. Ces derniers, plus aisés, ont la possibilité d'avoir recours à des services privés comme, par exemple, des cours de langue (s) étrangère (s) et/ou de perfectionnement pour les enfants et de déléguer, moyennant finance, certaines fonctions familiales. Cette délégation des fonctions familiales est, elle aussi, à mettre en relation avec les obligations professionnelles qui ne permettent plus d'investir son temps dans l'éducation des enfants. Elle relève également d'une attitude ostentatoire.

Dans les normes sociales dominantes à *Tineretului*, le champ des relations interfamiliales et interpersonnelles hors de l'appartement tend à être réduit. Les anciens rapports interpersonnels entre les résidents se délitent sous l'effet de départs et d'arrivées conjugués selon des prérequis en capital économique et social. Or, on peut remarquer une propension chez certains acteurs à vouloir reconstruire ou maintenir ces liens. Ces tentatives limitées montrent comment les définitions des relations sociales sont en compétition dans le champ résidentiel. La question des antagonismes concernant les modes de constitution des relations sociales est un enjeu qui reflète une transformation des hiérarchies. C'est sur ces cas que nous allons nous pencher dans les lignes qui suivent.

Un antagonisme latent : la quête impossible du maintien des positions dans les relations de voisinage

Face aux risques de déclassement illustrés notamment par l'arrivée d'individus appartenant à des strates socioéconomiques supérieures, certains acteurs tentent de préserver l'état antérieur des relations et/ou de raviver d'anciens réseaux internes à la résidence.

Interpréter les relations qui se sont nouées avec l'administrateur de la cage d'escalier où vit l'ethnologue permettra d'observer cette volonté de sauvegarder des relations et les rôles des acteurs d'un ordre sociopolitique déjà dissous, sous l'impulsion de changements touchant la société roumaine dans son ensemble.

Au début de l'enquête, nous avons contacté Irina, âgée de 49 ans, mariée à Augustin, logeant au rez-de-chaussée de l'immeuble, avec son fils et sa fille âgés respectivement de 17 et 14 ans, dans l'espoir d'obtenir des informations plus larges sur chacun des résidents de la part de celle qui joue le rôle de « concierge » (le terme roumain est administrateur) dans l'immeuble, rôle qu'elle s'applique à tenir avec discipline en lieu et place de son mari désigné à cette position par l'association des propriétaires. Le rôle que cette femme veut s'attribuer dans la cage d'escalier est la cible de sarcasmes et de moqueries divers. Souvent, il est dit que « elle n'a pas été au lycée », « elle n'est pas éduquée », « qu'elle a l'habitude de surveiller », ce qui sous-entend qu'elle pratiquait déjà la surveillance sous l'ancien régime. Les acteurs laissent donc peser sur elle le soupçon de l'appartenance à la *Securitate* et soulignent son manque de bagage en termes d'éducation, ce qui peut être interprété comme une façon de contester la position qu'Irina tente de s'octroyer puisqu'elle est par-là même repoussée dans une position d'infériorité. La possession d'un capital culturel solide, et plus précisément la maîtrise de la langue, est un marqueur de classe visible. Si on ne peut juger du bien-fondé de ces accusations, il est difficile de ne pas voir dans Irina et son époux les anciens sbires déchus de la *Securitate* de cette cage d'escalier. Malgré cela, on voit assez souvent Irina entrer dans les appartements de résidents, ce qui n'est justement pas contradictoire avec son ancienne position. Bien évidemment, les portes de tous les appartements ne lui sont pas ouvertes, seules l'acceptent quelques-unes des personnes parmi les plus en difficultés par rapport à la « crise ». Irina joue sa position dans la cage d'escalier sur deux registres principaux : l'assistance (en se rapprochant des plus exclus et en partageant des relations avec eux) et la surveillance. L'assistance étant de moins en moins pratiquée dans la cage d'escalier (quoique sa connaissance des difficultés administratives pour l'obtention d'aide de la part des pouvoirs publiques ne soit pas négligeable, mais pour une minorité de familles seulement), sa tentative s'oriente de plus en plus vers la sécurité. Il est logique que ce second registre devienne de plus en plus prégnant : l'assistance est en effet ressentie comme un signe de rétrogradation ; la position de l'assisté est synonyme de difficultés à se prendre en charge ainsi que sa propre famille. Son implication dans la surveillance avec son époux (qui forme même son fils à cette tâche) reflète les changements en cours dans la cage d'escalier.

Cette volonté d'occuper une position de médiation entre les acteurs est le signe d'un échec dans l'appropriation d'une position dirigeante. C'est même par la remise à distance de cette femme, perçue comme un acteur négatif par ses tentatives d'intrusion dans l'univers privé des résidents, que ces derniers reproduisent une différenciation hiérarchique. Venons-en aux relations entretenues avec l'enquêteur.

Ayant convenu d'un rendez-vous avec cette femme, je me présente sans succès à son domicile à l'heure dite. Par hasard, quelques jours plus tard, je me trouve face à Irina et lorsque j'entame la conversation, celle-ci me répond sur un ton comminatoire : « J'ai d'autres choses à faire » coupant ainsi toutes possibilités de prolonger la discussion. La troisième rencontre se déroulera avec la propriétaire de mon logement, qui doit s'entretenir avec Irina au sujet de la pose d'un compteur d'électricité. Nous apercevant tous deux, Irina assène avant de s'éclipser : « *Toi* [l'enquêteur], *tu es l'ennemi du peuple roumain. Et toi [la propriétaire] aussi [...] parce que tu fais des affaires avec les étrangers.* »

La réaction véhémente d'Irina face à l'enquêteur et à cette propriétaire est, de prime abord, déroutante. Il est nécessaire d'en cerner quelques caractéristiques. En premier lieu, dans la forme, le vocable utilisé par Irina est inscrit dans la phraséologie de l'époque de Nicolae Ceausescu. Elle vise à délégitimer l'enquêteur à l'aide d'un critère suffisamment pertinent (reconnu socialement et manipulable) pour créer une frontière entre les résidents et l'observateur, et plus généralement entre l'autochtone et l'allochtone. Cette distinction étant fondée, l'observateur étranger peut alors être traité d'ennemi, ce qui le renvoie à l'extérieur du champ des relations dans une position négative et donne indirectement une forme positive à l'absence de relations avec l'étranger en rupture avec les pratiques et expectatives dominantes dans la cage d'escalier. La référence classique du champ sémantique utilisé est largement renforcée par le fait que la rhétorique nationaliste est utilisée, avec plus ou moins de consistance selon les contextes, dans le champ de la politique roumaine. Cette clarification ayant été opérée, une question essentielle subsiste : pourquoi Irina s'est-elle appliquée à repousser avec véhémence l'enquêteur à l'extérieur des relations qui se nouent (ou non) dans cette cage d'escalier ?

C'est la mise en perspective de l'implication de l'enquêteur dans ce champ social juxtaposée aux expectatives d'Irina vis-à-vis des bénéfices sociaux que peuvent lui apporter les relations sociales qui peut fournir une réponse à ce questionnement. En effet, l'enquêteur entre assez souvent chez les derniers arrivants de l'immeuble, ceux-ci n'hésitant pas à montrer leur logement à l'enquêteur – un ressortissant de l'Union européenne – comme un cadre d'expression de leur appartenance à une frange supérieure de la société. Les objets qui meublent l'appartement marquent un certain pouvoir d'achat et sont en effet le signe visible de la position sociale. Cependant, ces mêmes personnes montrent une volonté de se tenir à distance de leurs voisins, ce qui s'illustre notamment par leur manque de contacts et leur volonté d'esquiver toute discussion trop longue avec Irina, tandis qu'elle tente au contraire de les prolonger afin de s'impliquer un peu plus dans la vie de chacun et, partant, de construire une configuration de liens sociaux qui serait à même de renforcer sa position. Dans cette logique, l'enquête représente pour Irina une image en miroir de l'échec de ses manœuvres pour se situer au milieu de ces relations et asseoir un statut d'intermédiation entre les acteurs qui tendrait à former un ensemble social assez homogène.

C'est sur cet ensemble d'où seraient extirpées les différenciations hiérarchiques de plus en plus fortes qu'elle aurait une forme d'autorité. Cette volonté hélas ne peut se matérialiser et l'enquête découvre, involontairement, cet état de fait. En ce sens, l'expression xénophobe formulée par Irina n'est ni plus ni moins qu'une volonté de dénier à l'enquêteur la position de concurrent qu'il occupe sans en avoir pleinement conscience à ce moment. L'enquêteur est, de ce point de vue, proprement « l'ennemi » ou le concurrent d'Irina. C'est une tentative vaine de la part de cette personne de vouloir imposer un mode de relations particulier qui va à l'encontre des normes sociales. L'expression même de la xénophobie vis-à-vis de l'Occidental est en soi en contradiction avec le rôle joué par l'Occident et la figure de l'Occidental dans ce quartier.

D'autres exemples, moins originaux peut-être, viennent renforcer cette interprétation. Ils donnent la possibilité d'analyser sous une autre face cette volonté de maintenir ou de réactiver des relations déjà quasi défuntes.

Prenons l'exemple de Simona, âgée de 59 ans et vivant seule dans son appartement depuis le décès de sa mère il y a 5 ans. Avant d'aller plus loin notons que Simona qui est officiellement l'administratrice de la seconde cage d'escalier, n'est pas à la manière d'Irina constamment à la recherche de relations sociales. « *Ils me choisissent, souligne-t-elle, parce que je suis ancienne. Chaque année.* » Cette femme est beaucoup plus discrète que son homologue de la première cage d'escalier. Simona tente pourtant d'entretenir ses relations, mais de façon beaucoup plus restreinte. Les rêves d'une autorité sur un réseau de relations étendues d'Irina correspondent, chez Simona, à une espérance de préservation de relations sociales avant tout sur le même étage de l'immeuble. En d'autres termes, sur un espace beaucoup plus restreint.

Lors de tous ces entretiens, Simona fait référence à Livia qui loge en face de chez elle avec son frère, de même qu'elle demande à l'enquêteur des nouvelles de ses voisins. Parfois, elle fait plus clairement de l'enquêteur un intermédiaire dans les relations de l'étage, ce qui est plutôt curieux vu que celles-ci logent à moins de dix mètres de distance. Les barrières sociales érigées entre ces lieux privés que sont les appartements semblent s'être solidifiées.

En fait, pour apprécier correctement l'appétence de Simona pour les relations de voisinage, il nous faut revenir sur les relations entretenues par le passé entre la famille de cette femme et celle de Livia. Simona et sa mère étaient en effet très proches de la famille de Livia lorsqu'elle vivait avec ses parents et sa grand-mère. Simona et sa mère s'occupaient souvent « comme une grand-mère » soulignent les parents de Livia, des deux enfants, que ce soit pour le goûter ou pour le ménage dans l'appartement. Répétons que dans ce cadre le renforcement des solidarités familiales était double : d'une part, il permettait de pallier les problèmes relatifs à la subsistance, notamment dans la période la plus dure du communisme ; d'autre part, il autorisait une relative distance avec l'État-parti et ses structures étendues, ce qui incluait la cage d'escalier. Après la chute du régime Ceausescu, les parents de Livia se sont séparés.

C'est au nom de ce passé que Simona tente de réinvestir les relations antérieures entretenues avec la famille de Livia. Mais cette dernière et son frère ne l'entendent pas de la même oreille : « *Elle vient souvent ici, précise Livia, mais, je ne la laisse plus rentrer dans l'appartement. Elle touche toujours à tout. Elle change les meubles de place, elle veut tout changer. Elle range les affaires dans la cuisine pas comme c'est là maintenant. Elle est très gentille. Mais si je lui laisse la clef, j'arrive chez moi et je ne reconnais plus mon appartement. Elle bougerait tout et tout serait changé. Mais, c'est mon appartement! C'est chez moi! C'est comme ça que… j'aime être.* »

Livia en tant qu'étudiante en architecture d'intérieur se sent d'autant moins disposée à permettre que la personnalisation de son appartement puisse être mise en cause par une voisine. Au-delà de toute particularité, on s'aperçoit ici que deux façons d'entretenir les relations semblent s'opposer, l'une plus « communautaire » ressort du registre des relations de proximité, d'extension des relations familiales (fictives ou réelles) au voisinage ; ce qui implique que les plus « jeunes » vivent sous la tutelle des plus « âgées ». Il est question d'introduire un mode de relations qui semblait assez répandu sous l'ancien régime. Il ne s'agit pas de soutenir ici que la forme des relations défendue par Simona s'apparente à l'injection d'une substance atemporelle, mais plutôt à une référence large qui peut être réactualisée dans une certaine mesure. À l'instar des personnes plus anciennes, Simona est mal ou peu armée pour entrer dans le jeu de concurrence dominant, elle préfère donc refuser d'en accepter les règles et tenter d'en changer complètement le jeu.

Toutefois, cette tentative est vouée à l'échec, car le cadre sociopolitique qui donnait sens à cet ordonnancement social s'est dissous. Ce qui est opposé à Simona c'est une autre conception de l'habitat, où la résidence est conçue comme un lieu individuel qui repousse à l'extérieur toute personne susceptible de mettre en péril cette personnalisation et ce repli de et sur l'habitat, en dehors de la vie dans l'immeuble. Nous avons ici une seconde illustration du conflit entre deux modes de vie imparfaitement définis, mais dont les socles semblent suffisamment solides pour être, d'une certaine manière, incompatibles.

Au long de ce parcours, on s'est aperçu que les « jeunes » et les enfants font l'objet d'un traitement particulier dans le fonctionnement de la micro-idéologie locale. Ces évocations ne suffisent guère à comprendre en quoi le rôle des « jeunes » revêt une importance cruciale dans le fonctionnement des rapports entre classes d'âge.

Les jeunes entre la confection d'une identité européenne et la reproduction des distances sociales

Monsieur Braşoveanu s'interroge : « *Les élections? C'est dans deux semaines. C'est encore les communistes qui vont gagner. Jusqu'à leur mort rien ne changera. C'est une question de génération, et il faut attendre la génération de Cristian [son fils]. Ceux qui ont 20-30 ans [aujourd'hui] vont changer les choses. Mais maintenant ce sont des communistes qui sont là avec un autre costume [que sous le régime communiste].* »

Prenons un autre exemple avec Şerban (en français) : « *Ici, il y a un manque de démarche vers la démocratisation. Un manque de démocratisation clair, dans le sens des repères contrôlables par l'Union européenne. Et ces repères sont les critères de l'intégration à l'Union européenne. Démocratiser et moderniser les institutions de justice… il y a beaucoup à faire dans le système judiciaire. Ce qui veut dire l'objectivité des juges. La menace des politiciens sur le système judiciaire est évidente. C'est le domaine le plus important et le plus difficile. Comme preuve, ils ont changé la ministre de la justice. Ils ont fait toutes sortes de choses. C'est grâce à l'Union européenne. C'est très important. C'est comme la grande corruption qui est énorme. Il y a aussi l'économie souterraine. La justice c'est très difficile, le problème le plus difficile, c'est de transformer la morale. C'est très difficile de changer la mentalité de personnes qui sont restées 40 ans sous le régime communiste. C'est un problème de génération, il faut attendre encore au moins 20 ans. La situation est optimiste pour la nouvelle génération. Ils sont très bien préparés professionnellement, sans réserve, ils appellent les choses par leur nom. Il y a peu de différences entre eux et les jeunes Européens. Ils n'ont pas peur. Ça, c'est l'espoir pour la Roumanie. Malheureusement, les mieux préparés vont à l'étranger et ils y restent.* »

Dans les deux exemples, les « jeunes » jouent un rôle similaire : ils sont ceux par qui le progrès adviendra, ceux par qui les dysfonctionnements seront éradiqués ou au moins amoindris, en un mot les porteurs d'un avenir meilleur. Les « jeunes » en tant qu'acteurs idéologiques représentent la part non maudite de cette « crise ». Les enfants dans ces conceptions représentent une espèce de trait d'union, de racine fondatrice d'une jonction grandissante et en voie de solidification entre les parents, l'Europe et ce qu'elle suggère en matière de croyances en un futur plus radieux. Les enfants de *Tineretului* – car c'est bien eux qui sont pris comme base d'évaluation et de jugement, malgré l'extrapolation opérée par l'usage du terme « jeune » – tiennent donc un rôle de première importance pour les parents.

On remarque dans les propos des deux acteurs (qui sont tous deux des pères) l'intériorisation instrumentale du stigmate international qui touche la Roumanie : l'auto-assignation à cette position pour le premier permet de soutenir le rôle à venir des jeunes ; pour le second, la politique ne pourra changer que par le remplacement de l'ancienne élite illégitime par cette nouvelle élite légitime. Il y a donc plainte contre l'État et les politiciens mais aussi une attente vis-à-vis de l'État.

Le rôle des « jeunes » dans l'imaginaire des adultes permet d'entrevoir aussi un rapport particulier à des projets ayant cours dans le présent des acteurs qui sont reportés sur l'avenir. Il faut que les « adultes » se pensent tendanciellement hors de la temporalité du présent de leur propre société pour que leurs expectatives soient cristallisées sur les plus jeunes. Toutefois, se positionner de la sorte, c'est-à-dire en prétendant travailler pour ces enfants de manière altruiste et en s'effaçant soi-même, revient à justifier une autorité sur les enfants. Il reste néanmoins que le futur que l'on imagine « meilleur », vient donner sens au présent négatif sur lequel l'influence possible semble réduite. Les acteurs ont bien conscience de n'avoir qu'un pouvoir limité dans leur société sur leur propre existence dans le présent et donc d'être exposés à des risques difficilement maîtrisables.

Cette vision tendanciellement messianique des jeunes ne prend sens que dans un rapport à la pesanteur de la crise présente. Rappelons que les jeunes dans l'idéologie de l'ancien régime jouaient déjà un rôle au caractère messianique dans l'avènement du communisme. Dans le cadre de la crise postcommuniste, dans l'esprit des « parents », les enfants représentent l'élément qui s'extrait du présent pour donner un caractère positif aux investissements des acteurs dans cette même conjoncture. L'investissement des parents dans l'éducation des enfants peut se comprendre comme une expectative fixée sur le long terme, la réussite des enfants étant synonyme de réussite des parents dans leur capacité à mener à bien l'éducation de leur (s) enfant (s) et/ou le passage à un âge adulte en évitant toute forme de déclassement. La réussite des enfants rejaillit sur les parents, ce qui revient à accepter tacitement que des enfants en situation de chômage ou, par exemple, ayant des démêlés avec la justice, mettent en cause la responsabilité des parents. C'est le système de la stratification des âges et son maintien qui est en jeu.

Les « enfants » et les « jeunes » ne sont pas épargnés dans ce contexte de crise pérenne : nombre d'entre eux sont dépendants de leurs parents pour leur logement. Ce qui n'est pas surprenant compte tenu de la situation d'un marché immobilier aux prix démesurés. Ils sont aussi dépendants dans l'optique de la poursuite d'études universitaires toujours coûteuses. Parfois, ils peuvent profiter des quelques sommes d'argent accumulées dans des activités rémunérées, guère suffisantes pour s'assurer une vie relativement indépendante de la tutelle parentale.

Les parents dans de telles conditions sont les rares acteurs à pouvoir appuyer un investissement significatif (toutes proportions gardées). Ces dépenses entrent dans une problématique de maintien au niveau de la classe moyenne (elle-même très éparse), c'est-à-dire de reproduction des écarts entre la position d'une famille et les échelles sociales inférieures et supérieures. Bien entendu, il peut aussi s'agir d'amortir et de réduire un déclassement lent, ou, cas inverse, de cimenter une ascension sociale récente. Toutes ces possibilités découlent de la situation présente de la famille.

Prenons un exemple de stratégie en revenant à Livia et à son frère Virgil. Livia, après avoir suivi un enseignement en études économiques dont elle dit n'avoir gardé, ses relations amicales mises à part, qu'un mauvais souvenir, a décidé de changer d'orientation et d'entreprendre un nouveau cursus universitaire. Passionnée par l'architecture d'intérieur, discipline qui n'est pas tout à fait étrangère à la définition et à la position dans la hiérarchie sociale à travers l'importance accordée à l'aménagement de l'appartement ou de la maison, Livia a décidé de se tourner vers des études d'architecture. N'ayant aucune formation préalable en la matière, ses parents ont décidé de financer des cours particuliers avant son entrée à la faculté d'une part, mais aussi en cours d'année afin de pallier à la difficulté de certaines matière et à ce que Livia juge être une mauvaise pédagogie médiocre de certains professeurs. Cette stratégie, quoi qu'on en pense, s'est avérée payante, du moins c'est l'explication donnée par elle-même et ses parents, puisque ses résultats l'ont classée parmi les premiers étudiants de sa promotion. Ces cours privés, qui ne sont pas individuels, mais regroupent des classes entières d'élèves, coûtent environ 15 € par personne pour une séance de 4 heures.

L'exemple de Livia n'est pas rare. L'oncle paternel de Livia vit en Allemagne, et son frère cadet suit des cours d'allemand dans le cadre de ses études de marketing. Il est convenu par Virgil et ses parents qu'il suive aussi des cours privés afin d'être sélectionné pour une année d'étude en Bavière quelques semaines avant l'examen, puis, si l'opportunité se présente, Virgil prendra un emploi en Allemagne [1].

Geanina, âgée de 19 ans, réside avec sa sœur aînée (une psychologue travaillant dans une entreprise de recrutement de personnel). Originaire d'une ville proche de Iași, elle suit des études dans une *business school* payée par ses parents (le père est juge) à Bucarest. Elle estime que le savoir prodigué par cette école est plus pratique et plus professionnel que celui des universités roumaines. Non seulement l'école a des professeurs et des professionnels étrangers invités, non seulement elle propose des stages de formation au sein d'entreprises occidentales, mais, de surcroît, les règles y sont telles que la corruption – en fait, l'achat de résultats dans diverses disciplines – qu'elle soupçonne dans d'autres universités, n'a pas prise sur cette université privée. Le diplôme délivré dans ce cadre allochtone, diplôme dont le coût est élevé, est étranger à la corruption qui entache les instituts autochtones dans le domaine de l'éducation. Les institutions étrangères ont « bonne réputation » dit-elle. Précisons que l'importance de l'obtention d'un diplôme dans une institution étrangère entre dans le cadre de la mise en valeur des connaissances sur un marché du travail assez saturé. Geanina n'est pas tant préoccupée par la corruption réelle des autres universités que par la valeur de son diplôme sur ce marché du travail. C'est une manière d'éviter le doute que suscitent les diplômes décernés par les universités autochtones et une stratégie de valorisation de ses études en vue de l'obtention d'un emploi. Le problème de l'achat des diplômes reste toujours important à un niveau général comme l'ont démontré les journalistes d'*Averea* en obtenant pour la modique somme d'environ 15 € les sujets du baccalauréat de 2006 quelques jours avant les examens.

Un cas plus rare, à *Tineretului*, est celui du fils de Mariella (31 ans) et de Ciprian (33 ans), âgé de 10 ans, qui suit des cours de français et d'anglais en

---

[1] À la fin de son cursus universitaire, Livia a suivi elle aussi un stage en Allemagne grâce à l'aide apportée par son oncle avant d'être embauchée par une entreprise en Roumanie.

dehors de l'école. Mariella, employée d'une grande banque française, compte renforcer et étendre les connaissances de son fils en langues étrangères. C'est un cas assez rare dans cette zone urbaine pour un enfant assez jeune, bien qu'il existe une offre conséquente qui s'étend des jardins d'enfants aux colonies de vacances en langues étrangères. Cet investissement anticipe déjà une concurrence difficile sur le marché du travail et entre élèves pour l'entrée dans les « grandes » écoles de Bucarest, européennes ou américaines. Cette mise en concurrence commence dès le passage du collège au lycée : des résultats au *certificat de capacité* délivré à la fin de la scolarité au collège vont dépendre les possibilités d'entrée dans les lycées de renom à Bucarest comme les lycées *Gheorghe Lazăr*, *Spiru Haret*, *Saint Sava* ou *Mihai Viteazul*. À titre d'indication, pour l'année 2005-2006, le nombre d'élèves admis au lycée *Saint Sava* s'élevait à 252. La moyenne du dernier admis s'élevait en mathématiques et informatique à 9.35/10 et en philologie à 9.31/10. Le lycée public *Mihai Viteazul*, spécialisé en informatique, a admis 280 élèves pour la même session, la moyenne du dernier élève au certificat de capacité en informatique et mathématique s'élevait à 9.42/10 [1]. Les meilleurs lycées de Bucarest filtrent les élèves selon une logique claire de conservatisme social et de marchandisation de l'Éducation nationale. Ce caractère très conservateur de l'école ne l'empêche pas d'être considérée, en Roumanie comme en France par exemple, comme une institution de progrès et d'émancipation pour les masses populaires.

Par ailleurs une remarque s'impose : la volonté des parents de ne pas s'impliquer directement dans l'école. Ceci est parfois interprété, notamment dans les « débats » médiatiques comme un manque de participation à la vie sociale qui serait dû à la destruction des rapports sociaux opérée par le régime communiste. Le désintérêt visible des parents est en réalité d'une tout autre nature. Livia, lors d'une discussion où elle raconte comment elle a été raillée par ses camarades d'école lorsqu'elle était plus jeune à cause de son surpoids, l'explique à l'ethnologue qui s'étonne de l'absence de témoignages des parents à ce sujet : « *Tu ne peux pas demander s'il y a des problèmes à l'école parce que ça veut dire [que] c'est leurs enfants qui ont des problèmes.* »

Sous cet angle, l'attitude des parents se comprend comme une façon d'éviter un procès dont ils seraient les principaux accusés. Leurs responsabilités vis-à-vis de l'éducation de leurs enfants, dans le cadre d'un

---

[1] Ces résultats sont soumis aux spécialisations des lycées dans diverses matières, comme les lycées bilingues.

problème qui surviendrait à l'école, seraient directement mises en cause. De cette façon, ils échappent à une mise en accusation, à un éventuel procès et se conforment à la réputation de sérieux de l'école et de compétence de son personnel partagée par les acteurs du quartier.

Ces investissements des parents sur les enfants se comprennent aussi à partir de l'évolution du marché de l'emploi [1]. En effet, la part de la population avec une activité professionnelle s'est réduite chez les « jeunes » depuis la chute du régime communiste et, corollairement, la population de jeunes étudiants a augmenté tout comme la durée des études. L'intégration d'une large part de la population aux études a considérablement accru le nombre de concurrents à la fois dans le système d'éducation, mais aussi sur le marché du travail et lors de l'insertion professionnelle.

Les offres de services des écoles et des cours privés nécessitent des bassins de clientèle solides et se doivent de jouer sur un ensemble d'inégalités sociales marquées. D'où la variété des critères : cours individuels ou collectifs, par un professeur de lycée, ou un universitaire, sans oublier le *curriculum vitae* de l'enseignant. Le prix à l'heure, de ces séances, peut s'élever à 20 €, ce qui signifie bien une offre assez diversifiée en parallèle à l'existence d'une demande inégale en termes pécuniaires. Personne encore à *Tineretului* ne s'est acquitté d'une somme de 20 € à l'heure pour un cours privé, donné de surcroît au marché noir, mais, outre que nombre de personnes connaissent le prix de ce service, il est très probable, en regard des projets des parents et de l'enrichissement d'une couche minoritaire dans ce quartier, que ce type de dépenses deviendra de plus en plus courant, quoique réservé à une minorité de familles.

Cette course à l'accumulation d'un capital de connaissances ne concerne pas tous les enfants du quartier *Tineretului*. Certains n'ont pas de temps à perdre et doivent obtenir leur baccalauréat puis trouver un emploi, la subsistance de la famille dépendant d'un salaire supplémentaire.

Un des indices qui permet de percevoir une séparation plus marquée entre les concurrents à la promotion et les exclus de cette course est la possession d'un ordinateur. L'ordinateur allant de pair avec une connexion internet augmente considérablement les chances de réussite universitaire et scolaire des enfants. Le manque d'un corpus de connaissances basiques en informatique représente un véritable handicap social. Tous les enfants qui

---

[1] ROHARIC I., 2004 : « L'insertion professionnelle des jeunes en Roumanie » *in* VULTUR M. : *Regard sur... les jeunes en Europe centrale et orientale*, Presses de l'Université de Laval/IQRC : 113-127

fréquentent l'université, ou qui ont obtenu récemment un diplôme universitaire, possèdent un ordinateur. La séparation entre ceux qui ont un accès à internet et ceux qui n'en n'ont pas devient alors plus forte, car l'ordinateur permet la connexion à un réseau en intranet et en extranet. Le réseau intranet permet de discuter avec d'autres résidents tout en restant dans l'appartement, ce qui est utile lorsque les discussions dans la cage d'escaliers sont mal perçues. La connexion internet permet aussi d'être au faîte « de la mode », d'être « dans le monde », de posséder une adresse E-mail nécessaire au CV et pour la recherche d'un emploi. Le réseau internet fonctionne pour la cage d'escalier dans son ensemble. Une entreprise fournisseuse d'accès est contactée, liberté est laissée ensuite au résident signataire du contrat commercial, responsable du paiement, de partager avec d'autres personnes dans l'immeuble cette connexion et d'en partager les frais. C'est Bogdan qui est au centre du réseau principal dans l'immeuble où il réside en ce qui concerne les « *jeunes* ». Les personnes disposant d'un accès individuel à internet sont rares. Les relations sociales du réseau intranet sont préexistantes. Bogdan filtre les relations sociales sans que cela pose problème aux usagers locaux. Il explique très clairement à l'enquêteur : « *D'abord, nous regardons s'ils ont un comportement bien, s'ils sont civilisés. Après, quand nous savons qu'ils sont bien, nous les laissons utiliser le réseau… Tu sais, s'ils ne sont pas à regarder partout et à s'occuper des autres.* »

Bogdan, qui fait partie avec ses parents des premiers locataires de l'immeuble, insiste avec vigueur sur les habitudes « rurales » de ses voisins et jette l'opprobre sur ces personnes par rapport auxquelles il tient absolument à garder une distance sociale maximum. Ces exclus restent pourtant rares. Au centre des réseaux de connaissances entre « jeunes », Bogdan se présente comme le détenteur d'une autorité plus désirée que réelle. Il s'érige en protecteur d'un mode de vie qui exclut les personnes jugées inférieures et reproduit en ce sens les pratiques des parents. Enfin, il subjectivise et renforce une réalité qui se construit à partir de la possibilité d'investissements familiaux.

Pour les exclus, il ne reste qu'une solution : les « cafés internet ». Il en existe justement un, implanté au milieu du quartier, qui est quasiment ouvert de jour comme de nuit. Il est occupé presque totalement par des jeunes. Une demi-heure de connexion coûte 0,12 €. Mais le café internet sert davantage, pour les enfants, à s'entraîner aux jeux vidéo en réseau (collectivement dans cette salle et avec des partenaires sur internet) qu'à consulter leur messagerie électronique. Beaucoup d'adultes se servent des services de cette petite entreprise. Cependant, parmi les parents, beaucoup voient d'un mauvais œil la présence des jeunes dans ce café. Marina en donne une illustration, lorsque dans la discussion l'enquêteur remarque que beaucoup d'enfants fréquentent le café internet : « *Pour jouer, ils [les enfants] volent l'argent dans le portefeuille des parents, et après ils vont le dépenser au café internet. Et après le père n'est pas content, il le bat et il y a des problèmes dans la famille. Après il y a des scandales.* »

Même cette façon de connaître cet univers attrayant que représente internet et ce mode d'intégration aux activités collectives restent sujets à une appréciation négative de la part des résidents du quartier. Une autre modalité, assez exceptionnelle, d'usage du café internet consiste, pour les parents, à laisser la possibilité aux enfants de profiter de ces services en encadrant les heures d'entrée et de sortie. Le fossé entre intégrés et familles sur le chemin du déclassement semble se creuser au niveau même des enfants. Se pencher sur cette thématique du rôle des enfants dans l'imaginaire permet d'entrevoir la consolidation de distances sociales grandissantes entre acteurs.

Peu à peu l'étirement de la structure sociale de *Tineretului* et ses tensions se dévoilent. Ce tableau d'ensemble resterait partiel si nous en excluions les acteurs au plus bas de l'échelle sociale. Même s'ils sont peu nombreux, ils représentent une tendance bien présente de l'exclusion sociale dans ce quartier. Lors de l'investigation l'un des symptômes de cette exclusion est apparu à travers la maladie et l'impossibilité de s'en extraire pour les acteurs. Venons-en à ces acteurs.

La santé métonymie du déclassement social, creuset de l'accusation de l'État

L'étude de la santé et de la maladie est une entrée pertinente de dévoilement des transformations sociales qui permet une compréhension des enjeux sociaux en cours au sein de zones géopolitiques et de contextes historiques différenciés [1]. L'intérêt porté à cette entrée sur les réalités sociales et sur les constructions qu'elle dévoile a été constitué dans un champ de

---

[1] HOURS B. (dir.), 2000 : *Systèmes et politiques de santé*, Karthala, Paris ; GRUÉNAIS M.-E., HOURS B., LUXEREAU A., 1995 : « Anthropologie de la santé et de la maladie », *Journal des anthropologues*, n° 60. On ajoutera les travaux importants de plusieurs auteurs : Marc Augé, Jean-Pierre Dozon, Didier Fassin, Ray mond Massé, Andras Zempleni…

recherche interdisciplinaire. La particularité des sociétés communistes, en général, en ce qui regarde la santé tenait en ce que l'État-parti était lui-même le garant (précaire parfois) de la santé de chacun par l'intermédiaire de sa maîtrise sur le système de santé. La chute de ce régime ou sa mutation [1] a entraîné le retrait de l'État de ce système de santé. Privatisée, la santé est alors paramétrée dans une certaine mesure, au moins, par le capital économique des acteurs, sur la base d'inégalités sociales nouvelles et relativement fluctuantes. En cela, les pays est-européens ne font rien de plus qu'appliquer les politiques multilatérales, celle de l'UE notamment, réduisant la société à un marché autorégulé.

Ce rappel de l'implication de la conversion du régime communiste en régime capitaliste permet d'aborder à *Tineretului* les exclus à double titre : socialement et au niveau de leur santé. Il convient de préciser que l'étude n'avait nullement prévu de se pencher sur cette thématique. C'est à la suite d'entretiens et d'observations sur une donnée de temps assez longue que la maladie (et la mort qui s'ensuit parfois) est apparue avec récurrence comme révélateur d'une exclusion des plus visibles et des plus tenaces. L'apparition de la maladie au cours de l'enquête ne ressort que d'une catégorie particulière de résidents. Il s'agit des familles et des personnes les plus exposées à la crise qui touche des secteurs multiples de la société et, partant de là, les plus menacés de l'exclusion du champ résidentiel. Ils font aussi partie des premiers arrivants dans les appartements de *Tineretului*. Ces acteurs sont conscients d'avoir en commun une capacité d'influence réduite sur le futur de leur existence. Les maladies dont il est question sont chroniques ou impliquent une atteinte physiologique soit définitive soit sur le long terme. La maladie n'est plus un facteur de perturbation passagère. Elle s'installe avec pérennité dans la vie quotidienne des acteurs. Dans ces conditions, l'enquête est le cadre de la constatation des défaillances du système de santé et, plus globalement, de celles de l'État ; l'occurrence de la maladie est étroitement corrélée, dans ces propos, à ces défaillances. En résumé, l'enquête devient le support des revendications des acteurs. Penchons-nous sur quelques cas représentatifs.

Vera, est une femme âgée de 52 ans, originaire de la région de Sibiu. Mariée depuis plus de 30 ans, elle est mère de trois enfants. Elle a travaillé

---

[1] Comme en Asie du Sud-Est, exception faite de la Corée du Nord, où sous l'impulsion de la Chine, les régimes communistes se sont convertis au socialisme de marché. Cf. HOURS B., SÉLIM M., 1997 : *Essai d'anthropologie politique sur le Laos contemporain. Marché, socialisme et génies*. L'Harmattan, Paris. Voir aussi Selim M, 2003 : *Pouvoirs et marché au Vietnam*, t.I *Le travail et l'argent*, t. II *L'État et les morts*, L'Harmattan, Paris.

dans plusieurs usines, mais elle ne s'étale guère sur ces différents emplois. Sur une période d'un peu plus d'un an, Vera a accumulé différentes maladies respiratoires – angines, bronchite – qui ont fini par entraîner une fragilité du système respiratoire. Seul un traitement, par automédication, au paracétamol a été appliqué pour les angines et les bronchites. Après s'être sentie assez fortement fatiguée, après avoir ressenti des difficultés respiratoires accrues et une toux plus persistante qu'à l'accoutumée, elle s'est résignée à aller consulter, dans un hôpital, les services spécialisés, suite aux indications données par son médecin généraliste. C'est là qu'une bronchopathie chronique obstructive est diagnostiquée. Elle est alors internée et traitée.

Vera ne se plaint guère du service hospitalier, du moins son attention ne se focalise pas sur les médecins et infirmiers de l'hôpital. « *C'est comme ça que tout va en Roumanie, nous allons à l'hôpital parce que nous sommes malades. Alors ils s'occupent, ils font ce qu'il faut pour savoir... Et c'est alors qu'il faut des médicaments. Mais les médicaments, ils coûtent très cher! Et moi je ne peux pas payer tout ça! Qu'est-ce que je peux faire? Je suis déjà maigre parce que je suis malade... Et je ne peux pas travailler... C'est comme ça la Roumanie : il y a les médecins, mais on ne peut pas acheter les antibiotiques. Tout va bêtement en Roumanie.* » La maladie à force de traitements approximatifs est devenue chronique, ce qui nécessite un traitement permanent. En Roumanie, il est possible d'acheter des antibiotiques sans ordonnance d'un professionnel de la santé [1]. L'automédication n'est pas un cas rare, surtout lorsque les acteurs n'ont pas les moyens de s'acheter les médications adéquates.

Tournons-nous vers un exemple particulier, celui d'une famille où la maladie a emporté un enfant. Georgeta est âgée de 47 ans, elle est mariée et vit à *Tineretului* depuis 1986. Elle fait partie des personnes qui attendent avec angoisse l'affichage des dépenses pour les charges d'appartement chaque mois et qui manifestent une attitude mêlant le mécontentement et le dépit face aux sommes dues. En 1998, le fils unique de Georgeta est atteint d'une maladie très grave. Le sarcome d'Ewing est diagnostiqué à la suite de soins donnés à une fracture non résorbée. Le traitement administré est, dans une telle maladie, assez rare, lourd et s'étend sur plusieurs mois. Dans de telles conditions, Georgeta dit avoir décidé de quitter son emploi pour passer le plus de temps possible avec son fils. Depuis lors, elle est en situation de chômage. Outre l'affliction provoquée par la mort de son fils unique, cette

---

[1] Des lois ont été adoptées en 2005 pour empêcher ces pratiques. L'ordonnance est aujourd'hui formellement obligatoire. Pratiquement, cela n'a eu aucune incidence sur ces pratiques.

femme se ressent comme exclue *de facto* d'un « destin commun » avec les autres parents de la résidence. On comprend qu'une telle histoire personnelle la rapproche d'autres personnes touchées ou ayant été touchées elles-mêmes par la maladie. Le décès de l'enfant de Georgeta représente la fin de l'espoir d'une promotion sociale par les enfants et met en scène la responsabilité des parents. Cette femme n'a pu assumer cette responsabilité par la force de causes exogènes. Elle ajoute aujourd'hui sur un ton amer : « *Si je n'avais pas eu ce malheur avec mon enfant, je serais partie de Roumanie. Moi aussi j'aurais été en France ou en Espagne... Pour travailler, pour gagner de l'argent et pour acheter à manger et des vêtements. Ah mon Dieu! Ici, en Roumanie, nous ne vivons pas.* »

Intervient, dans cette volonté de trouver une solution « ailleurs », une représentation stéréotypée de ce que peut-être la vie à l'Ouest, notamment en ce qui regarde le marché du travail et la possibilité d'accumuler un capital économique conséquent. Parce qu'elle perçoit sa position et son avenir sous un angle essentiellement négatif et instable en Roumanie, en fonction du capital (économique, de « compétences », d'éducation, de relations sociales) qu'elle peut faire valoir, cette femme ne voit de solution aux problèmes et risques qu'elle ne peut surmonter qu'à l'extérieur de la Roumanie. Sa mobilité sociale n'est envisagée que d'une façon négative, comme une décrépitude inéluctable, comme une chute sociale sans échappatoire : l'Ouest – extérieur – représentant une zone dotée de possibilités d'obtention « d'une vie meilleure », devient, dans ces conditions, le seul recours à son destin qu'elle perçoit comme une tragédie.

Eugen vit avec ses deux enfants et son épouse depuis 1985 à *Tineretului*. Il est originaire d'un village situé à quelque 50 km de Bucarest. Eugen et Mirela Iordache sont propriétaires, grâce à un héritage de leurs parents, d'une modeste maison avec un lopin de terre où ils cultivent quelques légumes dans leur village d'origine. Eugen, depuis la fin des années 1970, est chauffeur routier. Il a travaillé à plusieurs reprises à l'étranger (Hongrie, Italie, Israël...) et voyagé comme chauffeur international dans plusieurs pays. En 1997, il est embauché en Roumanie où il travaille pour une entreprise appartenant à un expatrié italien. Son salaire est alors dans une large mesure non déclaré, notamment les heures supplémentaires qui constituent la plus grande part de son salaire. Eugen doit aussi faire face à des retards de salaire. En 2002, Eugen est victime d'un infarctus du myocarde. Malheureusement, la prise en charge consécutive à son accident est faible, sa pension d'invalidité aussi, son salaire déclaré ayant été pendant plusieurs années fortement inférieur à ses revenus réels. Aujourd'hui, les conditions de vie sont de plus en plus difficiles pour cette famille. Leur fils qui travaille dans une petite fabrique de chaussures contribue au paiement des charges. Leur fille Marina aussi mais dans une moindre mesure car elle doit assurer le financement de ses études à l'université en deuxième année de psychologie. Elle obtient cet argent par le biais de la location d'un appartement (situé place *Sudului* – place du Sud) hérité d'une tante, à raison de 100 dollars par mois. Eugen n'est plus en mesure d'obtenir un emploi et d'amasser assez d'argent pour maintenir le niveau de vie antérieur à la maladie. Mirela n'a pas d'emploi rémunéré et s'occupe entièrement de l'espace familial. Même si leur subsistance est assurée grâce aux relations maintenues avec le village dont ils sont originaires, la seule issue dans une telle situation est le départ « à la campagne ». À la fin de l'enquête, Mirela et Eugen auront quitté le quartier *Tineretului*.

Du côté des acteurs à l'écart des maladies, les problèmes de santé sérieux (et la mort de personnes proches) ne suscitent pas la peur ou une exclusion « violente » mais plutôt des sentiments de compassion. « *Il faut les laisser tranquilles* », « *ils ont des problèmes* » disent les résidents. La culture chrétienne orthodoxe, si dominante en Roumanie, joue peut-être un rôle de préformatage dans ces formulations. Il serait néanmoins faux de voir dans ces allégations une quelconque forme de rapprochement social : ces commentaires sont autant de formulations d'une mise à distance et d'une infériorité sociale. Exprimer la souffrance, c'est formuler dans un lexique approprié à la maladie une infériorité et une impuissance ; la remarquer chez autrui, c'est faire de même à partir d'une position extérieure : un prélude à l'exclusion définitive du champ résidentiel, une issue, dans la plupart des cas, inéluctable. La maladie, sous cet angle, se répercute au niveau des acteurs par l'impossibilité de se réapproprier son destin et les événements qui le constituent, ce qui confine les acteurs à la périphérie des normes sociales, à la marge. Occuper une telle position équivaut à réduire le champ des relations sociales puisque les sujets recentrent leur existence sur le logement. Bien sûr, cela n'empêche nullement les uns et les autres d'avoir des activités hors des appartements. Cependant, celles-ci sont sensiblement réduites par rapport à leurs voisins. La maladie, l'absence d'insertion professionnelle, l'impossibilité d'investir dans l'éducation des enfants réduisent considérablement les champs d'insertion des acteurs et leurs possibilités de se conformer aux normes sociales en vigueur dans l'espace résidentiel.

Dans une perspective plus large, l'écroulement progressif du système communiste et la privatisation représentent aussi le remplacement d'un système de santé par un autre, et d'une façon de percevoir la maladie par une autre. Un découplage s'est opéré, pour les acteurs, entre le droit au diagnostic et la possibilité d'un traitement digne, qui soit en mesure d'entretenir au moins l'espoir de la guérison. Le droit à la santé n'a ici pour traduction que le droit à la consultation (par un médecin) comme concrétisation. Avant d'être le sujet de droits – à la santé en l'occurrence – on est avant tout en charge d'assumer soi-même les risques liés à la maladie [1]. Lorsque la maladie est en mesure d'être combattue par un traitement approprié, seuls ceux qui sont en position de pouvoir assumer eux-mêmes économiquement les coûts des soins peuvent espérer en sortir.

Un cercle vicieux se dessine autour de ces acteurs et s'étend à leur famille. La maladie ne peut être vaincue. La cause est identifiée mais par manque d'argent, les antibiotiques ne peuvent être payés que sur un terme moyen, et ce sans compter les bakchichs aux médecins. Ce manque d'argent réfère à des entités plus larges. L'horizon de ces situations est bien obscur et se limite à une peur cauchemardesque d'être contraint de quitter son appartement pour aller encore plus à la périphérie de la ville. Le départ de *Tineretului* achève le processus d'exclusion.

L'absence d'un pouvoir d'achat permettant la consommation de médications idoines est une forme d'exclusion. Se renvoient ainsi l'une à l'autre la maladie et l'exclusion sociale. La maladie telle qu'elle se présente dans le quotidien des acteurs est aussi une faille dans laquelle s'ouvre le procès de l'État. La perception de la maladie et sa présence sont considérées comme les répercussions des échecs de l'État. Car seuls les pouvoirs publics sont en mesure de mettre en place le respect du droit à la santé.

Si l'on veut bien considérer que les plaintes des acteurs sont aussi des demandes éminemment politiques, dès lors, il n'est plus anormal d'observer que les acteurs se tournent vers l'État, tout en faisant le procès de ses carences, lorsque dans un secteur et un contexte donnés, il est le seul à pouvoir mettre en œuvre des droits qui sont corrélés pratiquement au capital économique des acteurs.

Il n'est certes pas tout à fait certain que ce constat de personnes et de familles atteintes par la maladie soit extrapolable à l'ensemble du pays. Cependant, il ne serait pas pour autant étonnant qu'un résident de Bucarest

---

[1] Ce qui est une transformation (à vocation) globale, cf. HOURS B., 2005 : « Les étais moraux de la santé unique » *in Journal des anthropologues*, n° 100-101 : 317-327

y voit une similarité avec l'un de ses voisins ou une des personnes proche de son réseau de relations sociales, tant les exemples sont nombreux.

Il faut souligner que tous les gouvernements roumains qui se sont succédé depuis la chute des Ceausescu ont laissé le système sanitaire public et les services publics en général pourrir tranquillement. Les médecins sont parmi les fonctionnaires les moins bien payés (un interne en médecine gagne environ 200 € par mois) ; les pratiques de Bakchich donnent lieu à une concurrence effrénée dans les hôpitaux et ressemblent dans certains endroits à du racket ; la migration des médecins vers l'Ouest est de plus en plus soutenue.

Cette dépréciation du système sanitaire a été entérinée par les plus hauts membres de l'État, le président de la Roumanie lui-même, Traian Basescu, au cours du mois de mai 2006, s'est fait opérer en Autriche d'une hernie discale. Le manque de confiance ouvertement assumé du président envers le système de santé [1] fait s'écrouler un édifice qui a, apparemment, peine à maintenir l'idée d'administration de la santé publique dans ce contexte de privatisation et de dépravation activement organisée par les gouvernements successifs. Dans ce scénario, c'est le système de santé dans son ensemble qui est remis en cause, des compétences des personnels de santé à celle de l'État.

---

[1] On peut aussi interpréter ce comportement sous l'angle de l'ostentation d'une distinction sociale. Pour sa part, le premier Ministre de la Roumanie (2004-2008), Călin P. Tariceanu, quelques semaines plus tard, s'est fait opérer d'un genou dans un hôpital de Bordeaux.

13. Le politique, la dépolitisation et la politique

La « crise générale », le présent, le passé et « les communistes » forment un ensemble de catégories endogènes inextricable qu'il s'agit de démêler pour y trouver des assemblages de sens qui reflètent la vision que les acteurs ont du politique, de leur position et de leur devenir dans leur propre société. L'appréhension de ces catégories nécessite plusieurs précisions pour ne pas tomber dans une impasse interprétative fondée sur l'anachronisme, un ethnocentrisme latent ou encore un sociocentrisme de classe. Deux principes élémentaires doivent être respectés pour mener à bien cette interprétation. D'une part, il faut impérativement comprendre ces catégories à partir des acteurs et de leurs rapports sociaux dans le présent, afin de ne pas tomber dans le piège de l'interprétation généraliste et du stéréotype. D'autre part, il faut se pencher, schématiquement, sur le carcan idéologique qui prévaut à toute interprétation et enferme la réflexion dans ces pièges. Abordons cet aspect avant d'analyser les représentations des acteurs.

L'indépassable héritage

Le « rapport au passé » est dans la très grande majorité des études sur les pays postcommunistes de l'Europe de l'Est une question extrêmement sensible et centrale [1]. Ce consensus doit être replacé dans l'histoire politique,

---

[1] MINK G. & FOREST M. (dir.) 2004 : *Postcommunisme : les sciences sociales à l'épreuve.* Paris, L'Harmattan, Paris.

économique et sociale des pays anciennement communistes au cours de ces trente dernières années. Dans les études actuelles sur cette aire géopolitique, l'écroulement du « bloc » soviétique, en 1989, et de même, par déduction, le passage du communisme à la démocratie de marché sont l'axiome sur lequel s'appuient les deux grandes conceptions qui dominent la scène de l'interprétation du passé : l'une négative et l'autre positive. Ces deux conceptions paradigmatiques, qui ont connu un fort succès sinon un monopole presque total dans l'étude des sociétés anciennement communistes, sont la transitologie, c'est-à-dire la logique de la transition du socialisme d'État au capitalisme et d'un régime autoritaire à un régime libre et démocratique, et la *path dependency*, soit la « dépendance du chemin », qui sous-entend l'influence de l'histoire, des traditions, des traits et du patrimoine culturels, ce qui représente autant de déterminations – recherchées dans le passé – sur les trajectoires à venir des pays postcommunistes. Ces deux grandes tendances de recherche, ces deux conceptions fortement orientées idéologiquement se trouvent aux prises avec le passé.

« *Schématiquement, nous dit Georges Mink, deux interprétations vont se dégager de l'interrogation sur les enjeux du passé : celle qui accuse le passé (« héritage léniniste ») de freiner les transformations et celle qui a fait du passé un matériau positif pour la construction en cours. En fait, toutes les approches, peu ou prou, se trouvent exprimer la question de savoir si l'on peut « s'émanciper des contraintes du passé* [1]. »

Le champ des *democratization studies* ne saurait être résumé simplement, tant ce champ d'études dont les auteurs font souvent preuve d'une grande dextérité rhétorique et théorique, est étendu [2]. Toutefois, ces spéculations ne s'attaquent que trop rarement, en ce qui regarde ces deux paradigmes, aux principes directeurs, axiomatiques, de ces travaux. Au contraire, il est plutôt monnaie courante de les porter à un degré d'abstraction supplémentaire comme l'illustre la notion de post-postcommunisme dont la distinction avec le postcommunisme, semble inspirée par les différenciations opérées entre la « transitologie » et la « consolidologie [3] ». Un peu de distance critique, amène nécessairement à questionner les éléments impensés, sous-jacents à un tel consensus. De telles controverses ne vont pas sans rappeler les débats, déjà

---

[1] MINK G. & FOREST M. (dir.), 2004 : *Postcommunisme… op. cit.* : 17
[2] Pour article synthétique embrassant de très nombreux débats voir DOBRY M., *déjà cité*.
[3] GUILHOT N. & SCHMITTER P.-C., 2000 : « De la transition à la consolidation. Une lecture rétrospective des *democratization studies* » in *Revue française de science politique*, 50, 4-5 : 615-631

anciens, sur les indépendances nationales lors de la décolonisation qui n'ont pas cependant droit de cité dans les études sur le postcommunisme [1].

Les différentes approches des sociétés postcommunistes tournent autour du passé surtout dans la forme d'une oscillation entre une interprétation moraliste et politique situant les sociétés et les éléments sociaux, culturels, économiques et politiques sur une échelle de jugement de valeurs qui s'étend de la stigmatisation (« les handicaps ») à des considérations en des termes positifs («les avantages »). La question posée en ces termes conserve une optique téléologique et repose sur une conception évolutionniste tacite, car l'objectif n'est pas la connaissance des sociétés en question pour elles-mêmes, mais celui de faire des pays de l'Est des sociétés calquées sur le modèle abstrait de la démocratie de marché et de l'État de droit. Dans ces conditions, la pérennité de termes aux relents clairement colonialistes comme rattrapage, retard etc. devient logique. Il y a une confusion évidente entre le projet de domination et de transformation politique d'un côté et le projet scientifique de l'autre. Cette confusion repose sur l'intériorisation d'une vision du monde unitaire et occidentalo-centrée (et selon les cas parfois ethnocentrique ou allocentrique) qui fait de la démocratie sur un plan idéologique le dernier stade de l'Histoire, et sur un plan politique une arme redoutable de consentement à la domination des normes politiques.

Dans cette logique, quel que soit l'élément qui va entrer en ligne de compte dans l'analyse, il ne peut être compris que dans cette perception de l'évolution vers un modèle idéal et unique en termes d'atouts ou de handicaps. Les deux paradigmes n'en forment donc qu'un, comme les deux versants d'une même pièce, se lovant sur un historicisme qui a pour stade final la démocratie, le marché et l'État de droit. C'est ce qu'on perçoit clairement autour de la notion « d'héritage » considérée tour à tour comme un obstacle et/ou un avantage dans cette évolution postulée. L'efficacité idéologique de cette conception tient à ce qu'elle peut être produite et reproduite à l'infini puisque la cause de l'échec de la marche de l'Histoire – le passé communiste exhumé – est préalablement définie. C'est ce que montrent les prolongements du paradigme « transitologique », qui, même s'il n'est plus systématiquement assumé en tant que tel, sert souvent sinon systématiquement de point de référence tacite [2].

---

[1] Par exemple, BALANDIER G., 1988 : *Le désordre : éloge du mouvement*. Fayard, Paris.
[2] Soulignons aussi avec CÎRSTOCEA I. (2006, déjà cité) l'usage outrancier des métaphores, de visions religieuses comme base d'analyse des sociétés postcommunistes en général et en Roumanie en particulier. MINK G., *op. cit.* le souligne en ce qui regarde les études de sciences politiques sur les pays postcommunistes d'Europe de l'Est.

Analyser des sociétés postcommunistes en termes de transition implique une référence à deux formes de système politique représentant deux séquences de l'évolution : le totalitarisme et la démocratie. Mais pour que cette vision soit généralisée, il est nécessaire que les particularités de chaque système politique soient nivelées en deux types uniformisés. Ces deux séquences servent ensuite de grille de lecture à l'analyse du politique et à situer la place des uns et des autres dans cette chronologie sur cette échelle s'étalant du bien au mal. Voilà pourquoi la domination prend souvent la forme d'une morale narcissique ou d'une justification tendant au sacré. Dans cet ordre d'idées, la démocratisation est parole d'évangile.

L'article de Odette Tomescu-Hatto [1] donne une bonne illustration de cette tendance. L'auteur postule que la « culture politique roumaine [2] » d'aujourd'hui n'est qu'une illustration de la socialisation opérée sous le communisme ; ce dont on peine à apprécier, à travers sa réflexion, les caractéristiques. Elle appuie sa démonstration sur un ensemble d'analogies et de corrélations artificielles : la présence d'une dichotomie nous (Roumains)/eux (Occidentaux) dans la définition de l'identité et de la culture politique roumaines prouve, à ses yeux, la présence d'une réminiscence du communisme. « *Ce qui devrait représenter une nouvelle mythologie postcommuniste, souligne-t-elle, n'est en fait qu'une nouvelle variante des mythologies que le communisme a fabriquées, et que nous retrouvons du fait du processus de socialisation* [3]. »

On se contentera ici d'une brève remarque : cette dichotomie existait avant la période communiste et une identité nationale (ou la production de soi) qui est également plurielle ne peut être définie sans rapport d'altérité imaginaire et/ou réel.

Prenons un deuxième exemple d'analogie peu convaincante : « *Les nouvelles mythologies sont orientées de la même façon que celles du communisme, c'est-à-dire vers le futur.* » Les « nouvelles mythologies » politiques postcommunistes s'inscrivent dans une temporalité mêlant le présent, le passé et le futur ce qui, selon l'auteur, témoigne d'une parenté avec le léninisme, celui-

---

[1] TOMESCU-HATTO O., 2004 : « Identité et culture politique dans la Roumanie postcommuniste » in DURANDIN C. & CÂRNECI M. (dir.), 2004 : *Perspectives roumaines. Du postcommunisme à l'intégration européenne*. L'Harmattan, Paris : 45-67

[2] L'auteur, notons-le au passage, pratique une espèce de sociologie spontanée de mauvaise facture, basant son interprétation sur 20 entretiens dont on ne connaît ni la provenance ni le cadre d'émission. Rien n'est dit sur ces données, rien n'est interprété : les propos des acteurs font figure d'illustration, mais ils ne sont jamais replacés au sein de leur contexte d'émission.

[3] TOMESCU-HATTO O., 2004 : 58

ci étant également orienté vers le futur. On notera en ce sens que malgré le fait que l'adhésion à l'UE s'inscrive dans une temporalité future et présente (pendant notre enquête), l'héritage léniniste de cette institution n'est pas des plus faciles à saisir.

On peut aussi ajouter à l'article de Tomescu-Hatto, dans cette catégorie, le livre de Mircea Vultur, *Collectivisme et transition démocratique* [1], dans lequel l'auteur, se basant sur la notion tocquevillienne d'État social et celle d'éthique de Max Weber, soit deux références à la fois illustres et en parfaite dysharmonie avec le sujet abordé, différencie deux groupes représentés par deux villages en fonction du fait qu'ils ont subi ou non la systématisation. L'auteur à la suite de l'analyse de questionnaires qu'il faudrait analyser très longuement pour en montrer les *a priori* les plus banals, affirme que les villageois non-systématisés sont les plus aptes à développer une intelligibilité démocratique et que les systématisés ont une mentalité incompatible avec l'économie de marché. Mais, pour ce faire, Mircea Vultur part de ses propres représentations politiques (représentations de classe) en les plaquant sur les propos des acteurs sans interroger les catégories qui leur paraissent pertinentes et les modes de régulation politiques au niveau local.

Le sens que les acteurs donnent au politique est totalement dissous derrière ces questions mélangeant procès du collectivisme et du communisme, naturalisation d'un comportement postulé et aliénation exacerbée, et l'analyse rigoureuse ; ce qui revient à dénier toute forme d'autonomie aux acteurs et à ériger ainsi le communisme en bouc émissaire, ennemi de l'avènement de la démocratie de marché. L'ouvrage est exemplaire d'une confusion entre des outils d'analyse stéréotypés, la défense d'une vision du monde catégorielle constituée sur la base d'un intersubjectivisme consensuel ayant intégré les rapports de domination sur un plan mondial et les propos et comportements des acteurs dans un contexte donné.

La perspective déterministe des deux auteurs s'appuie sur le passé pour expliquer le présent : la socialisation opérée sous le communisme, ossifiée dans l'interprétation, explique les comportements d'aujourd'hui. La conséquence de ce choix de perspective est double : l'imprégnation du passé va définir la hauteur des difficultés de la transition à la fois en des termes positifs et négatifs.

---

[1] VULTUR M., 2002 : *Collectivisme et transition démocratique*, Presses de l'Université de Laval/IQRC, Québec.

À ce niveau, il semble nécessaire de rappeler ce truisme méthodologique on ne peut plus élémentaire : il existe une différence entre ce que les acteurs pensent, ce qu'ils font et ce qu'ils disent. Prendre l'évocation du passé idéalisée par les acteurs pour vérité, en assénant que c'est la preuve d'une naturalisation de la socialisation communiste, c'est faire bon marché de l'interprétation et de l'analyse au bénéfice d'un postulat idéologique. C'est également faire preuve d'indigence sur le plan méthodologique. Enfin, c'est prendre pour argent comptant l'idéologie de l'État-parti qui affirmait que la réalisation de l'*homme nouveau* était acquise, ce que la chute du communisme vient infirmer.

Ce n'est pas le moindre des paradoxes que ces conceptions, bien qu'elles soient de contenu différent, interviennent en écho au projet précédent de création d'une société nouvelle communiste. Il ne s'agit aucunement d'être ironique gratuitement ici, mais de relativiser l'engouement pour les théories en question et de montrer que l'écueil de la base évolutionniste marxiste (la prophétie du passage du capitalisme au communisme) de la notion de transition y subsiste, mais inversé.

Le dilemme sur le passé apparaît autant comme un ralliement idéologique d'une partie des sciences sociales à un projet politique, que comme un exemple des difficultés que génère la compréhension des transformations présentes et passées des sociétés postcommunistes et ce toujours dans une perspective qui se donne pour objectif l'avènement de la démocratie de marché et l'État de droit. Cette vision occulte les réalités prétendument étudiées en substituant une transformation voulue et postulée à la dynamique de transformation sociale, économique et politique, réelle. En considérant qu'il n'existe qu'un seul modèle idéal de société, positif et envisageable pour le devenir des sociétés, en considérant comme point de départ l'évolution vers cet idéal comme inéluctable, elle renvoie tout élément divergent dans la catégorie négative stigmatisée du passé « communiste » qui se serait invité dans le présent. Ce faisant, elle protège la légitimité de l'œuvre de civilisation démocratique et produit une efficiente et systématique dépolitisation du politique au nom de la démocratisation voire de la démocratie elle-même. C'est un paradoxe qu'il faut souligner quitte à être répétitif pour ne pas tomber dans les pièges tendus par cette forme de domination contemporaine.

On peut faire l'hypothèse que le succès des courants les plus caricaturaux de la science politique est dû au fait qu'ils jouent le rôle de boîte à idées pour les institutions multilatérales et d'agent légitimateur pour la programmation soi-disant démocratique [1]. Car s'il y a bien une chose qui n'est pas remise en cause dans ces productions intellectuelles, c'est l'imposition d'un système politique.

On a toutes les raisons de s'interroger sur un tel manque de rigueur au plan de la démarche. L'ouverture des pays est-européens aux sciences sociales a peut-être eu pour conséquence de relâcher le surmoi scientifique des chercheurs [2]. Mais, au fond, n'est-ce pas là une perception du monde correspondant exactement au discours de l'élite intellectuelle postcommuniste et des agences de « développement », dont on a vu la pesanteur dans la première partie de ce livre ? Cette solidarité des points de vue suggère que l'on fait également face au discours qu'une classe et des institutions tiennent sur des sociétés en adéquation avec leurs intérêts bien entendus. Ce carcan idéologique peut être particulièrement irritant, car ces écueils divers (recherches des lois historiques calquées sur l'organicisme, évolutionnisme, ethnocentrisme, occidentalo-centrisme, téléologie, culturalisme, essentialisme, etc.) sont des fautes élémentaires. Derrière une épaisse spéculation théorique qui ceinture insidieusement et avec force la pensée, on peut ressentir une sensation de creux. Cependant, l'irritation provient également du fait que de tels travaux posent un voile d'ignorance sur ce qui devrait être leur centre d'intérêt scientifique : la compréhension des représentations du pouvoir, le mode de fonctionnement d'une société, ses dynamiques internes.

Dès lors que ces différents aspects scotomisés sont ramenés au centre de l'analyse, il paraît assez pertinent de considérer que de telles spéculations sont des réitérations révélatrices de la difficulté à formuler une interprétation et une analyse des changements sociaux survenus (et en cours) dans les pays postcommunistes qui soient distanciées des macro-idéologies dominantes de la période actuelle dite de globalisation, c'est-à-dire qui les prennent en compte sans les reproduire.

La relation établie entre l'évocation du passé et la présence du passé dans le présent peut-elle être acceptée en tant que mode d'interprétation des discours et actions des acteurs ? Autrement dit, lorsque les acteurs évoquent le passé, on peut se demander s'il s'agit bien du passé en tant que tel reproduit avec une quasi-pureté, comme un produit « sous vide », une

---

[1] GUILHOT N., 1995 : « La science politique et la transition démocratique à l'Est »... ; 2005 : *The Democracy Makers... déjà cités.*
[2] BOURDIEU, 2001 : *Science de la science et réflexivité. Cours du collège de France 2000-2001*, Raisons d'Agir, Paris.

essence, ou s'il est plutôt question d'une matrice de références leur permettant de rendre intelligible leur vécu social au présent ? Bien entendu, nous optons pour la seconde option, parce qu'elle semble *a priori* en mesure d'éviter l'écueil de l'a-temporalisation du passé (pour en faire une matière négative ou positive, c'est-à-dire une arme politique) et la dissolution du sens que les acteurs donnent à la politique.

Les acteurs et le politique

Prenons, un premier exemple, pour ne pas nous égarer dans le prolongement d'examens théoriques dénués de toutes considérations pour les rapports sociaux, le témoignage de M. Braşoveanu : « *Maintenant quelle merde, le chômage ! Et les salaires sont bas ! C'est qu'avant ils avaient fait beaucoup d'usines. Avant, il y avait du travail. J'ai fait des excursions en Pologne et en Hongrie. J'ai travaillé en Russie avec ma femme pour faire des immeubles et en Asie centrale. C'était très bien là-bas […] Et après 1989, tout a augmenté, nous avons monté une entreprise. Ça a bien marché. Après, nous nous sommes séparés [de la firme]. Nous avions de l'argent. Après, nous avons ouvert un restaurant. Pendant deux ans. À 40 kilomètres d'ici. Et le chômage a commencé. C'est devenu dur dans les entreprises privées. Aujourd'hui, je travaille dans un dépôt de matériel de construction. Je suis gestionnaire avec le matériel […] Aujourd'hui, on aurait besoin de plus d'argent et de plus de temps libre. Je travaille aussi le samedi, et nous n'avons plus de temps pour nous occuper des enfants. Si tu n'as pas deux salaires, ici tu ne peux pas vivre.* »

La structuration de ce discours montre l'interrelation entre le contexte actuel et le passé. La comparaison s'opère sur des activités précises : les vacances et les voyages dans d'autres pays communistes, sous l'ancien régime et leur absence aujourd'hui ; actuellement au contraire des pressions dans tous les domaines de la vie sociale qui semblent aller crescendo. Cette mise en perspective est intimement articulée au présent, perçue à l'aune de la « crise ». En somme, on n'agite pas le passé pour lui-même, mais seulement parce qu'il permet l'intelligibilité de la situation actuelle.

Prêtons l'oreille à Luminiţa. Cette femme, âgée de 48 ans, vient de Bacău. Une ville qu'elle a quittée en 1972. Elle est au chômage depuis 2 ans. « *Ici, on n'a pas de discussion. On n'a pas de pension [de retraite, d'invalidité etc.] et on n'a pas d'argent. Les pensions… c'est très peu et les charges sont très grandes. Cela fait 18 ans que je suis ici, et c'est de pire en pire ! Quand je suis arrivée, la vie était* meilleure. Maintenant… [elle soupire, puis reprend] Avant il y avait la maison, le travail, les habits, c'était sûr dans la rue. Maintenant, nous n'avons plus tout ça. Avant, c'était beau, il n'y avait pas de scandales. Il n'y avait rien. Jusqu'en 1989 c'était bien. Depuis, on n'a pas d'argent. » Je lui demande alors : « En 1989, c'était la révolution ? », ce à quoi elle répond : « Il y a eu la révolution ? Ah ! Quelle révolution ? Il n'y a pas eu de révolution. Tout se paie plus cher, il n'y a pas de travail et pas d'argent. Quelle révolution ? Et il n'y a pas… il n'y a rien. Pour la santé et tout ça. C'est le gouvernement [qui est responsable]. Ce sont des idiots, des menteurs. Tous ! Ils font tout pour eux et rien pour nous. »

Ces assertions doivent être considérées dans leur contexte. En outre, c'est dans une mise en relation avec leurs problèmes tels qu'ils se présentent dans leur vie quotidienne avec récurrence que les acteurs jugent le présent, évoquent ce passé et lui donnent des formes actualisées. Ce n'est donc pas du passé en tant que tel dont nous parlons, mais d'un passé formaté, reconfiguré pour donner sens à leur vie présente, celle qui est vécue par les acteurs.

Les pensions de retraite basses, les allocations de chômage, de maladie, le manque d'argent, le chômage, l'absence de travail, l'absence de pouvoir d'achat permettant un respect de l'évolution des normes à *Tineretului*, sont des preuves de l'absence de préoccupation de l'État pour sa population.

À un niveau plus général, il existe pour une large part des résidents de *Tineretului*, un « âge d'or » communiste. L'expression « âge d'or » est peut-être exagérée pour analyser cette construction dans l'imaginaire. Toujours est-il que les acteurs font référence au passé en des termes assez positifs. Plus précisément, les résidents comparent aujourd'hui ce qu'ils estiment avoir perçu comme positif au cours de leur vie sous le communisme à des éléments essentiellement négatifs dans le cadre de la crise.

Il y a en général une occultation du cadre politique concomitante à l'édification de cet âge d'or communiste. Évoquer le passé en des termes positifs ne revient pas systématiquement à faire des acteurs des émules de Nicolae Ceausescu, des bolcheviques ou des fanatiques du communisme nationaliste. Pour devenir un âge d'or, le passé doit subir une phase de reformatage afin d'obtenir une forme adéquate au discours des acteurs, mais également un certain degré de pertinence et de cohérence instrumentale. La construction de ce passé n'a d'importance que dans le cadre négatif de la crise. Ce sont les enjeux du présent qui vont orienter le filtrage des éléments contenus dans le « passé » pour lui donner une forme qui soit en mesure d'être comparée avec ce présent.

Ce que l'on nomme, bien souvent à tort donc, comme une chose figée, le passé communiste n'intervient que pour rendre le présent intelligible par les acteurs, il n'existe qu'un passé instrumentalisé, formaté qui va donner sens et forme à l'existence des acteurs. Les excursions, l'éducation, la santé, la possibilité d'acheter un appartement ou de pouvoir se construire un espace privé même précaire sont des revendications liées aux angoisses présentes des acteurs. En ce sens, le passé est une matrice de références conférant la possibilité de donner sens à la démocratie de marché sous forme de « crise », mais donne aussi clairement une possibilité de subversion. Peut-être est-il nécessaire de souligner le poids des effets d'occultation et de censure que nécessitaient l'existence et la survie sous un régime d'une violence extrême comme le fut le régime communiste sous différents aspects à différentes périodes.

Dès lors que l'on considère les propos des acteurs sous cet angle d'analyse, le communisme en tant qu'âge d'or n'apparaît plus comme une image à l'identique du passé, mais comme une matrice centrale de contestation du projet de société de marché tel qu'il est. C'est une arme et une expression révélant et relevant du politique. Les acteurs entrent par l'usage du passé dans la dissidence avec l'ordre social dans lequel ils évoluent, ils en contestent la validité. Étayons cette proposition interprétative.

Les acteurs ont tous l'impression de vivre dans une société dans laquelle l'État de droit n'existe qu'à leur désavantage. De manière exemplaire, dans leurs propos, les règles et les lois paraissent dotées d'une certaine ambivalence : le cadre de la société est celui d'un État de droit semi-fictif. Les règles du droit sont perçues de telle manière que les acteurs les prennent en considération dans leurs comportements et projets notamment en ce qui regarde le commerce secondaire, informel, les taxes diverses, les autorisations requises pour ces activités (comme la législation est largement redevable à la période communiste, les procédures sont d'une incroyable lourdeur). Ils gardent malgré cette intériorisation, une pratique et une conscience fortes des dépassements de ces règles imposées par l'État par d'autres règles informelles et systèmes d'échanges comme les bakchichs, très répandus voire systématiques. Ces lois sont contraignantes et leur dépassement l'est, au moins, tout autant. Une représentante en produits pharmaceutiques, par exemple, est persuadée que c'est à cause du fait qu'elle ne paie pas les pharmaciens ou parce qu'elle ne leur offre pas de « cadeaux » suffisants en comparaison avec ce que peuvent offrir ses concurrents qu'elle ne réussit pas toujours à vendre ses produits « les meilleurs à ce prix ». D'autres pensent qu'ils ne seront pas bien soignés par leurs médecins tant qu'ils n'ajouteront pas quelques produits ou argent au prix de la consultation.

Peu importe que la législation soit considérablement modifiée, notamment en ce qui concerne les investissements extérieurs, la « liberté » d'association, le droit du travail ; peu importe que ces changements donnent matière à rétributions positives de la Commission européenne ou d'autres organisations internationales, les acteurs de ces logements collectifs se retrouvent affrontés à des pratiques qui rendent ces lois illégitimes voire complètement incohérentes. Et toutes les conditions sont réunies pour qu'ils tendent à reproduire cette corruption.

La perception très négative de l'État est à replacer dans son articulation avec l'univers de la politique et ses acteurs. Ils représentent ce que les résidents de *Tineretului* nomment « les communistes ». Cette remarque nous incite à distinguer « les communistes », représentant à peu près les politiciens d'aujourd'hui, et le communisme comme introduction d'une possibilité critique.

La « crise », dans les propos des résidents, l'impossibilité d'une réussite personnelle plus grande se comprennent dans un rapport à la politique. Les richesses des personnages politiques sont synonymes de pratiques de concussion. Elles forment le terreau et la preuve concrète sur lesquels s'appuie un sentiment de frustration exacerbée. La Roumanie étant systématiquement et ouvertement pillée par ses élites depuis la chute du communisme, pour les résidents, toute cette élite, abstraction faite des sauveurs cycliques[1] et fantasmagorique, en un mot comme en mille, « c'est du pareil au même ».

Revenons à Simona : « *Moi, je n'ai pas été membre du parti. J'étais fille de prêtre et j'ai été très... comment dire ? Je ne pouvais pas faire ça ou ça. Il y avait des choses que je ne pouvais pas faire [Elle détourne son attention vers une série télévisée brésilienne quelques instants]. Moi, ça ne me plaît pas cette démocratie chez nous. La démocratie est très mauvaise en Roumanie. Maintenant, il n'y a que des voleurs, des chômeurs et des drogués ! Moi, je suis retraitée. Mais je travaille dans la comptabilité. Le marché est très petit. Notre entreprise est en faillite et je ne sais pas quoi faire. Nous n'avons pas de commandes. Nous faisons des fenêtres. Mais, il faut avoir de l'argent pour avoir une commande. Avant, tout le monde avait*

---

[1] La rhétorique du sauveur est complètement intégrée au champ politique roumain, c'est l'arme de l'*outsider* par excellence.

un travail, un endroit où dormir. Maintenant, il n'y a que des voleurs, des chômeurs et des drogués ! À vrai dire, nous n'avions pas à manger [sous le communisme]. Mais maintenant il y a tout et nous ne pouvons rien acheter [1]. *La situation est désastreuse. Il y a une très grande corruption, personne ne s'intéresse aux retraités. Au gouvernement, ce sont des anciens activistes, quelques activistes, tous des voleurs ! Tu sais, il y a beaucoup de jeunes maintenant qui partent d'ici.* »

Elle évoque alors l'irresponsabilité des responsables politiques : « *Le gouvernement ne s'intéresse à rien. Chez nous, les jeunes vont à l'école et ils se débrouillent. Ils ne leur donnent pas de travail. Un médecin gagne 150 €. C'est incroyable ! Un ingénieur 150 €... Si tu vas chez un mafieux, alors là, ça va ! Tu peux gagner de l'argent. Avant, on avait une industrie... grande. J'ai 23 ans de travail dans une entreprise avec des grandes machines, c'était à peu près la seule en Europe aussi grande. En 1996, un groupe est venu. Et ça a été vendu pour rien. Vous savez, [c'est une usine dans] le secteur de la mécanique. Après pour les plateformes, ils l'ont vendue, un morceau après l'autre, mais ils l'ont vendue cher. Et eux, ils ont gagné de l'argent. Les étrangers font aussi de l'argent dans ce chaos. Si tu as de l'argent tu peux acheter, vendre, et avec la corruption, ils gagnent l'argent.* »

La précarité qui entoure l'avenir professionnel de cette femme est, pour elle, ressentie comme l'indice d'un déclassement général et d'une conjoncture sociétale sombre. L'idée de société, développée par les résidents, n'est pas celle du précariat, de la concurrence libre et non faussée, mais au contraire celle de l'assurance d'un emploi stable. C'est une représentation collective. Elle est développée dans le cadre d'une désindustrialisation sauvage [2].

Dans cet ensemble, l'argent apparaît comme un opérateur de distinction entre « *gens honnêtes* » et gens malhonnêtes. Les politiciens jouent ce rôle négatif, et leurs richesses publiquement affichées fonctionnent comme une preuve de leur trahison pour des acteurs qui se sentent déconsidérés par leurs représentants. C'est l'écart entre la situation des acteurs et la richesse

---

[1] Ce type d'expression semble répandu dans tous les pays est-européens. Pour ma part, je l'ai entendue répétée à maintes reprises en Pologne dans des entreprises multinationales très différentes. HEEMERYCK A., 2007 : « Formy dominacji i związki podległości w polskim przedsiębiorstwie. Esej z antropologii politycznej ». [Formes de domination et relations de dépendance dans les entreprises en Pologne. Essai d'anthropologie politique] *in Bez Dogmatu* [Sans Dogme], Varsovie, n° 71, éd. de l'Institut Wydawniczy ; 2008 : « Une analyse des rapports hiérarchiques dans une firme multinationale de Pologne : légitimation des effets micro-politiques du marché. » *in Annales de l'université Spiru Haret (col. Sociologie & Psychologie)*, Bucarest : 35-51

[2] Rappelons que Bucarest était un centre industriel sous le communisme.

ostentatoire des politiciens-affairistes, aux accents clairement narcissiques, qui est l'épicentre de ce procès. Il faut savoir que les élites politiques roumaines ont deux caractéristiques assez spécifiques : la première est qu'elles comptent un nombre assez impressionnant de personnages millionnaires (en euros), la seconde est le nombre de possesseurs de doctorat.

Notons, au passage, qu'il existe aussi des « étrangers » malintentionnés qui peuvent rejoindre les politiciens locaux par le biais d'un lien basé sur la circulation de l'argent, de la richesse et de la liquidation des entreprises et de l'emploi salarié. Cette accusation se double de celle de l'appartenance au communisme et à la *Securitate*. Ce qu'on voit clairement se dessiner, c'est un antagonisme politique État/société.

Quelques illustrations supplémentaires donneront la mesure de la violence constitutive de la relation à l'État et à ses agents. Une partie de l'enquête ayant eu lieu pendant la campagne électorale de 2004, certains entretiens ont tourné autour de cet événement, ce qui témoigne de l'intérêt des acteurs pour la politique. « *Les élections bah ? Je ne sais pas. C'est celui qui travaille avec cette merde de Năstase (à l'époque premier ministre PSD) qui va être élu aux élections locales. Les gens ne vont pas voter, alors les communistes votent pour les communistes et ils gagnent les élections. Mais tu sais ici les gens ne sont pas éduqués.* »

En soutenant « *qu'ici les gens ne sont pas éduqués* », ce personnage intègre une forme de stigmate tout en le repoussant sur « *les gens* ». Il s'extirpe de cette population. Pourtant, ces propos, concernant les dignitaires du régime, forment la règle à *Tineretului*. Prenons un autre exemple, avec Mihai, artisan, âgé de 58 ans : « *Il n'y a pas de politiciens en Roumanie. Pour le moment, nous essayons de faire une classe politique, mais ce ne sont pas des politiciens. C'est une question de mentalité : jusqu'à la révolution, il n'y avait qu'un seul politicien [rires]. Il y a eu 50 ans de dictature. Les politiciens ne pensent qu'à s'enrichir. Ils veulent garder un maximum d'argent. Ce sont des communistes.* »

À nouveau, le pouvoir, le patrimonialisme et l'appartenance à l'ancienne classe dirigeante communiste caractérisent cette « *nouvelle* » classe dirigeante. Ce témoignage recoupe l'ensemble des labels appliqués à la Roumanie sur un plan international. Les dirigeants actuels appartiennent au communisme, même si celui-ci a disparu. Cette empreinte communiste expliquerait leur avidité pour l'argent, leur patrimonialisation du bien public, leur absence de moralité et ainsi de suite, ce qui rejoint l'accusation de corruption. Ensemble, ces spécificités propres aux politiciens forment une explication aux problèmes de la Roumanie, mais aussi le creuset de l'illégitimité de la classe dirigeante. Lorsque Mihai soutient qu'il n'y a pas de politiciens en Roumanie, c'est pour dénier le rôle qui leur est attribué et celui qu'ils s'auto-attribuent, mais c'est aussi une façon de souligner l'écart entre ce que devraient être leurs rôles et responsabilités et ce qu'ils sont, ou plutôt ce qu'ils ne sont pas, dans la situation actuelle.

Une des difficultés à cerner le cadre du rapport à l'État apparaît plus distinctement ici. Les acteurs se servent d'éléments épars, relevant d'espaces et institutions hétérogènes, constituant une image de soi négative. Cependant, ils n'en restent pas là. Ils s'approprient ces éléments, qui les abaissent au stade de l'anormalité et ressortissent d'une situation de domination, et les réinvestissent dans le cadre du rapport à l'État et aux politiciens. Ils en font un usage instrumental. Les propos de Magdalena, cette femme – son mari et elle sont tous deux retraités –, corrobore cette interprétation : « *Ici, c'est la misère : les politiciens ne travaillent que pour eux, ils ne font rien pour nous.* »

La causalité met directement en relation la situation roumaine perçue et ressentie sous un angle négatif et « les politiciens » ; les divers acteurs de la politique sont le moteur de la « misère ». L'importance prise par la déclaration de possessions de biens par les agents du champ politique en Roumanie, lors des processus électoraux, montre les tensions autour de l'enrichissement, tout comme les inventaires des possessions publiés par les journaux et les médias en général de ces mêmes agents.

Il faut considérer ces propos concernant la sphère politique en relation avec le positionnement de l'État roumain sur la scène internationale : l'État applique des réformes de manière à respecter les normes des institutions européennes. L'État cherche donc des appuis et une légitimité internationale. Les acteurs, en le renvoyant à son empreinte communiste, attaquent ce registre.

Les politiciens forment un univers étranger constitué d'acteurs corrompus. Ils ne font pas partie de la société à laquelle les acteurs disent appartenir. Cette orientation des représentations en termes négatifs du champ de la politique ne peut être dissociée des frustrations générales engendrées par les expectatives et les promesses non réalisées sous le postcommunisme qui s'incarnent dans le terme de « crise » comme forme réalisée de la démocratie de marché. Les sourires grinçants des acteurs, ces rictus marquant la tension sur les visages, lorsqu'on évoque la révolution qui, pour beaucoup, est synonyme de déclassement et, pour d'autres, d'une prise de pouvoir par les anciens cadres communistes, en donnent une illustration tout à fait convaincante. De plus, la prise de pouvoir par cette ancienne élite est celle d'acteurs dont les richesses sont montrées au vu et au su de tous sur le mode de l'enrichissement frauduleux ou, pour utiliser un terme relevant désormais du sens commun, sous l'angle de la corruption. Les preuves d'une trahison des élites politiques sont pour les acteurs multiples. Le cadre d'unification de cette élite, qui va donner une cohérence à ce procès, c'est l'enracinement dans le passé formaté comme stigmate. Le stigmate de l'appartenance à la dictature est donc manipulé.

Pour les résidents, l'État ne peut être considéré comme le garant d'une forme de justice, de solidarité et de sécurité dans un éventail de domaines comprenant la santé, l'éducation, le logement, l'emploi, les inégalités… Au contraire, la sphère politique des représentants de l'État est considérée comme un univers disjoint de la société, où une élite parasitaire s'accapare les richesses aux dépens de la population, dépositaire de lois non respectées par ceux-là même qui les produisent. Les griefs des acteurs par rapport à ce monde dont ils sont exclus, peuplé par des « communistes », sont scandés moins parce que ces derniers représentent l'incarnation d'un habitus relevant de l'ancien régime, ou dans le sens où les acteurs chercheraient un procès sans fin du communisme, que parce qu'ils sont l'expression d'un abus de pouvoir d'un groupe qui, de ce point de vue, peut apparaître cohérent et solidaire. L'expression de communiste, distincte du communisme, permet justement l'unification symbolique d'acteurs aux profils hétérogènes. Les communistes peuvent intégrer églament des partis ou membres de partis politiques officiellement anticommunistes puisque tous les politiciens ou presque ont entretenu un lieu objectif avec le communisme (ils sont nés et ont été promus dans une société communiste). On peut évoquer les expectatives assez spectaculaires suscitées par l'accès à la présidence de la Roumanie des opposants « aux communistes », c'est-à-dire Emil Constantinescu en 1996 et Traian Basescu en 2004 (pourtant eux-mêmes fort bien intégrés sous l'ancien régime). La déception à la hauteur des espérances, ne fait que renforcer le sentiment de crise et d'injustice perpétuelles lié à cette période que les acteurs nomment parfois « transition », transition qui ne cesse de s'éterniser. Preuve s'il en est, que l'on n'est pas dans le procès du communisme, mais dans le procès du postcommunisme.

Le constat formulé de manière singulière par chaque acteur de l'écart entre ce qui est dit et ce qui devrait être fait, l'observation quasi quotidienne d'un gouffre entre les politiciens, leurs richesses et une vie quotidienne faite de difficultés n'est pas qu'une accusation, c'est aussi une demande, demande qui n'a pas ou peu de répercussions au niveau de l'État et des partis. Il existe une société avec des attentes, mais celle-ci ne se perçoit pas ou très difficilement dans ces accusations répétées à satiété.

Dans l'esprit des acteurs, l'élite est la première responsable de la crise. Cette accusation s'appuie sur une demande de régulation de la société correspondant à un modèle de société dans lequel les gens seraient moins exposés aux risques qu'ils ne le sont dans cette démocratie de marché. Pour affirmer cette idée, les acteurs en appellent au communisme et à ses services sociaux et publics souvent fantasmés.

La réinjection du communisme est plus qu'un discours, une pathétique nostalgie, c'est un ensemble de signifiés prédéterminés qui sont eux-mêmes l'objet de luttes de pouvoir et vont donner force, puissance et pertinence à l'expression individuelle qui s'inscrit dans la collectivité, car le communisme, c'est aussi un lot d'expériences communes, des vies entières. Cette réinjection va donc permettre de penser la collectivité non plus comme une monstruosité du fait de sa corruption avec la dictature, ni même comme une simple victime immature qu'il faudrait prendre par la main tendrement ou avec autorité pour la ramener sur le droit chemin. Elle va permettre également une réhabilitation individuelle et collective qui s'oppose à la stigmatisation. Cet appel à un communisme imaginaire, dont le contenu n'est pas justement celui du communisme, est la condition de possibilité de l'entrée en politique dans une position critique. En effet, cette entrée, illégitime en politique du point de vue des contraintes macro-idéologiques, puisque le communisme est considéré seulement comme une abjection, ne peut prendre forme qu'en entrant en dissidence avec la domination « démocratique », comme domination incontestée et incontestable. Il s'agit donc d'une édification de la subversion de la domination démocratique. Par ce moyen, les acteurs gagnent un espace où il est permis de formuler un point de vue critique. C'est la possibilité d'une réappropriation potentielle de la souveraineté collective et *in fine* d'une souveraineté populaire qui se cache derrière ces appels.

On comprendra donc l'acharnement idéologique des ONG-istes, des élites intellectuelles, étrangers à toute réelle forme de démocratie représentative, qui ont construit leur statut dans une osmose avec des modèles de société normatifs aussi globaux qu'abstraits, à obturer et à mépriser la dissidence d'une société face à l'imposition d'un modèle de société dans lequel elle ne se reconnaît pas.

14. L'utopie de l'enfermement collectif

L'investigation dans le champ résidentiel de *Tineretului* offre un visage sensiblement différent de celui de la société roumaine offert par l'enquête menée dans les ONG de démocratisation. On est définitivement sorti du continuel (auto)conditionnement sur le bienfait des lumières démocratiques, joyeuse aventure, en façade du moins, pour entrer dans une société où le devenir de chacun est marqué par l'incertitude. Cette société de marché en proie à une crise structurelle est un cadre sociologique et symbolique structurant et structuré. L'instabilité des hiérarchies et des statuts dévoile une peur intériorisée du déclassement. Ces tendances sociétales sont quotidiennement illustrées directement ou indirectement.

Ce cadre d'évolution est la traduction de la transformation du système politique et économique : le passage d'une économie planifiée et centralisée au système capitaliste engendre une pesanteur de plus en plus forte de l'argent, de la consommation et des richesses dans les agencements sociaux. Le spectre de la structure sociale hiérarchisée se trouve, du fait de l'introduction de ces nouveaux paramètres, de plus en plus étiré. La stratification sociale est caractérisée par un manque de stabilité et l'imminence de l'exclusion du quartier est perçue comme l'épilogue d'une chute sans fin et un adieu définitif aux désirs de stabilité ou de promotion sociale des acteurs.

Les observations menées dans ces immeubles montrent un processus de distinction sociale prononcée au sein de laquelle les acteurs édifient leur appartenance à une hiérarchie imaginaire plus large. Trois figures symboliques de l'étranger mêlant des éléments internes autant qu'externes, trois figures représentant trois pôles dans les hiérarchies permettent aux acteurs de se positionner dans ces ensembles sociaux.

Symbolisée par le paysan, la première figure représente l'extériorité par excellence à la fois de la ville et de la civilisation dont à laquelle les acteurs se réclament et revendiquent l'appartenance. Se prétendre civilisé, éduqué, suivant le calque du modèle de consommation européen nécessite, dans ce cas, de fixer ce qui lui est extérieur pour mieux le marginaliser. Le paysan, les villages, les villageois représentent cette entité. Il s'agit d'une réinjection de références culturelles et politiques anciennes, mais actualisées. L'instrumentalisation de cette référence symbolique va permettre aux résidents appartenant à la frange supérieure d'opérer un tri et de former une strate sur laquelle s'appuyer pour revendiquer leur supériorité.

En effet, le modèle de consommation calqué sur une modernité occidentale imaginée permet une inclusion cohérente dans la zone européenne et occidentale. C'est de cet idéal que les acteurs tentent de se rapprocher. Cette tentative débouche sur une réalité d'autant plus incertaine qu'elle ne saurait trouver de traduction sans équivoque dans la réalité, puisque l'existence de relations avec ce que les acteurs nomment les paysans ne peut être totalement ignorée par les résidents eux-mêmes. C'est de cette proximité relative que proviennent leurs efforts pour repousser au loin ce qui leur est d'une certaine façon proche.

Le Tzigane, second repère hiérarchique, ajoute le stigmate ethnicisé au stigmate de la pauvreté. L'insécurité fantasmée que provoque la présence des Tziganes à *Tineretului* symbolise pour les acteurs la situation d'insécurité dans laquelle eux-mêmes se trouvent plongés. Les risques de déclassement sont des plus prononcés et l'éclectisme social marqué qui progresse peu à peu dans le quartier est une source d'inquiétude forte. Le Tzigane, à la différence du paysan, n'est pas un inférieur manquant de civilité, un reflet du moi négatif. Il représente l'exclusion du monde. C'est pourquoi les résidents le perçoivent comme un danger à rejeter du quartier. Il doit rester le signe d'une appartenance aux quartiers les plus pauvres, les plus délabrés, là où les acteurs risquent de devoir emménager en cas de rétrogradation sociale. À défaut de pouvoir maîtriser son destin et les risques, on peut toujours tenter d'éliminer les signes du malheur. Dans cette optique, maintenir le Tzigane à l'extérieur, c'est maintenir éloigné le signe de la décadence. C'est tenir le « hors-monde » hors de l'espace résidentiel, et préserver le rapport de subordination. Mais *Tineretului* n'étant pas un modèle de quartier, ces efforts sont à renouveler continuellement.

La cohérence sociologique n'en demeure pas moins fragile et donc impuissante à fonder une supériorité hiérarchique sans ambiguïté. Il faudrait en effet qu'une identité de classe assez homogène puisse voir le jour dans ce quartier. Or, on en est loin. L'émulation engendre même des antagonismes internes et une concurrence entre les diverses tentatives d'imposition d'une définition des normes sociales. De surcroît, on perçoit clairement un éclatement des positions et un processus de distinction qui corrodent ces tentatives et laissent émerger de plus en plus clairement la pluralité (restreinte) des groupes en présence à *Tineretului*. C'est de là que provient une volonté parfois prononcée de conserver son voisinage à distance.

Enfin, ce qui ressort avec force de l'étude de ce quartier, c'est la logique de la fermeture. Elle traverse toutes les relations entre les résidents eux-mêmes et les autres territoires de Bucarest. C'est bien l'institution d'une concurrence acharnée qui entraîne cet enfermement. L'enfermement est le moyen de réguler la concurrence, de pouvoir imposer un certain nombre de règles en sa propre faveur, pour ne pas se retrouver dans une position humiliante. Le rêve de fermeture de cet espace est un rêve de repli sur soi et de sortie du monde pour en créer un autre à l'abri des incertitudes que réserve le projet de démocratie de marché. On coupe de cette façon les multiples possibilités d'entrer en concurrence avec les autres résidents. L'instabilité réelle de cette société la mène, en dernière instance, à une volonté ségrégationniste qui pourrait prendre forme. Au demeurant, *Tineretului* est un bon exemple de cette lame de fonds urbaine qui se répand visiblement un peu partout sur la planète à la seule différence que ses résidents ne peuvent construire de murs les séparant du reste du monde. Ces murs qui les mettraient à l'abri.

Dans ces conditions, le projet de démocratie, qui suscitait pourtant des expectatives quasiment surnaturelles, après la chute d'une dictature catastrophique, s'est essoufflé. S'il fait aujourd'hui corps commun avec la société telle qu'elle est, il ne se présente plus comme une alternative et a de plus en plus de mal à se maintenir au rang d'horizon métaphysique indépassable, puisque la démocratisation, en fin de compte, c'est bien une forme domination sacralisée. Si c'est là la démocratie réelle de marché et que sa contestation n'est pas permise, il ne reste plus à ses citoyens qu'à faire appel au communisme. En dernière analyse, c'est bien la seule matière qu'ils peuvent utiliser pour mettre en doute l'ordre de cette société et la légitimité de son projet.

Le dépassement
de l'identité souillée

> « En 1991, après le coup d'État fomenté par la nomenklatura contre Ceausescu, l'appareil de la police secrète roumaine continua bien sûr à fonctionner comme à l'ordinaire. Mais les efforts déployés par celle-ci pour donner une nouvelle image d'elle-même, plus sympathique, en phase avec les temps « démocratiques » nouveaux, eurent pour conséquence d'étranges péripéties. Un de mes amis américains, qui était à ce moment-là à Bucarest à l'occasion d'un échange universitaire, appela chez lui une semaine après son arrivée et raconta à son amie qu'il se trouvait dans un pays pauvre mais accueillant, où les gens étaient sympathiques et avides de connaissance. Dès qu'il eut raccroché, le téléphone sonna ; il prit le combiné, et, à l'autre bout du fil, dans un anglais un peu gauche, l'officier des services secrets chargé d'écouter sa conversation téléphonique se présenta à lui et expliqua qu'il voulait le remercier pour les choses aimables qu'il avait dites sur la Roumanie – puis il lui souhaita un agréable séjour et le salua. »
>
> Slavoj ŽIŽEK, 2004 : *Vous avez dit totalitarisme ? Cinq interventions sur les (més) usages d'une notion*, éd. Amsterdam, Paris.

L'intégration de la Roumanie au marché mondial a pris la forme d'un déclassement, d'une exclusion symbolique à l'impact extrêmement fort sur le tissu intersubjectif de cette société. Quoique graduelle, cette entrée dans la globalisation capitaliste ne s'est pas effectuée sans un relatif bouleversement de la société, sans une déviance certaine par rapport aux normes internationales. On observe dans cette dynamique l'accentuation d'une marginalisation déjà présente au début des années 1980, à l'époque où déjà la Roumanie devenait un pays relevant de l'intervention humanitaire. Cette position sur la scène internationale est une clef pour la compréhension des agencements sociaux, de leur traduction dans l'imaginaire. Les changements survenus à une échelle macropolitique forment une matière, des références que les acteurs utilisent dans les constructions de leurs relations sociales et de leur personne. En termes plus concis, ces changements, ainsi que les éléments qui les constituent, alimentent leurs visions du monde.

Revenons rapidement sur cette évolution récente de la Roumanie. Dans les années 1980, le régime de Ceausescu, salué quelques années auparavant par l'Occident, en particulier pour sa capacité à représenter une force d'opposition à l'URSS, est rejeté dans l'immoralité : des témoignages de dissidents, les rapports des ONG concernant les violations des droits de l'homme et l'émergence de la question de la systématisation dans les médias occidentaux viennent sédimenter l'image d'un régime qui, soudainement, apparaît sous des images d'horreur. Ces images d'autant moins acceptables qu'elles sont l'illustration d'une catastrophe humanitaire qui suscite un effroi légitime : la conjoncture des années 1980, marquées notamment par l'imposition de l'idéologie humanitaire [1] en Occident et au sein des programmes internationaux, place directement la société roumaine dans la catégorie qui relève de l'humanitaire.

À ce moment-là, une sorte de renversement conservateur du culte de la personnalité va se produire et servir à désigner le coupable de la catastrophe : le *Conducator* lui-même, et transférer la responsabilité collective sur sa personne.

Le régime politique sous Ceausescu se définissait par un projet de totalisation politique de la société roumaine : l'économie était soumise au plan du parti, tout comme les rapports sociaux, les références identitaires, la reproduction biologique, qui devaient former un tout dans la grande marche vers la victoire du socialisme radieux, supérieur politiquement, économiquement, socialement et culturellement à tout autre système politique. Cette marche était censée se dérouler sous « les lumières » du *Conducator*. Ce père/oncle « bienveillant » protégeait la nation face à un étranger identifié plus ou moins explicitement (à l'Ouest et à l'Est). Cependant, croire que la voie nationaliste empruntée par le communisme roumain commence sous le régime Ceausescu est une erreur historique. L'histoire du communisme roumain montre clairement un glissement

---

[1] HOURS B., 1998 : *déjà cité*.

précoce vers le national-communisme. C'est sous l'exercice politique de Gheorghiu-Dej, dans les années 1950-1960, que débutent la dé-russification et la mise en place d'une politique nationaliste. L'absence de déstalinisation, l'éviction des « Moscovites » au bénéfice des communistes « nationaux », le retrait de l'Armée rouge en 1958, le schisme yougoslave, sans compter les insurrections à l'Est, sont les événements marquants qui laissent entrevoir l'avènement de l'un des pouvoirs les plus rigides parmi les régimes communistes de l'Est. On ne saurait comprendre comment le système communiste roumain a pu s'autonomiser sur le plan identitaire de la sorte, sans rappeler schématiquement quelques éléments historiques.

Nicolae Ceausescu va poursuivre dans cette direction, la renforcer à outrance, et conduire progressivement la Roumanie vers un repli identitaire exacerbé. Le contexte d'une mise en œuvre du « socialisme réel » à l'Est s'y prêtait et allait permettre au *Conducator*, en s'infiltrant dans cette brèche, d'en faire l'assise centrale de sa légitimité (au début en accord avec le Kremlin), de sortir la Roumanie de l'influence à la fois de l'URSS et de l'Occident par l'exaltation d'une autochtonie glorifiée. Magnifier l'identité nationale devait permettre à la nation roumaine de surmonter les dominations étrangères et créer la grande alliance entre le peuple, l'État, le parti et ses dirigeants.

C'est en effet une des caractéristiques de la Roumanie de s'être toujours trouvée dans à la périphérie des pouvoirs centraux d'empires (russe, austro-hongrois, ottoman, byzantin…) tout en étant marquée par la proximité des centres de pouvoir. L'histoire de ces configurations géopolitiques met en lumière la réduction des possibles sur le plan de la légitimité interne de l'État et sur la question de l'appartenance nationale.

Le pouvoir sous le communisme a tenté de donner une réponse nationaliste à cette situation historique. La politique menée sous Ceausescu n'est pas étrangère à l'histoire de la Roumanie. Au contraire, elle puise dans une autochtonie poussée à l'extrême, tendance présente depuis l'origine de la constitution de l'État-nation roumain. Sous Ceausescu, ce sont ces références qui ont été mobilisées pour rompre avec l'histoire d'une nation secondaire dans le monde.

Le système et la fiction de représentation politique qui s'érodent peu à peu et les conditions de la chute du régime communiste vont cimenter cette image d'une nation secondaire. Les guérillas de quelques jours en décembre 1989, la découverte de la manipulation du charnier de Timişoara, les images désastreuses des orphelinats, puis un peu plus tard la répression de la place de l'Université de Bucarest suscitent des réactions faites de compassion et de répulsion. Cette suite d'événements peut être considérée comme un rituel funèbre qui enterre définitivement le communisme. Peu ou prou ces représentations, s'inspirant de faits réels extrapolés, constituent la Roumanie en pays étranger, sous-développé, constitué de victimes et de bourreaux du totalitarisme. Ces éléments, présents à l'état latent depuis le début des années 1980, concourent au paramétrage d'une constitution de soi sous l'angle de l'exclu symbolique. On pourrait comparer rapidement la situation roumaine de l'époque avec celle de la Turquie actuelle dans l'optique de l'adhésion à l'UE : sa création en tant que bordure extérieure à la civilisation et sa marginalisation vont dans le même sens.

Dans ces conditions, il semble logique de repérer une tendance à la production d'une appartenance identitaire négative par rapport à l'Occident et à l'Europe en particulier, corollaire de l'intériorisation du stigmate exogène. Ce stigmate – produit de la morale et des standards économiques, humanitaires et démocratistes de la globalisation – fait de la Roumanie un pays écartelé entre l'intérieur et l'extérieur du « monde civilisé », voué, semble-t-il, à rester dans l'antichambre de la modernité.

Dans cette optique, la Roumanie vit le renversement d'un « soi autochtone », magnifié sous le communisme, vers une identité souillée. La production de soi sous un jour positif est impossible dans les conditions présentes puisque la relation de dépendance implique une reproduction de la distance entre l'univers occidental et ce pays.

Dans ce tableau, l'étranger occidental représente désormais l'étranger-modèle dont on tente de s'approcher. Ce rapprochement devrait permettre de se dissocier d'une position d'infériorité et de sortir de la crise, ou au moins de se mettre à l'abri des difficultés inhérentes à ce contexte. Car la Roumanie est sans cesse ramenée à cette position d'incivilisée et de marginalité, si ce n'est d'une pathologie sous tous ses aspects. C'est dans cette perspective que l'on peut comprendre les efforts des acteurs pour neutraliser cette image négative en reproduisant ces figures de l'étranger qui vont leur permettre de se situer dans les hiérarchies sociales, de matérialiser les distances et rapprochements dans leurs champs sociaux d'insertion ou de contester leur position. Cette identité autochtone malmenée se construit en effet dans le miroir de l'allochtone.

Les figures symboliques de l'étranger – cette autre facette de la production de soi – forment une triangulation. Le sommet du triangle est occupé par des représentations de l'Occident. Dans le cas de l'association

Prodemocrația, ce sont les normes politiques et, secondairement, morales, économiques et sociales qui dominent dans les esprits. Mettre la population au banc des accusés vise pour ces acteurs à s'aménager un espace de sens positif. Cette construction est travaillée avec d'autant plus d'insistance que les acteurs ne peuvent revendiquer une séparation totale avec la population.

À *Tineretului*, c'est par la consommation et le mimétisme sur un mode de consommation occidental imaginé que se joue le rapprochement avec l'Occident dans un contexte où la monétarisation des rapports sociaux est un opérateur de distinction sociale prédominant. Tout un ensemble de pratiques en découle comme par exemple la gestion d'une frontière entre les sphères publique et privée. Les hiérarchies, les formes de pouvoir et les pratiques sociales se reformulent dans l'idiome de la consommation de façon générale. L'enjeu autour des enfants est peut-être l'un des plus révélateurs de cette volonté de se séparer d'une identité honteuse. En faisant de leur(s) enfant(s) une part non souillée de l'identité, les parents acceptent le stigmate tout en le manipulant. L'investissement dans l'éducation des enfants, qui possèdent, aux yeux des parents, le potentiel pour créer une jonction avec l'Occident et donc diluer la séparation en forme de rapport asymétrique, permet par un retour sur leurs parents de les réhabiliter, et d'effacer l'infériorité. C'est par cette forme de proximité avec l'étranger que les acteurs tentent de s'extirper de la conjoncture perçue comme une crise globale.

Le communisme et les communistes d'un côté, le paysan et les villages de l'autre, forment le symétrique inverse de l'étranger, le visage à double face d'un pôle négatif. Ces deux faces se complètent l'une l'autre et se dédoublent parfois. Pour les ONG, la mentalité communiste de la population et des dirigeants politiques est l'ennemi principal qui traverse l'ensemble de la société, empêchant l'émancipation qui pourrait advenir par l'adoption du modèle calqué sur l'étranger, modèle synonyme de l'avènement d'une prospérité pour la Roumanie. Ruralisme et communisme, ces deux références se rejoignent dans une assignation à une position arriérée.

À *Tineretului*, ces deux visages sont séparés. La figure du paysan est le strict inverse de l'image que les acteurs entendent donner à leur appartenance hiérarchique. Prétendre vivre dans un quartier civilisé en respectant les règles d'un mode de vie supérieur, sur le modèle d'une prospérité consumériste, est une façon d'échapper à la lourdeur du contexte à risques multiples qui caractérise la société roumaine aujourd'hui. C'est aussi une façon de se distinguer de la société globale empreinte de représentations négatives. La question de l'appartenance à une strate supérieure de la société est étroitement liée à la distinction d'avec l'arriération que représente le paysan roumain. La distinction pour avoir une cohérence doit être retravaillée par les acteurs puisque tous les signes qu'ils estiment extérieurs à leur être sont finalement proches d'eux. Cette matrice de références se présente, tout au long de l'histoire roumaine, comme l'épicentre d'une renaissance nationale, particulièrement pour les courants politiques nationalistes.

La référence à l'ancien régime pour les résidents est l'objet d'une séparation entre le communisme et les communistes. Tous deux jouent un rôle différent, mais comparable aux représentations relevées à APD. Les communistes sont les représentants de l'État et du monde politique en général. En soulignant l'appartenance communiste des agents politiques les résidents construisent un cadre symbolique qui unifie des acteurs aux positions parfois hétérogènes. C'est la condition de mise en place du procès.

Quant au communisme, il fait l'objet d'un tout autre usage. Il sert de matrice de contestation de l'ordre politique, social, moral et économique de cette société. Cette matrice de contestation est le fruit d'une configuration particulière. Entre la référence externe qui est la source d'une aliénation réelle et symbolique abaissant l'identité roumaine, l'opprobre qui touche les élites politiques et qui par la médiation de l'étranger reproduit l'infériorité, et la distinction d'avec les « paysans », le passé se présente comme une des seules bases communes pour entrer en politique tout en pensant, en croyant et en prétendant ne pas y entrer. Les acteurs créent du politique sans pour autant avoir à faire face aux répercussions qui touchent l'illégitimité des institutions, de la politique et du pouvoir.

À APD, en revanche, le communisme fait le lien entre la population et l'élite qui ne forment de ce point de vue qu'une seule entité négative. L'accusation peut de cette façon associer ennemis et non affidés pour conserver l'illusion d'une légitimité toujours aussi fragile qui consiste à parler au nom et en lieu et place des citoyens sans les représenter. Objectivement, ce n'est ni un mal, ni un bien. C'est un moyen de se convaincre que la dépendance (financière, au travail) et sa propre sujétion relèvent de la vertu et d'une conscience émancipée, ce qui permet d'entrer dans le monde des dominants.

Le pôle de relégation est représenté par le Tzigane. Il traverse l'ensemble de la société et il est bien moins difficile à « faire vivre », puisqu'il est plus concret et quasi structurellement intériorisé. À APD, sont prévus des programmes de surveillance des élections intégrant des observateurs tziganes pour surveiller les Tziganes dans les processus électoraux. C'est une forme de promotion du communautarisme qui renvoie vers une forme de compétence ethnique de l'observateur. Est ainsi construite, sous un angle conservateur, la position de l'étranger interne, puisque le Tzigane n'est pas observateur de personnes considérées comme non tziganes. L'ethnicisation est assez évidente derrière cette programmation ; l'intégration dans les programmes se réalise dans une reproduction de la distance sociale ethnicisée préexistante.

Dans le quartier de Bucarest étudié, le Tzigane représente la distance sociale avec d'autres strates sociales, d'autres territoires urbains construits socialement en territoires de relégation. La présence de Tziganes est considérée comme un obstacle insurmontable à la mise en œuvre d'une appartenance à un groupe social « civilisé ». Elle est un signe de déclassement aux yeux des acteurs et, de surcroît, une barrière empêchant le franchissement des pesanteurs de la crise et la libération d'une identité souillée. Ce type de conceptions localisées entretient un certain lien avec un discours diffus qui fait des Tziganes les responsables de la « mauvaise réputation » de la Roumanie en Europe.

Cette construction en triangulation complexe et souple à la fois fait appel à des éléments constitutifs de l'histoire de la Roumanie. Les acteurs actualisent leurs usages de références symboliques nationales. La construction idéologique de la nation roumaine mettait en avant différents éléments notamment entre le rural et l'urbain, les caractéristiques orientales autochtones et celles occidentales analogues. Ces éléments continuent et continueront d'être utilisés et modifiés pour donner un sens à une situation présente tout en y intégrant des éléments supplémentaires. Il paraît clair, par exemple, que le communisme, malgré sa mort, a encore quelques beaux jours devant lui. Précisons que nous sommes au plus loin d'un culturalisme entendu dans son sens le plus restreint [1]. Ces éléments n'auraient pu continuer à être utilisés sans être malléables. Le retour à des discours sur

---

[1] L'ouvrage Sorin Antohi (*Imaginaire culturel et réalité politique dans la Roumanie moderne. Le stigmate et l'utopie*. L'Harmattan, Paris, 1999) est à cet égard éloquent : construit autour d'une démonstration érudite, argumentée par des références aussi prestigieuses qu'inadéquates (Malinowski, Goffman, Hayek, Bergson, etc.), et surtout jamais critiquées, le texte fait l'économie de l'histoire au bénéfice d'un insurmontable stigmate dont le symétrique opposé (positif) serait l'utopie. La réification appliquée par l'auteur l'empêche de penser les constructions des acteurs dans leur rapport au présent.

l'origine peut donner une impression de nature, tout comme l'usage rémanent de ces éléments au long de l'histoire donne l'impression formelle d'un synchronisme atemporel, mais rien ne permet de faire ce lien en essentialisant ces références tant elles ne prennent sens que dans un discours sur une situation en train de se réaliser. À l'inverse, si les acteurs s'approprient des éléments anciens en les renouvelant c'est parce que ces derniers ne peuvent être totalement inventés. Et l'inscription dans l'histoire donne une plus grande pertinence à leurs usages.

Dernier aspect dans cette triangulation : le rejet de la domination qui apparaît en filigrane dans cette étude. Une réaction de frustration identitaire, une réversibilité du rapport de domination, se dessinent vis-à-vis des étrangers occidentaux. Il serait peut-être trop aventureux d'imaginer une réaction nationalitaire puissante et difficilement maîtrisable. Pourtant, le fait est qu'elle est déjà présente comme le montre la présence de C. V. Tudor, candidat dit d'extrême gauche, mais tout autant d'extrême droite, au deuxième tour des élections présidentielles de 2000. Il est clair que ce n'est pas tant ce personnage politique qui nous intéresse que ce que sa présence à un tel événement révèle d'indications sur des frustrations identitaires. Les événements touchant les intégrés précoces de l'UE (Pologne, Hongrie) semblent donner un certain poids à cette question dont les évolutions restent à suivre et qu'il faudrait étudier avec finesse.

Dans cet ensemble, l'État occupe une place centrale à la fois dans le processus de standardisation internationale et au niveau des acteurs. Il est en charge d'assurer la normalisation de la société roumaine par la réception du transfert d'un modèle étranger et sa propre socialisation à la démocratie, aux droits de l'homme et au capitalisme transnational. Toutes ces références sont extérieures. Les accusations de corruption, de fraudes, d'abus de pouvoir portées contre les agents politiques montrent que l'argent est source d'une délégitimation de l'État dans son rôle d'incorporation de modèles étrangers. L'État est perçu principalement sous deux formes : d'une part, celle d'agents individuels prévaricateurs, et ce malgré des efforts pour occulter cette dimension ; de l'autre, celle d'agents des partis politiques en forme de factions solidaires qui s'accaparent le bien public. Sous ces deux expressions, il est incapable d'assurer la promotion d'une identité positive et n'est pas en mesure d'assurer la sortie de la crise interne. L'État se caractérise ainsi par son incapacité à construire une administration efficiente, une redistribution des richesses, à intégrer des normes internationales délibératives sur le plan des institutions ; ses procédures politiques et économiques sont mises en relation avec un patrimonialisme fort des agents du champ politique et leur origine politique communiste est continuellement soupçonnée et très largement réelle. La solidarité interne avec les partis politiques et l'ancienneté communiste – l'ennemi par excellence de la norme démocratique – se renforcent mutuellement dans le procès en cours à APD et à *Tineretului*. Sous cet angle constitution des pouvoirs et appropriation illégitime des richesses sont inséparables, ce qui montre aussi la porosité qui existe entre les milieux affairistes et le monde politique. En opposition, les agents du champ politique tentent de se poser en égaux des dominants allochtones [1], de façon à pouvoir s'autoreprésenter en osmose avec les aspirations de la population, c'est-à-dire à en devenir les représentants politiques légitimes [2]. Les efforts réalisés par toute une frange de ces différents personnages pour se présenter sur le mode du *self made man*, tendant à se rapprocher d'un modèle de l'entrepreneur, afin de se départir des soupçons de corruption, montrent une volonté de détourner l'accusation et de se représenter comme des modèles de réussite capitaliste. Toutefois, le truchement a un effet limité et les dominants étrangers (UE-USA) rappellent régulièrement les défaillances. L'imitation d'un modèle étranger et la promotion d'une image nationale passent par la soumission au pouvoir extérieur lui-même réintroduit en position de supériorité dans ce processus. L'impossibilité pour l'État d'entraîner la société vers un modèle de prospérité allochtone, en rupture avec le modèle antérieurement imposé, est la source de son illégitimité. En se tournant vers les institutions étrangères, l'État s'expose à leurs critiques et finalement à être renvoyé à une position secondaire, ce dont il tente de se départir. L'interdépendance dans laquelle il est plongé, le place dans cette contradiction centrale. En d'autres termes, c'est dans sa recherche d'une légitimité internationale que cette crédibilité hypothétique lui est déniée, ce qui se répercute sur sa légitimité au plan interne. En atteste le fait que les critiques de diplomates et représentants d'États ou d'organisations multilatérales sont toujours reprises

---

[1] Pensons par exemple à l'idée d'un axe sécuritaire Washington-Londres-Bucarest avancée par le président Traian Basescu lors de son premier mandat (2004-2008).
[2] Même les attentats sanglants du 11 mars 2004 à Madrid, attentats au cours desquels 16 Roumains sur 199 victimes ont été tués, ont été présentés comme la preuve d'une solidarité avec l'Occident. Tout s'est déroulé comme si la Roumanie avait payé une dette pour son intégration solidaire (solidarité dans la mort) au « monde occidental ». Une cérémonie quasi militaire marquée par un long discours d'Adrian Năstase, alors premier ministre, eut lieu avec en arrière-plan les cercueils où reposaient les corps des personnes défuntes.

avec déférence et à satiété par les médias, notamment comme des illustrations des errements de l'État.

Il serait toutefois réducteur de limiter à cet angle d'une aversion pour le pouvoir politique l'interprétation des propos des acteurs. Les plaintes vis-à-vis de l'État et des dirigeants sont aussi des demandes : le procès a pour but de ramener l'État à traiter les problèmes qui touchent les acteurs de manière différenciée. Que ce soit pour la santé, l'éducation, la régulation de l'économie, des lois efficientes sur la corruption ou les salaires (etc.), la constatation des manquements de l'État, du fait qu'il n'assume pas son rôle d'agent régulateur, implique des attentes des acteurs à ce niveau. Ce n'est pas là, contrairement à un des avatars culturalistes postcommunistes, la preuve de la survie d'un *homo sovieticus* dans un environnement hostile, mais bien une dimension politique éludée par le projet de démocratie de marché. Le regard porté par les acteurs sur le champ politique est révélateur d'un échec dans l'appropriation d'une légitimité qui place l'enjeu de la redistribution des richesses et l'équilibrage des rapports entre les acteurs et groupes sociaux en son centre. Cette distorsion de la mécanique centrale de la démocratie est aussi révélatrice d'évolutions globales politiques et économiques qui transforment le rôle de l'État et amenuisent ses possibilités d'intervention dans le domaine public, puisque les options politiques sont désormais régies dans une large mesure à l'extérieur de l'espace national au sein d'organismes multilatéraux [1]. C'est ce qui donne l'impression localement que l'on est dans une scène bloquée, dans laquelle les rôles changent peu avec un décor qui évolue continuellement ; parce que ces principes de redistribution des richesses (etc.) ne sont plus ou peu en jeu. C'est l'impossibilité de la politique à répondre aux demandes des citoyens voire son franc refus qui se révèle et non pas l'inverse comme le fait croire l'idéologie transitologique.

La société roumaine politisée existe indubitablement, mais elle ne trouve pas sa place dans les standards de la démocratie de marché et face à un État aux marges de manœuvre limitées, qui est patrimonialisé par une élite prédatrice (intellectuels compris). L'absence d'une médiation et d'une représentativité politique dignes de ce nom est remarquable. Cette représentation n'est ni abstraite ni erronée. Le manque de représentativité politique est notable. Modifier les lois qui régissent les institutions pour

---

[1] Cf. ALTHABE G., 2003 : *op. cit.* ; HOURS B., 2002 : *op. cit.* ; BADIE B., 1997 : *La fin des territoires. Essai sur le désordre international et sur l'utilité sociale du respect*, Fayard, Paris ; du même auteur : 1999, 2002 : *op. cit.*

inviter à redonner plus de sens à la politique donne aux activités d'APD une grande importance. Toutefois, l'absence de langage commun entre les représentants autodésignés de la société civile et les acteurs montrent aussi une inadéquation forte entre ces deux ensembles d'acteurs. Comment l'activité qui endosse le rôle de contrepoids face au pouvoir politique peut-elle prendre une forme concrète et s'établir en opérateur de contrôle et de surveillance de la politique dès lors qu'il n'existe pas de communauté d'intérêt même résiduelle entre les représentants officiels de la société civile et des pans entiers de la société ? D'ailleurs que dire de cette frange supérieure de la société civile qui pratique la politique de dépolitisation à outrance, puisque sa survie dépend de sa capacité à masquer son illégitimé représentative ? Est-il encore pertinent de parler de société civile ?

Si les acteurs jouent à un jeu dont les règles consensuelles fixent leur pouvoir au niveau de l'acquiescement ou d'un refus formel, du geste consultatif, le projet a peu de chance de mobiliser et n'est, au fond, qu'un simulacre de démocratie. Faire du citoyen une entité différente du support d'une politique qui se passe de démocratie supposerait que le principe de responsabilité s'applique d'une façon ou d'une autre à différentes échelles politiques, car l'application d'une démocratie, telle qu'elle se présentait il y a peu de temps encore, n'est plus envisageable dans la conjoncture actuelle : les États-nations sont de plus en plus éclatés, les décisions les plus importantes ne sont plus prises au niveau national, les règles du jeu sont déjà énoncées et les délibérations dans le cadre national sont de moins en moins efficientes et importantes. Envisager le problème de la légitimité du régime politique de manière rigoureuse impliquerait de créer une citoyenneté à différentes échelles, sur différents territoires au niveau le plus large, à commencer par celui de l'Union européenne. Malheureusement, cette dernière montre de plus en plus clairement son caractère politique unilatéraliste et donc antidémocratique. En tout état de cause, la démocratie en Roumanie ne pourra prendre toute sa mesure tant que la négation des principes de représentation politique, de pluralisme ne sera pas attaquée et questionnée frontalement. Une société produisant du politique existe, mais elle ne trouve que peu de réponses au niveau du débat politique enserré dans un carcan en majorité importé. Dans ce cadre, le citoyen est au mieux un représentant de sa charité (normes morales), de ses bonnes mœurs (civilité s'opposant à l'insécurité) ; il n'est pas un acteur du devenir de sa propre société, il n'est pas une personnalité politique au sens plein du terme.

La politique de démocratisation, succédant à la colonisation, au développement et à l'humanitaire, ne peut être considérée comme démocratique, aucune des bureaucraties transnationales de démocratisation ne se plie à la morale qu'elles vantent et vendent, échappant à la communauté politique locale et à toute forme de responsabilité politique. Et ce n'est pas là un mince paradoxe [1]. Elles créent, par le biais de l'imposition de normes une scission entre inclus et exclus. C'est pourquoi, dans ce cadre, il n'existe pas de société, il existe seulement des normaux et des anormaux. Et, la Roumanie se situe dans cet interstice idéologique entre la normalité et l'anormalité.

---

[1] Cette analyse semble de portée générale lorsqu'on la compare à des recherches effectuées sur d'autres terrains, plus distants géographiquement et politiquement. Voir par exemple FERGUSON J., 2006: *Global Shadows: Africa in the Neoliberal World Order*. Duke University Press, Durham, NC & London.

Bibliographie

ABÉLÈS M., 1990 : *Anthropologie de l'État.* Armand Colin, Paris.

ALTHABE G., 1984 : « Ethnologie urbaine : ses tendances actuelles » *in Terrain*, n° 3 : 3-4

ALTHABE G., 1999 : « În loc de concluzie, interviu cu Gérard Althabe » [En guise de conclusion, entretien avec G. Althabe] *in* NICOLAU I. & POPESCU I., 1999 : *O stradă oarecare din Bucureşti* [Une rue quelconque de Bucarest]. Nemira, Bucarest. Présentation et traduction en français *in Journal des anthropologues*, 2005, n° 102-103 : 355-369

ALTHABE G., 1999 : « Un paysage social incertain. La Roumanie postcommuniste » (entretien par L. Bazin) *in Journal des anthropologues*, n° 77-78 : 35-51

ALTHABE G., 2003 : « Fin de partie solidaire : charité et finance » *in* HOURS B. & SÉLIM M. (éds.), *Solidarités et Compétences. Idéologies et pratiques.* L'Harmattan/IRD, Paris : 167-171

ALTHABE G., MARCADET C., PRADELLE (de la) M., 1985 : *Urbanisation et enjeux quotidiens.* Anthropos, Paris (rééd. L'Harmattan, 1993).

ALTHABE A., LÉGÉ B., SÉLIM B., 1993 : *Urbanisme et réhabilitation symbolique.* L'Harmattan, Paris (1ère éd. 1984, Anthropos).

ALTHABE G. & SÉLIM B., 1998 : *Démarches ethnologiques au présent.* L'Harmattan, Paris.

ALTHABE G. & NICOLAU I., 1999 : « Les gens et les choses : intimité et consommation » *in Martor* (Revue du Musée du Paysan Roumain) : *Objet pratiqué, objet interprété*. 7, Bucarest : 134-146

ALTHABE G. & MUNGIU-PIPPIDI A., 2004 : *Villages roumains. Entre destruction communiste et violence libérale.* L'Harmattan, Paris.

ANDERSON B., 1983: *Imagined Communities: Reflections on the Origins and Spread of Nationalism.* Verso, London.

ANTOHI S., 1999 : *Imaginaire culturel et réalité politique dans la Roumanie moderne. Le stigmate et l'utopie.* L'Harmattan, Paris.

ATLANI L., 2005 : *Au Bonheur des autres. Anthropologie de l'aide humanitaire.* Société d'ethnologie, Paris.

ARON R., 1967 : *Les étapes de la pensée sociologique.* Gallimard, Paris.

BADIE B., 1997 : *La fin des territoires. Essai sur le désordre international et sur l'utilité sociale du respect.* Fayard, Paris.

BADIE B., 1999 : *Un monde sans souveraineté. Les États entre ruse et responsabilité.* Fayard, Paris.

BADIE B., 2002 : *La diplomatie des droits de l'homme. Entre éthique et volonté de puissance.* Fayard, Paris.

BAGAYOKO-PENONE & HOURS B. (eds), 2006 : *États, ONG et Production des normes sécuritaires dans les pays du Sud.* L'Harmattan, Paris.

BALANDIER G., 1955 : *Sociologie des Brazzavilles noires.* Presse de la fondation de sciences politiques, Paris.

BALANDIER G., 1980 : *Le pouvoir sur scène.* Ballan, Paris.

BALANDIER G., 1985 : *Anthropo-logique.* PUF, Paris (1974).

BALANDIER G., 1988 : *Le désordre : éloge du mouvement.* Fayard, Paris.

BAROU J., 2004 : « Comment les anthropologues en vinrent à la ville : extension du domaine de la recherche » in BATTEGAY A. & alii. : *La ville, ses cultures, ses frontières. Démarches d'anthropologues dans des villes d'Europe.* L'Harmattan, Paris : 37-51

BATTEGAY A., BAROU J., GERGELY A. (dir.), 2004 : *La ville, ses cultures, ses frontières. Démarches d'anthropologues dans des villes d'Europe.* L'Harmattan, Paris.

BAUDRILLARD J., 1968 : *Le système des objets.* Gallimard, Paris.

BAUDRILLARD J., 1970 : *La société de consommation.* Denoël, Paris.

BAZIN L., 1998 : *Entreprise, politique, parenté : une perspective anthropologique sur la Côte-d'Ivoire dans le monde actuel.* L'Harmattan, Paris.

BAZIN L., 2003 : « Quelques éléments de clarification sur la globalisation » in *Cahiers lillois d'économie et de sociologie*, Lille, 40 : 175-194

BAZIN L., 2005 « L'enquête ethnologique : cristallisation des modes de relégation » in LESERVOISIER O. (dir.), *Terrains ethnographiques et hiérarchies sociales. Retour réflexif sur la situation d'enquête.* Karthala, Paris : 165-183

BAZIN L., BENVENISTE A., SÉLIM M., 2004 : « Immersions ethnologiques dans le monde global » in *Journal des anthropologues*, 96-97 : 11-28

BAZIN L., HOURS B., SÉLIM M., 2009 : *L'Ouzbékistan à l'ère de l'identité nationale. Travail, sciences, ONG*. L'Harmattan, Paris.

BAZIN L., SÉLIM M., 2002 : « Ethnographie, culture et globalisation. Problématisations anthropologiques du marché », *Journal des anthropologues*, 88-89 : 269-305

BECKER H. S., 1985 : *Outsiders. Études de sociologie de la déviance*. Métailié, Paris.

BIRNBAUM P. (dir.), 1997 : *Sociologie des nationalismes*. PUF, Paris.

BIRO Z. A. & BODO J., 2004 : « Une brève esquisse des recherches d'anthropologie urbaine en Roumanie » in BATTEGAY A. & *alii*. : *La ville, ses cultures, ses frontières. Démarches d'anthropologues dans des villes d'Europe*. L'Harmattan, Paris : 67-71

BOURDARIAS F., HOURS B., LEPALLEC A. (coord.), 2003 : « Les ONG médiations politiques et globalisation », *Journal des anthropologues*, 94-95.

BOURDIEU P., 1979 : *De la distinction. Critique du jugement social*. Éditions de minuit, Paris.

BOURDIEU P., 1982 : *Ce que parler veut dire. L'économie des échanges linguistiques*. Fayard, Paris.

BOURDIEU P., 2001 : *Langage et pouvoir symbolique*. Fayard, Paris.

BOURDIEU, 2001 : *Science de la science et réflexivité. Cours du collège de France 2000-2001*, Raisons d'Agir, Paris.

BOURDIEU P., 1973 : « L'opinion publique n'existe pas » in *Les temps modernes*, 318 (janvier).

BRAN M., 2006 : *Bucureşti, dezgheţul* [Bucarest, le dégel], Humanitas, Bucarest

BUCICA C., 2000 : « Le centre civique de Bucarest ou l'idéologie coulée dans le béton. » Intervention aux Journée d'étude du Célat, Montréal : *Un/L'im Possible deuil du communisme en Europe*.

CARRIGOU A, 2006 : *L'ivresse des sondages*. La Découverte, Paris.

CARTOHERS T., 1996 : *Assessing Democracy Assistance: The Case of Romania*. Carnegie Endowment for International Peace, Washington.

CAULIER M., 2009 : *Faire le genre, défaire le féminisme. Philanthropie, politiques de population et ONG de santé reproductive au Mexique*. Thèse de doctorat, EHESS, Paris.

CHELCEA L., 2000 : « Grupuri marginale în zone centrale : gentrificare, dreptul de proprietate şi acumulare primitivă postsocialistă în Bucureşti » [Groupes marginaux dans la zone centrale : « gentryfication », droit de propriété et accumulation primitive postsocialiste dans Bucarest] *in Sociologie Românească* : 51-67

CIOROIANU A., 2004 : *Ce Ceausescu qui hante les Roumains.* Curtea Veche, Bucarest.

CÎRSTOCEA I., 2004 : « L'enjeu du genre sur le marché intellectuel roumain postcommuniste » in *Transitions*, XLIV, 1 : 165-177

CÎRSTOCEA I., 2004 : « Le devoir féminin entre norme communiste et pratique quotidienne : une étude de cas » *in* IONESCU A. & TOMESCU-HATTO O. (dir.) : *Politique et société dans la Roumanie contemporaine.* L'Harmattan, Paris : 25-50

CÎRSTOCEA I., 2004 : *Contribution à une sociologie de la « transition » roumaine à travers le prisme de la condition féminine et des représentations de la féminité.* Thèse de doctorat de sociologie, EHESS, Paris.

CÎRSTOCEA I., 2006 : « Le monde disparu » et la « société naissante » : représentations savantes de la sortie du communisme en Roumanie » *in Revue d'études comparatives Est-Ouest*, Vol. 37, 3 : 113-142

CÎRSTOCEA I., 2006 : *Faire et vivre le postcommunisme. Les femmes roumaines face à la « transition ».* Université de Bruxelles, Bruxelles.

CÎRSTOCEA I. & HEEMERYCK A., 2004 : « Occurrences paradoxales du politique en Roumanie » *in Journal des anthropologues*, n° 102-103, Paris : 371-409

COURTOIS S. *& Alii.*, 1997 : *Le livre noir du communisme : crimes, terreur, répressions.* Robert Laffont, Paris.

DAVIS M., 2006 : *Le pire des mondes possibles. De l'explosion urbaine au bidonville global.* La découverte, Paris.

DEZALAY Y. & GARTH B., 1998 : « Droits de l'homme et philanthropie hégémonique » *in Actes de la recherche en sciences sociales,* n° 121-122.

DELER J.-P., FAURÉ Y.-A., PIVETEAU A., ROCA P.-J. (Dir.), 1998 : *ONG et développement. Société, économie, politique.* Karthala, Paris.

DORDEA I., 2003 : « La Roumanie » in PAGÉ J.-P. : *Tableau de bord des pays d'Europe centrale et orientale.* Les études du CERI, n° 101 (décembre).

DOBRY M., 2000 : « Les voies incertaines de la transitologie. Choix stratégiques, séquences historiques, bifurcations et processus de *path dependence* », *in Revue française de science politique*, 50, 4-5 : 585-613

Dozon J.-P., 2003 : « Les États africains contemporains dans l'épistémè africaniste française » in *Journal des anthropologues*, n° 92-93 : 13-29

Dreyfus M. & *alii.* (dir.), 2000 : *Le siècle des communismes*. Éd. de l'atelier, Paris.

Durandin C., 1995 : *Histoire des roumains*. Fayard, Paris.

Durandin C., 2000 : *Roumanie : un piège ?* Éd. Hesse, Saint-Claude-de-Diray.

Ehrenberg A., 1991 : *Le culte de la performance*. Calmann-Lévy, Paris.

Ehrenberg A., 2000 : *La fatigue d'être soi. Dépression et société.* Odile Jacob, Paris.

Favret-Saada J., 1977 : *Les mots, la mort, les sorts*. Gallimard, Paris.

Ferguson J., 2006: *Global Shadows: Africa in the Neoliberal World Order*. Duke University Press, Durham, NC & Londres.

FSO-Soros, 2005 : *Barometrul de opinie publică*. Bucarest.

Fisher W. P., 1997: « Doing Good? The Politics and Antipolitics of NGO Practices » in *Annual Review of Anthropology*, 26: 439-464

Foucault M., 2001 : *Surveiller et punir*. Gallimard, Paris (1ère édition 1975).

Foucault M., 2004 : *Sécurité, territoire, population : cours au collège de France (1977-1978)*. Gallimard, Paris.

Foucault M., 2007 : *Naissance de la biopolitique : cours au collège de France (1978-1979)*. Gallimard, Paris.

Galbraith J. K., 2007 : *Économie hétérodoxe*. Seuil, Paris.

Gallagher T., 2005 : *Furtul unei naţiuni. România de la comunism încoace* [Le vol d'une nation. La Roumanie depuis le communisme]. Humanitas, Bucarest.

Gavrilescu A., 2006 : *Noii precupeţi. Intelectualii publici din Romania de dupa 1989* [Les nouveaux marchands. Les intellectuels publics de Roumanie après 1989]. Compania, Bucarest.

Gavrilescu A. & Tudor M., 2002 : *Democraţia la pachet. Elite politică in România postcomunistă* [La Démocratie en paquet. Élites politique en Roumanie postcommuniste]. Compania, Bucarest.

Gheorgiu M. D., Lupu M., 2008 : *Mobilitatea elitelor în România secolui XX* [La mobilité des élites en Roumanie au XXe siècle]. Paralela, Bucarest.

Gibb R., 2003 : « Constructions et mutations de l'antiracisme en France » in *Journal des anthropologues*, 94-95 : 165-179

GLUCKMAN M., 1960 : « Tribalism in Modern Bristish Central Africa » *in Cahiers d'études africaines*, vol. 1 : 55-70

GOFFMAN E., 1975 : *Stigmate*. Éd. de Minuit, Paris.

GRUÉNAIS M.-E., HOURS B., LUXEREAU A., 1995 : « Anthropologie de la santé et de la maladie », *Journal des anthropologues*, Paris, n° 60.

GUILHOT N., 1995 : « La science politique et la transition démocratique à l'Est » *in Futur antérieur*, 27/1 (disponible sur http://multitudes.samizdat.net/-Futur-Anterieur-27-1995-1-.html)

GUILHOT N., 2001 « Les professionnels de la démocratie. Logiques militantes et logiques savantes dans le nouvel internationalisme américain » *in Actes de la recherche en sciences sociales*, éd. du Seuil , n° 13 (9) : 53-65

GUILHOT N., 2004 : « Une vocation philanthropique : George Soros, les sciences sociales et la régulation du marché mondial » *in Actes de la recherche en science sociales*, 151-152 (Sociologie de la mondialisation), éd. du Seuil : 37-48

GUILHOT N., 2004 : *Financiers, philanthropes. Vocations éthiques et reproduction du capital à Wall Street depuis 1970*. Liber/Raisons d'agir, Paris.

GUILHOT N., 2005: *The Democracy Makers. Human Rights and International Order*. Columbia university press, New-York.

GUILHOT N., 2006: « 'A Network of Influential Friendships.' The Fondation pour une Entraide Intellectuelle Européenne and East-West Cultural Dialogue, 1957-1991 », *Minerva*, vol. 44 (4) : 379-409

GUILHOT N., 2008 : « Entre juridisme et constructivisme : les droits de l'homme dans la politique étrangère américaine » *in Critique internationale*, 38 (1) : 113-135

GUILHOT N. & SCHMITTER P.-C., 2000 : « De la transition à la consolidation. Une lecture rétrospective des *democratization studies* » *in Revue française de science politique*, 50, 4-5 : 615-631

GURTHWITH J., 1980 : *Vie juive traditionnelle : ethnologie d'une communauté hassidique*. Éd. de minuit, Paris.

HANN C. (dir.), 2002: *Postsocialism. Ideals, Ideologies and Practice in Eurasia*. Routledge, London.

HEEMERYCK A., 2007 : « Gouvernance démocratique, État et ONG en Roumanie : quelques éléments de clarification autour de l'introduction d'une loi de transparence » *in L'Homme et la société*, L'Harmattan, n° 159 (janvier-mars) : 175-190

HEEMERYCK A., 2008 : *Philanthropie et « culture nationale »*, Archives du Musée du paysan roumain, Bucarest.

HEEMERYCK A., 2007: « Formy dominacji i związki podległości w polskim przedsiębiorstwie. Esej z antropologii politycznej ». [Formes de domination et relations de dépendance dans les entreprises en Pologne. Essai d'anthropologie politique] *in Bez Dogmatu* [Sans Dogme], Varsovie, n° 71, éd. de l'Institut Wydawniczy.

HEEMERYCK A., 2008 : « Le patrimoine culturel immatériel entre marché, État et globalisation : une esquisse de problématisation autour de l'exemple de la Roumanie » *in Martor*-Revue du Musée du paysan roumain, Bucarest : 67-86

HEEMERYCK A., 2008 : « Une analyse des rapports hiérarchiques dans une firme multinationale de Pologne : légitimation des effets micro politiques du marché » *in Annales de l'université Spiru Haret (col. Sociologie & Psychologie)*, Bucarest : 35-51

HEEMERYCK A., 2009 : « Legitimarea filantropică a capitalismului post-comunist în România [Légitimation philanthropique du capitalisme postcommuniste en Roumanie] » *in Romania Review of Political Sciences and International Relations*, éd. de l'Académie roumaine, n° 3, t. IV, Bucarest : 158-168

HEEMERYCK A., 2010 : « Pratiques et idéologies des organisations non-gouvernementales : une problématisation générale et comparative » *in Romania Reviw of Policital Sciences and International Relations*, n° 1, Bucarest.

HOBSBAWM E., 1992 : *Nations et nationalismes depuis 1780. Programme, mythe réalité*. Gallimard, Paris.

HOBSBAWM E. & RANGER T. (ed.), 1992: *The Invention of Traditions.* Cambridge University Press.

HOURS B., 1998 : *L'idéologie humanitaire ou le spectacle de l'altérité perdue.* L'Harmattan, Paris.

HOURS B., 2002 : *Domination, dépendances, globalisation. Tracés d'anthropologie politique.* L'Harmattan, Paris.

HOURS B., 2004 : « Trois objets-étapes de la globalisation de la norme de santé » *in Autrepart*, n° 29 : 135-144

HOURS B., 2005 : « Les étais moraux de la santé unique » *in Journal des anthropologues*, n° 100-101 : 317-327

Hours B., 2008 : « Les marchandises morales globales ou le blanchiment du capitalisme » in Bauman E. & *Alii.* (eds), *Anthropologues et économistes face à la globalisation.* L'Harmattan, Paris : 77-86

Hours B., Sélim M., 1989 : *Une entreprise de développement au Bangladesh. Le centre de Savar.* L'Harmattan, Paris.

Hours B., Sélim M., 1997 : *Essai d'anthropologie politique sur le Laos contemporain. Marché, socialisme et génies.* L'Harmattan, Paris.

Hours B., Sélim M. (dir.), 2003 : *Solidarités et compétences. Idéologies et pratiques.* L'Harmattan/IRD, Paris.

Hovanessian M. (coord.), 2001: « Parcours de l'ethnologie dans le monde postsoviétique », *Journal des anthropologues*, n° 87.

Hughes C. E., 1938: *Industry and the Rural System in Québec.* Toronto University Press, Toronto.

Hughes C. E., 1996 : *Le regard sociologique* (textes rassemblés par J.-M. Chapoulie). EHESS, Paris.

Huiu I. & Pavel D., 2003 : « *Nu putem reuşi decît impreună* ». *O istorie analitică a Convenţiei Democratice, 1989 – 2000* » [« Nous ne pouvons réussir qu'ensemble ». Une histoire analytique de la Convention Démocratique, 1989 – 2000]. Polirom, Iaşi.

Humes D. & Edward M., 1997: *NGO's, States and Donors, too Close to Comfort?* Save the Children Press, New-York.

Insee, 2004 : *Anuarul statistic al Romaniei* [Annuaire statistique de la Roumanie]. Bucarest.

Kafka F., 1991 : *Dans la colonie pénitentiaire et autres nouvelles.* Flammarion, Paris.

Laignel-Lavastigne A., 2002 : *Cioran, Eliade, Ionesco. L'oubli du fascisme : trois intellectuels roumains dans la tourmente du siècle.* PUF, Paris.

Leservoisier O. (dir.), 2005 : *Terrains ethnographiques et hiérarchies sociales. Retour réflexif sur la situation d'enquête.* Karthala, Paris.

Liiceanu A., 2000 : *Nici alb nici negru. Radiografia unui sat românesc 1948-1998* [Ni blanc ni noir. Radiographie d'un village roumain, 1948-1998]. Nemira, Bucarest.

Liiceanu A., 2005 : « Qui sont les jeunes Roumains d'aujourd'hui ? » *in Regards*, n° 15.

Lipovetsky G., 1992 : *Le crépuscule du devoir. L'éthique indolore des nouveaux temps démocratiques.* Gallimard, Paris.

LORDON F., 2003 : *Et la vertu sauva le monde... Après la débâcle le salut par l'« éthique »*. Raison d'Agir, Paris.

MARIN V., 2006 : « La politique de l'habitat et la triade proximité-cohésion-communauté. Prolégomènes à l'étude de l'habitat collectif à Bucarest » *in Arches*, Cluj-Bucarest, t. 6 : 75-94

MAJURU A., 2003 : *Bucureşti Mahalelor sau periferia ca mod de existenţă* [Le Bucarest des banlieues ou la périphérie comme mode d'existence]. Compania, Bucarest.

MANNHEIM K., 2006 : *Idéologie et utopie*. MSH, Paris (1929).

MARX K., 1997 : *Le 18 Brumaire de Napoléon Bonaparte*. Mille et une nuits, Paris (1851).

MASPÉRO F. & SLUBAN K. 1999 : *Balkan transit*. Seuil, Paris.

MIHĂILESCU V., 1991 : « Nationalité et nationalisme en Roumanie » *in Terrain*, n° 17, Version électronique.

MIHĂILESCU V. et *alii*. 1995 : « Le bloc 311. Résidence et sociabilité dans un immeuble d'appartements sociaux à Bucarest » *in Ethnologie Française*, n° 3 (România : construction d'une nation). PUF, Paris : 484-496

MINK G., 1989 : *La force ou la raison, histoire sociale et politique de la Pologne (1980-1989)*. La Découverte, Paris.

MINK G. & FOREST M. (dir.) 2004 : *Postcommunisme : les sciences sociales à l'épreuve*. Paris, L'Harmattan, Paris.

MINK G. & SZUREK J.-C., 1993 : « Anciennes et nouvelles élites en Europe centrale et orientale. » *in Notes et études documentaires*, n° 703, La documentation française, Paris.

MINK G. & SZUREK J.-C., 1999 : *La grande conversion. Le destin des communistes en Europe de l'Est*. Seuil, Paris.

MUSÉE DU PAYSAN ROUMAIN, 2003 : *LXXX. Mărturii orale : anii 80' şi bucureştenii* [LXXX. Témoignages orales : les années 1980 et les Bucarestois]. éd. Paideia, Bucarest.

NACU A., 2004 : « Vers un « politiquement correct » ? Quelques tendances récentes de la politique en vers les minorités en Roumanie » *in* IONESCU A., TOMESCU-HATTO O. (dir.) : *Politique et société dans la Roumanie contemporaine*. L'Harmattan, Paris : 267-287

NOICA C., 1989 : *Istoricitate şi eternitate* [Historicité et éternité]. Éd. Capricorn, Bucarest.

OLTEANU I., 2008 : « ONG-urile și elite » [Les ONG et les élites] *in* GHEORGIU M. D., LUPU M., *Mobilitatea elitelor în România secolui XX* [La mobilité des élites en Roumanie au XXe siècle]. Paralela, Bucarest.

OPREA M. & OLARU A. (Dir.) 2002 : *Ziua care nu se uită, 15 noiembrie, Brașov* [Le jour qui ne s'oublie pas, 15 novembre Brașov]. Polirom. *Iași*.

PAVALESCU A., 2009 : *Le Conducator, le Parti et le Peuple : le discours nationaliste comme discours de légitimation dans la Roumanie de Ceausescu (1965-1989)*, Thèse de doctorat, Institut d'Études Politiques, Paris.

PÉTONNET C., 1985 : *On est tous dans le brouillard : ethnologie des banlieues*. Galilée, Paris.

PETRIC B.-M., 2002 : *Pouvoir, don et réseaux en Ouzbékistan postsoviétique*. PUF, Paris.

PINÇON M. & PINÇON-CHARLOT M., 1989 : *Dans les beaux quartiers*. PUF, Paris

PIROTTE G., 2003 : *Une société civile postrévolutionnaire. Le nouveau secteur ONG en Roumanie. Le cas de Iași*, Academia Bruylant, Louvain.

PIROTTE G., 2006 : *L'épisode humanitaire Roumain. Construction d'une « crise », état des lieux et modalités de sortie*. L'Harmattan, Paris.

POPESCU C., 2004 : « Du pouvoir et de l'identité : une cathédrale pour la rédemption de la Roumanie » *in* DURANDIN C. & CARNECI M., 2004 : *Perspectives roumaines. Du postcommunisme à l'intégration européenne* : 189-212

POPPER K., 1945: *The Open Society and Its Enemies*. Vol. 1: *The Spell of Plato*. Vol. 2: *The High Tide of Prophecy: Hegel, Marx and the Aftermath.*, Routledge, Londres.

PONS E., 1995 : *Les Tziganes de Roumanie : des citoyens à part entière ?* L'Harmattan, Paris.

RIST G., 2001 : *Le développement. Histoire d'une croyance occidentale*. Presse de Science-Po., Paris, 2ème édition.

RIST G. (dir.), 2003 : « Les mots du pouvoir. Sens et non-sens de la rhétorique internationale », *Nouveaux cahiers de l'IUED*, 13, Genève.

ROHARIC I., 2004 : « L'insertion professionnelle des jeunes en Roumanie » *in* VULTUR M. : *Regard sur… les jeunes en Europe centrale et orientale*. Presse de l'Université de Laval/IQRC : 113-127

ROSTÁS Z., 2002 : *Chipurile orașului. Istorii de viață în București. Secolul XX.* [Les visages de la ville. Histoires de vie à Bucarest. XXe siècle] Polirom, Iași.

RUFAT S., 2003 : « Les « résidences fermées » à Bucarest : de « l'entre soi » à la fragmentation ? » *in Arches*, t. 6 : 83-93

SAMSPON S., 2002: « Beyond transition. Rethinking elite configurations in the Balkans » in HANN C.: *Postsocialism. Ideals, Ideologies and Practice in Eurasia*. Routledge, London : 297-316

SAMSPON S., 2002: « Weak States, Uncivil Societies and Thousands of NGOs Western Democracy Export as Benevolent Colonialism in the Balkans » in RECIC S. (ed.): *Cultural Boundaries of the Balkans*. Lund University Press (http://www.anthrobase.com/Txt/S/Sampson_S_01.htm).

SAPIR J., 2000 : *Les trous noirs de la science économique. Essai sur l'impossibilité de penser le temps et l'argent*. Albin Michel, Paris.

SARAMAGO J., 2004 : *La lucidité*, Seuil, Paris.

SÉLIM M., 2000 : « Les brèches symboliques de la maladie » in HOURS B. (dir.) : *Systèmes et politiques de santé*. Karthala, Paris : 287-300

SÉLIM M., 2003 : *Pouvoirs et marché au Vietnam*. T. I *Le travail et l'argent*, t. II *L'État et les morts*, L'Harmattan, Paris.

SIMMEL G., 1987 : *Philosophie de l'argent*. PUF, Paris (1900).

SOARE S., 2002 « Les gueules noires de Roumanie ou les variations d'un symbole à travers le temps » *in Regard sur l'Est*, n° 29 (avril-mai).

TERRAY E., 1992 : *Le troisième jour du communisme*. Actes Sud, Arles.

TODOROV A., 2000 : « À l'Est, tentatives de réformes, échec, effondrement » in DREYFUS M. et *alii*. (dir.) : *Le siècle des communismes*. Éd. de l'atelier : 301-311

TOMESCU-HATTO O., 2004 : « Identité et culture politique dans la Roumanie postcommuniste » in DURANDIN C. & CÂRNECI M. (dir.), 2004 : *Perspectives roumaines. Du postcommunisme à l'intégration européenne*. L'Harmattan, Paris : 45-67

THIRCUIR A., 2005 : « Désengagement de l'État et marché de l'éducation au Kirghiztan » *in Journal des anthropologues*, n° 100-101 : 97-116

TOCQUEVILLE A. (de), 1981 : *De la démocratie en Amérique*. Flammarion, Paris, (t. 1 : 1835, t. 2 : 1840).

TUDORA I., 2003 : « Le bloc, l'escalier et la communauté rêvée » *in Arches*, t. 6 : 103-115

VEBLEN T., 1970 : *Théorie de la classe de loisir*. Gallimard, Paris (1899).

VULTUR M., 2002 : *Collectivisme et transition démocratique*. Presses de l'Université de Laval/IQRC, Québec.

WACQUANT L., 1999 : *Les prisons de la misère*. Liber/raisons d'agir, Paris.

WACQUANT L., 2006 : *Parias urbains : ghetto, banlieues, État.* La découverte, Paris.

WEDEL J., 1998 : *Collision and collusion. The Strange Case of Western Aid to Eastern Europe.* Macmillan, London.

WOLIKOW S., TODOROV A., 2000 : « L'expansion européenne d'après guerre » in DREYFUS M. & *Alii.* (dir) : *Le siècle des communismes.* Éd. de l'atelier : 219-221

WRIGHT-MILLS C., 1997 : *L'imaginaire sociologique.* La Découverte, Paris.

ŽIŽEK S., 2004 : *Vous avez dit totalitarisme ? Cinq interventions sur les (més) usages d'une notion.* Éd. Amsterdam, Paris.

521915 - Février 2013
Achevé d'imprimer par